HISTOIRE
DE
VOLNAY

Depuis les temps les plus reculés jusqu'à nos jours

PAR M. L'ABBÉ E. B***.

Chanoine honoraire

CURÉ DE VOLNAY

MEMBRE DE PLUSIEURS SOCIÉTÉS SAVANTES

NOUVELLE ÉDITION CORRIGÉE, CONSIDÉRABLEMENT AUGMENTÉE

ET ORNÉE DE GRAVURES

Memento dierum antiquorum, cogita generationes singulas : interroga patrem tuum, et annuntiabit tibi ; majores et dicent tibi.
(Deut. XXXII, 7.)

Souvenez-vous des jours anciens, pensez à chacune des générations écoulées ; interrogez votre père et vos aïeux et ils vous instruiront.

DIJON

DAMONGEOT ET Cie, IMPRIMEURS-ÉDITEURS

40, RUE SAINT-PHILIBERT, 40

1887

HISTOIRE
DE VOLNAY

OUVRAGES DU MÊME AUTEUR

Légendes bourguignonnes, Tours, Mame, 1 vol. in-8°.
Tebsima ou l'Exilé du désert, Tours, Mame, 1 vol. in-8°.
Vie du vénérable Bénigne Joly, Paris, Poussielgue, 1 vol in-12.
Histoire de l'Hôtel-Dieu de Beaune, Batault-Morot, 1 vol, gr. in-8° avec gravures.

VUE GÉNÉRALE DE VOLNAY.

HISTOIRE
DE
VOLNAY

Depuis les temps les plus reculés jusqu'à nos jours

PAR M. L'ABBÉ E. B***.

Chanoine honoraire

CURÉ DE VOLNAY

MEMBRE DE PLUSIEURS SOCIÉTÉS SAVANTES

NOUVELLE ÉDITION CORRIGÉE, CONSIDÉRABLEMENT AUGMENTÉE

ET ORNÉE DE GRAVURES

Memento dierum antiquorum, cogita generationes singulas : interroga patrem tuum, et annuntiabit tibi ; majores et dicent tibi.
(DEUT. XXXII, 7.)

Souvenez-vous des jours anciens, pensez à chacune des générations écoulées ; interrogez votre père et vos aïeux et ils vous instruiront.

DIJON
DAMONGEOT ET Cⁱᵉ, IMPRIMEURS-ÉDITEURS
40, RUE SAINT-PHILIBERT, 40

1887

A SA GRANDEUR

MONSEIGNEUR LECOT

ÉVÊQUE DE DIJON

HOMMAGE RESPECTUEUX ET FILIAL

DE L'AUTEUR ET DES ÉDITEURS

E. B***
Ch. h., Curé de Volnay.

DAMONGEOT et Cⁱᵉ,
Imprimeurs de l'Evêché.

APPROBATION

DE

MONSEIGNEUR FRANÇOIS-VICTOR RIVET

ÉVÊQUE DE DIJON

Nous, Évêque de Dijon, félicitons sincèrement M. l'abbé E. B., curé de Volnay, en notre diocèse, du beau et intéressant travail qu'il vient de faire, en recueillant et mettant en ordre les Annales de ce village célèbre à plus d'un titre.

Nous serons toujours heureux d'approuver et de bénir de semblables travaux, surtout s'ils sont traités avec le talent qui caractérise l'*Histoire de Volnay*.

Nous autorisons volontiers l'impression de cet ouvrage.

Dijon, le 17 juillet 1869.

† FRANÇOIS,

ÉVÊQUE DE DIJON.

PRÉFACE

On étudie la république des *Fourmis* et la monarchie des *Abeilles*; ces petits peuples ont rencontré des historiens et des poètes : mais la plupart des hommes ignorent le passé de leur bourgade ou de leur ville natale.

Appartenant par le cœur à un village dont le nom est célèbre, nous avons eu la curiosité de compulser ses archives, et nous venons dire à une famille aimée ce que nous avons découvert sur son histoire.

Nous suivrons dans ce récit l'ordre chronologique, pour conserver à chaque époque son caractère et laisser les faits se dérouler dans leur harmonie. Nous étudierons successivement Volnay pendant la période Gallo-romaine; sous l'ère de la Croix et des Martyrs ; sous le gouvernement des Ducs de Bourgogne ; au temps du Domaine royal ;

au moment de la Révolution et au XIXe siècle. Nous terminerons ce travail par de courtes notices sur le Vignoble et le Vin de Volnay, le Château ducal, l'Église Saint-Cyr, la Confrérie du très précieux Corps de Dieu et la noble Chapelle de Notre-Dame-de-Pitié.

Comme nous nous adressons particulièrement à des lecteurs plus habiles dans la culture de la vigne que dans les sciences historiques, nous aurons soin de tracer les grandes lignes qui dominent les scènes que nous devons décrire, et de marquer la place que les évènements qui intéressent la bourgade volnaisienne occupent dans l'ensemble de l'histoire de la Province ou de l'Empire. Nous ferons comme le paysagiste qui, après avoir dessiné le village qui est devant lui, esquisse à grands traits les horizons lointains et les sommets vaporeux qui forment l'ensemble de la perspective.

Dans ce travail, nous nous sommes aidé de curieux manuscrits de M. l'abbé Delachère (1) et d'une courte notice de M. l'abbé Dubois (2). Pour compléter l'œuvre de ces deux anciens curés de

1. *Mémoire sur le territoire et le village de Volnay.* — *Principaux titres de la Cure et de la Fabrique de Volnay.* — *Mémoire sur le Presbytère, l'Église, le Cimetière et la Chapelle de Volnay.* — *Cartulaire des titres concernant la Confrérie du Corps de Dieu, établie en l'église de Volnay.*

2. *Notice sur la Paroisse, le Village et l'Association des vignerons de Volnay.*

Volnay, nous avons parcouru les titres de la Commune et de la Fabrique, et nous avons compulsé les Archives départementales, dont les trésors nous ont été gracieusement ouverts par MM. Claude Rossignol et Joseph Garnier, nous prions ces savants d'agréer le légitime tribut de notre reconnaissance.

Nous avons lié dans une seule gerbe les épis que nous avons pu recueillir et ceux glanés avant nous dans le champ du passé.

Ce livre n'était point fait pour le monde ; c'est l'inventaire de notre maison paternelle, après la mort de nombreuses générations; c'est une revue de titres et de souvenirs. Il s'adressait uniquement à la famille volnaisienne, racontant les épreuves et les joies de son foyer.

Mais les voisins et les étrangers se sont intéressés à l'histoire d'un village qui produit l'un des meilleurs vins du monde, et qui, ancienne résidence ducale, se trouve mêlé aux souvenirs les plus intimes de la Bourgogne : le livre a été rapidement enlevé.

Cédant à de pressantes demandes, nous en donnons une édition nouvelle. Nous avons fait à notre œuvre de nombreuses retouches, et nous l'avons continuée jusqu'à nos jours, disant les douleurs d'hier et les angoisses de l'heure présente.

Nous remercions M. Damongeot d'avoir donné à cet ouvrage, la correction et la beauté typographiques qui lui manquaient au début.

Ces pages sont imparfaites, mais elles ont à un haut degré l'arôme et la sève du cru, et pour cela elles sont assurées de plaire à tous ceux qui aiment la Bourgogne, ses traditions, ses vieilles coutumes et son vin : car « l'histoire de la contrée, de la province, de la ville natale est la seule où notre âme s'attache par un intérêt patriotique ; les autres peuvent nous sembler curieuses, instructives, dignes d'admiration, mais elles ne touchent point de cette manière (1). ».

Ce livre, outre le charme que lui prête le souvenir des ancêtres, cache une leçon profonde ; il rappelle que l'homme ici-bas a beau planter sa tente sous un ciel riant et sur un sol fortuné, il vit peu de temps et ses jours sont pleins de misères. La vie des cités est comme celle des individus, elle a plus de tristesses que de joies.

Que de générations se sont succédé sur le coin de terre dont nous allons étudier l'histoire! et qu'en reste-t-il aujourd'hui!

« Les Celtes nous ont laissé une pierre brisée,
« les Romains des tombeaux, les Ducs de Bour-

---

1. Augustin Thierry.

« *gogne des ossements, et les Rois de France des*
« *lettres qui s'effacent, et que bientôt on ne lira*
« *plus. Rien ne prouve mieux la vanité des choses*
« *humaines que* « lai Plaice de lai Tor et lai
« Groinge le Du. »

« *Mais au milieu de ces ruines, derniers vestiges*
« *des vies éteintes, il y a une vie qui reste. Le*
« *Christ ne meurt pas, son temple et sa croix*
« *debout nous voient passer les uns après les autres*
« *et veillent toujours sur les morts et les vi-*
« *vants (1).* »

Nos pères l'avaient compris, aussi leur foi était vive comme le petit ruisseau qui descend de notre montagne et se répand dans la plaine. Le petit ruisseau coule encore : nous garderons l'héritage de nos aïeux.

Volnay, 8 décembre 1886.

E. BAVARD,

Curé de Volnay.

1. *M. C. Rossignol. Préface de la Notice de l'abbé Dubois sur Volnay.*

ABRÉVIATION : Archiv. de Bourg. est mis pour Archives de Bourgogne.

LIVRE PREMIER

Volnay pendant la période gallo-romaine

CHAPITRE PREMIER

Description de Volnay.

Nous consacrerons les premières pages de ce livre à décrire Volnay et son territoire; puis, nous étudierons l'origine de ce village, son nom celtique, ses monuments gallo-romains; les mœurs et la religion de ses premiers habitants.

Volnay est une commune du département de la Côte-d'Or; une paroisse du diocèse de Dijon. Ce village compte environ 650 habitants. Il est à cinq kilomètres au sud-ouest de Beaune, qui est son bureau de poste et son chef-lieu de canton et d'arrondissement. Il est au 46° degré, 59 minutes, 55 secondes de latitude, et au 2° degré, 27 minutes, 55 secondes de longitude du méridien de Paris.

Volnay est gracieusement assis au pied de la petite montagne du Chaignot, sur le penchant d'un coteau renommé, au sein des plus fameux vignobles de la Côte-d'Or. « Ce village est dans la situation la plus agréable et la meilleure exposition (1). » « On dirait que pour se mettre à l'abri des vents du nord et du nord-ouest, il s'est caché entre deux pointes de montagne, ne se découvrant qu'à l'orient et au midi qui versent sur lui tous leurs feux (2). » Ses maisons blanches, à l'air propre et élégant, sont disposées en demi-cercle et forment un amphithéâtre qui domine l'une des plus belles et des plus riches plaines du monde. Ses rues, comme celles des anciens villages, sont généralement étroites ; les maisons sont pressées les unes sur les autres : on a été avare d'un sol qui est précieux comme une mine d'or.

Les Monuments de cette humble bourgade sont : une vieille Eglise gothique, une Chapelle du XVIe siècle, et la Statue de Notre-Dame des Vignes, dont l'érection est récente.

L'Eglise Saint-Cyr remonte au commencement du XIIIe siècle, elle est d'une architecture grave et imposante : de jolies habitations groupées autour d'elle, lui donnent l'aspect d'une mère vénérable, noblement assise au milieu de sa jeune et brillante famille.

La Chapelle est située à quelques pas de Volnay, sur la route de Beaune à Autun : elle regarde le village, et son ombre s'étend sur un vaste et beau cimetière. Elle est sous le vocable de Notre-Dame de Pitié, à qui les Volnaisiens ont confié la garde de leurs demeures et de leurs tombes.

Volnay, avec son vieux sanctuaire, ses maisons blanches et ses clos de vigne, formerait le plus riant paysage, si une flèche aérienne surmontait la tour de son église.

Volnay possède trois Places principales.

1. Courtépée. Art. Volnay.
2. *Notice sur Volnay*, par M. l'abbé Dubois, p. 47.

La première se trouve devant le portail de l'église ; on l'appelle Place du Petit-Cimetière : ce nom indique sa destination ancienne ; jusqu'à la veille de la Révolution, elle servit de lieu de sépulture. Cet endroit était merveilleusement choisi pour inhumer les morts ; là, ils reposaient près des fonts sacrés où ils avaient reçu le baptême, de la table sainte où ils avaient mangé le froment des élus, et de l'autel où résidait leur Dieu ; là, ils ressemblaient à des enfants endormis au seuil de la maison paternelle. Les murailles qui défendaient cette terre bénite ont disparu ; des bornes et des arbres dessinent seuls maintenant cette enceinte vénérée.

En 1866, les habitants ont restauré la croix antique qui garde les cendres de leurs aïeux : elle a pour marche la dernière tombe qui fut posée dans ce champ funèbre. En voici l'inscription : « Ici repose Anne Chicotot, âgée de 55 ans, femme de Jean Glantenay, marchand à Vollenay, et mère du sieur curé de ce lieu. Laquelle rendit l'âme à Dieu le 16 février 1779. Passants, priez pour moi, je suis aujourd'hui ce que vous serez demain. »

La seconde place se trouve sous le chœur de l'église ; c'est là que se passent les scènes les plus animées du village. On y planta l'arbre de la liberté au temps de la première République, et depuis, elle fut témoin des tristes fêtes de nos révolutions. Chaque année elle revoit les bruyantes réunions des vendanges.

La troisième s'étend devant la Maison commune ; c'est la plus gracieuse du village, par sa forme régulière, ses grands arbres, sa croix et sa belle vue. Elle est riche en souvenirs historiques : plusieurs fois elle a reçu la visite des rois et des princes ; elle occupe le sol où s'élevait jadis le château des ducs de Bourgogne. En voyant les petits enfants jouer sous les frais ombrages de la Place de la Tour, le vigneron cultiver une partie de la cour ducale, et l'instituteur résider dans le lieu où fut la demeure des grands ducs d'Occident ; on ne peut s'empêcher de réfléchir sur les vicissitudes des choses humaines, et on redit involontairement cette mélancolique parole d'un poète latin :

Nunc seges, ubi Troja fuit! (1)

Les Sources abondent sur le coteau de Volnay; elles sont remarquables par la fraîcheur et la limpidité de leurs eaux. Dix puits sont creusés dans les rues du village, plusieurs sont munis de pompes. Beaucoup de maisons particulières ont des puits et quelques-unes ont des fontaines.

Volnay possède, en outre, un Abreuvoir pour le bétail et trois Lavoirs.

Le premier est au-dessus du village, au milieu de la rue de *Veau*, qui lui a donné son nom. Il est alimenté par deux sources qui ne tarissent jamais; on attribue à l'une d'elles la propriété de guérir les maux d'yeux. Longtemps ce lavoir n'eut d'autre abri qu'un large noyer; mais, depuis 1840, il est couvert d'un assez vaste édifice, dans l'intérieur duquel on lit cette inscription :

UNDÆ
FONTIS SEMPER VIVÆ
SUPRA MONTEM VOLNAY
TECTUM STRUXIT
Bon EUGÈNE DU MESNIL
ANNO G. D. MDCCCXL (2).

Le second est situé au-dessus de la rue de la Mort, on l'appelle *Le Pisseux*. Pendant le xviie siècle, les protestants Beaunois, qui avaient fixé leur prêche à Volnay, puisaient à cette source l'eau nécessaire au baptême de leurs enfants.

Le lavoir de la *Rue de la Chapelle* est le plus beau et le plus spacieux du village : on lui reproche d'être bas et mal éclairé; ses eaux sont froides et abondantes. Primitivement il était placé plus haut. Cette inscription lapidaire rappelait son origine : « Claude et Jeanne Bouley, frère et sœur, de

---

1. Maintenant on cultive la terre où fut Troie ! (Ovide).
2. Sur les eaux toujours vives de la montagne de Volnay, le baron Eugène du Mesnil a fait bâtir cette construction en l'an de grâce 1840.

cette commune, ont fait construire ce lavoir en 1806, ainsi que le chemin tirant de la Cave à la Chaume, en échange du sentier de Beauregard que ladite commune leur a cédé, par autorisation du préfet du département. » La découverte d'un fort cours d'eau détermina, en 1863, les habitants à agrandir ce lavoir et à le reporter au lieu qu'il occupe aujourd'hui.

« Les eaux de la *Cave* qui sortent de la montagne du Chaignot forment quelquefois un torrent considérable qui annonce que les sources sont abreuvées et que les pluies vont cesser; de là, le proverbe volnaisien : « Il n'y a pas de beau temps que la Cave ne jette (1). » Ce torrent a aussi donné lieu à ce jeu de mot :

>Quand la Cave jette en juin
>Cela tombe en *Coulézain*.

Le vigneron se sert du nom du climat où se perdent les eaux de la Cave, pour exprimer que les pluies de juin font *couler* les raisins en fleur. En 1861, M. Alfred Patriarche a creusé la source du torrent, et a découvert une fontaine qui ne tarit jamais; il l'a ornée d'une charmante grotte en rocaille.

La beauté du site de Volnay, l'étendue de son horizon, la pureté de son atmosphère, la limpidité et l'abondance de ses eaux, la délicatesse de ses vins lui ont mérité ce proverbe :

>Il n'y a qu'un Volnay en France (2).

Quatre Métairies relèvent de ce village.

La Grange au Vagey, située sur le chemin de Monthelie à Nantoux, est la plus importante et la plus ancienne. Elle s'élève au bord d'un ruisseau, près d'une vaste prairie, au milieu d'un rideau de noyers et de peupliers. Ce hameau

1. Courtépée, art. Volnay.
2. Courtépée, art. Volnay.

est mentionné dans une charte de 1253 : Le seigneur de Pommard vend, à Hugues IV, duc de Bourgogne, trois malheureux serfs de la Grange : Robelet, Parisis et Guillaume Petit-Pas. Cette métairie possède un excellent moulin à deux tournants; elle a compté jusqu'à cinq feux; maintenant elle n'en a plus que trois, et l'un d'eux est sur le territoire de Pommard.

Le moulin *de la Folie* se trouve sur le même ruisseau que la Grange : il est à l'ouverture du pittoresque vallon de Maître-Anceau; ses constructions de très modeste apparence sont cachées dans un massif de grands arbres.

La métairie de *Poisot* a pris le nom du climat où elle est construite. Elle est assise au bord de la route de Beaune à Chalon. Elle a été bâtie en 1827, par un sieur Jacques Bretin. Elle peut abriter deux ménages.

La *Maison des Rattes* doit son nom à son isolement dans la campagne et à ce que pendant longtemps elle a été inhabitée. Un sieur Batault-Laly, de Monthelie, l'a construite, au milieu de ce siècle, dans le climat de Coulézain.

La maison de *Vaucurien* se voyait encore au milieu du dernier siècle dans le climat qui porte son nom. Le site ingrat qu'elle occupait et son isolement, ont, sans doute, déterminé ses habitants à l'abandonner. M. l'abbé Dubois prétend que les moines de Maizières avaient là, jadis, un pressoir, et que cinq ou six maisons formaient un petit hameau au bas de la colline de Vaucurien (1).

1. *Notice sur Volnay*, p. 51.

CHAPITRE II

Territoire de Volnay.

Le territoire de Volnay a 755 hectares 85 centiares de superficie, il s'étend du nord-ouest au sud-est ; il forme une bande de terre d'environ huit kilomètres de long et deux de large. Il est borné au nord par les communes de Meloisey, de Nantoux et de Pommard ; au midi par celles de Meursault et de Tailly ; à l'est par celles de Pommard et de Bligny-sous-Beaune ; à l'ouest par celles de Saint-Romain, de Monthelie et de Meursault (1).

« Les amis de la géologie qui désireraient, dit M. l'abbé Dubois, faire des études sur le territoire de Volnay et de ses environs, trouveront des ressources immenses depuis Epinac jusqu'à Volnay, en passant par Vauchignon, Saint-Romain et Maître-Anceaux : les minéraux et les terrains houillers à Epinac ; les végétaux fossiles et les matières calcaires à Vauchignon ; les coquillages dans les rochers de Saint-Romain ; dans les ravines profondes de Maître-Anceaux, des ichthyosaures et mégalosaures fossiles ; sur la crête des montagnes de Meloisey et de Mavilly, vastes dépôts marins, indiquant la direction des courants diluviens du nord au midi ; dans le vallon de la Grange-au-Vagé, débris d'animaux primitifs. Dans les sablières entre Pommard et Bligny on a trouvé une molaire et un tibia de mastodonte, des côtes de mégastérium, qui ont enrichi le cabinet d'histoire naturelle de Dijon.

« Sur la montagne de Volnay, au lieu dit Rongeon, se rencontrent plusieurs pétrifications de mollusques, de crustacés et une grande quantité de ces fossiles appelés tritobites par les naturalistes. En descendant du haut de la fon-

1. Voyez le cadastre à la commune.

taine de Veau, jusqu'à la route de Beaune à Autun, il est facile de distinguer les diverses couches stratifiées du globe, terrains primitifs, secondaires, tertiaires et de transition. Le sol de Volnay est très léger : la terre qui le compose est mélangée de grès, de pierres calcaires et de silice. Dans quelques climats, comme celui de Beauregard, le soufre se fait remarquer. Quand on creuse à une certaine profondeur, il s'en exhale une odeur sulfureuse capable de suffoquer : ce qui autorise l'opinion des naturalistes tels que Buffon et Mairan, qui regardent Volnay comme un volcan éteint (1). »

On tire, sur la montagne, de la bonne pierre à bâtir, et dans plusieurs endroits, notamment à la Forêt, on trouve d'abondantes sablières pour les verreries : c'est une richesse du sol à exploiter.

Le territoire de Volnay est arrosé par le ruisseau de Maître-Anceaux et plusieurs fontaines. Les plus abondantes sont : celle de *Rongeon,* à quelque distance de la Folie ; celle du *Pré de la Mouille,* à côté de la Grange ; celle de *Briffond,* qui alimente une mare où va s'abreuver le bétail ; celles de *Couléxain* et de *Juillet* qui jaillissent dans les climats qui portent ces noms.

« Il semble que la nature ait prodigué au sol volnaisien ses plus précieux trésors : les fruits, les légumes, le laitage surpassent en saveur, en parfum et en bonté ceux des autres cantons. Les œufs même ont été si réputés qu'on en portait à nos ducs dans leurs châteaux voisins, jusqu'à Argilly, et qu'on en envoyait chercher quand M. le duc de Bourbon tenait les États (2). »

Les terres labourables produisent un froment pur et lourd comme l'or : aussi, quand les habitants commencèrent, au milieu du siècle dernier, à planter de gamay les

1. *Notice sur Volnay,* p. 48.
2. Courtépée, art. Volnay.

champs situés au-dessous de la route de Beaune à Chalon, M. l'abbé Delachère s'indignait de voir dénaturer la terre qui produisait le plus abondamment le meilleur froment de la Bourgogne (1).

Les prés de Volnay donnent un foin excellent. Au temps des ducs, ils étaient bien autrement étendus qu'ils ne le sont aujourd'hui; le climat de Coulézain formait une immense prairie bordée de saules et de peupliers : « en 1349, le châtelain prit deux cents hommes pour étroncher les saules de la prairie de Coulézain et en faire des paisseaux (2). »

Les pâturages de la montagne de Volnay sont très maigres; mais ils abondent en plantes odoriférantes qui donnent au lait une saveur et un arôme délicieux.

La délicatesse du sol et une heureuse exposition communiquent à tous les fruits qui croissent sur nos coteaux, une qualité exquise. La figue y est mielleuse comme en Provence, la pêche y est supérieure à celle de Montreuil, le chasselas rivalise avec celui de Fontainebleau.

Ce qui fait surtout la richesse de Volnay, ce qui a entouré son nom d'une auréole de poésie et d'une célébrité plus qu'européenne, c'est son *vin*, « le plus fin du Beaunois, » « le meilleur de Bourgogne, » « de l'aveu de tous les connaisseurs le plus léger et le plus délicat de tous les vins (3). » On a dit de lui ce mot qui pourrait servir de devise au blason de Volnay :

   Et sine Volnæo gaudia nulla mero.
   L'aimable gaieté fuira vos festins
   Si de Volnay vous ne servez les vins.

Pour éviter des longueurs et ne pas briser la trame de notre récit, nous nous réservons d'étudier plus tard dans un chapitre spécial le vignoble et le vin de Volnay (4).

1. *Cartulaire de la confrérie du Saint-Sacrement.*
2. Comptes de 1342. Archives départementales.
3. Courtépée, art. Volnay. — Tablettes de Bouchu. — Gandelot, *Histoire de Beaune*, p. 257.
4. Livre VIII, chap. 1er.

Notre village, fier des charmes de son site et de la distinction de ses produits, se dresse sur sa colline et dit aux deux gros seigneurs du voisinage :

> En dépit de Pommard et de Meursault,
> C'est toujours Volnay le plus haut (1).

1. Proverbe volnaisien.

CHAPITRE III

Origine de Volnay, ses antiquités gallo-romaines.

La beauté du site et la richesse du sol que nous venons de décrire expliquent la haute antiquité de Volnay. Dès les temps les plus reculés, des Celtes vinrent fixer leurs cabanes à l'ombre du Chaignot, près des sources qui jaillissent sur ses coteaux fortunés. Le nom de Volnay et les antiquités découvertes dans ce village prouvent son origine celtique.

Volenay est un mot de la langue celtique ; il fut le nom primitif de notre petite bourgade. César ayant conquis les Gaules, l'idiôme du pays prit la terminologie latine ; comme les Celtes eux-mêmes adoptèrent le culte et les vêtements des Romains. Alors, le nom de Volnay se changea en « Vollaneum, Volleneltum, Voliniacum, Voulenayum ou Vlenaium comme il est écrit dans le testament de Hugues IV, en 1272 (1). » Nous le trouvons dépouillé de sa terminologie latine au XIIe siècle, dans une charte de 1195, où « Guy de Nauze donne, aux religieux de Maizières, plusieurs tonneaux de vin à prendre dans sa vigne de *Volenay*. » L'orthographe de ce mot a plusieurs fois varié : jusqu'au XVIIe siècle on écrivit Volenay et quelquefois Voulenay, plus tard Vollenay, au XIXe siècle on écrit Volnay.

Quelle est la signification de ce nom ? Nous l'avouons, elle est mystérieuse pour nous. Le savant volnaisien, M. Claude Rossignol, prétend que notre village tire son nom d'une fausse divinité, que les Gaulois adoraient près des sources : ce dieu est Volianus ou Velenus, Belenus, l'Apollon des Celtes. Ce dieu aurait eu des autels près de

1. Courtépée, art. Volnay.

nos fontaines, et son nom serait demeuré à notre coteau, qui aurait été appelé Voliniacum, pays de Volinianus ou Velenus, d'où seraient dérivés successivement Vlenaium, Vollaneum, Vollenay (1).

Les Gaulois ont laissé, sur notre territoire, des marques nombreuses de leur séjour.

Un de leurs monuments se voit à droite du ruisseau de la Folie, à quelques pas du *Pont-d'Autun*, dans le climat de la *Brûlée*. C'est un énorme monolithe brut, de forme ovale, posé horizontalement sur quatre pierres de bout : il a cinq mètres treize centimètres de long, et trois mètres seize centimètres de large ; son épaisseur varie entre vingt et soixante centimètres. Cette lourde table décrivait, avec ses supports, une cellule ouverte seulement à l'Orient; cette cavité présentait : quatre-vingt-deux centimètres de haut, un mètre soixante-quinze centimètres de large, et trois mètres de long. Le monument, dans sa partie la plus élevée, n'avait qu'un mètre trente-sept centimètres de haut.

Cette construction fut, pendant de longs siècles, enfouie sous un monceau de pierres; mais, en 1864, les pierres ayant été enlevées pour servir à une route qui passe près de là, le monolithe et la cavité apparurent. Au mois de novembre 1866, un voyageur, surpris par une forte averse, se réfugia sous le bloc gigantesque : ayant remué le sol avec son bâton, il en sortit un couteau en os. Cette découverte mit sur la trace d'autres plus importantes; on chercha sous la pierre, et l'on trouva : des ossements humains, des armes en silex et des débris de poteries. Nous regrettons que ces fouilles aient ébranlé les supports du monolithe et amené sa chute.

Qu'est-ce que ce monument? Nous croyons que c'est un autel druidique, et une tombe sous laquelle on a enseveli, à une époque très reculée, quelque personnage marquant.

---

1. *Histoire de Beaune*, pp. 26 et 38.

Cette pierre, aux proportions colossales, a évidemment la figure d'un dolmen celtique ; d'ailleurs, elle se trouve dans un lieu solitaire et sauvage, autour duquel de hautes montagnes élèvent leurs cimes vers le ciel, pour former l'un de ces temples naturels que recherchaient les Gaulois, pour la célébration de leur culte.

Le dolmen de Volnay a pour pendant la pierre de *Saint-Frémi*. On donnait ce nom à un bas-relief, haut d'un mètre trente centimètres et large de quarante-deux centimètres, qui représentait un druide portant la robe sacerdotale, la couronne de chêne et la serpe d'or. Ce morceau de sculpture servit longtemps de pousse-roues dans la muraille de la vigne des *Angles*, sur la route de Beaune à Autun : en 1762, M. l'abbé Delachère, dans un but de conservation, le fit placer dans le mur du cimetière, qui était alors devant l'église (1). Ce cimetière ayant été interdit, ses murailles disparurent et le bas-relief fut brisé : il n'en reste plus que la partie inférieure, qui se voit aujourd'hui dans la cour de M. Victor Boillot.

A côté de ces restes du druidisme, nous devons signaler un Disque ou Anneau celtique de couleur verdâtre, trouvé, en 1864, dans un clos au-dessous de la rue de la *Piture*, en creusant un vieux puits qui avait été comblé. Ce curieux morceau fut découvert à deux mètres de profondeur, parmi des ossements et des cendres ; il est en jade de saussure, il est d'un beau poli et dans un état parfait de conservation : sa forme est ronde ; il a un diamètre de cent-dix millimètres, son anneau intérieur mesure de vingt-huit à trente millimètres. Les disques celtiques sont excessivement rares, on n'en connaît que quatorze en France, et seulement trois en jade (2).

Le disque de Volnay ressemble à un autre en jade, trouvé, en 1863, avec cent six haches en pierre, au fond du

1. Courtépée, art. Volnay.
2. Ce disque fait partie des collections du musée de Saint-Germain.

tumulus de Mane-es-Hroek, commune de Locmariaker dans le Morbihan.

Les savants ne sont point encore fixés sur la destination de cet objet : beaucoup le regardent comme une sorte de décoration, un insigne de commandement, que les grands chefs portaient suspendu à leur cou. La découverte de l'un de ces disques, dans le tumulus de Mane-es-Hroek, qui avait très certainement renfermé le corps d'un chef, semble justifier ce sentiment (1).

Quand on remue une terre qui a été habitée par les races antiques, on trouve non-seulement les restes des œuvres de l'homme, mais les débris de l'homme lui-même : c'est ce que nous remarquons à Volnay.

En 1843, des fouilles faites dans la rue des *Vaches* mirent à découvert des tombeaux gallo-romains contenant des ossements gigantesques : les morts reposaient entre des laves dressées en forme de cercueil. Dans ce champ funèbre on trouva : un sarcophage dans lequel reposait un guerrier avec ses armes, des urnes pleines de cendres, un lacrymatoire, des débris de poterie et un creux conique contenant un amas considérable de cendres et d'os à demi calcinés.

On conserve, au Musée de Beaune, une pierre tumulaire qui porte cette inscription qui attend encore son traducteur :

ICCAVOS. OP
PIANICNOS IEV
RV. BRIGINDON
CANTARON

Cette pierre est connue, parmi les savants, sous le nom d'Inscription de Volnay, parce qu'elle a été donnée par M. Boillot-Grozelier de Volnay, qui la possédait depuis plus de cinquante ans ; elle porte à tort le nom de Volnay : car, elle a été trouvée, dans le siècle dernier, sur le territoire d'Auxey, au climat des *Autets*, sur le penchant d'une

1. Voir l'intéressant travail de M. le docteur Marchant sur les Disques en pierre.

montagne, où la tradition rapporte qu'il y eut un camp romain. Cette pierre couvrait un petit sarcophage qui contenait des ossements calcinés et des cendres.

Les Romains conduits par César, et aidés par les divisions intestines des habitants, soumirent les Gaules : on sait combien la lutte fut opiniâtre. Notre sol volnaisien a gardé des traces de ces combats de géants ; en le remuant, on rencontre des débris de glaives, de lances, d'angons et de javelines.

« Au mois d'août 1772, des ouvriers trouvèrent dans un champ, au climat de *Long-Bois*, des ossements et un casque de forme romaine, ciselé et d'un or très pur ; la pièce principale pesait treize louis (1). »

Quelques années plus tard, des vignerons découvrirent près de là, en *Lurey*, un tombeau construit avec des pierres dressées et superposées contenant un squelette, dont le crâne était couvert d'un casque d'or.

Il est probable que ces morts furent des chefs des légions conquérantes, et qu'un combat s'est livré dans la plaine de Volnay.

Le passage de la domination romaine est attesté, sur notre territoire, par de fortes murailles faites avec un ciment solide, découvertes il y a quelques années au couchant du village ; et par une voie antique qui traversait le *Pont-d'Autun*, en se dirigeant, par les gorges de Saint-Romain, vers la vieille Bibracte. L'empire que les Césars exercèrent sur notre humble bourgade, s'accuse encore par de nombreuses pièces de monnaie trouvées sur divers points du sol ; nous citerons parmi celles qui ont été récemment découvertes : des bronzes d'Auguste, de Vespasien, de Trajan, d'Adrien, de Lucius Vérus, de Commode, de Probus et de Constantin.

Les races gauloises et romaines qui ont occupé notre

---

1. Courtépée, art. Volnay.

terre volnaisienne, y ont laissé des souvenirs de leur industrie. Il y a quelques années, on découvrit parmi des pierres et des cendres, au sommet d'un escarpement qui domine la Fontaine de *Rongeon*, des monnaies des premiers Césars et les meules d'un moulin à bras.

Le vigneron, en cultivant les climats qui longent la route de Beaune à Chalon rencontre fréquemment des morceaux de briques et de poteries. Au milieu de ces débris, on a trouvé des amphores qui gardaient encore la couleur violacée du tartre du vin. Des scories de fer, mêlées à des restes gallo-romains, prouvent l'existence de forges ou de fonderies antiques dans le climat des *Rompues*. On a découvert, en divers lieux du territoire, plusieurs figurines en bronze portant le cachet d'une époque reculée ; parmi ces bronzes, nous signalerons : un bracelet, un petit cheval, un coq et des colombes.

Nos antiquités volnaisiennes sont allées enrichir les musées du département, ou les cabinets de quelques amateurs.

CHAPITRE IV

Mœurs et religion des premiers habitants de Volnay.

Nous allons esquisser rapidement les principaux traits des mœurs et du culte des premiers volnaisiens : nous ferons ce travail à l'aide des monuments découverts sur notre territoire, et du témoignage des auteurs de l'antiquité.

Les premiers habitants de notre village étaient d'une haute stature ; c'est ce que prouvent les ossements trouvés dans leurs tombeaux. Ils avaient, comme les autres Gaulois, le teint vif, les yeux bleus et une longue chevelure blonde (1).

D'abord, la fourrure des animaux leur servit de vêtements : ensuite ils tissèrent la laine et le chanvre, et s'en firent des robes, comme celles que nous remarquons dans le bas-relief de *Saint-Frémi* et les autres statues de cet âge lointain ; plus tard ils se couvrirent de la *braye*, espèce de pantalon, et de la *saye*, sorte de manteau court. Ils gardaient continuellement leurs armes : après avoir vécu avec elles, ils les emportaient dans la tombe, où nous les retrouvons à côté de leurs ossements.

A l'époque celtique, les habitations, au rapport de Vitruve, étaient des huttes de bois et de terre, couvertes de chaume et de roseaux. Voilà pourquoi le vigneron, en remuant notre sol, rencontre quelquefois des foyers avec leurs cendres, des débris de vases d'argile, tout ce qui annonce le séjour de l'homme, sans remarquer aucun vestige de construction.

Le Gaulois était, avant tout, chasseur et guerrier ; il ne devenait agriculteur que pour se procurer le pain et le vin

1. Aurea cesaries ollis et lactea colla. Virg. Aen.

qui lui étaient nécessaires. Sa nourriture était frugale, elle se composait : de fruits, de lait, de la chair du porc et des produits de la chasse. Il mangeait peu de pain : pour moudre le froment, il employa d'abord des mortiers; ensuite il fit usage des moulins à bras, comme celui dont on a découvert les meules sur l'une de nos montagnes.

Le Celte aimait le vin jusqu'à la frénésie; il donnait un esclave pour un pot de cette liqueur. Les amphores trouvées à Volnay, permettent de conjecturer que l'on cultivait la vigne sur nos coteaux, dès les temps les plus reculés. Une coupe commune servait dans les festins : le père ou le plus brave guerrier la portait à ses lèvres; puis, elle circulait de main en main. La jeune fille parvenue à l'âge nubile exprimait le choix de son cœur, en offrant la coupe avant tous les autres, au jeune homme qu'elle désirait pour époux.

Le Gaulois était aussi doux dans sa demeure, qu'il était terrible dans les combats : il traitait son épouse avec respect; élevait ses enfants dans une soumission parfaite, et exerçait généreusement l'hospitalité envers le voyageur.

Chez les Celtes et les Gallo-Romains, les morts du simple peuple étaient ensevelis dans le sol, couchés dans des fosses ordinaires, ou dans des tombeaux formés avec des laves de bout; ceux des familles riches étaient mis dans des sarcophages, ou brûlés avec grande pompe. On déposait sur le bûcher du défunt : ses meubles les plus précieux, ses armes, son cheval, ses titres de créance, des esclaves pour son service et des vivres pour l'autre vie; souvent même, des parents se jetaient au milieu des flammes, pour ne point se séparer de celui qu'ils avaient aimé (1). On recueillait les cendres et les ossements épargnés par le feu, et on les enfermait dans des urnes de

---

1. Cum mortuis, cremant ac defodiunt apta viventibus; olim negotiorum ratio etiam et exactio crediti deferebatur ad inferos : erant qui se in rogos suorum velut una victuri libenter immitterent. (Pomponius Mela.)

pierre, d'argile ou de verre qui étaient soigneusement enfouies. Quelquefois on faisait seulement un creux, dont on affermissait les contours avec des pierres ou des briques, et on y déposait les cendres du bûcher. Ces divers modes de sépulture, furent remarqués dans le champ funèbre découvert à Volnay, en 1843.

Le Druidisme fut la religion des premiers habitants de notre village ; c'est ce que démontrent le dolmen décrit plus haut et l'antique statue de *Saint-Frémi*.

Cette religion admit, d'abord, un Dieu unique ; elle reconnaissait l'immortalité de l'âme, mais avec l'erreur de la métempsycose. Plus tard, les Romains s'étant mêlés aux Gaulois, le polythéisme s'établit parmi ces derniers : ils adorèrent Mercure sous le nom de Teutatès ; Mars sous celui d'Ésus ; Apollon sous celui de Bélénus. Le culte de cette dernière divinité, d'après l'opinion de M. Rossignol, aurait été tellement en vigueur près des sources qui arrosent notre coteau, que Volnay en aurait tiré son nom (1).

Les Gaulois n'avaient ni temple, ni statue. Ils auraient cru, dit Tacite, rabaisser la divinité en l'enfermant dans des édifices ou en lui donnant les traits de la figure humaine (2). Les montagnes leur paraissaient des autels naturels : ils y dressaient quelques rochers, et ils adoraient. Le mont de *Pierre-Frite* (altération de Pierre-Fite), sur le territoire de Monthelie, rappelle sans doute, par son nom, un des autels druidiques, où nos ancêtres allaient prier. Les Celtes regardaient comme des temples préparés par la main de la divinité les lieux entourés de collines abruptes ; c'est probablement ce qui porta les anciens Volnaisiens à élever un dolmen dans le pittoresque vallon de *La Folie*. Les forêts avec leur sombre feuillage, leurs sourdes rumeurs et les craintes mystérieuses qu'elles éveillent dans

---

1. *Histoire de Beaune*, pp. 25 et 38.
2. Cæterum nec cohibere parietibus deos neque in ulla humani oris speciem adsimulare, ex magnitudine cœlestium arbitrantur: lucos ac nemora consecrant. Tac. (De mor. Germ.)

l'âme, semblaient aussi, à ces peuples, des sanctuaires naturels ; ils consacraient à leur Dieu le plus grand chêne, et ils se réunissaient sous ses rameaux pour prier (1). D'après des traditions respectables, le bois où se trouve le *Puits de Saint-Martin* fut, pour nos contrées, l'un des sanctuaires les plus fameux du Druidisme.

Les Druides étaient les prêtres de ces temples : ces hommes étaient tout-puissants chez les Celtes; ils étaient les docteurs du peuple et les maîtres de la jeunesse, ils avaient un collège célèbre à Mavilly (2); ils étaient médecins; leur grand spécifique, au dire de Pline, était le gui, qu'ils pulvérisaient et faisaient boire aux malades; mais ils étaient surtout sacrificateurs et devins.

La couronne de chêne et la serpe d'or qui ornent la statue trouvée à Volnay rappellent la cérémonie la plus solennelle du culte druidique : la cueillette du gui sacré. Il est rare de trouver un chêne portant du gui : lorsque les prêtres gaulois parvenaient à en découvrir, ils s'y rendaient en grande pompe, le sixième jour de la première lune de l'année. Là, ils préparaient des sacrifices et des banquets. Le prêtre le plus élevé en dignité se revêtait d'une tunique blanche, et montait sur le chêne, où il coupait, avec une serpe d'or, le gui sacré qui était recueilli par d'autres Druides, sur une nappe de lin. Le sang des victimes coulait à flots, et l'on distribuait les feuilles de l'arbrisseau (3).

Cette pratique du culte druidique était frivole; mais, d'autres étaient d'une infernale cruauté; les prêtres gaulois immolaient des victimes humaines, et cherchaient à lire l'avenir dans leurs entrailles fumantes (4). Ces horribles sacrifices continuèrent, après la conquête romaine,

---

1. Etiam nunc simplicia rura deo præcellentem arborem dicant. (Pline.)
2. Courtépée, tome II, p. 227, art. Mavilly.
3. Pline.
4. Druidorum religio est, apud Gallos, diræ immanitatis. (Suétone.)
— Cruore captivo adolere aras et fibris consulere deos fas habebant. (Tacite ann. lib. XIV, 30.)

malgré les édits des empereurs : le christianisme, seul, eut la gloire de les faire disparaître. En plusieurs lieux, pour mettre fin à ces affreux mystères, il fallut brûler les forêts où ils se célébraient. Le nom de *Brûlée* que porte la campagne où se dresse le dolmen de Volnay, les coteaux boisés qui l'entourent, rappellent évidemment qu'il y avait, dans ce lieu, un *lucus* druidique que la flamme a détruit.

Au milieu des croyances et des pratiques du Druidisme, on retrouve les reflets affaiblis des clartés divines qui brillèrent sur le berceau du monde. Les Gaulois reconnaissaient les dogmes de l'unité de Dieu et de l'immortalité de l'âme. Leurs sacrifices humains et leur respect pour le chêne, reposaient sur l'interprétation faussée des traditions antiques, qui annonçaient que la Rédemption du genre humain s'accomplirait par le sang, et que le Rédempteur régnerait par le bois. Les Druides partagèrent aussi l'attente universelle de la venue d'un libérateur ; et même, ils élevèrent à la Vierge qui devait enfanter, un autel avec cette inscription célèbre :

« VIRGINI PARITURÆ DRUIDES (1). »

Malgré ces pâles rayons des vérités bibliques, les croyances des Celtes sont si grossières, leur culte est si sanguinaire, qu'en les étudiant, on jette involontairement le cri du Roi-Prophète : « Seigneur, envoyez à ces peuples un législateur, afin qu'ils se souviennent qu'ils sont hommes ! (2). »

1. Les Druides à la Vierge qui doit enfanter.
2. Constitue, Domine, legislatorem super eos, ut sciant gentes quoniam homines sunt. (Ps. IX, 21.)

LIVRE II

Volnay pendant l'ère de la Croix et des martyrs

CHAPITRE PREMIER

De la Croix et de la conversion de Volnay.

La Vierge qui devait enfanter mit au monde un Fils, dans la grotte de Bethléem : ce petit enfant était le Verbe incarné, le Désiré des nations. Il reçut le nom de Jésus et fut le Sauveur des hommes.

Le démon s'était servi d'un arbre pour perdre le genre humain, Jésus se servit d'un autre arbre pour le racheter. Cet arbre fut la Croix. Il se suspendit à ses branches pour être le prix de la Rédemption du monde et le fruit divin en qui toutes les nations devaient être bénies ; quand il y fut élevé, il attira tout à lui, il réconcilia Dieu avec l'Homme, le Ciel avec la Terre.

Volnay a l'insigne faveur de posséder une parcelle de la Crèche où reposa l'Enfant-Dieu, et un fragment de la Croix qui fut l'autel de son sacrifice. La première de ces reliques fut donnée par Pie IX à Mgr Rivet dans un de ses voyages à Rome. L'autre fut apportée d'Orient, au temps des croisades. Un enfant de Volnay fit présent de ces reliques à l'église de son village (1).

De longues années s'écoulèrent avant que le rayonnement de la Croix dissipât, dans nos contrées, les ténèbres du Druidisme, et que le Soleil de justice brillât sur notre horizon. Nous ne pouvons fixer le jour précis où le Christianisme se leva sur Volnay : mais le voisinage d'Autun, de Dijon et de Chalon, la voie romaine qui traversait notre territoire, les rapports que nos vins établissaient entre notre bourgade et ces grandes cités, nous permettent de conjecturer que ce fut peu de temps après le passage de saint Bénigne et de ses compagnons, c'est-à-dire vers l'an 178 de Notre-Seigneur.

Béni soit l'apôtre qui, le premier, vint au milieu de nos pères chasser les impures divinités du paganisme, et établir parmi eux le règne de Jésus-Christ et de la Vierge immaculée !

Il y eut sur nos coteaux, comme partout, une longue et terrible lutte du paganisme contre le Christianisme ; notre village eut, sans doute, ses confesseurs et ses martyrs. Mais Dieu, témoin de leurs larmes et de leurs combats, a seul gardé leur souvenir.

Après la prédication des premiers apôtres de l'Évangile, le Druidisme conserva, longtemps encore, des sectateurs dans les Gaules. Les idoles, chassées des villes et des bourgades, furent portées aux bords des fontaines solitaires ou dans les carrefours des collines sauvages. Saint Martin reçut de Dieu la mission de les faire entièrement disparaître ; il parcourut la Bourgogne en l'an 376 : des légendes et des traditions nous le montrent à Beaune, à Mavilly et à Vauchignon (2).

1. M. l'abbé Pillot, vicaire général de Mgr l'évêque de Dijon. Voir les authentiques aux pièces justificatives.
2. *Histoire de Beaune*, par M. Rossignol, p. 38.

L'un de nos climats, les *Crots-Martin*, semble indiquer, par son nom, que le saint s'arrêta près de la petite fontaine que l'on voyait encore naguère dans ce lieu ; et, qu'ayant brisé les idoles qui s'y trouvaient, il les fit ensevelir dans des fosses profondes.

Ce fut aussi probablement à la voix de ce missionnaire que les habitants de Volnay couvrirent d'un monceau de pierres leur vieux dolmen, et qu'ils livrèrent aux flammes le bois sacré qui l'entourait. Ce bois, qui avait prêté ses ombres aux sanglantes horreurs d'un culte satanique, se changea en une verte campagne qui, en souvenir de son origine, prit le nom de *Brûlée*. Le nom de *Brûlée*, demeuré à la terre où s'élevait la forêt druidique, est un monument qui rappelle, parmi nous, le terme final de la lutte de la Croix contre les divinités païennes, et la pleine victoire du Christianisme sur le polythéisme : ce mot bref et énergique a, pour nous, la même signification que cette inscription célèbre :

CHRISTUS VINCIT, CHRISTUS REGNAT,
CHRISTUS IMPERAT (1).

Le Christianisme n'obtint la victoire sur l'idolâtrie qu'au prix du sang de ses apôtres et de ses martyrs ; c'est pour cette sainte cause que moururent glorieusement saint Cyr et sainte Julitte, saint Flocel et saint Vincent, patrons de Volnay. Ces héros chrétiens vécurent, il est vrai, loin de notre village ; mais comme Dieu nous les a donnés pour protecteurs et que nous possédons leurs reliques, leur mémoire est devenue notre héritage, comme celle des pères est le bien des enfants ; aussi nous allons, dans ces pages, esquisser rapidement leur histoire, parce qu'elle fait naturellement partie de nos annales.

1. Le Christ triomphe, le Christ règne, le Christ commande : inscription gravée sur l'obélisque de la place Saint-Pierre à Rome.

CHAPITRE II

Saint Cyr et sainte Julitte, patrons de Volnay.

Julitte, dont la vie a été aussi sainte que la mort glorieuse, était issue du sang des rois de Lycaonie. La persécution qui ravagea l'Église, sous Dioclétien, ayant éclaté en Lycaonie, Julitte quitta Icône, sa ville natale, et, sans rien emporter de ses grandes richesses, se retira en Séleucie avec Cyr, son fils, à peine âgé de trois ans, et deux femmes qui la servaient. Elle trouva dans cette province la persécution encore plus violente qu'à Icône : le gouverneur, Alexandre, était un homme féroce qui exécutait avec une implacable cruauté l'édit impérial qui condamnait aux supplices et à la mort tous les chrétiens qui refuseraient de sacrifier aux dieux.

Julitte se souvenant de cette parole de saint Paul : « Laissez se calmer la colère, » se dirigea en toute hâte vers Tarse, en Cilicie. Il arriva que le même jour Alexandre partit pour cette ville. Julitte fut reconnue et arrêtée avec son fils, qu'elle portait entre ses bras : ses servantes prirent la fuite et se cachèrent.

Alexandre demanda à cette noble femme son nom, son pays et sa condition. A toutes ces questions, elle répondit : « Je suis chrétienne ! » Le gouverneur furieux ordonna de lui enlever son enfant et de la frapper à coups de nerfs de bœuf.

Il se fit apporter le petit Cyr. Rien n'était aimable comme cet enfant : un air distingué qui révélait sa royale origine, la grâce candide naturelle à son âge, lui attiraient la tendresse et les vœux de tous les assistants. On eut peine à l'arracher des bras de sa mère : il lui tendait ses petites mains d'une manière touchante, et témoignait par ses gestes, les mouvements de son corps, ses cris et ses pleurs, de la violence qui lui était faite.

Les bourreaux le portèrent à Alexandre qui, le prenant par la main s'efforçait de l'apaiser. Il le mit sur ses genoux, il lui souriait, lui faisait des caresses et essayait de l'embrasser. L'enfant, les yeux fixés sur sa mère, repoussait le gouverneur, en lui égratignant le visage, en le frappant de ses pieds, et en se défendant avec les faibles armes qu'il avait reçues de la nature. Et lorsque la mère s'écriait, au milieu des tourments : « Je suis chrétienne, » il redisait aussitôt : « Je suis chrétien. »

Le gouverneur, transporté de rage et devenu comme une bête furieuse, prit l'enfant par un pied, et, sans compassion pour son âge, qui trouve des égards dans les âmes les plus cruelles, il le lança violemment contre terre. En tombant, le petit martyr se brisa la tête contre les marches du tribunal, et sa cervelle se répandit fumante sur le pavé, où il vint expirer.

Julitte, voyant mourir son fils, rendit grâce à Dieu de ce qu'il l'avait couronné avant elle.

Alexandre, honteux et épouvanté de son crime, n'en devint que plus féroce envers la mère : il la fit étendre sur une table, et, menaçant de l'écorcher vive, il faisait verser de la poix fondue sur ses pieds, tandis qu'un bourreau lui criait : « *Julitte, sacrifiez!...* »

L'héroïque chrétienne criait encore plus haut : « Je ne sacrifie point à des démons ou à des statues muettes et sourdes. J'adore le Fils unique de Dieu, par qui toutes choses ont été créées. J'ai hâte de rejoindre mon fils. »

Le gouverneur condamna la martyre à être décapitée, et fit jeter le corps de saint Cyr au lieu où l'on abandonnait les cadavres des criminels.

Le bourreau s'approcha de Julitte pour lui trancher la tête. Elle mit les genoux en terre, et, ayant obtenu quelques moments pour prier, elle dit : « Je vous remercie, ô mon Dieu, de ce que vous avez donné à mon fils une place dans votre royaume. Daignez, Seigneur, y recevoir à son tour votre indigne servante. Accordez-lui l'entrée de la chambre nuptiale, comme vous l'avez fait pour les vierges sages, afin que son âme bénisse éternellement votre Père, qui est le seul Dieu qui a créé et qui conserve toutes choses; qu'elle vous bénisse, Seigneur, et qu'elle bénisse le Saint-Esprit. »

Le bourreau lui abattit la tête quand sa bouche murmurait : Amen ! Son corps fut traîné hors de la ville, dans le lieu où l'on avait déjà jeté celui de son fils.

Le lendemain de cette mort glorieuse, les deux servantes de Julitte sortirent de leur retraite : elles enlevèrent avec respect les restes de leur maîtresse et ceux de son enfant, et les ensevelirent dans un champ proche de la ville.

Le martyre de saint Cyr et de sainte Julitte eut lieu vers l'an 304 de Notre Seigneur.

Quelques années après, le grand Constantin donna la paix à l'Église; aussitôt, l'une des servantes, qui vivait encore, découvrit l'endroit où reposaient les corps des héros chrétiens : dès lors, ce lieu devint célèbre, et les fidèles y accoururent en foule pour implorer l'assistance des Martyrs de Jésus-Christ (1).

Plus tard, les reliques de saint Cyr et de sainte Julitte furent transférées à Antioche, d'où saint Amateur, évêque d'Auxerre, en apporta en France une portion notable, qui fut partagée entre les villes de Nevers, de Toulouse, de Saint-Amand et plusieurs autres pays de France, où on les honore aujourd'hui (2).

L'église de Tarse est fière d'avoir été le théâtre du martyre de saint Cyr; mais la population volnaisienne se glorifie plus encore d'être placée sous le patronage de l'illustre

---

1. Nous avons emprunté ce récit au livre de Dom Ruinart intitulé : *Martyrum Acta sincera*. Cette légende est tirée d'une lettre de Théodore, évêque d'Icône, d'après un manuscrit grec de la bibliothèque du Roi et un manuscrit latin de la bibliothèque de Colbert.

2. *Vie des Saints*, de Ribadéneira.

enfant; et chaque année, le 16 juin, en célébrant sa fête, elle aime à redire ces paroles :

> Triumphat Ecclesia
> In Tarsi lætitiâ
> Cyrici martyrio.
>
> Lætetur uberius
> Volnesium clarius
> Sancti patrocinio (1).

L'église de Volnay possède un ossement de saint Cyr; la tradition rapporte qu'il vient de la cathédrale de Nevers, qui est aussi sous le vocable de l'Enfant-martyr. En 1735, ce précieux joyau fut enchâssé dans le socle d'un buste doré qui représente le jeune saint. Ce religieux trésor fut soustrait par des mains pieuses aux fureurs de la Révolution, et restitué à notre sanctuaire après la tempête. Le 25 octobre 1864, le vicaire général préposé par Monseigneur Rivet à la garde des reliques du diocèse de Dijon, a reconnu la parfaite authenticité de l'ossement de saint Cyr possédé par l'église de Volnay (2).

O admirable Enfant, glorieux saint Cyr, dont l'invincible foi, transmise jusqu'à nos temps, a si merveilleusement triomphé de la débilité de l'âge, daignez, par votre puissante intercession, éloigner les maux de tous genres de votre terre de Volnay.

> *Tu breves cujus superavit annos*
> *Ultimis virtus spatiosa sæclis,*
> *Pelle Volneis mala cuncta terris*
> *Sancte* Cyrice! (3)

1. Prose de saint Cyr.
2. Voir l'authentique aux pièces justificatives
3. Hymne de saint Cyr.

CHAPITRE III

Saint Flocel, second patron de Volnay.

Volnay a pour patron secondaire un autre Enfant-martyr, saint Flocel : nous célébrons sa fête le dimanche qui suit l'Exaltation de la Sainte-Croix. Nous empruntons la légende de ce saint à cette hymne qui se chantait autrefois dans notre église :

« La terre célèbre aujourd'hui la fête de Flocel ; habitants de Volnay, honorez par une vie sainte celui dont votre temple garde l'un des ossements sacrés.

« Flocel était un enfant plein de l'amour du Christ : à peine eut-il reçu le baptême, que sentant dans son âme l'ardeur du martyre, il destina son tendre corps à être immolé pour la foi.

« Voyez ce héros de dix ans : il accompagne les confesseurs de Jésus-Christ au lieu du supplice ; il les encourage ; il les fortifie. Son zèle l'a signalé aux persécuteurs ; à son tour il est arrêté ; à son tour il tombera comme une sainte et noble victime.

« Ne craignons rien pour le jeune captif, Dieu donne la force à son faible corps, et l'Esprit-Saint soutient sa jeune âme. Dès lors, que pourra contre lui la cruauté du tyran ?

« Flocel méprise les prières et les caresses du juge ; il se rit de ses menaces. Le bourreau sera-t-il plus puissant pour fléchir ce cœur à qui l'amour de Dieu a donné la fermeté du diamant ?

« Non ! C'est en vain que la roue brise les membres du jeune martyr ; c'est en vain que les fouets déchirent son corps ; Flocel tout couvert de sang et de blessures ne loue qu'avec plus d'énergie le Dieu qu'on voudrait lui faire maudire.

« Le bourreau furieux transperce d'un clou la langue et les mains de l'enfant. Il le livre aux bêtes et aux flammes ;

mais, les bêtes et les flammes refusent de le dévorer. Enfin, il tranche de son glaive la tête du confesseur du Christ, et ouvre à cette jeune âme les portes du ciel.

« O Flocel, dont chaque année nous aimons à célébrer le triomphe, obtenez-nous une foi inébranlable comme la vôtre ; et préservez de tous fléaux cette terre de Volnay qui vous a choisi pour patron.

« Gloire au Père Éternel, gloire au Verbe incarné, gloire à l'Esprit-Saint, qui donna à Flocel la force de mourir héroïquement pour son Dieu (1). »

Ce saint enfant endura le martyre vers l'an 215, sous le règne de Caracalla, dans le Cotentin, d'où ses reliques nous sont arrivées, au IXe siècle, comme ces semences précieuses que le souffle des tempêtes jette quelquefois sur de lointains coteaux. En 866, les Normands ayant envahi le Nord de la France et y causant d'épouvantables ravages, les religieux du monastère où reposait le corps de Flocel quittèrent leur pays incendié, et, emportant les reliques du saint, se réfugièrent à l'abri des remparts de Beaune. Pour prix de l'hospitalité reçue, ils laissèrent dans cette ville les ossements du martyr ; et depuis cette époque, le culte de Flocel devint populaire dans nos contrées. Le 9 novembre 1265, le légat Simon de Brie tira du tombeau ces restes sacrés et les fit placer dans une châsse (2). En 1728, une commission composée de prêtres et de médecins ouvrit la châsse du martyr, et dressa l'inventaire des ossements qu'elle renfermait : ce fut, sans doute, dans cette circonstance que l'insigne collégiale de Beaune donna, à l'église de Volnay, un os de son patron secondaire.

Cette sainte relique fut placée, en 1735, dans le buste doré où on la vénère encore aujourd'hui. Le 25 octobre 1864, l'autorité diocésaine a reconnu la parfaite authenticité de cet ossement de saint Flocel (3).

1. Voir cette hymne à la suite de l'off. manuscrit de saint Cyr.
2. Courtépée, tome II, p. 291.
3. Voir l'authentique aux pièces justificatives.

CHAPITRE IV

Saint Vincent de Rome, dont le corps repose dans l'église de Volnay.

Saint Vincent de Rome vécut dans les temps héroïques du christianisme : si nous en jugeons d'après le lieu de sa sépulture, il mourut sur la fin du IIIe siècle ou au commencement du IVe. La catacombe de Sainte Cyriaque, qui reçut ses restes, fut creusée seulement en l'an 260 de Notre-Seigneur.

La vie de ce saint n'est connue que de Dieu et de ses anges : sa fin glorieuse nous donne tout lieu de présumer que cette vie fut belle : en effet, elle devait être riche de foi, d'espérance et d'amour cette âme que le feu de la persécution trouva incorruptible comme l'or.

Vincent était dans la fleur de la jeunesse, lorsqu'il comparut devant les tribunaux de Rome, pour confesser la foi : ses ossements, au témoignage des médecins, indiquent un athlète tombé dans la vigueur de l'âge.

Le courageux jeune homme, les yeux fixés sur le ciel et l'éternité, triompha des séductions et des menaces des juges et de la cruauté des bourreaux; il offrit avec joie au Seigneur, le sacrifice de son corps brisé et de son sang répandu.

Après que le bourreau eut achevé son œuvre, la charité commença la sienne : de pieux fidèles se précipitèrent sur les restes du martyr; ils remplirent un vase de son sang; enlevèrent son corps mutilé et le descendirent, à la lueur des torches, dans l'une des galeries des catacombes. Ils l'ensevelirent près de la voie Tiburtine, dans la catacombe de Sainte-Cyriaque, non loin du sépulcre de l'illustre saint Laurent.

On fit pour Vincent, ce qui s'observait pour les martyrs ; on plaça près de son corps un vase plein de son sang, afin d'apprendre, à ceux qui plus tard verraient son tombeau, que là reposait un héros mort pour Jésus-Christ.

Pendant plus de treize siècles, le corps de Vincent reposa dans cette ville souterraine peuplée de milliers de martyrs : voici comment ce noble citoyen des catacombes vint dans notre Bourgogne.

Le 26 août 1648, dans les troubles des barricades, le chancelier Séguier fut deux fois miraculeusement sauvé des fureurs de l'émeute par l'intercession de Marguerite du Saint Sacrement, carmélite de Beaune, morte quelques mois auparavant en odeur de sainteté (1). Un pareil bienfait demandait un acte solennel de reconnaissance ; aussi, l'illustre ministre vint déposer lui-même l'hommage de sa gratitude sur la tombe de sa protectrice, et fit de magnifiques présents au monastère où elle avait vécu. Parmi ces dons, le corps de saint Vincent, martyr de Rome, fut ce qui réjouit davantage les filles du Carmel.

Le chancelier de France employa son crédit près du Souverain Pontife, pour obtenir cet inestimable trésor : Messire Luc Fermanel, patricien de Rouen, étant allé en pèlerinage à Rome, fut chargé de demander le corps d'un

---

1. Dans ce jour, le chancelier, à la prière de la reine régente, se rendant au Parlement pour calmer les esprits, fut reconnu par les rebelles et eut à peine le temps de se réfugier dans l'hôtel de Luynes. Là, il fut poursuivi par une foule de forcenés que poussait devant elle une masse frémissante de plus de cent mille individus. Douze portes furent successivement enfoncées : le malheureux chancelier, retiré dans un petit cabinet et n'étant plus séparé de ses ennemis que par une frêle porte de sapin, tira de sa poitrine un petit reliquaire qui avait appartenu à Marguerite du Saint Sacrement, et l'appliqua contre la porte, en conjurant la sainte Carmélite de le secourir. Aussitôt des milliers de voix retentirent au dehors de l'hôtel ; disant : « Séguier n'est plus ici !... Il s'est échappé !... » Trompés par ces cris, les émeutiers abandonnèrent leur facile proie, et prirent une autre direction. L'intrépide magistrat sortit bientôt de l'hôtel, et se dirigea vers la reine : il fendit les vagues mugissantes de l'émeute, et arriva sain et sauf au palais, malgré une épouvantable mousqueterie, qui cribla sa voiture « comme une écumoire » (Voyez les Mém. de Mme de Motteville et la vie de sœur Marguerite du Saint Sacrement, par M. Louis de Cissey, p. 226.)

saint au pape Alexandre VII. Par ordre du Pontife, le cardinal vicaire, Martius, évêque d'Albe, descendit dans la catacombe de Sainte-Cyriaque, le 8 septembre 1659, et en tira les restes de saint VINCENT, MARTYR.

Le pèlerin français, chargé de ce précieux dépôt, s'achemina vers son pays : il apporta les saintes reliques à Paris, où il les remit entre les mains d'un envoyé des Carmélites qui revint en Bourgogne.

A l'approche du corps du martyr, la ville de Beaune s'émut : l'allégresse saisit tous les cœurs ; le clergé et le peuple allèrent processionnellement au devant de lui ; et toutes les cloches de la ville firent entendre leurs plus joyeuses volées. Le héros de la Rome chrétienne fit une entrée triomphale dans la cité bourguignonne.

Les saintes reliques furent mises dans une châsse en argent, artistement ciselée, et enrichirent la chapelle du Carmel de Beaune. Pendant cent trente trois ans, le corps de Vincent demeura dans ce sanctuaire qui était, alors, célèbre par le culte de l'Enfant-Jésus et la tombe miraculeuse de Marguerite du Saint Sacrement.

Le repos dont ces ossements jouissaient à l'ombre de l'autel, fut troublé, en 1793, par la cupidité sacrilège des hommes de la Révolution : ils brisèrent la châsse d'argent et rejetèrent les restes sacrés qu'elle renfermait.

Le Seigneur garde les os de ses saints ; une fille chrétienne, Mlle Gabrielle Dembrun, vint courageusement les demander aux profanateurs et les emporta dans sa maison. La présence du saint martyr adoucit, pour cette servante de Dieu, les angoisses de ces jours où Jésus était exilé de la France, et où les chrétiens se cachaient pour prier, comme au temps des catacombes.

En 1809, Mlle Dembrun remit le corps de saint Vincent à un pieux propriétaire de Volnay, M. François Blondeau, surnommé le Saint. Celui-ci le fit déposer dans un magnifique buste en bois argenté, représentant un diacre revêtu de sa dalmatique, et en fit présent à l'église de Volnay.

Mgr Raimond, évêque de Dijon, autorisa la translation de ces reliques : elle se fit le 22 mai 1809. Ce jour fut une fête solennelle pour la paroisse, et un nouveau triomphe pour Vincent. Le corps du martyr, porté sur les épaules des prêtres, quitta la ville de Beaune, et s'avança, entre deux longues files de fidèles, vers Volnay, dont les rues étaient jonchées de fleurs et de feuillage. Le ciel était pur ; un soleil d'or faisait étinceler la châsse et les croix; une douce brise agitait les bannières sur les rangs recueillis d'une foule immense de fidèles ; et les airs retentissaient du chant des hymnes, et du son des cloches de Beaune, de Pommard et de Volnay.

Un demi siècle plus tard, la restauration de la châsse de saint Vincent devint nécessaire ; cette œuvre s'accomplit, à Dijon, avec une rare intelligence. On profita de cette circonstance, pour faire un acte de haute justice ; on donna au nouveau Carmel de Beaune, les trois quarts d'un os du fémur du saint martyr. Le soir de la fête de la Purification de l'année 1858, l'église de Volnay se revêtit de ses plus riches ornements, et se para d'une couronne de lumière, pour célébrer le retour du corps du martyr : l'éclat et les chants de la maison de Dieu rappelaient la cité du ciel lorsqu'elle fête l'arrivée d'un élu (1).

« Volnaisiens, honorez par la sainteté de vos mœurs, celui dont on vénère, dans votre église, les restes sacrés.

>   Cujus in templo veneramur ossa
>   Sancta, viventes celebrate sancte,
>   Volnesienses (2).

1. Nous avons écrit cette notice d'après les actes authentiques renfermés dans le reliquaire de saint Vincent, martyr de Rome. Voir l'authentique aux pièces justificatives.
2. Hymne de saint Flocel.

CHAPITRE V

Reliques de vingt martyrs conservées dans l'église de Volnay.

Le 6 décembre 1749, Benoît XIV donna à l'église de Volnay un ossement de saint Honorat, martyr, et un os de sainte Libérate, martyre. Ils furent extraits de la catacombe de Saint-Calixte et remis par Mgr Sylvestre Mérani, évêque de Porphyre, à M. Nicolas Darier, de Beaune.

L'évêque d'Autun autorisa M. l'abbé Delachère, curé de Volnay, à placer ces restes vénérés dans des reliquaires, en présence de deux prêtres. Ce fut l'occasion de l'une des plus belles fêtes religieuses qu'ait vues Volnay : cette cérémonie se fit, le 16 juin 1751, à la chapelle de Notre-Dame de Pitié, en présence d'un nombreux clergé et d'un immense concours de peuple. La relique de saint Honorat fut déposée dans le petit tombeau du buste de saint Cyr, et celle de sainte Libérate dans celui de saint Flocel. Après que ces sépulcres eurent été soigneusement scellés, les deux reliquaires furent rapportés processionnellement à l'église, par des prêtres revêtus de tuniques et de dalmatiques. M. Darier occupait une place d'honneur dans ce magnifique cortège ; il marchait à la suite des images des patrons de Volnay, tenant les authentiques sur un plat d'argent couvert d'un voile de velours cramoisi.

Les rues du village étaient parées de fleurs et de tentures : « Quand la procession fut arrivée au milieu de la rue de la Chapelle, M. Parigot, seigneur de Santenay, pour révérer les saintes reliques, fit faire une décharge de treize pièces de canon, placées sur la terrasse de sa maison (1). »

---

1. Voir les curieux détails de cette fête au *Manuel des Comptes de la confrérie du Saint Sacrement*, année 1751.

Le 25 octobre 1864, l'un des vicaires généraux de Mgr Rivet, évêque de Dijon, a constaté la parfaite authenticité des reliques de saint Honorat et de sainte Libérate conservées dans l'église de Volnay (1).

En 1750, M. l'abbé Delachère, ayant fait un voyage à Paris, apporta, à l'église de Volnay, sa chère épouse, deux magnifiques écrins remplis de diamants : ce sont les deux reliquaires qui décorent aujourd'hui le grand autel de notre sanctuaire. Ils furent gracieusement remis au curé de Volnay, par un prêtre qui les avait achetés dans la vente des biens d'une communauté des Petites-Cordelières de Paris, qui venait d'être supprimée (2).

Ces reliquaires ont la forme de pyramides ; ils portent deux chérubins à leur base et une colombe à leur sommet ; ils sont ornés de flambeaux et de palmes : chacun d'eux présente quatre tombeaux circulaires parés de couronnes de laurier. L'artiste qui a sculpté ces petits monuments s'est complu à grouper autour des restes des martyrs, tous les insignes de la gloire et du triomphe.

L'un de ces reliquaires contient :

1º Un os de *saint Adrien, martyr*, jeune et brillant officier de l'empereur Maximien, qui étant allé avec son maître dans la ville de Nicomédie, pour exterminer les chrétiens, se convertit, touché par les réponses et la constance des confesseurs de Jésus-Christ, et mourut pour la foi, les entrailles mises à nu par les fouets, les membres brisés avec des marteaux, et les pieds et les mains tranchés par la hache d'un licteur ;

2º Un morceau du *chef de saint Maurice, martyr*, le digne général de cette légion Thébaine qui, en 298, préféra être massacrée tout entière, plutôt que de renier Jésus, et d'obéir à Maximien qui ordonnait de sacrifier aux idoles ;

1. Voir les authentiques aux pièces justificatives.
2. *Supplément aux Prières de Volnay*, ouv. de M. Delachère, p. 34.

3° Un ossement de l'apôtre de notre Bourgogne, *saint Bénigne, martyr*, dont la mort héroïque fut la honte de Marc-Aurèle et la gloire de la ville de Dijon ;

4° Une côte de *saint Venant, martyr ;* cet illustre chrétien, né à Camérino, en Italie, souffrit, sous le règne de Dèce, la flagellation et les torches ardentes ; après avoir eu les dents brisées, avoir été jeté inutilement dans un cloaque et livré aux bêtes, il expira traîné sur des épines et des rochers.

L'autre reliquaire renferme :

1° Un os de *saint Lucie* ou Luce, *martyr ;* Lucius, après avoir été le compagnon d'exil du saint pape Corneille, fut son successeur sur la chaire de saint Pierre ; il subit le martyre en l'an 257 de Notre-Seigneur ;

2° Un doigt de *saint Namase* ou Némèse, *martyr ;* ce saint est sans doute Nemesius, l'un des enfants de cette sainte Symphorose qui eut, comme la mère des Machabées, la gloire de mourir pour la foi avec ses sept fils ; saint Namase expira, en l'an 140, le cœur percé d'une lance ;

3° Un ossement du patron des vignerons, *saint Vincent, martyr*, l'un des héros les plus célèbres de la catholique Espagne : il remporta la palme du martyre, en 303, supportant pour son Dieu les tortures du chevalet, des peignes de fer et du gril ardent ;

4° Une côte de *sainte Euphémie ;* cette vierge, l'honneur de la ville de Chalcédoine, est l'une des plus suaves et des plus radieuses figures du christianisme ; elle réunit sur son front les roses du martyre aux lis de la virginité ; elle expira en 303, sous la dent d'une bête féroce, après avoir souffert avec constance les supplices de la flagellation, du chevalet, des roues et du feu.

En 1841, ces deux reliquaires, ayant besoin d'être restaurés, furent envoyés à Lyon, où Son Eminence le cardinal de Bonald les enrichit encore de saints et précieux joyaux. Il déposa dans le tombeau de la relique de saint Bénigne, des parcelles d'os : de *saint Modestin, martyr*, de *sainte Fulgence, martyre,* de *saint Libérat, martyr,* de *sainte Constance, martyre,* de *saint Jules* et de *saint Cimilien, martyrs.* Il plaça, dans le tombeau de la relique de *saint Vincent*, des fragments d'os : de *saint Justin, martyr,* de *saint Faust* et de *saint Félix, martyrs.* Parmi les nouveaux diamants mis par l'archevêque de Lyon dans l'écrin de l'église de Volnay, le plus magnifique fut un os de *saint Clément, pape et martyr*, disciple de saint Pierre et de saint Paul, et le troisième successeur du Prince des Apôtres : Clément fut martyrisé sous Trajan, en l'an 102 de Notre-Seigneur ; il fut jeté à la mer, d'où son corps fut retiré par les chrétiens.

L'éminent et généreux Pontife ayant déposé avec respect dans leurs tombeaux les reliques anciennes et nouvelles, les expédia munies de son sceau et d'un acte d'authenticité (1).

Le dimanche 7 mars 1841, il y eut, dans la paroisse de Volnay, à l'occasion du retour de ces reliquaires, une cérémonie dont l'éclat rappelait la merveilleuse fête du 16 juin 1751 (2).

1. Voir cet acte aux pièces justificatives.
2. *Notice sur Volnay*, par M. l'abbé Dubois, p. 38.

LIVRE III

Volnay sous les Ducs de la première race

467-1361.

CHAPITRE PREMIER

Volnay pendant les invasions des Barbares

467-966.

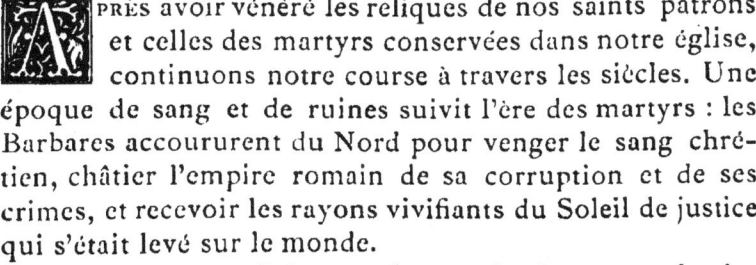près avoir vénéré les reliques de nos saints patrons et celles des martyrs conservées dans notre église, continuons notre course à travers les siècles. Une époque de sang et de ruines suivit l'ère des martyrs : les Barbares accoururent du Nord pour venger le sang chrétien, châtier l'empire romain de sa corruption et de ses crimes, et recevoir les rayons vivifiants du Soleil de justice qui s'était levé sur le monde.

Ce fut alors que l'élément *burgonde* vint se confondre avec l'élément gallo-romain, et former définitivement notre race bourguignonne. En l'an 467, les Burgundes furent introduits par le Patrice Ricimer dans le pays des Eduens, avec le droit de s'approprier les deux tiers des terres et le tiers des hommes esclaves. En retour de ces largesses, les

Burgondes promirent d'assister Rome dans ses luttes avec les autres Barbares.

Volnay reçut sa part de ces défenseurs intéressés ; leur présence est attestée par des médailles et des tombeaux. « L'époque de l'invasion bourguignonne, dit M. l'abbé Dubois, est clairement caractérisée sur notre sol par plusieurs médailles que nous avons entre les mains. En faisant des fossés autour de l'église, en 1839, on rencontra, à trois mètres environ de profondeur, plusieurs rangs de cercueils en pierre : ils renfermaient tous des ossements gigantesques, venant probablement de ces Bourguignons de taille colossale, hauts de sept pieds, au rapport de Paul Orose et de Sidoine Apollinaire, *Burgundio septipes* (1). »

A la fin du siècle qui suivit l'établissement des Burgondes, en 592, l'abbaye de Saint-Andoche d'Autun fut fondée par saint Syagre, évêque de cette ville, et dotée richement par la fameuse reine Brunehaut. Dès l'époque la plus lointaine, ce célèbre monastère posséda un vaste domaine à Volnay : nos chartes les plus anciennes font mention du clos de Saint-Andoche, *Closum Sancti-Andochii* (2). Il était situé entre Volnay et Monthelie, au lieu dit aux Abosses ou aux Abbesses : il contenait environ deux cents ouvrées de vigne. La pieuse abbaye s'occupa activement des intérêts spirituels des pauvres serfs qui cultivaient son domaine ; ce fut elle, probablement, qui créa la cure de Volnay : ce qui lui acquit « *le droit de patronage qu'elle exerça de toute ancienneté sur cette cure,* » jusqu'à la Révolution (3).

Plus tard le vautour voulut dépouiller la colombe ; les biens de l'abbaye et d'autres terres que possédait l'église d'Autun excitèrent la convoitise du comte Albéric ; il les réunit de vive force à son domaine. L'évêque Jonas réclama contre ces iniques spoliations : à sa prière, l'empereur

1. *Notice sur Volnay*, p. 46.
2. Charte de 1207.
3. Expression d'un titre de 1730.

Lothaire, fils de Charlemagne, rendit, en 854, à l'église d'Autun tous ses droits sur Volnay (1).

Dans ces temps malheureux, notre village fut attristé par des brigandages bien autrement lamentables ; Volnay eut sa part dans les immenses désastres qui affligèrent la Bourgogne.

« En 731, les Arabes s'engageant dans les vallées du Rhône et de la Saône, pénétrèrent dans toutes nos montagnes et ne laissèrent que des ruines sur leur passage. Mâcon et Chalon furent saccagés, Beaune et ses environs furent en proie à d'horribles ravages ; Autun et Saulieu virent leurs églises pillées, abattues ou livrées aux flammes. Dijon ne put leur échapper ; l'abbaye de Saint-Seine fut pillée ; on trouve ces terribles destructeurs des deux côtés de la Saône, de la Loire au Jura. Ce fut une immense inondation qui couvrit toutes nos contrées (2). »

Deux fois en moins d'un siècle, en 886 et en 966, les Normands venus des bords de la Baltique pillèrent et incendièrent la plupart des villages de notre province.

En 937, les Hongres ou *Hogres* sortis des bords du Danube, visitèrent à leur tour nos malheureux pays et y laissèrent un nom si redouté que les mères s'en servent encore pour épouvanter les petits enfants.

Pour avoir le fidèle tableau de ces temps désastreux, il faut joindre aux invasions, de sanglantes guerres civiles et des violences de toutes sortes exercées par les forts contre les faibles, par les grands contre les petits ; enfin, il faut ajouter à tous ces maux des pestes et des famines continuelles ; « le xe siècle eut à lui seul dix famines et treize pestes (3). »

Le lecteur nous demandera, peut-être, quelles furent en particulier les douleurs de Volnay, pendant ces cinq cents

---

1. *Abrégé chronologique de l'hist. de Bourgogne*, par Mille, tome II, p. 228.
2. *Hist. de Beaune*, par M. Rossignol, p. 53.
3. Courtépée, tome I, p. 117.

années de souffrances et d'anarchie. Nous lui répondrons : il est impossible de le dire ; nulle époque n'est plus pauvre que celle-ci en documents historiques ; les orages ont tout détruit, les incendies ont tout dévoré. Et quand, après avoir vu passer cette longue et terrible tourmente de cinq siècles, « l'historien se retourne pour chercher la ville ou le village dont il compulse les archives, il ne l'aperçoit plus, ou ne trouve que quelques mots vagues qui attestent l'universelle désolation (1). »

1. *Hist. de Beaune,* par M. Rossignol, p. 54.

CHAPITRE II

Origine du château de Volnay, ses premiers Seigneurs

1000-1249.

En l'an mil, Volnay n'était qu'un misérable village composé de quelques masures : ses habitants, comme ceux des campagnes, étaient *serfs* pour la plupart. La condition de ces hommes était infime : ils ne pouvaient tester contre une personne *franche* ; il leur était défendu de porter les armes ; les nobles leur abandonnaient avec mépris la culture de la terre.

Cette pauvre population volnaisienne eut à souffrir, en 1030, de l'affreuse famine qui désola la France. Des pluies presque continuelles pendant trois ans, détruisirent les récoltes et réduisirent le peuple aux plus cruelles extrémités. « La misère devint si grande la troisième année, qu'en Bourgogne on broutait l'herbe ; on arrachait l'écorce et les racines des arbres ; on dérobait aux animaux leur nourriture ordinaire, et l'on déterrait les cadavres pour s'en nourrir. La peste suivit de près ce terrible fléau : les vivants suffisaient à peine pour inhumer les morts. Enfin la mortalité cessa avec les pluies qui avaient occasionné la famine. Les récoltes furent si abondantes en 1033, qu'elles surpassèrent celles de cinq années entières, au rapport de Glaber, témoin oculaire (1). »

Il existait alors un fléau plus difficile à détruire que la famine, c'était le brigandage. L'Eglise, malgré sa prédication, n'était point parvenue à extirper les instincts de violence et de rapine qui composaient les mœurs de ces hordes barbares dont elle se servit pour la création d'une société

---

1. Courtépée, tome I, p. 118.

nouvelle : elle n'avait point encore fait prévaloir dans ces âmes sauvages les notions évangéliques de la justice et du droit. Aussi, les routes et les campagnes étaient infestées de petits tyranneaux qui dépouillaient les voyageurs et rançonnaient les paysans. On multiplia les croix sur les chemins, pour offrir un asile aux voyageurs : ceux-ci, en cas d'attaque, couraient se réfugier au pied du signe du salut, et là, leurs agresseurs n'osaient les frapper (1). C'est de là qu'est venu l'usage d'élever sur les routes des croix, comme celle que nous voyons près de la chapelle de Notre-Dame de Volnay. Les châteaux se dressèrent de toutes parts pour donner un abri aux infortunés villageois ; ce fut seulement à l'ombre de leurs murailles que les laboureurs et les vignerons purent se livrer aux paisibles travaux des champs. Les paysans, pour avoir la protection de l'épée des seigneurs, leur accordèrent certains droits ; de là, naquit la féodalité.

C'est vers cette époque que fut construit le château de Volnay : comme notre humble bourgade renfermait des produits précieux, elle eut besoin d'une forte armure pour se défendre (2).

Ce château et la plus grande partie des terres de Volnay appartinrent d'abord aux premiers ducs de Bourgogne (3).

Plus tard, ils donnèrent ce fief aux sires d'Antigny, soit à l'occasion d'une alliance de famille, soit pour récompenser de hauts services : ils mirent pour clause, à cette donation, que ce domaine retournerait à la couronne ducale, dès que la famille d'Antigny s'éteindrait sans enfant mâle. Les seigneurs de cette noble maison possédèrent Volnay jusqu'au milieu du XIIIe siècle.

Dans les circonstances solennelles, les ducs de Bourgogne exerçaient personnellement leurs droits de haute

---

1. Courtépée, tome I, p. 116.
2. Nous donnerons au Livre VIII, la description et l'histoire du château de Volnay.
3. Courtépée, tome II, art. Volnay.

seigneurie au château de Volnay. En 1162, nous voyons Eudes II y recevoir le roi Louis VII se rendant à la conférence de Saint-Jean-de-Losne, pour réconcilier le pape Alexandre III avec l'empereur Frédéric Barberousse. La réception fut brillante : le duc alla, avec ses barons, jusqu'à Saint-Romain, à la rencontre du roi de France, qui était accompagné de Henri, comte de Champagne, et d'un grand nombre d'évêques et de seigneurs. Eudes fêta noblement ses hôtes et les conduisit le lendemain dans sa bonne ville de Dijon (1).

Le dernier membre de la famille d'Antigny qui posséda Volnay, fut Philippe, noble seigneur, qui portait sous son armure un cœur plein d'amour pour Dieu et de charité pour ses frères.

Les premiers jours de septembre 1244, il reçut au château de Volnay le frère de saint Louis, Alphonse, comte de Poitiers, et un grand nombre de chevaliers qui avaient accompagné le saint roi et la reine Blanche au chapitre général de l'Ordre de Cîteaux. Ces hôtes vinrent dans notre village pour n'être point à charge au monastère encombré par une foule de nobles visiteurs (2).

Le sire d'Antigny trépassa quelques temps après, en 1249, ne laissant qu'une fille pour héritière.

Le testament de ce baron est un admirable monument de piété chrétienne. Philippe, avant de descendre dans la tombe, pensa à son âme et à celles de ses ancêtres : il fonda pour elles, à perpétuité, des anniversaires dans les principales églises de Beaune, d'Autun et de Chalon ; dans les abbayes de Cîteaux, de Laferté, de Sainte-Marguerite, de Maizières, de Labussière, de Saint-Andoche et de Saint-Martin-d'Autun. Il dota richement toutes ces maisons de prières.

Son amour pour Jésus-Christ dans l'Eucharistie éclata en saintes largesses ; il légua à chaque église, des soixante

1. *Notice sur Volnay*, par M. Dubois, p. 50.
2. *Notice sur Volnay*, par M. Dubois.

terres qui composaient son domaine, un calice du poids d'un marc d'argent et une patène d'égale valeur. Il voulut que les vieux calices et les anciennes patènes qui servaient à ces églises fussent restaurés et donnés aux sanctuaires pauvres du diocèse d'Autun.

Philippe se souvint aussi des preux chevaliers du Temple et de l'Hôpital, dont il avait peut-être partagé les périls aux jours de sa jeunesse : il légua, à chacun de ces Ordres, cent soldées de terre à prendre sur ses biens de Beaune ou de Volnay.

Dans ses aumônes il n'oublia point les pauvres de Jésus-Christ et les lépreux ; il dota les Hôtels-Dieu et les léproseries du voisinage.

Philippe d'Antigny fut, selon ses désirs, inhumé sous le portail de l'église de Cîteaux (1).

1. Arch. de Bourg., charte de 1248.

CHAPITRE III

Hugues Quatre

1250-1272.

Des mains de Philippe, le château et la terre de Volnay revinrent à la couronne ducale. A son retour de la Croisade, où il avait partagé la gloire et les malheurs de saint Louis, Hugues IV, le huitième de nos ducs de la première race, ayant appris que le noble seigneur de Volnay, principal représentant de la maison d'Antigny, était mort sans enfant mâle, revendiqua de suite les fiefs que ce haut baron tenait des ducs de Bourgogne. Hugues appela tour à tour, devant lui, les neveux et la fille unique de Philippe, et leur fit faire cession des domaines que leurs ancêtres tenaient de la couronne.

Nous transcrivons ici les actes d'abandon de ces nobles vassaux à leur redouté seigneur : ces pièces, outre l'importance qu'elles ont pour notre histoire, offrent un curieux spécimen du langage du xiiie siècle, et le lecteur écoutera avec intérêt les premiers bégaiements de notre belle langue française.

« Je Hugues de Antigné, sires de Paigné, et je Henriz de Paigné, sires de Sainte-Croix ses frères, façons savoir à toz ces qui ces lettres verrunt que cum discorde fust sus les choses monseignor Phelippe seignor de Antigné, nostre oncle, qui morz est ; lesquelz choses estoient et sont dou fié le duc de Bergoigne, nostre seignor, por chief de la demoisale qu'on disoit qui estoit fille celui Phelippe nostre oncle. Et les qués choses Hugues, dux de Bergoigne, entendoit que celes choses, qui de son fié estoient, le fussoient eschoites. Nos avons quité et outroié de notre propre bone volunté au dit Hugon, duc de Bergoigne, et ès ses heoyrs (héritiers) permeignaublement (perpétuellement) à toz jors totes les choses que li diz Phelippe et li sien (les siens) avoient ou tenoient avoir ou povoient, en queque menière ce fust, de par lou dit Phelippe, cai en ariés seignor de Antignai : à Voulenay, à Biane et à Monmoyen et ès appartenances.

« Ce fust fait en l'an de l'Incarnation Nostre-Seignor mil dox cens et cinquante, au moys de fevrer (1). »

La cession faite par Flore d'Antigny, dame de Montagu, n'est pas moins curieuse que celle de ses cousins, les sires de Pagny et de Sainte-Croix ; elle est conçue en ces termes :

« Je Florez dame de Antigné, fame Phelipe de Montagu segnor de Antigné et de Gergé, fais savoir à toz ces qui ces letres verrunt ; que je, por le loux et por l'asantement dou dit Phelipe mon mari, a donc quitié, otroié et délivré de ma propre bone volunté ; au noble barun Hugun de Bourgoigne mun segnor et à ses hoirs en permeignauble héritage à toz jors : Volenay, Monmoyen et ce que mes sirs Phelipe de Antigné, qui morz est, avoit et tenoit et devoit tenir et avoir à Beane, et es fenaiges et appartenances des dites trois villes ; en fiez, en justisses, en segneries, en homes, en rantes, en molins, en vignes, en terres, en prez, en pasquiers, en bois, en moisons et totes autres choses, et en totes autres valors et en totes autres issues. Et je, la devant Florez, ai promis, par mon sairement que je a fait corporemant, que ne, por moi ne por autres, desorénavant ne réclamera droiture, ne raisun en ces choses : et que ne, por moi ne por autre, n'en ira encontre cest don. Et ceste quitance que je ai faite, au duc qui est dessus nommez et es siens, por la velunté du dit Phelipe mon mari, et suis tenue sus moi et sur les moies choses garantir à toz jors le duc et les siens, contre totes gens, le devant dit don, et me suis desvestue des choses totes devant nommez et en a

---

1. Arch. de Bourg. charte 1250.

le duc et les siens envestu et mis en corporel possession. En témoignage de ces choses et por ce que eles soient fermes et estables à toz jors je ai bailliés ces letres au duc scèlées de mun scel (1). »

Philippe de Montagu ratifia l'acte passé par sa femme en faveur de Hugues de Bourgogne, et mit, en signe de pleine adhésion, son sceau à côté de celui de Flore d'Antigny.

« Et je li devant diz Phelipes de Montagu a volues, loées et outroiés totes ces convenances, et promis à garder et à tenir en bone foi, et sans aller encontre; et a mis mun scel en ces letres en témoignage de ver ce avec le scel de la dit Florez ma fame.

« Ce fut fait en l'an Notre Segnor mil cc et cinquante et un. »

Devenu possesseur de Volnay, Hugues y établit solidement sa domination; il s'y fit reconnaître seigneur par tous les habitants, même par le plus riche et le plus indépendant, Roger, prévôt de Meursault. Celui-ci, en présence d'Ancelle, évêque d'Autun, mit tous ses biens sous la protection du duc et déclara les recevoir de lui en fief : il réserva seulement le droit de faire garder ses héritages, de vendanger quand il lui plairait, et de conserver inviolable la fidélité qu'il avait jurée à la maison d'Antigny (2).

Roger avait des dettes considérables, contractées probablement dans les luttes héroïques de la dernière croisade; pour se libérer, il vendit au duc une grande pièce de vigne sise près de la Léproserie de Meursault, et deux autres situées en Champan et en Cailleray (3).

Hugues acheta des bras pour cultiver son domaine de Volnay; en 1253, Jean de Pommard lui vendit, moyennant deux cents livres dijonnaises, tous ses hommes taillables, au nombre de trente : parmi ces malheureux serfs, figuraient trois individus de la Grange-au-Vagey (4).

1. Arch. de Bourg. charte de 1251.
2-3. Arch. de Bourg. charte de 1251 et de 1259.
4. Archives de Bourgogne.

Pour défendre ses vassaux et ses terres, le duc rebâtit la tour de Volnay et la rendit capable de résister aux assauts de l'ennemi. Ce prince trouva notre coteau si bien situé, ses eaux si limpides, son atmosphère si pure, son horizon si vaste, ses vins si délicats et tous ses produits si savoureux, qu'il agrandit le château et en fit une délicieuse demeure ducale.

Il aimait ce séjour; et, pendant les vingt-deux ans qu'il fut seigneur de Volnay, il y passait avec sa famille une partie de la belle saison et le temps des vendanges.

Les pauvres qui se présentaient à la porte du château de Volnay remarquaient, parmi les nombreux enfants du duc, la pieuse et charitable Marguerite de Bourgogne qui, plus tard, épousa Charles d'Anjou, roi de Sicile et mourut en odeur de sainteté, en 1308.

Hugues, au retour d'un pèlerinage à Saint-Jacques de Compostelle, fit son testament à Villaines-en-Duesmois, et y mourut, en 1272, à l'âge de soixante ans (1).

1. Courtépée, tome I, p. 139.

CHAPITRE IV

Robert Second et Volnay au Treizième siècle

1272-1305.

En mourant, le dernier duc léguait Volnay à son plus jeune fils, Hugues, qu'il avait eu d'un second mariage avec Béatrix de Champagne : ce jeune seigneur posséda cette terre seulement pendant douze années ; il s'éteignit sans laisser d'enfant, et ce domaine passa à Robert II.

Robert II, fils de Hugues IV et de Yolande de Dreux, petite-fille de Louis le Gros, aimait Volnay ; il y avait passé d'heureuses journées dans son enfance et sa jeunesse, et il y avait été proclamé duc de Bourgogne en 1272. Ce jour fut l'un des plus mémorables de notre histoire ; le château reçut dans son enceinte : Béatrix de Champagne et les membres de la famille ducale, les hauts dignitaires du clergé et les principaux barons de la province ; tous vinrent présenter leurs hommages au nouveau duc et lui faire serment de fidélité (1).

Peu de mois après l'avènement de Robert au duché, en 1273, notre village fut plongé dans le deuil, à la suite d'un violent incendie qui dévora la ville de Beaune. Les maisons construites en terre et en bois, selon la coutume de cette époque, devinrent une proie facile pour les flammes : les églises seules se tinrent debout, comme d'invulnérables géants, au milieu de cette ardente fournaise (2).

Les années suivantes, le peuple, la noblesse et le clergé murmurèrent beaucoup des fréquents changements que le

---

1. Arch. de Bourg. Maison de Bourg. comptes.
2. *Hist. de Beaune*, par M. Rossignol, p. 140.

duc fit subir à la monnaie sortie de ses ateliers ; ces changements rendaient encore plus pénibles les transactions commerciales, qui déjà étaient difficiles, à cause des six divers coins qui avaient cours en Bourgogne. Tantôt, dans les paiements, on présentait la livre ducale, tantôt celle de Paris qui n'avait pas le même titre que celle du duché ; tantôt les livres de Tours, de Vienne et des églises Saint-Etienne de Dijon et de Besançon qui avaient leur valeur distincte. Robert fit droit aux plaintes de ses sujets ; en 1282, il passa, en présence de Renaud de Volnay, archiprêtre de Beaune, un marché avec Jehan de Vèzelai, pour la fabrication d'une monnaie uniforme et de bon aloi, jusqu'à la somme de quinze milliers de gros (1).

Le nouveau seigneur de Volnay s'appliqua, comme son père, à étendre son domaine. A cette époque, notre village avait sa noblesse : Guillaume d'Aubigny, Roger de Volnay, Roger de Champlitte étaient gentilshommes ; Guillaume-le-Poileux, Jean Petit et Gélyet étaient chevaliers ; Guiot avait le titre d'écuyer. Presque tous ces hommes s'étaient ruinés, en allant, sans doute, aux expéditions lointaines de la Syrie et de la Palestine ; ils furent obligés de vendre leurs terres qui accrurent le domaine du duc de Bourgogne. Suivons ces ventes, elles nous prouveront avec quelle fidélité nos climats ont gardé leurs anciens noms.

En 1295, « Guillaume d'Aubigny, pour se libérer de dettes et d'usures graves, vendit, moyennant trois cents livres viennoises, au duc Robert : trois familles d'hommes, cinquante-trois ouvrées de vigne, un fief de vingt-deux autres ouvrées, une rente annuelle de deux muids (tonneaux) de vin, onze sous de cens annuel, le droit d'établir un vignier ; une maison avec sa manse, son fond, ses appendices et dépendances, trois grandes cuves et un foudre de six pièces. » Dans cet acte, nous voyons figurer nos climats les plus en renom : Boussetort, Talepied, la

---

1. *Hist. de Bourg.*, par dom Plancher, tome II, p. 83.

Quarelle et la Piture (1). Après cette vente, la famille des Aubigny disparut à jamais de notre village.

La même année, les biens des deux Roger tombèrent entre les mains du duc : celui de Champlitte vendit cent ouvrées de vigne en Chevrey ; et celui de Volnay se dessaisit : « de sa maison, de ses terres arables, de ses rentes, de ses cens et de deux *maignies* (ménages) d'hommes (2). »

En 1300, « Gélyet de Volnay, chevalier, vendit à Robert, pour quinze livres tournois, son sauci de Coulouseyn, afin de se libérer de dettes contractées près des juifs et des chrétiens (3). »

La même année, « Béatrix, fille de Guillaume-le-Poileux, céda au duc, pour la même cause, moyennant cent quarante livres tournois, une rente de vingt livres que son père prenait chaque année sur la taille des hommes de Volnay (4). »

Robert épousa Agnès, fille de saint Louis ; il en eut neuf enfants : au temps des vendanges et des chasses, cette noble famille se plaisait à résider dans le *chastel* de Volnay. Parmi les fils de Robert, deux lui succédèrent dans le duché ; et parmi ses filles, deux furent reines de France : Marguerite épousa Louis le Hutin, et Jeanne fut mariée à Philippe de Valois.

Le duc mourut à Vernon-sur-Seine, en 1305 ; il fut inhumé à Cîteaux. Quarante-trois ans plus tard, sa tombe s'ouvrit pour recevoir le cœur de la reine Jeanne, sa fille. Cette héroïque princesse, digne descendante de saint Louis, succomba en soignant les malades dans une peste qui moissonna la moitié de la France, en 1348 (5).

Dans les dernières années de Robert II, finit le XIIIe siècle, l'un des plus beaux de nos annales. On peut

1. Archives de Bourg.
2. Archives de Bourg.
3. Archives de Bourg.
4. Archives de Bourg.
5. Courtépée, tome I, p. 143.

appeler ce temps, le siècle de saint Louis; car il eut, comme ce grand roi, l'amour des Croisades, des fondations religieuses et le goût de la belle architecture. En étudiant l'histoire de Volnay, nous trouvons, à cette époque, des signes frappants de ce triple amour.

Notre humble village prit une part active à ces combats de géants, qui sauvèrent l'Europe des ténèbres et des hontes de l'islamisme : l'un de ses plus illustres seigneurs, Hugues IV, fut le compagnon de saint Louis; parmi ses habitants, quelques-uns se trouvèrent mêlés aux soldats qui immortalisèrent les champs de Mansourah et de Tunis. Plusieurs de nos gentilshommes volnaisiens, prenant pour devise ces mots : « Honneur passe Richesse, » achetèrent au prix de leur fortune la gloire de combattre sous l'étendard de la Croix. Nous aimons la pauvreté à laquelle furent réduits, après les Croisades, les Aubigny, les deux Roger, les Guillaume et les Gélyet : et en voyant passer ces nobles chevaliers, nous nous découvrons en nous écriant : « Honneur aux Preux! »

Outre le sang de ses enfants, Volnay fournit aux guerres saintes son or et ses biens; il donna largement pour former la solde des plus valeureux champions de la Croix : les chevaliers de l'Hôpital et du Temple. Philippe d'Antigny leur légua, en 1248, deux cents soldées de terre; « en 1207, Pierre Hodemère fit don, à Dieu et aux frères de la milice du Temple, du cens qu'il percevait sur trois vignes de Volenay; » « en 1259, Etienne, clerc de l'église de Volenay, laissa aux Templiers, pour le remède de son âme et de celles de ses ancêtres, un demi-muid de vin et la moitié des fruits de deux pièces de vigne qu'on lui desservait annuellement (1). »

A cette époque, l'agriculture avait ses chevaliers comme la guerre; les moines de Cîteaux fécondaient nos déserts, et transformaient en florissantes campagnes les landes, les

---

1. Les titres de ces donations sont aux archives de Bourg.

forêts et les marais qui couvraient la France. Ces hommes de Dieu imprimaient, par leur génie, une marche progressive à toutes les branches de l'agriculture; et ennoblissaient, par leur sainteté, le travail des champs qui, jusque là, avait été abandonné, avec mépris, aux esclaves et aux serfs. Nos pères comprirent la mission providentielle des enfants de saint Bernard; aussi les voyons-nous multiplier les dons en leur faveur : « en 1225, Seguin de Volenay, chevalier, libéra, pour le remède de son âme, les vénérables de Cîteaux du cens qu'il percevait sur leurs vignes; » « Robelin Bataillard leur donna dix sous de cens sur sa vigne de Luirey; » « en 1248, Philippe d'Antigny leur légua, pour le repos de son âme et celui de ses ancêtres, toute la part des dîmes qu'il prélevait sur Volenay (1). »

L'abbaye de Maizières, fille de Cîteaux, était venue se fixer dans notre voisinage; elle eut également part aux largesses de nos aïeux : Ode de Richebourg lui donna sa vigne de Combe (1215); Jean de Pommard lui céda la sienne de Vaucurien; Pacaud la sienne de Volenay (1219); « Réveillon, pour le salut de son âme, fit présent à Dieu et à Notre-Dame de Maizières d'un demi-muid de vin à prendre annuellement sur sa vigne de Combe (1247); » Philippe d'Antigny laissa par testament à cette maison religieuse, cent soldées de terre de son domaine de Volnay (1248) (2).

Dans ce même temps, des donations furent faites, par nos Volnaisiens, à l'insigne collégiale de Notre-Dame de Beaune : ce sanctuaire était alors célèbre par de fréquents miracles; nous en citerons un opéré en faveur d'une pauvre femme de Volnay.

« En l'an 1290, le samedi avant la fête des apôtres saint Philippe et saint Jacques, dit un vieux chroniqueur, il se trouvait à Volenay une femme appelée Huguette, courbée

---

1-2. Les titres de ces donations sont aux archives de Bourgogne.

depuis cinq ans. Elle fit, à Dieu et à la glorieuse Vierge Marie, vœu de visiter le plus tôt qu'elle pourrait l'église Notre-Dame de Beaune. Elle fit ensuite appeler ses voisins, les priant, pour l'amour de Notre-Seigneur, de lui prêter une voiture afin qu'elle pût accomplir son vœu. Ne trouvant personne qui voulût lui rendre ce service, pleine de foi, elle invoqua le secours de la bienheureuse Vierge Marie : aussitôt elle sortit de son lit entièrement redressée, et le jour même vint à pied à Notre-Dame (1). »

A côté de l'insigne collégiale se trouvait une église placée sous le vocable de saint Etienne : cet édifice rappelait d'anciens et pieux souvenirs ; il s'élevait sur les ruines du premier autel chrétien, à Beaune ; il était bâti sur le lieu qui fut, pour nos contrées, le berceau de la Foi. Les Arabes ayant renversé, en 731, l'antique sanctuaire de Jésus-Christ, Eudes, vicomte de Beaune, et Ingola son épouse le reconstruisirent, « pour le remède de leurs âmes et la gloire du Sauveur, » en l'an mil ; ils y attachèrent un prieuré, dont ils confièrent la desserte aux moines de l'abbaye de Saint-Bénigne de Dijon. Les Volnaisiens voulant remercier Dieu du bienfait du Christianisme, et honorer le Prince des Martyrs, dont la plus populeuse de leurs rues porte le nom, firent aussi des donations au prieuré de Saint-Etienne ; parmi elles, on en remarque une du bon duc Hugues IV (2).

Le XIIIᵉ siècle eut le génie de l'architecture religieuse ; c'est lui qui nous a légué ces églises sveltes et aériennes, dont les colonnes s'élancent au ciel, comme la prière ; dont les voûtes et les ogives se courbent devant Dieu, comme l'adoration. A cette époque, Volnay, saisi du mouvement artistique et chrétien qui transportait les âmes, rebâtit sa vieille tour, agrandit son château et éleva la chapelle ducale de Saint-Barthélemi.

Les Volnaisiens du XIIIᵉ siècle firent comme les enfants

1. Manuscrit de la Bibliothèque de Beaune.
2. Archives de Bourg. chartes de 1250.

d'Israël traversant le Jourdain, ils dressèrent des pierres en souvenir de leur passage : ces pierres ont formé un monument durable, c'est notre vieille église. Un élan tout religieux présida à la construction de cet édifice : le riche et le pauvre, les vieillards, les femmes et les enfants se mirent à l'œuvre, chacun fut heureux d'apporter sa pierre au temple du Seigneur. Le chant des psaumes et des cantiques se mêlait au bruit des marteaux et des chariots. Il sortit de ce travail une masse imposante par son élévation et sa solidité, un monument aux lignes fortes et sévères.

Les hommes qui élevaient à Jésus-Christ un temple si durable, se contentaient pour eux de huttes de terre et de bois, fragiles comme des nids d'hirondelles : ils se souvenaient que l'homme, ici-bas, n'est qu'un voyageur et que Dieu seul demeure éternellement. Une autre cause explique la solidité donnée à notre église ; c'est que, dans ces siècles troublés, elle était destinée à être non-seulement la maison de prière, mais encore le lieu de refuge, où le peuple devait se retirer à l'approche des bandes dévastatrices. D'anciens titres portent que : « Volenay a une tour forte et une église forte (1). » On cachait dans le sanctuaire les objets que le château ne pouvait contenir ; le beffroi servait de lieu d'observation ; les baies, alors très étroites du temple, se changeaient en meurtrières, et les portes en barrières infranchissables. On voyait encore, en 1884, dans l'embrasure des portes, les ouvertures où se mettaient les solives transversales qui servaient autrefois à barricader l'église (2).

1. Recherche des feux de 1442. Archives de Bourg.
2. Nous donnerons, au livre VIII, la description et l'histoire de ce monument.

CHAPITRE V

La duchesse Agnès et ses fils

1305-1327.

Robert pourvut aux intérêts d'Agnès son épouse; il lui composa, avant de mourir, un douaire dont notre village et d'autres riches domaines faisaient partie.

La fille de saint Louis fut pendant vingt-deux ans châtelaine de Volnay. Elle eut pour cette terre une prédilection qu'expliquent le souvenir de Robert, qui avait aimé ce séjour, et la présence de la chapelle de Notre-Dame-de-Pitié, mentionnée dans les chartes de cette époque.

La couronne ducale fut pour Agnès une couronne d'épines : cette royale princesse passa de longues années dans un douloureux veuvage; elle vit mourir deux de ses fils, Hugues V, et Louis, prince d'Achaïe; puis un jour, on lui annonça que Marguerite sa fille, détenue prisonnière à Château-Gaillard, en Normandie, avait été étranglée par ordre de Louis-le-Hutin, son époux (1). Il fallait de religieuses consolations pour soutenir cette noble femme; elle allait les puiser à la chapelle de Volnay, près de l'autel de Notre-Dame-de-Douleur.

Pendant dix années, Agnès gouverna la Bourgogne sous le nom de Hugues V, son fils mineur. Cette tutelle fut sage comme celle de Blanche de Castille : la duchesse consacra ces années aux soins de sa famille et au bonheur de ses sujets.

Ce fut dans ce temps, que se termina le long et célèbre procès des Templiers : l'Ordre fut aboli, en 1311 ; Jacques Molay, le grand maître, et plusieurs chefs furent condam-

---

1. Courtépée, livre VI, p. 143.

nés au feu. Cette sentence causa une profonde sensation à Volnay ; l'Ordre avait des propriétés dans notre village, et Molay avait été créé chevalier dans la chapelle Saint-Jacques de Beaune. Les Templiers qui avaient reçu leur règle de saint Bernard, et qui, jusque-là, avaient eu la gloire de former, dans les Croisades, l'avant-garde de l'armée chrétienne, étaient devenus indignes de porter les insignes de leur Ordre : le manteau blanc et la croix rouge, symboles de la pureté des mœurs et de la foi chrétienne. Au sein de l'abondance et sous le ciel énervant de l'Asie, ces hommes finirent par contracter les mœurs abominables de Sodome et devinrent plus ennemis du Christ que le musulman. Il fut démontré dans le procès, qu'au jour de leur réception, ils reniaient Dieu et crachaient sur les images de Jésus et de sa Mère (1). Les biens que les Templiers possédaient à Volnay passèrent aux chevaliers de l'Ordre de Saint-Jean de Jérusalem.

Hugues V avait grandi sous la tutelle de sa mère : les leçons d'Agnès, la douceur et la bienfaisance naturelles au cœur du jeune prince promettaient des jours heureux à la Bourgogne : le duc était déjà chevalier, il allait s'unir à Jeanne, fille de Philippe-le-Long, sa fiancée, lorsqu'il mourut au château d'Argilly en 1315 (2).

Eudes et Louis élevèrent des prétentions sur la succession de leur frère. Des débats sanglants étaient à redouter ; Agnès parvint, par sa prudence, à dissiper tous ces nuages ; Volnay fut le théâtre de cet heureux arrangement. Le jeudi après l'octave de la Nativité de saint Jean-Baptiste, la princesse réunit ses deux fils dans son chastel et interposa son autorité de mère. Eudes céda à son frère le château de Duesme, avec quatre mille livres de rente, la principauté d'Achaïe et de Morée, et le royaume de Thessalonique (3) ;

1. Voyez le procès des Templiers, doc. inédits sur l'Hist. de France.
2. Courtépée, tome I, p. 144.
3. Cette principauté et ce royaume avaient été donnés par Beaudoin, empereur de Constantinople, à Hugues IV, quand il accompagna saint Louis à la Croisade.

Louis, content de la part qui lui était faite, renonça à la succession de Hugues et reconnut Eudes pour seigneur de la Bourgogne (1).

Le nouveau duc fit dans cette année 1315, un long séjour à Volnay; il y reçut l'hommage d'un grand nombre de hauts et puissants barons (2).

Louis le Hutin étant mort sans enfant mâle, Eudes et Agnès prétendirent que la couronne de France devait appartenir à Jeanne, fille de Louis et de Marguerite de Bourgogne. Agnès, qui avait grandement à cœur les intérêts de sa petite-fille, délégua, par des lettres datées de Volnay, Jehan de Froslois et Guillaume de Mello, tous deux en grand renom d'éloquence et de prud'homie, et les envoya devant les pairs du royaume plaider la cause de la noble orpheline. La mission de ces seigneurs fut infructueuse; le régent Philippe-le-Long, ayant fait valoir que la loi salique ne permettait pas aux femmes d'hériter de la couronne de France, se fit reconnaître pour roi. Agnès voulut, néanmoins, récompenser les efforts du sire de Froslois; en 1317, elle lui fit une donation sur Volnay (3).

Il était donné à la Tour de Volnay d'être témoin des principaux arrangements de la famille d'Agnès. Louis, prince d'Achaïe, étant décédé sans enfant, la duchesse pressentit la fin prochaine de la Maison de Bourgogne; pour prévenir ce malheur, elle fit marier Robert son plus jeune fils qui, sans doute, avait peu de vocation à la vie religieuse, à laquelle il avait été voué par son père mourant. Le 28 octobre 1320, Eudes et Agnès déclarèrent, par des lettres datées de Volnay, que leur désir était que Robert fût marié. Le duc donna en apanage, à son frère, des biens provenant de la succession de Hugues et de Louis, et lui assura une rente de cinq cents livres sur Grignon, Pouilly, Saint-Romain, Montagny, Lucenay et Duesme (4).

Robert épousa Jeanne de Chalon, qui lui apporta le

1-2-3-4. Archives de Bourgogne,

comté de Tonnerre. Dieu ne bénit point cette alliance, le jeune prince s'éteignit sans postérité, en 1334 (1).

Agnès mourut en 1327 ; elle fut inhumée à Cîteaux, près de Robert son cher seigneur : le trépas de la fille de saint Louis causa un grand deuil au peuple de Volnay qui se souvint longtemps de la bonne duchesse.

1. Courtépée, tome I, p. 143.

CHAPITRE VI

Eudes Quatre

1327-1349.

Eudes, en devenant maître de Volnay, sembla hériter de l'amour de sa mère pour cette demeure ducale. Il fit magnifiquement restaurer « les salles de son hostel et la chapelle de Saint-Barthélemi ; il reconstruisit la grange de Coulézain (1). »

Cette époque fut la plus florissante du domaine ducal ; nous pouvons juger de la quantité de ses vignes et de l'étendue de sa prairie, par le nombre des ouvriers qu'on y employa en 1342. Le châtelain de Volnay, Hugues de Chanceaux, prit trois cent quatre-vingt-dix hommes pour tailler les vignes, et quatre cent quatre pour « les *fessonner* du premier coup. » Il se servit de deux cents ouvriers pour « *étroncher* les saules de la prairie de Coulézain et en faire des paisseaux (2). »

Pendant ce règne, il y eut, presque chaque année, le 24 août, grande liesse à l'hôtel ducal : Eudes y venait, avec la duchesse et ses principaux officiers, célébrer la fête de saint Barthélemi, patron de la chapelle du château. Ces fêtes étaient splendides, à en juger par les comptes de l'échanson de Monseigneur.

La plus magnifique fut celle de 1336. Les principaux seigneurs de Bourgogne s'y trouvèrent pour faire honneur au duc qui devait recevoir la visite du roi de France. Pendant plusieurs jours, le peuple de Volnay fut employé à réparer le chemin depuis Saint-Romain à la Grange-au-

---

1. Archives de Bourgogne, Comptes des ducs.
2. Archives de Bourgogne, Comptes des ducs.

Vagey, par où devait arriver le royal voyageur. Eudes, la duchesse, leurs barons et le bon peuple de Volnay, en habits de fête, se portèrent à la rencontre du Roi. Quand Philippe de Valois apparut, au milieu d'un brillant cortège de chevaliers et de seigneurs, Eudes et sa dame l'accueillirent avec cordialité; ils lui demandèrent avec émotion des nouvelles de la reine, leur chère sœur, Jeanne de Bourgogne. La noblesse et le peuple saluèrent le Roi au cri mille fois répété de Noël! Noël!

Il y eut plusieurs jours de fête au château de Volnay. Notre chroniqueur ne nous dit point s'il y eut des joûtes et des tournois entre les chevaliers de France et de Bourgogne; seulement, il observe que « le vallot de la bouteillerie de Monseigneur eut grandemant à faire » : treize tonneaux de vin coulèrent pour célébrer la bienvenue du Roi.

Il paraît que le Volnay fut trouvé du goût de Philippe et de ses barons; nous voyons Eudes ordonner à son châtelain d'en envoyer soixante-douze tonneaux dans ses résidences d'Argilly, de Talant et de Rouvres, où devaient se continuer les fêtes de la réception royale (1).

Après ces années de paix et de prospérité, des jours d'épreuves vinrent pour Eudes et la Bourgogne.

La guerre, d'abord, désola la Province.

Le duc avait épousé Jeanne, fille de Philippe-le-Long : cette princesse était, par sa mère, petite-fille d'Othon, dernier comte palatin de Bourgogne, et son unique héritière. La mère de Jeanne étant morte, les comtés de Bourgogne et d'Artois échurent à Eudes (2). Cette succession fut difficile à recueillir. Les barons de la Comté se liguèrent pour ne point reconnaître la domination du duc. Pendant de longues années, leur chef, Jean de Chalon, soutenu par l'or du roi d'Angleterre, et secondé par les seigneurs de

---

1. Archives de Bourgogne, Comptes de la Maison ducale en 1336.
2. Courtépée, tome I, p. 146.

Lorraine guerroya contre Eudes, avec des alternatives de succès et de revers.

Quand Philippe de Valois fut passé, les caves du château de Volnay se vidèrent entièrement, pour alimenter « les chevauchiers de Monseigneur qui combattoient outre Saône (1) » Eudes qui savait combien les gens de notre village lui étaient indispensables pour la culture de son domaine, les exempta de prendre part à cette lutte longue et sanglante : mais, comme ses finances étaient en mauvais état, en 1346, il exigea d'eux la somme de « vingt livres pour cause de non auler aux guerres de Comtez (2). »

D'autres maux vinrent se joindre aux horreurs de la guerre. En 1347 et en 1348, deux famines se succédèrent. En 1349, des tremblements de terre et de furieux ouragans renversèrent plusieurs villages. Enfin, la *peste noire* fit son apparition dans nos contrées ! Venue du fond de l'Orient, elle parcourut les montagnes, les plaines et les vallées : son souffle de mort pénétra partout, il frappait indistinctement les hommes et les animaux. Dès qu'on remarquait sur le malade des taches livides, on s'éloignait avec effroi : il n'y avait point de remède pour lui, il n'avait plus qu'à se préparer à mourir. Ce fléau dévora presque toute la population bourguignonne. Un poète contemporain a caractérisé dans ces vers funèbres l'année de la grande mort, comme l'appellent les chartes de l'époque :

> En mil trois cent quarante-neuf
> De cent ne demeuraient que neuf.

Presque toute notre population volnaisienne périt ! Et l'année suivante, quand le châtelain voulut faire cultiver les vignes du duc, il lui fallut aller au loin requérir, de vive force, des ouvriers (3).

---

1. Archives de Bourgogne, Comptes de 1336.
2. Archives de Bourgogne, Comptes de 1346-47.
3. Archives de Bourg. Comptes de 1350. — Courtépée, tome I, p. 147. — *Histoire de Beaune*, par M. Rossignol, p. 217.

Le bon duc Eudes mourut lui-même l'année de la *grande mort* : il trépassa dans la [ville de Sens et fut inhumé à Cîteaux. Il aima tendrement nos pères : nul, parmi les ducs, ne séjourna si souvent ni si longtemps dans le châtel de Volnay. Ce prince avait une prédilection si marquée pour le petit peuple, que les fiers barons de la Comté lui reprochaient de n'avoir d'égards que pour les *vilains* (1).

1. *Histoire de Beaune*, par M. Rossignol, p. 214.

CHAPITRE VII

Philippe de Rouvres et Volnay au Quatorzième siècle

1349-1364.

Eudes n'eut que deux fils : Philippe, marié à Jeanne de Boulogne, lequel périt, en 1346, au siège d'Aiguillon sur la Garonne, en combattant sous la bannière de France; et Jean, qui mourut dans ses premières années.

Philippe de Rouvres, fils du jeune prince tombé sur les bords de la Garonne, n'avait que cinq ans lorsque Eudes, son aïeul, lui laissa le gouvernement du duché, sous la tutelle de Jeanne de Boulogne. Cette femme, sentant sa faiblesse, en présence des redoutables barons de la Comté, se réfugia entre les bras de Jean, fils aîné de France; elle l'épousa en 1350. Cette alliance ne fit qu'augmenter les périls de la Bourgogne, en lui donnant pour ennemis les Anglais, ces terribles adversaires du roi Jean.

Immédiatement après ce mariage, nous voyons le royal époux de la duchesse faire acte d'autorité à Volnay : c'est sous son scel et son contrôle que tous les actes publics sont passés.

La régence du roi Jean fut un temps malheureux pour nos pères.

Nos pauvres vignerons avaient été cruellement décimés par la peste noire; ils ne suffisaient plus à la culture du domaine ducal, et, pour comble de malheur, ils ne trouvaient personne pour les aider dans leurs travaux. En 1350, le printemps allait finir et les vignes n'étaient pas même taillées. Le châtelain, voyant qu'il ne pouvait se procurer des ouvriers « ni pour deniers ni pour sous, à cause que la grande mort et l'armement des places fortes avaient rendu les campagnes désertes, » obtint du gouverneur de Bourgogne le pouvoir de prendre de force des hommes partout où il pourrait en rencontrer. Il chevaucha pendant sept ou huit jours, avec le prévôt de Beaune et trois de ses sergents, avant de réunir assez d'ouvriers pour tailler et piocher du premier coup les vignes de Monseigneur (1).

Dans cette année et les suivantes, un surcroît d'impôt s'ajoute au surcroît de labeur qui pèse déjà sur nos Volnaisiens; les comptes du fisc déclarent que leur taille est plus forte parce qu'il y a faible monnaie.

En 1355, il y a grande alerte dans notre bourgade : le maïeur de Beaune lève sa bannière, et le châtelain de Volnay reçoit ordre d'armer ses gens et de faire bonne garde pour n'être point surpris par Thibault de Faucogney, le chef des barons de la Comté, qui se dispose à franchir la Saône (2).

L'année suivante, nos pères furent appelés à combattre un ennemi plus redoutable. Le roi Jean, pour repousser les Anglais qui ravageaient la France, manda sous sa bannière tous les Bourguignons de dix-huit à soixante ans (3). Les Volnaisiens étaient particulièrement obligés de répondre à cet appel, comme *hommes liges du duc*. Les troupes de Bourgogne réunies à celles de France furent écrasées sous les murs de Poitiers, où le roi Jean fut vaincu et fait prisonnier.

Cette défaite jeta l'effroi dans le duché. Dès le lendemain de cette fatale journée, les habitants de Volnay se mirent à travailler avec ardeur aux murailles de leur petite forteresse qui venait d'être endommagée par un violent tremblement de terre. Ils employèrent quatre-vingts gros chênes dans les réparations qu'ils firent à la tour et au chastel (4).

1. Archives de Bourg. Comptes de 1350-51, p. 15
2. *Histoire de Beaune*, par M. Rossignol, p. 218.
3. *Histoire de Beaune*, par M. Rossignol, p. 219.
4. Archives de Bourg., comptes de 1356.

La crainte que l'on avait des Anglais était fondée : en 1359, ils se présentaient aux portes de la Province; ce fut en vain que la noblesse et les hommes d'armes essayèrent de les arrêter au combat de Brion-sur-Ource. Les Bourguignons furent vaincus, et pendant trois mois le nord du duché fut livré aux fureurs de nos impitoyables ennemis. La Bourgogne, pour s'arracher de leurs mains, fut obligée de payer deux cent mille florins ou moutons d'or, environ trois millions de notre monnaie. Cette énorme rançon vint encore augmenter la taille de nos Volnaisiens (1).

Ce fut au milieu de ces troubles que Philippe, ayant atteint sa majorité, prit, en 1360, le gouvernement du duché. Il partit aussitôt chercher Marguerite de Flandre, sa fiancée. Il l'amena dans le château de Rouvres, où il était né et où il mourut peu de temps après son arrivée, en 1361, à l'âge de seize ans. « Il vécut peu, dit Dom Plancher, mais il fut longtemps regretté. » Un excellent naturel et de grands malheurs lui avaient conquis l'affection de ses vassaux et de ses sujets (2).

En lui s'éteignait la première race de nos ducs : ces seigneurs possédèrent Volnay cent dix ans; de 1251 à 1361, ils eurent une prédilection marquée pour ce village.

Arrêtons-nous un instant, pour étudier Volnay et ses habitants au xive siècle, pendant la domination des ducs de la première race.

Une grosse tour et un magnifique chastel s'élevaient à l'entrée de notre village pour lui servir d'armure et de bouclier. Volnay n'avait pas la physionomie douce et paisible que nous lui voyons aujourd'hui : mais, le château, avec ses fossés pleins d'eau, son pont-levis, ses murailles et ses tourelles, lui donnait l'aspect d'un bourg féodal.

1. Courtépée, tome I, p. 150.
2. Courtépée, tome I, p. 150.

Les maisons de nos pères étaient basses et de chétive architecture; la plupart étaient construites en terre et en bois. Les rues étaient tortueuses et étroites : plusieurs, comme celles des Montrousseaux et des Gébers, ont disparu. Toutes aboutissaient à l'église qui était le cœur du village, et qui étendait sur lui son ombre sainte et protectrice.

Le sol n'était pas la propriété exclusive des hauts et redoutés seigneurs de Bourgogne; à côté du domaine ducal, plusieurs Volnaisiens possédaient une humble demeure et un modeste héritage : seulement, la plupart de ces biens étaient sujets à un droit de taille, comme les nôtres sont frappés par le fisc.

La taille se payait à la Saint-Barthélemi (24 août); elle était fixée par le châtelain, qui prenait pour base l'abondance ou la pénurie de la récolte. La répartition était faite par les principaux habitants, qui s'engageaient, par serment, à rendre à chacun bonne et loyale justice. Le rôle dressé par eux était remis au châtelain, qui le faisait exécuter.

Nos pères étaient les « hommes liges du duc et plusieurs étaient sa propriété. » L'autorité ducale était plutôt paternelle que tyrannique; nous n'avons pas trouvé une seule fois à Volnay, pendant le règne des ducs de la première race, l'usage révoltant du droit du plus fort. Si Monseigneur agrandit ses terres, c'est au prix de *ses livres dijonnoises*; s'il fait cultiver ses vignes, c'est à *deniers ou à partage*; s'il fait réparer son hôtel, il donne aux ouvriers large et loyal salaire; s'il fait arranger les chemins pour la venue de Philippe de Valois, il adoucit le labeur de ses vassaux, en leur livrant plusieurs muids de son bon vin (1).

---

1. Voici quelques notes recueillies, dans les Comptes de la Maison de Bourgogne, sur le salaire des employés des ducs, à Volnay. « En 1337, le chastelain, ses clercs et ses sergents reçurent, pour lors gaiges, quarante livres. — Jean de Saint-Julien, qui estoit le maistre charpentier dou duchié et qui en cette qualité dirigea les travaux

Il faisait bon vivre, même malgré les rigueurs du droit féodal, sous le patronage de dame Agnès et sous celui de son époux et de ses fils. Plus tard, le bon peuple fut accueilli moins bien à l'hôtel seigneurial, il y reçut moins prompte et fidèle justice, quand les châtelains eurent pris la place des ducs, qui délaissèrent leur champêtre et délicieuse demeure de Volnay pour les splendides palais de la Flandre.

Le costume de nos Volnaisiens, au XIVe siècle, était bien différent du nôtre; leurs vêtements étaient de toile, de serge ou de bure; ils avaient la forme des longues robes que portent, encore aujourd'hui, les Trappistes, les enfants de saint François et les filles de sainte Claire. Les fondateurs d'Ordres ne firent qu'adopter, pour leurs religieux, l'habit simple des gens du peuple. Une corde de chanvre ou de laine, ou une courroie servait de ceinture. Une belle robe coûtait quatre livres dix sous : en 1345, nous voyons la duchesse de Bourgogne mettre ce prix dans les robes qu'elle donne à l'un de ses intendants et « au chapelain qui chantoit à la chapelle de Monseigneur à Volenay. »

A côté du pouvoir ducal, nous trouvons une autre autorité douce et forte ; c'est celle de l'Église, qui s'applique à sanctifier les âmes et à préserver la société de la contagion et de la tyrannie du vice. Ordinairement, elle accomplit sa mission, avec la patience et la tendresse d'une mère ; quelquefois aussi, elle s'arme de la sévérité d'un juge.

faits en la tour de Volenay, en 1356, recevait quatre sous par jor et un gros viez vieux, quand il ouvrait de sa main. — Les laviers qui couvrirent l'hostel de Monseigneur, en 1348, gagneaient par jor vingt deniers sans rien recevoir de nourriture. » — « En 1342, parmi les hommes qui taillèrent les vignes du duc, trois cents reçurent chacun *trois sous* de leur journée, et quatre-vingt-dix *quatre sous*. » Quand le vigneron cultivait *à partage*, il recevait ordinairement les deux tiers des fruits, à cause que le vin avait peu de valeur à cette époque. — Les gens qui réparèrent le chemin de Saint-Romain à Pommard reçurent treize muids de vin. — Pour faire une juste appréciation de la valeur des monnaies, dans ce temps, il suffit de savoir, que l'on avait un boisseau de blé pour trois ou quatre sous, et un muid (ou tonneau) du meilleur vin de Volnay pour vingt sous.

Nous en trouvons un exemple dans nos annales, en 1336, sous le règne d'Eudes IV.

Un sieur Clément Dufour, de Pommard, résidant à Volnay, était par ses désordres la honte et le scandale de la paroisse. La veuve de maître Grignon avait surtout à souffrir des méfaits de ce misérable : elle porta plainte au tribunal de l'évêque d'Autun. Le prélat invita paternellement Clément Dufour à se convertir et à réparer ses torts. Le coupable demeura incorrigible et impénitent.

Alors, l'Official lança contre lui une sentence d'excommunication. Pendant plus d'une année, le criminel demeura sans amendement sous le coup des censures, au grand péril de son âme et au scandale de tous. La veuve reparut au tribunal de l'évêque le conjurant de défendre ses droits.

L'Official fulmina contre le coupable endurci, une sentence plus terrible que la première. Ordre fut donné aux curés de Pommard et de Volnay, sous peine d'excommunication et d'une amende de dix livres tournois, de publier le jugement épiscopal, chaque dimanche et chaque fête, quatre fois pendant le saint sacrifice de la messe : à l'Introït, avant l'Évangile, après l'Offertoire et après la Communion ; et de sonner un long glas, comme on le faisait pour les morts, quand les cierges de l'autel seraient éteints. Par cette sentence, Dufour était retranché de la famille chrétienne ; le lieu saint et la table sainte lui étaient interdits. Et, comme depuis un an il vivait sous le poids d'une première excommunication, on redoublait, multipliait et multipliait encore contre lui, les anathèmes et les peines spirituelles qu'il avait encourues. Puis, défense était faite, sous peine d'excommunication, à sa femme, à sa famille, à tous les paroissiens en général et à ses voisins en particulier, de communiquer avec ce pécheur obstiné : soit en mangeant et buvant avec lui, en s'arrêtant près de lui, en s'asseyant à ses côtés, en marchant avec lui, en répondant à son salut, en lui vendant du pain, du vin et de la viande, en lui donnant du feu ou de l'eau : en un mot, en lui rendant d'autres services que ceux prévus et permis par le droit (1).

L'histoire ne nous dit point si Clément Dufour, effrayé de la solitude faite autour de lui, revint à résipiscence : nous aimons à le supposer.

1. Archives de Bourgogne.

LIVRE IV

Volnay sous les Ducs de la seconde race

1364-1477.

CHAPITRE PREMIER

Philippe-le-Hardi

1364-1404.

ussitôt que le roi Jean eut appris la mort de Philippe de Rouvres, il déclara que la Bourgogne lui appartenait « par droit de proximité, » cette déclaration fut favorablement accueillie, car la régence de ce prince et le sang versé pour lui dans les plaines de Poitiers lui avaient acquis le cœur des Bourguignons. Ce roi chevalier gouverna la Province pendant deux années. N'ayant pu, au terme fixé, payer sa rançon au roi d'Angleterre, il alla se constituer prisonnier et mourut entre ses mains, le 8 avril 1364.

Avant de gagner la terre d'exil, Jean donna pour duc à la Bourgogne Philippe-le-Hardi, le quatrième et le plus aimé de ses fils. « Il voulait, par là, disait-il, pourvoir au repos de la Province, la dédommager des maux causés par les Anglais, et récompenser la brillante conduite de ce très cher fils qui, à peine âgé de seize ans, s'était exposé à la mort, et était, malgré ses blessures, demeuré inébranlable et sans peur aux côtés de son père, durant la bataille de Poitiers. »

Philippe fut proclamé duc de Bourgogne, le 2 juin 1364.

Dès son avènement, il tourna ses regards vers Volnay : nous le voyons, « le lundi après la Saint-Mathieu (21 septembre 1364), acheter une maison et une grange, avec des courtils, près de Jacquot Bernardin de Volenay (1). »

Pendant les premières années du règne de ce prince, les environs de Beaune et de Chalon eurent beaucoup à souffrir du passage des Grandes Compagnies. On appelait ainsi des troupes de brigands français, anglais, navarais et gascons, connus dans l'histoire sous les noms effrayants d'Ecorcheurs, de Rotondeurs, de Routiers, de Tard-venus et de Malandrins. Ils parcouraient la France en tous sens, et la *rongeaient jusqu'aux os*. (2).

Ces années furent cruelles à passer. Enfermés dans leur tour, nos Volnaisiens voyaient ces brigands ravager la plaine ; les pauvres villageois osaient à peine s'aventurer dans leurs champs ; les chemins n'étaient pas sûrs ; fréquemment les moissons étaient détruites ; constamment il fallait faire le guet ; et tous tremblaient que la tour et le château ne fussent pas assez forts pour résister aux assauts de ces bandits.

Un jour surtout, l'émoi fut grand dans le village ; les habitants, prévenus par la sentinelle du guet, s'étaient réunis dans la tour. Ils voyaient, à chaque instant, une troupe nouvelle des terribles Compagnies passer dans la plaine. Toutes se concentraient sur Chagny. Là, évidemment les chefs tenaient conseil. Nos Volnaisiens se demandaient, avec effroi, quel était le sujet de leurs délibérations

---

1. Archives de Bourgogne.
2. Expression de Mézerai.

et ce qui allait advenir à leur bourgade et à la ville de Beaune?

Au soleil couchant, toutes les alarmes se dissipèrent, la redoutable armée prit le chemin de Chalon. Du haut des créneaux de la tour, des cris de joie saluèrent les éclairs que lançaient les armures, et les nuages de poussière que les escadrons soulevaient en s'éloignant. Volnay, la Bourgogne et la France étaient délivrés des Grandes Compagnies!

Bertrand Duguesclin venait de dire aux brigands qui les composaient : « Or sus, nous avons assez fait pour damner nos âmes, faisons honneur à Dieu et le diable laissons. » Il avait accompagné cette harangue de la distribution de deux cent mille florins envoyés par le roi de France. Tous ces hommes électrisés par l'éloquence du brave chevalier, l'avaient proclamé leur général et partaient avec lui, au-delà des Pyrénées, guerroyer contre Pierre-le-Cruel (1).

Philippe, heureux de voir ses sujets en paix, se rendit en grande pompe, à Gand, pour épouser dame Marguerite, fille unique du comte de Flandres et veuve de Philippe de Rouvres. Jamais on ne vit une suite plus brillante que celle du duc; jamais noces ne furent plus splendides; mais ces fêtes coûtèrent grandement au pauvre peuple qui fut grevé d'une taille plus forte. Volnay paya quarante florins pour les épousailles de Monseigneur.

Sous le règne de Philippe, pendant les dernières années du xive siècle, des fléaux et des innovations semblèrent se réunir pour ruiner le commerce de la Bourgogne, et ravir à nos coteaux le glorieux renom « *de produire le meilleur vin du Royaume de France* (2). »

Pendant plus de quatorze ans, des insectes dévorèrent les vignes au temps de leur floraison. Le mal fut si grand

---

1. Courtépée, tome II, p. 155. — *Hist. de Beaune*, par M. Rossignol, p. 244.
2. Archives de Bourg., chartes de 1395.

dans la Province, que la municipalité de Dijon se rendit en corps à l'église Saint-Etienne, et offrit à Dieu une bougie roulée de la longueur des murailles de la ville. Il fut en outre ordonné de se confesser, et défense fut faite, sous les peines les plus rigoureuses, de blasphémer et de jurer. L'ennemi, contre lequel on implorait ainsi le secours du Ciel, était un petit ver, une larve qui provenait de la génération vernale de la *tinea uvella* (1).

Le Gamay, ainsi appelé du petit village d'où il est originaire, descendit de sa montagne et vint, sur nos coteaux, faire une rude concurrence à l'antique Pinot, qui régnait là, depuis des siècles, et qui avait mérité à nos vins l'honneur de figurer avec distinction sur la table de Notre saint Père le Pape et sur celle des rois. Plusieurs habitants de la Côte, pour avoir une plus grande quantité de vin, laissaient en friche les plus fins climats, pour créer de plantureux vignobles de Gamay dans de fortes terres qui n'avaient été jusque-là que des champs ou des prairies : d'autres déracinaient le loyal Pinot, pour mettre à sa place son jeune rival. Dans les marchés, des tonneaux de Gamay étaient frauduleusement mêlés aux tonnes de bon vin. Quelques vendeurs étaient même assez peu délicats pour corriger avec l'eau l'âcreté native du jeune roturier, et le livraient ainsi au commerce, comme s'il eût été du plus franc et du plus noble lignage. L'acheteur remarquait quelques mois plus tard sa méprise, quand son vin aigri et décomposé n'était plus potable.

La cupidité avait trouvé moyen de dénaturer le Pinot lui-même : les cultivateurs couvraient leurs vignes de toutes sortes d'engrais. Le vin perdait son parfum et sa solidité ; après quelques mois, il prenait une teinte jaunâtre et un goût désagréable.

Alors, les marchands s'éloignaient de la Bourgogne et n'y apportaient plus l'or qui faisait sa fortune.

Pour remédier à ce mal, Philippe ouvrit une vigoureuse

1. *Gaule au xive siècle*, par Marchangy.

campagne contre les deux derniers adversaires du noble Pinot. Il ordonna, dans tous les vignobles du duché, de couper en l'espace d'un mois tous *plants du très mauvaiʒ et déloyaul Gamay*. Les propriétaires qui, dans ce délai, ne se conformeraient point à cette ordonnance devaient être passibles d'une amende de soixante sous tournois, par ouvrée, au profit du trésor ducal. Ceux qui contreviendraient à la défense de porter du fumier ou de la genne pourrie dans leurs vignes, étaient menacés d'une punition encore plus grave : outre l'amende de soixante sous par ouvrée, ils étaient condamnés à la confiscation des animaux et des chariots qui serviraient à la consommation du délit. Le duc, pour obtenir la fidèle et rigoureuse exécution de ses ordres, offrit le quart de l'amende à ceux qui, après le délai fixé, découvriraient des ceps du plant proscrit, ou trouveraient des cultivateurs fumant leurs vignes (1).

Le haut, très puissant et très redouté seigneur de Bourgogne fut sans doute obéi quelque temps par ses sujets, mais le Gamay survécut à cette proscription. Plus tard même, il obtint droit de cité dans toute la Côte : il laissa au noble et loyal Pinot ses fins et maigres coteaux, et prit en partage les champs gras et féconds de la plaine. Maintenant, il a tellement étendu son domaine à Volnay, qu'il occupe environ la moitié du territoire.

L'année suivante, Philippe-le-Hardi entreprit une expédition bien autrement sérieuse : il envoya son fils Jean, comte de Nevers, à la tête des chevaliers de France et de Bourgogne pour repousser Bajazet, empereur des Turcs, qui venait d'avertir le roi de Hongrie qu'il allait envahir son pays, traverser les royaumes de la Chrétienté et se diriger sur Rome pour faire manger l'avoine à son cheval sur l'autel de Saint-Pierre (2).

1. Cette curieuse ordonnance, dont l'original se trouve aux archives municipales de Beaune, porte la date du 6 août 1395.
1. *Hist. des ducs de Bourg.*, par M. de Barante.

Au printemps de cette année 1396, tout est en mouvement à Volnay : on lève des tailles pour la guerre sainte ; on sort les vins des caves de l'hôtel du duc, pour les expédier à l'armée ; quelques jeunes gens vont prendre place parmi les hommes d'armes ; les femmes, les enfants et les vieillards se pressent autour des autels de Notre-Dame de Pitié, de saint Barthélemi et de saint Cyr, pour demander le succès de la Croisade.

Le 30 avril, l'armée sort de Dijon et se met en marche pour la Hongrie : ses rangs sont composés de si vaillants chevaliers que le peuple rêve, pour elle, d'éclatants triomphes et un prompt retour. Mais, dès le commencement de l'année 1397, le châtelain et ses sergents frappent aux portes de nos Volnaisiens et demandent une taille extraordinaire. Cette taille est bien autrement amère que celles qui l'ont précédée ; elle se lève au profit des Turcs !... L'armée chrétienne a été écrasée à Nicopolis, le 28 septembre 1396 ; la fleur de la chevalerie a glorieusement péri ; et Jean, le fils de Monseigneur, est aux mains de Bajazet, qui demande deux cent mille ducats d'or pour sa rançon.

Les agents du fisc n'avaient pas encore levé le dernier terme de la taille en faveur du comte de Nevers, que la peste vint plonger Volnay et la Bourgogne dans le deuil et la consternation. La mortalité fut si grande que l'on fut obligé, en 1399, de faire un nouveau recensement « parce que la plus grant partie de personnes tenans feux dans le duchié étaient morz et leurs feux du tout étoings (1). » Notre village fut horriblement décimé, la mort visita toutes les familles, douze maisons virent disparaître tous leurs habitants (2).

Outre les calamités qui frappaient le pauvre peuple, Philippe le ruinait par son luxe excessif, ses fêtes orientales et ses folles prodigalités. Dans l'automne de l'année

---

1. Archives de Bourgogne et *Hist. de Beaune*, par M. Rossignol, p. 261.
2. Archives de Bourgogne, recherche des feux.

1403, Volnay put juger de la magnificence de la cour de Bourgogne. Le duc avait marié au comte Amédée de Savoie, Marie sa plus jeune fille, à condition qu'elle demeurerait encore deux ans sous le toit paternel : ce terme expiré, Philippe et Marguerite de Flandres conduisirent, en grande pompe, leur fille à son époux. La jeune princesse, en s'en allant dans sa nouvelle patrie, fut comblée des plus riches présents par la tendresse de son père, de sa mère et de ses frères. Elle emmena avec elle des pierreries et des joyaux du plus grand prix, des étoffes de soie et de drap d'or, des toiles de Flandre, des tapis d'Arras, de la vaisselle d'or et d'argent pour sa table, de superbes chevaux et des chariots dorés pour ses équipages; l'argenterie et les ornements de sa chapelle étaient d'un luxe inouï. Le 23 octobre, le cortége de la comtesse de Savoie arriva au château de Volnay (1).

Depuis cinquante ans, la venue des ducs était chose rare dans notre village ; aussi, tous les habitants se pressèrent au devant des nobles personnages et les saluèrent en criant Noël! Noël! Ce bon peuple fut grandement émerveillé en voyant Monseigneur de Bourgogne au milieu de ses fils et de ses barons; ces pauvres villageois n'avaient point assez d'yeux, pour considérer le faste de la cour de Philippe, la plus brillante du monde.

Le lendemain, l'admiration et l'étonnement redoublèrent quand le cortége nuptial reprit sa marche pour se rendre à Chalon, où Amédée (2) arrivait à la rencontre de son épouse. Tous les seigneurs portaient leurs plus beaux insignes; l'or et l'argent étincelaient à la selle et au frein des chevaux. Les rubis et les pierreries brillaient sur la tête des princesses et des grandes dames; des rivières de diamants couraient sur leur corsage de drap d'or et sur leurs manteaux de velours.

Après que le peuple eut dit adieu à Philippe, à la

1. *Histoire de Bourgogne,* par Dom Plancher, tome III, p. 198.
2. Ce prince est connu dans l'histoire sous le nom d'Amédée VIII.

duchesse, souhaité heureux voyage et bonne fortune à demoiselle Marie, et crié une dernière fois Noël! Noël! au cortége qui s'éloignait; quelques rares vieillards dirent à leurs enfants : « Monseigneur est le plus magnifique prince de la terre, nous avons vu dans nos premières années Philippe de Valois, notre sire, visiter avec ses seigneurs le bon duc Eudes, dont Dieu veuille avoir l'âme; mais, en vérité, le roi de France avec sa suite était moins beau que Monsieur de Bourgogne ! »

Ce luxe ruina Philippe-le-Hardi lui-même, malgré ses immenses richesses. Il mourut à Hall dans le Hainaut, avec de grands sentiments de piété, en 1404, à soixante-trois ans. Il fut inhumé dans la Chartreuse de Dijon. Il était si pauvre qu'il fallut recourir à un emprunt pour faire ses funérailles. Sa veuve, dont l'âme était naturellement fière, vint, pendant les obsèques, déposer sa ceinture, ses clefs et sa bourse sur son cercueil, pour annoncer qu'elle renonçait à la communauté de bien avec lui. Elle fut contrainte de se soumettre à cette humiliation pour éviter les poursuites des créanciers (1).

Comme Philippe était chaste, brave jusqu'à la témérité et généreux jusqu'à la prodigalité, il possédait le cœur de ses sujets. D'ailleurs il était bon et juste envers ses vassaux; et à cette malheureuse époque de guerre et de brigandages, il faisait encore meilleur vivre dans les États de ce prince, que dans aucune contrée du royaume. Aussi, quand Philippe mourut, il fut vivement regretté par les Bourguignons : le deuil eût été encore plus grand, si le peuple eût connu les crimes et les maux qui allaient suivre (2).

Ce fut sous le gouvernement de ce prince, que fut fondée dans l'église de Volnay la « *Confrairie du treʒ précieux Corps de Dieu,* » c'est ainsi que nos aïeux appelaient

1. Courtépée, tome I, p. 160.
2. *Hist. des ducs de Bourg.*, par M. de Barante.

la Confrérie du très Saint Sacrement. Cette institution fut forte et féconde, elle a survécu à nos révolutions et maintenant encore elle unit les âmes à Dieu et les cœurs entre eux. Dans les siècles passés, elle fut pour notre village, tout à la fois un foyer de vie religieuse, une association de secours mutuels et un bureau de bienfaisance. Les Volnaisiens comprirent l'importance de cette œuvre ; aussi leurs libéralités ne furent plus pour les abbayes voisines, mais pour leur Confrérie qui se trouva bientôt pourvue d'un domaine dont les revenus furent consacrés au culte de Jésus-Christ et au soulagement des pauvres. Le vieux Cartulaire qui contient ces legs et ces donations nous offre de belles pages de notre histoire, et de véritables titres de noblesse chrétienne. Comme la Confrérie de Volnay a été l'une des premières et des plus célèbres de la Bourgogne, nous lui réservons un chapitre spécial (1).

Les Archives nous ont gardé quelques curieux détails sur notre population volnaisienne, au temps du bon duc Philippe-le-Hardi.

Le village comptait, en 1391, soixante-quinze feux ; de ces feux, sept seulement étaient francs, les autres étaient serfs, trois étaient misérables. La peste de 1399 réduisit cette malheureuse population à soixante-trois feux. En parcourant la liste des habitants de Volnay au XIVe siècle, nous y trouvons : des Bureau, des Clerget, des Dupoix, des Gilot, des Voilot et des Chouhait ; ces noms rappellent quelques-unes de nos familles d'aujourd'hui.

Parmi les riches propriétaires forains, on remarquait alors : Jean de Gaisse, seigneur de Corcelles-sous-Meursault, les Corbeton, et Pernot Rolin, l'un des proches parents du fameux chancelier qui éleva l'Hôtel-Dieu de Beaune. Pernot Rolin fonda, dans la cathédrale d'Autun, un anniversaire pour lequel il donna seize bichets de fro-

---

1. Voyez ce chapitre au livre VIII.

ment (1) et une queue de vin qu'on lui devait annuellement à Volnay.

L'imposition de « *la ville de Voulnay* » était affermée tous les ans ; elle se donnait au plus haut enchérisseur, qui prélevait ensuite la taille sur les habitants. En 1374, l'impôt fut affermé 200 livres ; en 1377, 100 livres ; en 1379, 164 livres ; et en 1380, 170 livres. Il variait suivant la valeur de la récolte.

1. Le bichet équivalait à environ trois hectolitres.

CHAPITRE II

Jean-sans-Peur

1404-1419.

Le comte de Nevers, qui mérita par sa vaillance le surnom de Jean-sans-Peur, succéda, en 1404, à son père Philippe-le-Hardi. Notre village vit rarement ce prince; sa vie fut trop courte et trop agitée pour qu'il pût venir souvent goûter les charmes du paisible manoir de Volnay.

A cette époque, la France avait pour roi Charles VI atteint de démence. Le duc d'Orléans, frère du roi et le duc de Bourgogne se disputèrent le pouvoir. Jean, aveuglé par la jalousie et la haine, fit lâchement assassiner son rival, le 29 novembre 1407. A la suite de ce forfait, il se retira précipitamment en Flandre, puis il vint, si l'on en croit M. l'abbé Dubois, cacher pendant quelques jours ses remords et sa honte dans le château de Volnay (1).

Plutôt que de s'humilier et de faire pénitence de son crime, il essaya de le justifier, en faisant soutenir l'affreuse doctrine du tyrannicide, par le cordelier Jean Petit. D'après cet indigne religieux, « le duc de Bourgogne en faisant périr son rival avait agi aussi sagement que Monseigneur saint Michel terrassant Lucifer, et aussi sagement que Judith frappant Holopherne, et loin de mériter un châtiment, il était digne de rémunération (2). »

Jean Gerson, chancelier de l'Université de Paris, dénonça cette doctrine au concile de Constance. Le duc, connaissant la faiblesse des raisons alléguées par son théologien, recourut à des arguments d'une autre nature ; il

---

1. *Notice sur Volnay*, p. 50.
2. *Histoire des ducs de Bourgogne*, par M. de Barante.

envoya aux membres du Concile de riches présents, parmi lesquels figuraient cent pièces de ses meilleurs vins de Volnay, de Beaune et de Nuits (1).

Cette argumentation produisit peu d'effet; les Pères du Concile flétrirent la doctrine de Jean Petit.

Le meurtre du duc d'Orléans fit le malheur de la France, prépara la mort sanglante de Jean-sans-Peur, et fut cause, comme nous le verrons bientôt, de la ruine presqu'entière de Volnay.

Les seigneurs du royaume se partagèrent en deux camps : les uns suivirent la bannière de Bourgogne et les autres celle du comte d'Armagnac, chef du parti d'Orléans. Alors, eurent lieu douze années de guerre civile, qui firent grandement souffrir le peuple, et amenèrent la destruction d'une partie de la noblesse. Henri V, roi d'Angleterre, profita de ces divisions, pour faire une descente en France, écraser les barons du parti d'Orléans, à Azincourt, emporter Rouen d'assaut et conquérir la Normandie.

Dans le mois de juillet de l'année 1419, la France sembla toucher au terme de ses maux : Jean-sans-Peur, le jeune Dauphin Charles, devenu chef de la faction d'Orléans, et les principaux seigneurs des deux partis se jurèrent solennellement pardon, paix et amour, sur la vraie Croix, les saints Évangiles et leur part de Paradis (2).

Cette réconciliation était à peine connue à Volnay, que l'on vit arriver près du chapelain du château un page de la duchesse : il était chargé d'un triste message, il venait demander des prières pour le repos de l'âme de Monseigneur le duc Jean, assassiné, le 10 septembre, par les gens du Dauphin, dans une entrevue sur le pont de Montereau.

Un service funèbre se fit avec grande pompe à la chapelle Saint-Barthélemi : tous les habitants, qui étaient les hommes liges du duc, y assistèrent pleurant leur noble seigneur si cruellement occis. On continua de prier, à Vol-

1. *Hist. de Beaune*, par M. Rossignol, p. 275.
2. *Hist. des ducs de Bourgogne*, par M. de Barante.

nay, pour le repos de l'illustre mort, jusqu'à la Révolution, où les fondations faites pour les âmes des ducs de Bourgogne furent supprimées (1).

Pendant plusieurs jours, la fin tragique de Jean-sans-Peur fut, dans le village, le sujet de toutes les conversations : on déplorait l'aveuglement du Dauphin; on maudissait la lâche félonie de sire Tanneguy du Châtel, qui avait fendu d'un coup de hache la tête du duc et l'avait jeté expirant aux pieds de Charles, lorsqu'il était agenouillé pour lui faire hommage; et on se récriait contre la conduite des assassins qui avaient voulu livrer aux flots de la Seine le cadavre de leur victime; on louait Macé-Bonnet, curé de Montereau, qui avait eu le courage et la charité de défendre les restes du malheureux prince et de leur donner la sépulture.

Ce digne prêtre veilla, jusqu'à minuit, sur le pont, à côté du corps sanglant; il profita des ténèbres pour le faire transporter dans un moulin; au jour, il le conduisit à l'hôpital. Là, celui qui, la veille, était le premier prince de la chrétienté fut mis dans la bière des pauvres et porté à l'église paroissiale, où il fut inhumé, n'ayant d'autres linceul que « son jupon, ses housseaux (ses bottes) et sa barette (2). »

Les sages, parmi nos vignerons, voyaient dans ce lamentable drame la justice divine vengeant le meurtre de Louis d'Orléans : puis, ils jetaient un regard inquiet sur l'avenir, et prophétisaient la ruine du beau et cher royaume de France qui allait devenir la proie des Anglais. Alors, ces pauvres villageois murmurant contre les crimes et les divisions des princes, qui livraient le peuple au fléau de la guerre civile, disaient avec amertume : « N'est-ce point assez de la peste pour nous décimer? Pourquoi fournir à la mort des armes nouvelles pour nous frapper !!! »

---

1. *Registre des délibérations*, année 1790, archives communales.
2. Courtépée, tome I, p. 169. — *Hist. des ducs de Bourgogne*, [par M. de Barante.

Ces plaintes n'étaient que trop fondées : en ces temps, des maladies contagieuses et des maux de toutes sortes décimèrent tellement notre population volnaisienne que le tiers disparut : en 1400, le village comptait soixante-trois feux, en 1423, il n'en avait plus que quarante-trois (1)!

1. Archives de Bourgogne, recherche des feux en 1423.

CHAPITRE III

Philippe-le-Bon

1419-1467.

Philippe, âgé de vingt-trois ans, succéda à son père Jean-sans-Peur, dont il fit transporter le corps aux Chartreux de Dijon, où il lui éleva un magnifique mausolée. Il ne se contenta point de rendre de religieux honneurs à la mémoire de son père, il jura de venger sa mort : cette vengeance coûta des larmes et du sang à la France, à la Bourgogne et à Volnay.

Le jeune prince fit alliance avec les Anglais ; de concert avec la reine Ysabeau, il amena Charles VI à signer le honteux traité de Troyes. Ce pauvre roi, en démence, livra sa fille Catherine et son royaume à son plus mortel ennemi, Henri d'Angleterre. Charles, au préjudice de son fils, déclara cet étranger régent et unique héritier du pays de France.

Quand ce honteux traité fut présenté au serment des habitants de la châtellenie de Beaune, Pommard et Volnay, il souleva une profonde répugnance. « Être les hommes liges des Anglais, contre qui nos pères se sont battus à Poitiers et à Brion ? s'écria ce pauvre peuple, non ! non ! arrière l'Anglais. » Il fallut toute l'autorité de Philippe, pour faire boire à ses vassaux cet amer calice (1).

Ce traité fut suivi de quinze années de honte et de deuil : Volnay eut le sort du reste de la Bourgogne, son or et son sang furent versés pour soutenir le roi d'Angleterre contre la France. Le royaume de Charlemagne et de saint Louis eût succombé, si Dieu n'eut veillé sur lui. Il se servit d'une

---

1. *Histoire de Beaune*, par M. Rossignol, pp. 276-277.

humble bergère des champs de Vaucouleurs pour mettre en fuite l'étranger ; Jeanne d'Arc, tenant d'une main un étendard et de l'autre brandissant une épée, conduisit de triomphe en triomphe les hommes d'armes du Dauphin, et fit sacrer, à Rheims, le jeune roi Charles VII.

Pendant ces sanglantes années, Volnay eut cruellement à souffrir, quoiqu'il fut loin du théâtre des grandes luttes. En 1422, Bernard d'Armagnac et le sire de Grollié, bailli de Lyon, envahirent la Basse-Bourgogne, avec une puissante armée; prirent Tournus, menacèrent Chalon et Beaune et remplirent d'effroi toute la contrée (1). Notre château, comme tous ceux qui étaient dans la campagne, se mit en état de défense. Chaque soir, le bétail fut enfermé dans les étables de l'hôtel ducal, et une sentinelle demeura continuellement au sommet de la tour de l'église, pour observer la plaine et sonner l'alarme. Cette fois nos Volnaisiens en furent quittes pour de longues et vives inquiétudes.

Philippe voulant que ses chers vassaux de Volnay sussent manier l'arbalète pour se défendre en cas d'attaque, leur donna, en 1427, le privilège de se former en compagnie d'hommes d'armes et de tirer, chaque année, le premier mai, un oiseau ou *Papegeai*. Il arrêta que celui qui l'abatterait serait appelé *Roi*, et que pendant l'année, il serait affranchi de tailles, de corvées et du logement des gens de guerre (2).

Nos villageois n'eurent que trop tôt l'occasion de voir combien cette institution était utile, dans ce temps de guerre et de brigandages. En 1431, des compagnies franches, qui se disaient du parti du Dauphin pour avoir le prétexte de piller et de rançonner, envahirent la Bourgogne et la parcoururent en tous sens. L'une de ces terribles compagnies se présenta à la porte du château de Volnay, sommant les habitants de se rendre à merci, et de

1. *Hist. de Beaune.* par M. Rossignol, p. 277.
2. Archives de Bourgogne.

livrer l'hôtel de Monseigneur Philippe. Ces braves gens répondirent : « Nous aimons mieux mourir que de commettre une pareille félonie ! »

Les hommes d'armes formèrent aussitôt le siège de la petite forteresse : ils remplirent les fossés de fascines et appliquèrent des échelles aux murailles de la cour du château. Pendant ces préparatifs, les Volnaisiens, sortis de la tour, accablèrent les assiégeants sous une grêle de pierres et de traits : nos francs archers se montrèrent dignes des privilèges de l'Arc qui venaient de leur être accordés.

Cette héroïque résistance retarda quelque temps l'assaut, mais elle ne put l'éloigner. Les brigands se cramponnèrent aux échelles et apparurent sur les murailles ; ils furent vigoureusement accueillis : la bêche et la pioche devinrent des armes redoutables entre les mains de nos vignerons ; les fourches de fer et les faulx se transformèrent en lances et en épées.

La sentinelle qui veillait au beffroi de l'église annonçait aux cités voisines, par les notes vibrantes et plaintives du tocsin, les périls de Volnay : mais personne n'écouta ce signal de détresse!...

Les assiégés luttèrent longtemps ; à la fin, ils furent accablés par le nombre, et se retirèrent dans la tour, du haut de laquelle ils continuèrent de faire pleuvoir une nuée de traits et de pierres sur leurs ennemis.

Les hommes d'armes, désespérant de forcer la tour qui renfermait de si braves défenseurs, s'attaquèrent à l'hôtel ducal ; ils brisèrent les portes à coups de hache et s'installèrent dans les appartements des grands ducs d'Occident. Cette demeure était splendide ; pendant plusieurs siècles elle avait été embellie par les hauts et puissants seigneurs qui s'y étaient succédés. L'oratoire ducal, la chapelle Saint-Barthélemi, était un magnifique joyau d'architecture gothique.

Les farouches et avides vainqueurs dépouillèrent de leurs richesses le sanctuaire de Dieu et le palais des princes. Ce butin n'ayant point assouvi leur soif de pillage, ils se répandirent dans le village désert et dévastèrent chaque chaumière, emportant ce qui était à leur convenance et brisant ce qu'ils ne pouvaient enlever.

L'orgie succéda à ces scènes sauvages ; ils se réunirent dans la grande salle, où les ducs avaient reçu les rois et les princes, et passèrent la nuit à boire les vins les plus précieux de Monseigneur de Bourgogne et à dévorer les volatiles qui peuplaient la basse-cour de nos malheureux paysans.

Après cette nuit, ces brigands furent possédés du génie de la destruction : ils remplirent le château de sarments et y mirent le feu. La flamme montant d'étage en étage s'échappa en torrents par les fenêtres ; elle perça à travers les laves des toits, et courut comme un fleuve le long du faîte du palais. Elle envahit la chapelle ducale : les tableaux, les boiseries sculptées, les retables dorés s'enflammèrent ; les fenêtres laissèrent tomber leurs admirables verrières, et la charpente se mit à pétiller. Bientôt l'hôtel seigneurial et sa chapelle s'écroulèrent, avec un lugubre fracas, au milieu d'immenses tourbillons de flammes, de fumée et de poussière.

Dans leurs chute, ces monuments lancèrent au loin des débris qui mirent le feu aux dépendances du château et aux chaumières voisines. L'incendie gagnant de proche en proche atteignit l'église : elle se revêtit d'un manteau de flammes ; les cloches se transformèrent en un ruisseau de métal ; la flèche brilla un instant comme une colonne ardente (1), puis elle s'affaissa sur la toiture qui en s'écroulant entraîna la voûte avec elle. L'édifice ne dut qu'à l'épaisseur de ses murailles et à la solidité de ses colonnes, de ne pas être entièrement détruit.

1. La tradition du pays assure que sur la tour actuelle, il y avait en place du couvert en laves, une flèche qui a été brûlée ; on voit au-dessus de cette tour, des pierres noircies par le feu, qui confirment cette tradition. (Note de M. Delachère, en 1725.)

Pendant ce désastre, les Volnaisiens se lamentaient au sommet de la tour; craignant qu'elle ne vînt elle-même à s'enflammer, ils se recommandaient à Dieu et s'embrassaient dans de fraternelles et déchirantes étreintes.

Enfin, les ennemis quittèrent ces ruines fumantes; ayant attelé les chevaux et les mules des habitants à des chars qui portaient les richesses du château et les dépouilles du village, ils s'éloignèrent en chantant.

Nos vignerons, à l'aspect de leurs maisons en cendres et de leurs biens enlevés, furent saisis de cette sombre énergie que donne le désespoir. « Il vaut mieux mourir, s'écrièrent-ils, que de survivre à un pareil désastre! mais périssent avec nous les auteurs de nos maux! Mort! mort! aux brigands!... »

En disant ces mots, ils s'élancèrent de la tour et se précipitèrent sur leurs adversaires; les femmes, les enfants eux-mêmes prirent part au combat. Les hommes d'armes, surpris dans des rues étroites, eurent peine d'abord à se mettre en rang; l'ivresse avait détruit la force de leurs bras, et le butin qu'ils voulaient enlever gênait la précision de leurs mouvements. Les Volnaisiens, profitant de ces avantages, enfoncèrent avec vigueur leurs faulx et leurs fourches de fer dans les naseaux et le poitrail des coursiers, qui en se cabrant renversèrent plusieurs cavaliers que les femmes assommèrent avec des pierres et des pieux.

La grandeur du péril dissipa bientôt, parmi les brigands, les fumées de l'ivresse; alors, ils se mirent en ordre de bataille : les plus intrépides soutinrent la lutte, pendant que les autres opérèrent la retraite, en emmenant leur immense butin. La mêlée fut terrible : la fureur doublait les forces de nos paysans; et leurs adversaires, bien équipés et rompus au métier des armes, vendaient chèrement leur vie. Les hommes d'armes demeurés pour couvrir la retraite périrent; mais ils virent mourir, avec eux, l'élite de la population volnaisienne.

Le lieu où coula tant de sang s'appelait Rue d'Amour ; depuis il porta le nom funèbre de Rue de la Mort.

Quand le dernier des brigands fut tombé, ceux qui emmenaient le butin étaient trop loin pour être poursuivis ; les habitants, d'ailleurs trop faibles pour recommencer une nouvelle lutte, consacrèrent le reste de cette fatale journée à disputer à l'incendie quelques misérables débris.

Le lendemain, les Volnaisiens ensevelirent les morts : ils inhumèrent leurs frères avec un grand deuil et un profond respect ; mais ils refusèrent la terre bénite et la sépulture chrétienne aux hommes de sang et de pillage qui étaient venus apporter la désolation et la mort au sein d'une population paisible et laborieuse. Ils jetèrent les cadavres de ces misérables dans des fosses creusées sur le lieu du combat ; c'est ce que nous font supposer des ossements humains trouvés, en 1856, au-dessus de la Rue de la Mort.

Les commissaires du duc vinrent à Volnay, pour constater le désastre : leur rapport nous témoigne combien le glaive et le feu avaient détruit et combien la misère était grande ; nous y lisons ces mots : « Volenay à Monseigneur de Bourgogne, gastez et pillez des gens d'armes ; il n'y a plus que vingt-trois feux, un seul est franc, les aultres sont serfs, quatorze sont misérables, six sont mendianz, trois seulement sont solvables. » Dans cette tempête, la moitié de Volnay a disparu et ce qui reste est profondément meurtri et à demi brisé (1) !

Le deuil et les ruines que nous trouvons à Volnay attris-

---

1. Archives de Bourgogne, recherche des feux de 1431. — Traditions volnaisiennes. — MM. les abbés Delachère, Courtépée et Dubois, qui ont écrit avant nous sur Volnay, fixent cet épisode sous le règne de Charles-le-Téméraire, ou peu de temps après la mort de ce prince ; le titre cité plus haut prouve qu'ils se sont trompés ? d'ailleurs, le châtelain Milot Faultrey déclare dans les comptes de 1460, — c'est-à-dire sept ans avant l'avènement du duc Charles, — qu'il « livre deux bichets de froment et la tierce partie de deux muids de vin, à Messire Guillaume Martenot, prestre, curé de Volenay, pour deux messes célébrées chacune semaine en l'église dudit Volenay comme l'on soulait faire au chastel de Monseigneur, en la chapelle Saint-Barthélemy avant qu'elle ne fut bruslée des ennemis. »

taient les cités voisines ; nous lisons à l'article Pommard, dans la recherche des feux de 1431 : « les habitants qui sont tous serfs ont été naguères moult grevez des gens d'armes. » En 1433, le rapport est encore plus sombre, il y est dit : « Pomart est à Monseigneur, il a été gatez pillez et destruit des gens d'armes. » La proximité de Volnay et de Pommard nous porte à croire que le sort de nos vignerons ne fut guère plus heureux que celui de leurs voisins.

À la nouvelle de la destruction de son hôtel et de la ruine du village de Volnay, Philippe-le-Bon fut vivement contristé : il permit aux habitants de se bâtir des maisonnettes dans les salles tombées du château et dans l'enceinte de la chapelle Saint-Barthélemy (1), et il ordonna au châtelain d'aider ces pauvres gens aux frais du trésor seigneurial, à relever la voûte et la toiture de leur église (2).

Le duc de Bourgogne, malgré son esprit de vengeance et ses traités, avec l'Angleterre était Français de sang et de cœur ; son âme s'émut en voyant le royaume ensanglanté et le peuple réduit au désespoir : c'est pourquoi, en 1435, il conclut avec Charles VII le traité d'Arras. Il tint, dans cette circonstance, le langage d'un prince chrétien et français. « Par révérence de Dieu, dit-il, par pitié et grande compassion du pauvre peuple qui a tant souffert ; d'après les prières, requêtes et sommations de notre saint Père le Pape, qui sont des commandements pour nous, comme prince catholique et fils obéissant de l'Eglise, nous avons fait et faisons bonne, loyale, ferme, sûre et très entière paix avec Monseigneur le roi Charles, notre souverain seigneur (3). »

Cette paix qui semblait promettre à nos pères des jours de calme, fut suivie d'années calamiteuses. Les armées étant licenciées, il se forma de leurs débris des bandes de

---

1. Archives de Bourgogne, rapport du P. Sayne, en 1507.
2. Le chiffre de ce principe, PPS, se voit à l'une des clefs de la voûte de notre église.
3. Olivier de la Marche.

gens sans aveu, appelés Écorcheurs, qui tinrent la Province dans de perpétuelles alarmes.

« Les vols, les meurtres, les incendies, les viols marquaient partout le passage de ces brigands. Les laboureurs étant forcés de se tenir dans les villes et les châteaux, négligèrent la culture des terres et il en résulta la plus affreuse famine. Elle commença en 1436, elle devint extrême dans les années 1437 et 1438. On voyait dans les villes les pauvres se rassembler sur les fumiers et périr de faim. On défendit de nourrir les chiens. Ce qui, les années précédentes, se donnait pour quatre sous était monté à quarante. Cette famine fut suivie de la peste qui désola longtemps la Bourgogne. Les loups accoutumés à se nourrir de cadavres humains se jetaient sur les vivants jusque dans les villes (1). »

Un chroniqueur de cette époque parle ainsi de ces cruelles années : « En l'an 1438 fut grande famine par toute la Bourgogne et grand faute de vin. Et mouroient les povres gens de faim par les rues et les champs. En 1439, il y eut grand'mortalité. Et mangèrent les laboureurs du pain de glands et de terre (2). »

En entendant les récits des chroniqueurs, on peut juger combien dut être lamentable le sort de notre population Volnaisienne déjà si malheureuse et si horriblement décimée !

L'année 1440 fut désastreuse comme les précédentes : sur la fin de janvier, les Écorcheurs visitèrent Volnay, Pommard et les villages voisins ; ces terribles hôtes dévorèrent les provisions de nos infortunés paysans, pillèrent tout ce qui fut à leur convenance ; et se retirèrent en chassant devant eux les troupeaux et le bétail qui servait à la culture des champs (3).

A peine nos Volnaisiens commençaient-ils à jouir d'un

---

1. *Histoire de Bourgogne*, par Dom Plancher, tome IV, p. 233.
2. *Manuscrit de l'abbaye Saint-Martin d'Autun.*
3. *Histoire de Beaune*, par M. Rossignol, p. 287.

peu de calme, qu'ils se trouvèrent engagés dans un ruineux procès. Les habitants de Demigny ayant fait réparer leurs ponts, prétendirent que Volnay devait supporter, en raison du voisinage, une partie des dépenses. Nos vignerons s'y refusèrent; mais ils furent cités, en 1446, à comparaître au Parlement. Après une lutte judiciaire de quatre années, ils se lassèrent des saisies, des torts et des griefs que leur causaient les sergents; ils recoururent au Roi, le suppliant de suspendre les poursuites du Parlement et de leur permettre de traiter à l'amiable avec leur partie adverse. Ce prince, se rendant à leurs vœux, adressa cette lettre au Parlement de Bourgogne :

« Charles, par la grâce de Dieu, Roy de France, à nos amez et feaulx conseillers tenans notre présent Parlement, salut et dilection.

« Reçue avons humbles supplications des manants et habitants du village de Voulenay, touchant certaines prises de leurs biens et autres tors et griefz, sur le fait des réparations des pons de Demigny. Les parties, pour le bien de la paix et eschevir la cause qui est encores entière, et éviter tous procès, fraiz, missions et despens qui s'en pourroient en suir; s'accorderoient voulontiers ensemble : si de ce faire nous plaisoit, en leur donnant congié et licence de l'appel en justice. Ce dont iceux nous requèrent humblement. C'est pourquoy, Nous, ces choses considérées, voulant paix et amour nourrir entre nos subgiez, donnons et octroyons auxdites parties, de notre grâce spéciale, par ces présentes, congié et licence de s'accorder ensemble, en se départant sans amende de l'appel fait à notre Cour. Pourvu qu'elles fassent connoître par escript, à ladite Cour, l'accord qu'elles feront entre elles. Et vous mandons que vous laissiez icelles parties joyr et user paisiblement de nostre présente grâce et licence. Car ainsi nous plaist.

« Donné à Paris, le premier jour de mars, l'an de grâce mil cccc cinquante et deux, de notre règne le xxxie (1). »

1. Archives communales.

Quand les Volnaisiens furent délivrés des poursuites des sergents du palais et des tracasseries des gens de Demigny, ils se virent attaqués par des ennemis plus implacables : des myriades d'insectes ravagèrent leurs coteaux. Le mal fut si grand dans la province, dit Courtépée, « qu'il fut décidé, en 1460, avec les gens d'église, à Dijon, que pour remédier aux flurebers et vermines qui gâtaient les vignes, on ferait une procession générale le 25 mars, que chacun se confesserait, et que défense serait faite, sur rigoureuses peines, de jurer (1). »

Le bon duc Philippe vint, pendant l'automne de l'année 1465, demander à l'air pur de nos coteaux l'amélioration de sa santé (2). Il trouva Volnay dans le plus triste état : des rues entières étaient en ruines; l'église était restaurée, mais elle demeurait veuve de la flèche qui était sa gloire et sa couronne; il ne restait de l'hôtel seigneurial que des pans de mur noircis par la flamme. Le duc fut réduit à fixer sa demeure dans la tour.

Ce prince mourut peu de temps après; il trépassa à Bruges, le 15 juin 1467. Il était si doux, si courtois et si débonnaire que ses vassaux lui donnèrent le surnom de Bon que lui conserva la postérité. Ses funérailles se firent avec tant de larmes, qu'on eut dit qu'il emportât dans la tombe la gloire, le bonheur et le repos des pays de Flandre et de Bourgogne. Avec lui, la noble Maison de Bourgogne était mise au tombeau (3)!

1. Courtépée, tome I, p. 192.
2. *Notice sur Volnay*, par M. Dubois, p. 50.
3. Courtépée, tome I, p. 185. — *Hist. des ducs de Bourg.*, par M. de Barante.

CHAPITRE IV

Charles-le-Téméraire et Volnay au Quinzième siècle

1467-1477-1500.

Charles, comte de Charolais, reçut de Philippe-le-Bon, son père, le plus magnifique domaine de la chrétienté; jamais la Maison de Bourgogne n'avait eu tant de puissance et d'éclat. La terre de Volnay n'était qu'un grain de sable au milieu des États de haut et très redouté seigneur, « Charles, par la grâce de Dieu, duc de Bourgoingne, de Lothier, de Brabant, de Leimbourg, de Luxembourg, de Gheldres; comte de Flandre, d'Artois, de Bourgoingne; palatin de Haynaut, de Hollande, de Zeellande, de Namur, de Zuytphen; marquis du Saint-Empire; seigneur de Frise, de Salins et de Malines (1). »

Au commencement de ce règne, il y eut, pendant deux ans, grande mortalité dans nos contrées; Volnay souffrit cruellement, mais les localités voisines furent encore plus fortement éprouvées; moitié du peuple trépassa dans les villages de Meursault, de Bligny et du Vernois (2).

Charles ruina la province par des guerres continuelles : quand il eut été vaincu à Granson par les Suisses, il demanda une taille plus forte *à ses amés et fidèles sujets de Volenay*. Les rigueurs du fisc atteignirent tous les biens : « le 29 avril 1476, le secrétaire de Monseigneur le duc, receveur des deniers de son épargne, en son pays de Bourgoingne, exigea, pour droit d'amortissement de la Confrairie du très précieux Corps de Notre-Seigneur Jésus-Christ establie à Volenay, la somme de quinze livres,

1. *Cartulaire de la Confrérie du Saint-Sacrement*, p. 72
2. Arch. de Bourg. — Recherche des feux en 1470.

douze sols et six deniers tournois, pour la finance taxée et arbitrée par messieurs les gens des Comptes (1). » Ces sommes, ainsi que celles recueillies dans les divers États du duc, furent consacrées à lever une autre armée pour venger le désastre de Granson.

La nouvelle expédition fut encore plus malheureuse que la première; le 22 juin 1476, Charles, à la tête de cinquante mille hommes, fut défait à Morat. Les pertes des Bourguignons furent énormes; les Suisses construisirent une chapelle sur le champ de bataille, la remplirent des ossements des vaincus et y gravèrent ces mots : « L'armée du duc Charles a laissé ce monument de son passage, en 1476. *Exercitus Caroli ducis hoc sui monumentum reliquit, an. 1476.*

Les revers, loin d'abattre Charles, donnaient à son âme une aveugle et indomptable énergie : il se roidissait contre la fortune et courait à de nouveaux malheurs. Sourd aux prières et aux remontrances de ses conseillers, il assiégea Nancy, capitale des États du duc René de Lorraine, l'ami des Suisses. Là, trahi par l'Italien Campo Basso, le seul homme à qui il eût donné sa confiance, il fut vaincu de nouveau par les Suisses alliés aux Lorrains, le 5 janvier 1477. Il périt dans la bataille : on le découvrit parmi les morts, deux jours après le combat, ayant le corps à demi dévoré par les loups, la tête mutilée et prise dans la glace.

Ainsi mourut, à l'âge de quarante-quatre ans, le haut et redouté seigneur Charles de Bourgogne. La noblesse de ses États, dont la fleur fut moissonnée à Granson, à Morat et à Nancy, le peuple, qu'il pressura pour avoir l'argent nécessaire à ses folles entreprises purent lui dire, avec René de Lorraine s'agenouillant près de son lit funèbre : « Beau sire, votre âme ayt Dieu, vous nous avez fait moult maux et douleurs. »

L'infortuné duc laissait pour unique héritière, une fille

---

1. *Cartulaire de la Confrérie du Saint-Sacrement*, p. 73.

appelée Marie, à peine âgée de dix-neuf ans. Louis XI envahit le duché, en déclarant : « qu'il voulait seulement soutenir les droits de sa chère filiole, la future épouse du Dauphin de France. » Les trois États étant réunis en assemblée générale, se laissèrent tromper par ces promesses et livrèrent la Province.

Aussitôt, Louis agit en maître à Volnay ; c'est pour lui que se firent les vendanges du domaine seigneurial, en 1477 ; nos vins, en compagnie de ceux de Beaune et de Pommard, furent expédiés au château de Plessy-lès-Tours (1). En savourant cette délicieuse liqueur, Louis ne fut pas sans se rappeler la cordiale hospitalité reçue dans sa jeunesse à la cour de Philippe-le-Bon, et le mot prophétique que disait son père Charles VII : « Le duc de Bourgogne nourrit le Renard qui mangera ses poules. »

Quand le roi de France se fut emparé de la Bourgogne, il délaissa *sa chère filiole* et ne parla plus de mariage avec le Dauphin. Marie fut obligée de donner sa main à Maximilien d'Autriche pour trouver un appui contre son perfide protecteur. Nos pères dont la loyauté faisait dire : « la parole d'un Bourguignon vaut une obligation, » furent indignés en voyant la fourberie de Louis XI ; les âmes généreuses se passionnèrent en faveur de la fille de l'ancien duc, et il y eut, en 1478, un soulèvement dans la Province aux cris de : « Vive Mademoiselle ! Vive Bourgogne ! » Beaune, Volnay, Savigny, Meursault et Chassagne furent, dans la Côte, les plus ardents tenants de la princesse Marie.

Le mouvement manqua d'ensemble et ne fit qu'attirer sur ses auteurs les vengeances du cruel monarque. Des seigneurs bourguignons qui s'étaient vendus au roi, en acceptant les débris de la fortune de Charles, les terres des partisans de sa fille et les dignités du duché secondèrent les efforts de l'armée du duc d'Amboise, général de

1. Archiv. de Bourg. Vurry, Comptes de 1477.

Louis XI, et la révolte fut étouffée dans le sang. Chassagne fut réduit en cendres; Volnay fut traité en pays conquis; Meursault et Savigny eurent leurs châteaux démantelés; et Beaune fut condamné à une forte amende.

Peu de temps après, nos Volnaisiens et les autres partisans de la duchesse eurent la douleur d'apprendre sa mort. Par une belle matinée de printemps, Marie de Bourgogne étant allée, dans les environs de Bruges, chasser avec son époux et ses fauconniers, vit un héron dans une prairie. Elle fit ôter le chaperon de l'épervier qu'elle portait sur le poing et le lança sur cette proie, en se précipitant elle-même à sa suite. Son cheval s'abattit et roula sur elle : on l'emporta blessée et évanouie. La princesse revint à elle; mais elle refusa, par pudeur, de laisser voir aux médecins sa plaie profonde, et mourut, le 27 mars 1481, à l'âge de vingt-cinq ans (1).

Cet événement affermit la domination que Louis XI exerçait déjà sur le duché. La résistance des Bourguignons, qui avaient combattu pour garder foi et amour à leurs princes, était brisée à jamais par la mort de la fille de Charles; tous, d'ailleurs, aimaient mieux appartenir à la France que de relever de l'Empire d'Autriche.

Parmi les barons dévoués à Louis XI et à la cause française, on remarquait dans notre voisinage, Philippe Pot, seigneur de la Roche-Nolay, de Saint-Romain et de Châteauneuf. Cet homme jouissait au milieu de ses contemporains du prestige d'un héros légendaire. Il était le plus beau et le plus vaillant chevalier de son époque. Dans sa jeunesse, étant allé en Orient combattre Mahomet II, il se couvrit de gloire sur les champs de bataille. Fait prisonnier, il garda pure la foi chrétienne au sein des séductions et des tourments. Mahomet, charmé de la bravoure et de la grandeur d'âme de son captif, lui promit la liberté s'il pouvait vaincre l'ennemi qu'il lui opposerait. Le preux

1. Voyez sur cette époque l'*Histoire de la Conquête de la Bourgogne après la mort de Charles-le-Téméraire*, par M. Rossignol.

accepta : on le conduisit dans un cirque, et on lui donna pour adversaire un lion affamé et furieux. Philippe, en trois coup d'épée, l'étendit mort à ses pieds. Ce chevalier sans peur était doué d'un merveilleux génie ; il était poète et son éloquence le fit surnommer bouche de Cicéron (1).

Les Volnaisiens eurent à joûter contre ce fier baron. Le châtelain et les gens de Saint-Romain ayant élevé des prétentions contraires aux droits de nos vignerons, ceux-ci résistèrent. Philippe intervint, espérant que son prestige et son éloquence feraient fléchir toute opposition. Il n'en fut rien. En 1483, la cause fut portée au Parlement de Bourgogne, et pendant six années « les habitants de Voulenay » luttèrent contre « le seigneur de la Roiche-Noulay. » Volnay opposa à son redoutable et puissant adversaire le courage et la ténacité du lion : mais cette fois, le lion vainquit le chevalier. Le 28 mai 1489, l'un des huissiers du Parlement signifia au noble joûteur « de comparoir en la Chambre du Conseil, pour entendre taxer les frais de deux procès jugés au proufit des habitants de Voulenay contre les gens de Saint-Romain. » La réponse de Philippe fut dédaigneuse et peu chevaleresque, il dit : « qu'il n'entendoit pas que la matière lui touchast, attendu qu'il n'avoit fait que prester son nom aux habitants de Saint-Romain (2). »

Pendant que nos vignerons épuisaient leurs ressources à se défendre contre les attaques judiciaires du seigneur de la Roche, les *Urebers*, les *Escrivains* et autres *vermynes*, dont nous avons déjà signalé l'apparition, ravageaient leurs coteaux (3). Cette plaie égyptienne commença en 1460 et ne finit qu'en 1500 ; elle réduisit nos malheureux Volnaisiens à la plus profonde misère.

Les décimateurs compatirent aux maux de ce pauvre

---

1. Courtépée, tome I, p. 189. — *Histoire de N.-D. de Bon-Espoir de Dijon*, p. 55.
2. Archives communales.
3. *Histoire de Beaune*, par M. Rossignol, p. 358.

peuple; au lieu de prendre « le seizième des fruits crûs et perçus, ou les huit deniers qui leur étaient dûs par ouvrée, » ils n'exigèrent momentanément qu'un blanc ou quatre niquets. Voyant la persistance de la stérilité, ils rendirent, le 17 septembre 1486, cette réduction perpétuelle et irrévocable (1). La dîme de Volnay fut, dès lors, la plus légère de toute la Côte.

Tout nous porte à croire que nous sommes ici en présence d'une première invasion du phylloxéra. Les traditions locales rapportent que nos pères, sans doute en souvenir de la trop fameuse peste noire de 1349, donnèrent le nom de *maladie noire* au fléau qui sévissait sur la vigne. Tout le vignoble fut détruit, il ne resta dans la contrée qu'un petit bouquet de vigne sur la montagne de Pommard, qui fut appelé pour cette raison le *Petit Vignot*, nom qu'il a gardé depuis. Et quand on voulut repeupler la Côte, on fut obligé de faire venir des plants de Crimée (2).

Étudions la population volnaisienne au XVe siècle; disons quelques mots : sur ses malheurs, ses œuvres et ses coutumes administratives.

Dans ce siècle, Volnay fut éprouvé par tous les fléaux : la flamme le couvrit de ruines; une grande partie de son territoire demeura inculte, faute de bras, et le reste fut, pendant quarante années, la proie des insectes; le fer et les maladies pestilentielles moissonnèrent les habitants. Ce village qui comptait, en 1400, soixante-trois feux, descendit, en 1423, à quarante-trois; puis, en 1431, il tomba à vingt-trois! En 1470, il remonta à trente-deux. Presque tous ces feux étaient serfs et taillables à merci. Pour résumer cette période de son histoire, Volnay put emprunter la devise de l'un des preux de cette époque, et dire avec Pierre de Beaufremont : « Plus deuil que joie!!! »

Au milieu de ses désastres, cette population demeura

1. Archives com. Titres de la cure, p. 1.
2. Traditions locales.

chrétienne et résignée; plus le sol qu'elle habitait était plein de tristesses et de larmes, plus elle s'entr'aidait fraternellement et reportait ses pensées et ses espérances vers le ciel. Elle a laissé après elle un monument de foi et de charité, c'est le domaine de la Confrérie du très précieux Corps de Dieu : ce domaine, commencé en 1421 et formé de petites parcelles de terrain, se composait à la fin du xv⁰ siècle : d'une maison, de trente-six ouvrées de vigne et de douze journaux de terre. Ces dons, faits par un peuple malheureux, sont touchants comme le denier de la veuve de l'Evangile; on remarque parmi eux : des vignes en *toppe*, et des *plastres* de maisons situés dans des rues détruites. Le style de ces donations est empreint d'une religieuse et naïve poésie : toutes commencent par ces mots : « En nom de Notre-Seigneur. Amen. » Notre lecteur nous saura gré de lui en citer quelques-unes :

«. L'an de l'Incarnation de Notre-Seigneur MCCCCXXI, le jeudi, jour de la solemnité du Corps de Notre-Seigneur : je Etienne Chouet, en rémunération de plusieurs secours, aides, proufits et services rendus tant à mon père qu'à moy par les confrères de Volenay, je donne à la Confrairie une ouvrée de vigne assise au finaige de Volenay en lieu dit en Lormot. Et je promets par mon serment donné sur les saints Evangiles de Dieu de garantir la teneur des présentes (1). »

« L'an de l'Incarnation de Notre-Seigneur MCCCCXXV, je Perrenot Bureau baille à la Confrairie de Volenay quatre ouvrées de vigne, en Vault; pour que je demeure quitte moy et mes hoirs de faire le Pain-Benoist (pain bénit) de cy en avant en l'église de Volenay, le jour de Pâques-Charnel (2); lequel Pain-Benoist je devais, chacun an, faire parce qu'il étoit assigné sur mon héritaige (3). »

---

1. *Cartulaire de la confrérie du Saint-Sacrement*, p. 5.
2. Nos aïeux désignaient ainsi le jour de Pâques, pour le distinguer du dimanche des Rameaux qu'ils appelaient Pâques-Fleuries.
3. *Cartulaire*, p. 6.

« L'an de l'Incarnation de Notre-Seigneur MCCCCXXVI, le III° jour du mois de juing, je Huguenin Dupoix, pour plusieurs agréables services, curialités, proufits à moy rendus par les confrères de Volenay, et pour ce aussi qu'iceux seront tenus de faire le mangier que je dois faire, pour chacun venant, le jour de la solemnité du Corps de Notre-Seigneur, je donne à la Confrairie une pièce de vigne de deux ouvrées, au lieu dit en la Peture (1). »

« L'an de l'Incarnation de Notre-Seigneur MCCCCXLV, le mercredy après le dimanche que l'on chante en la sainte Église de Dieu : « *Lætare Jerusalem ;* » je Guidot Jacquelin cède ès habitants de Voulenay environ une demie ouvrée de vigne assise en lieu dit en Bouteloy, au proufit du luminaire de Monseigneur saint Cyre (2). »

« L'an de l'Incarnation de Notre-Seigneur MCCCCLXX, jour de la fête de saint Michel archange ; je Isabeau veuve d'Etienne Laronse, par considération que en la Confrairie du précieux Corps de Jésus-Christ fondée à Voulenay, sont, chacun jour, célébrées messes pour le remède et salut des âmes trépassées, fondateurs d'icelle et de tous ceux qui bien y font, et que plusieurs suffrages et grandes charités et aulmones s'y font ; je donne à ladite Confrairie : une maison avec cour et curtil assise en la rue Es-Giberts, et une pièce de vigne de deux ouvrées en Beauregard, moyennant que moy et mon mary soyons participants en tous les bienfaits de la Confrairie, et qu'à la fin de mes jours soient dites pour moy et mon mary, mes parents et amis trépassés : dix messes, le jour de mon obit, et les vigiles des morts à notes ; au trentième jour autant et au bout de l'an semblablement ; en tout trente messes et trois vigiles (3). »

Nous pourrions citer plus de soixante pages écrites dans ce style. Quelque chose était encore plus admirable que ce

1. *Cartulaire*, p. 8.
2. *Cartulaire*, p. 14.
3. *Cartulaire*, p. 34.

naïf et charmant langage, c'était la charité fraternelle qui unissait les membres de la Confrérie, leur tendresse pour les pauvres et leur amour pour Jésus-Christ : aussi plusieurs fidèles du voisinage s'enrôlèrent dans leurs rangs ; parmi eux, nous remarquons Jehannette Georget de Nantoux, « qui donne de sa pure, franche et libérale volonté, à la Confrairie du précieux Corps de Jésus-Christ, de Volenay, un petit champ situé en l'Orme-Benoist, pour être accompagnée à toujours et perpétuellement ès prières, oraisons, aulmones et bienfaits de ladite Confrairie (1). »

La renommée de cette pieuse association s'étendit au loin ; elle compta des membres et des bienfaiteurs : à Chambolle, à Arnay-le-Duc, à Saulieu, etc. L'un de ces confrères étrangers fait une donation en ces termes :

« En nom de Notre-Seigneur, Amen. L'an de l'Incarnation d'Icelui MCCCCLXI, le mardi XVIIIe jour du mois d'aoust; je Huguenin de Chastillon, bourgeois d'Arnay-le-Duc, considérant que plusieurs bienfaits, charités et aulmones se font journellement en la Confrairie de Voulenay fondée en l'honneur de Jésus-Christ, de laquelle je suis consort; pour icelle mieux entretenir, et afin qu'au temps advenir les confrères soient tenus de prier et de faire prier Dieu pour moy, après mon décès ; à la suite duquel ils devront faire offrir, audit Voulenay, le divin office des trépassés ; je baille, à ladite Confrairie, une ouvrée et demie de vigne située en Lurey près de la vigne de mon très-redouté seigneur, le duc de Bourgogne (2). »

Les coutumes administratives de Volnay, au XVe siècle, n'offrent pas moins d'intérêt que les fondations pieuses : nous les trouvons longuement exposées dans un titre de 1507, rédigé sur le témoignage des principaux habitants; nous allons donner la substance de ce document (3).

---

1. *Cartulaire*, p. 61.
2. *Cartulaire*, p. 24.
3. Archives de Bourgogne, procès-verbal sur la seigneurie de Volenay, par P. Sayne, secrétaire des Comptes.

Les ducs de Bourgogne, et après eux les rois de France, étaient les souverains seigneurs de Volnay : les habitants étaient : « leurs hommes originels en toute justice et seigneurie ; ils avaient sur eux et chacun d'eux justice, service et juridiction haute moyenne et basse ; ils exerçoient cette justice par toute la ville, finage et territoire de Volenay. »

Voici quels étaient les officiers de ces hauts et puissants seigneurs :

Ils avaient leur Châtelain, lequel était juge de la châtellenie de Volnay. Ce juge avait coutume d'avoir un Lieutenant, qu'il choisissait ordinairement parmi les habitants pour rendre justice en son absence. Ces deux magistrats jugeaient tous les cas survenants audit lieu : ils fixaient leurs jours d'audience. Quand ils citaient à leur tribunal, on était obligé de comparaître sous peine d'une amende de sept sous tournois, au profit du seigneur. L'autorité du châtelain et de son lieutenant se faisait respecter par un Sergent nommé et destitué par le châtelain. Il mettait en prison et faisait exécuter les sentences. Les peines capitales avaient lieu dans les climats qui s'appellent encore les Justices et les Rompues.

A côté de la puissance seigneuriale se trouvait l'autorité populaire qui avait ses agents reconnus. Les Volnaisiens avaient coutume de s'assembler deux fois l'an pour délibérer sur les intérêts de la communauté : dans la première réunion qui se trouvait aux approches de la Notre-Dame de mars, ils nommaient deux Messiers (1) pour garder les champs, les prés et les vignes : dans la seconde, qui avait lieu à la fête de la Madeleine (22 juillet), ils élisaient deux Vigniers (2), pour continuer de veiller sur les fruits de la terre. Ordinairement cette tâche était laissée aux premiers

---

1. Ces gardiens étaient ainsi appelés parce qu'ils devaient prendre un soin particulier des *moissons*.
2. Ces officiers tiraient leur nom des *vignes* confiées plus spécialement à leur surveillance.

gardes élus. Ces hommes avant d'exercer leurs fonctions étaient présentés au châtelain ou à son lieutenant, qui leur faisait prêter serment et les instituait, s'il les jugeait convenables.

Ces fonctionnaires « avaient l'autorité d'exécuter l'office de *sergenterie*; le pouvoir de prendre, saisir, gaiger et emprisonner les personnes et les bêtes faisant quelques délits ou dommageant les labourages et les fruits des terres, prés et vignes. » Ils dressaient un rapport qu'ils présentaient au châtelain ou à son lieutenant, qui appelait cette cause *aux Grands-Jours* où il rendait la justice. Le messier ou le vignier avait, pour chaque prise d'hommes ou animaux, une pinte de vin ou un blanc à son choix, ou cinq sous sur les amendes imposées si la capture avait été faite la nuit (1).

Le châtelain et son lieutenant n'étaient pas seulement les grands justiciers de Volnay, ils étaient encore les contrôleurs des poids et mesures. Ils avaient le pouvoir de visiter et *d'esgandiller* les vaisseaux qui servaient à la mesure du blé et du vin; ces vaisseaux devaient avoir la jauge de Beaune. D'après une ordonnance faite par le châtelain de concert avec les habitants, les tonneaux et autres mesures qui n'étaient point d'une jauge loyale étaient confisqués et celui qui les possédait était condamné à une amende de soixante sous tournois.

Les châtelains étaient avant tout les intendants du

1. Nous transcrivons le tarif des amendes dont étaient frappés les différents délits. — Une bête trouvée en dommage le jour payait trois sous tournois; l'amende s'élevait à sept sous si l'animal était accompagné d'un gardien. — Une bête trouvée en dommage la nuit, sans garde et par échappée, payait sept sous : si elle avait son gardien, la coutume générale punissait ce méfait d'une amende de soixante-cinq sous. — Une personne trouvée le jour faisant quelque dommage était passible de sept sous tournois; si c'était la nuit la peine était de soixante-cinq sous tournois. — Quand quelqu'un frappait son concitoyen, et que plainte était portée au procureur de la justice, si le coupable avait fait sang il était passible de soixante sous tournois; s'il n'y avait pas eu sang la peine était de sept sous.
Le châtelain et son lieutenant avaient coutume de modérer ces diverses amendes suivant l'exigence des cas ou la pauvreté des gens.

domaine seigneurial ; ils nous ont laissé dans leurs comptes, de curieux renseignements sur la culture de la vigne au xv⁰ siècle, et sur les conventions qui existaient entre les propriétaires et les vignerons. Nous en parlerons dans le chapitre consacré à l'étude du vignoble et du vin de Volnay.

Le châtelain était encore, à Volnay, le grand collecteur de l'impôt. « Les habitants du village étoient taillables, une fois l'an, haut et bas, à volonté, à cause de leurs meix et de leurs maisons. » La taille se levait à la Saint-Barthélemi ; dans les années abondantes elle était haute, dans les médiocres elle était moyenne, dans les mauvaises elle était basse. Le châtelain venait avec plusieurs de ses gens pour régler et percevoir l'impôt, tous étaient traités aux dépens des contribuables. Les habitants répartissaient eux-mêmes l'impôt et arrêtaient le rôle ; les répartiteurs prêtaient, entre les mains du châtelain, serment de n'exempter personne, et d'agir envers chacun avec la plus rigoureuse équité (1).

1. Archives de Bourgogne. Procès-verbal de P. Sayne.

LIVRE V

Volnay au temps du domaine royal
1478-1789.

CHAPITRE PREMIER

Volnay pendant le Seizième siècle
1500-1600.

Nous sommes entrés dans une nouvelle phase historique, Volnay fait partie du domaine de la couronne de France. Cette période renferme environ trois cents ans; elle a commencé, en 1478, sous Louis XI, elle ne finira qu'en 1789, à la Révolution : ces siècles, en se déroulant, nous feront assister à la ruine successive du domaine seigneurial; ils nous offriront d'ineffables douleurs au sein de notre chère bourgade.

Le xvie siècle s'ouvrit à Volnay par une peste affreuse qui décima la population et jeta l'épouvante dans le voisinage. La terreur était si grande que, le 2 novembre 1507, un secrétaire des Comptes, étant venu dresser acte de l'état du domaine de Volnay, s'arrêta à Pommard, n'osant s'aventurer dans notre village « à cause du danger de la peste. »

L'officier royal manda trente-huit des principaux habitants, leur fit prêter serment sur les saints Evangiles et leur ordonna de déclarer « les droits, justices et seigneuries » dont la couronne de France avait hérité des ducs, à Volnay. Ces témoins, qui nous ont exposé plus haut l'ancien droit coutumier du village, vont nous décrire le domaine seigneurial tel que le laissèrent les princes de la Maison de Bourgogne.

« Iceulx habitants dient, que le Roy possède à Vollenay une belle et grosse tour quarrée faite de pierres de taille, à trois étages. Ils y retraient leurs personnes et leurs biens, en temps de guerre et de gens d'armes. Et en près ladite tour, il y a une belle et ancienne muraille laquelle a été autrefois bruslée; et y soulait avoir une salle. Et près d'icelle, est la place close de murailles où soulait être la chapelle Saint-Barthélemy. A l'entour desquelles tour et place sont petits murs faits à sec, environnés de foussés qui font cloison de ladite tour et des choses dessus dites. Et deans les murs des dites salle et chapelle sont petites maisonnettes qui y ont fait faire aucuns habitants dudit Vollenay pour leur retraict, dont ils ne payent rien : seulement ils sont tenus d'entretenir la tour de couverture et d'autres choses nécessaires, et de la garder jour et nuit quand besoing fait et qu'ordre leur est donné par le chastelain.

« Ils dient aussi, que devant l'entrée de la tour et de sa place, est une basse-cour de laquelle une partie est amodiée au prouffit du Roy, à Estienne Dippe, avec d'autres héritaiges moyennant une queu de vin chacun an ; et l'autre partie de ladite basse-cour est au Roy : en laquelle basse-cour sont deux chambrettes au plus près de la tour, l'une où se tiennent les portiers qui gardent la tour, et l'autre où se tient maintenant une pauvre ancienne femme pour l'amour de Dieu.

« Ils dient semblablement, que le Roy soulait avoir audit Vollenay une maison, avec meix et curtil assis derrière icelle, venant de Jacquot Bernardin ; elle est accensée au proufit du dit Seigneur pour XVI sous.

« Ils dient semblablement, que le Roy a tierce partie par individis és vignes assises Sous-Roiche, pour la disme; ces vignes sont de cinquante-deux ouvrées et demie.

« Ils dient semblablement que les vignes appartenant au Roy forment deux cent soixante-treize ouvrées, lesquelles il fait faire à ses deniers ou à partage, comme bon lui semble (1). »

Les terres arables et les prés que la couronne possédait sur notre territoire, ne figurent point dans cet inventaire.

L'antique et riche domaine seigneurial est aussi déchu que le vieux châtel de Volnay; ce n'est plus que l'ombre du passé : qu'est-ce que les deux cent soixante-treize ouvrées qui le composent si nous nous reportons à l'an 1342, où l'on employait quatre cent quatre hommes à façonner du premier coup les vignes de Monseigneur? Les guerres du XVIe siècle viendront encore emporter quelques débris de cet édifice ruineux.

Avant d'éprouver les secousses de ces sanglantes tempêtes, Volnay fut visité par d'autres fléaux. En 1530, il eut à souffrir de la famine qui désola le pays de Bourgogne; le blé qui coûtait auparavant dix sous se vendait trois livres, et encore on n'en pouvait trouver. La peste, cette compagne ordinaire de la famine, vint, en 1533, augmenter les douleurs publiques. Les remèdes humains étant impuissants à éloigner ce cruel fléau, le peuple recourut à Dieu : chaque jour, à midi, la cloche tintait neuf coups lugubres, et, à ce signal, les habitants tombaient à genoux en réci-

---

1. Arch. de Bourg. Procès verbal de P. Sayne. Voici, d'après ce titre, quelles étaient les vignes du domaine seigneurial :
  1. Un *cloux* de cent ouvrées, en Chevrey, en près Santenot,
  2. En Cailleray, seize ouvrées,
  3. En la Perrière, quatre ouvrées,
  4. En Champan, deux ouvrées,
  5. En Lurey, seize ouvrées,
  6. En Boisseret, six ouvrées,
  7. En Peluchot, vingt ouvrées,
  8. En Lormot, dix ouvrées,
  9. En Chenevères, trois ouvrées,
  10. En Boussetort, six ouvrées,
  11. En Brullard, vingt-cinq ouv.,
  12. En Vaulx, vingt-deux ouvr.,
  13. En Tallepied, cinq ouvrées.

tant trois *Pater* et trois *Ave Maria*, pour obtenir la protection du ciel (1).

A la veille de cette peste, Volnay perdit l'un de ses plus dignes pasteurs, messire Simon Fouchard, qui trépassa le 5 juillet 1532. Cet homme eut, comme le divin Maître, une prédilection marquée pour l'enfance; en mourant, il légua une belle maison à la Confrérie, pour en faire une école. En retour de ce bienfait, il demanda au troupeau qu'il avait aimé, que chaque année un *Libera* fut chanté sur sa tombe aux premières vêpres de la fête de saint Cyr (2). Après la mort de ce bon prêtre, la paroisse endura un veuvage de huit années.

En 1563, la famine reparut; la Bourgogne était réduite *en plus grande pauvreté qu'il ne fut oncques;* les blés manquaient; il n'y avait plus de sel, et les impôts allaient croissant. De ce moment jusqu'en 1567, il n'est question dans les mémoires des chroniqueurs que de peste et de famine (3). En 1566, une forte gelée survenue dans les derniers jours de mai, frappa nos vignobles et enleva tout espoir de récolte (4).

Au milieu de ce siècle fécond en douleurs, les Volnaisiens firent un bel acte de foi chrétienne, ils reconstruisirent la chapelle de Notre-Dame de Pitié. Depuis de longs âges, la Vierge avait près de notre village un sanctuaire, où elle avait manifesté sa puissance par d'éclatants miracles; le temps ayant amené la ruine de cet oratoire, les habitants le rebâtirent, en 1540, tel que nous le voyons aujourd'hui. Rome bénit cette œuvre, et accorda des indulgences à ceux qui prieraient dans cette chapelle ou y feraient l'aumône. La reconstruction de ce monument religieux, à l'une des époques les plus mauvaises et les plus malheureuses de

---

1. *Histoire de Beaune*, par M. Rossignol, p. 368.
2. Ce legs est mentionné dans une inscription lapidaire qui se trouve dans l'église de Volnay.
3. *Histoire de Beaune*, par M. Rossignol, pp. 384 et 385.
4. Courtépée, tome I, p. 230.

l'histoire, charme et attendrit l'âme comme la vue du lys qui croît parmi les épines (1).

Pendant que les Volnaisiens élevaient un temple à la Vierge immaculée, l'hérésie brisait ses statues et renversait ses autels. Le grand schisme d'Occident ayant affaibli l'autorité ecclésiastique et relâché la discipline et les mœurs, Luther et Calvin, en se servant du mot magique et trompeur de *Réforme*, venaient de déchaîner contre l'Eglise et la société la plus horrible tourmente. Le Protestantisme, c'est le nom de la prétendue Réforme, ne fut pas l'œuvre isolée de ces deux hommes; il dut sa puissance destructive à l'alliance de toutes les passions humaines : il fascina les princes ambitieux et avares en leur livrant l'autorité et les biens du clergé; il séduisit les seigneurs orgueilleux et cupides en les affranchissant du pouvoir épiscopal et en leur donnant les richesses monastiques; il s'attacha les religieux indignes et les prêtres déchus en supprimant les vœux sacrés. Beaucoup de populations égarées par les scandales et les défections, se laissèrent entraîner par le mouvement qui emportait le monde vers la corruption et le débordement des mœurs. Des causes particulières se joignirent à ces causes générales; en certains pays, les honteux penchants d'un prince impudique, des ambitions déçues, des vanités froissées déterminèrent le succès du nouvel évangile. Les questions dogmatiques ne furent qu'un prétexte, elles servirent à passionner les masses et à voiler les secrètes convoitises qui animaient les auteurs de cette grande révolution. Luther et Calvin surent parler aux passions de leur siècle : voilà pourquoi leurs voix rencontrèrent tant d'échos, leur prosélytisme tant de néophytes, leurs querelles tant de soldats (2).

Les doctrines de la Réforme furent apportées à Beaune

1. Ces détails sont empruntés à l'inscription qui se lit au-dessus de la porte de cette chapelle. Notre-Dame de Volnay étant l'un de nos monuments, nous lui avons consacré un chapitre au Livre VIII.
2. Voyez l'*Histoire générale de l'Eglise*, par l'abbé Darras, septième époque.

et dans le voisinage par des compagnons cordonniers et d'autres gens de petite condition. Les Apôtres de Calvin dogmatisèrent d'abord dans le secret ; puis ils parurent en public ; bientôt, ayant groupé autour d'eux un certain nombre d'esprits remuants et avides de nouveautés, ils troublèrent les cérémonies religieuses. En 1562, les sectaires étaient si nombreux dans la ville de Beaune, que « pour la glorification de leur église (1), » ils formèrent le complot de massacrer les catholiques pendant la messe, le jour de l'Ascension, de piller les sanctuaires et de se rendre maîtres de la place. Leur projet fut découvert et déjoué par la vigilance et la fermeté du sire de Vantoux, gouverneur du château (2). Cet événement, qui jeta la terreur et la défiance dans la cité beaunoise, eut, comme nous le verrons bientôt, de fâcheuses conséquences pour Volnay.

Les discordes que nous remarquons à Beaune existaient dans toute la France. Deux familles puissantes, qui se disputaient le pouvoir tombé aux mains de princes faibles ou enfants, exploitèrent au profit de leurs rivalités les passions religieuses de cette époque ; les Guises étant les chefs des Catholiques, la Maison de Bourbon se mit à la tête des Protestants. Alors la France se trouva livrée aux horreurs d'une longue guerre civile. Les Protestants, trop faibles pour lutter contre les catholiques, appelèrent à leur secours leurs coreligionnaires d'Allemagne : plusieurs fois ceux-ci envahirent la Bourgogne et ravagèrent Volnay.

L'invasion la plus désastreuse fut celle de 1569. Le 28 avril, le prince d'Orange, comte des Deux-Ponts, ayant sous ses ordres quarante mille reîtres, désola nos campagnes. Un témoin oculaire nous trace un lugubre tableau du passage de ces Huguenots : « Partout, dit-il, c'est saccagements, pilleries, voleries exercés par ces Allemands,

---

1. Expression du message qui ordonnait le massacre.
2. *Histoire de Beaune*, par M. Rossignol, pp. 381 et suivantes. — *Hist. des Rues de Beaune*, et *Étude historique* de M. C. Aubertin sur le séjour des protestants à Beaune.

plus furieux que chiens enraigés ; ils s'envont rançonnant et bruslant les chasteaux, les bourgs et les villaiges : ils ont tout gasté les bleds et orges à deux lieues à la ronde (autour de Beaune), d'où sera famine. Leurs ravages sont si grands, que c'est chose inaudite depuis l'Incarnation de Notre-Seigneur (1). »

« Pendant les mois d'avril et de mai de cette année, — disent à leur tour les Etats de Bourgogne, — le pays a esté ruiné, pillé, détruit; plus de quatre cents villages ont esté réduits en cendres; il est impossible de faire entendre la désolation du pauvre peuple qui n'a plus ni moisson ni vendange. »

Ce fut surtout en juin que ces *ennemis de Dieu et du Roy* exercèrent dans la Côte beaunoise les plus cruels ravages. Ils désolèrent les champs et les vignes. Volnay, Meursault, Pommard, Bligny, Curtil, Tailly furent livrés aux flammes. Ils étendirent leurs courses jusque sous les murs de Beaune. Les habitants de cette ville, assemblés le 23 de ce mois pour l'élection d'un maire, se hâtèrent de se séparer pour voler à la défense des remparts (2).

Le 23 juin 1570, les Protestants reparurent dans les villages de la Côte. « L'armée huguenote, — écrit le secrétaire du Chapitre de Beaune, — ravage et brûle toutes les églises des villages et des châteaux qui sont autour de la ville. Les sectaires brisent les images et ne laissent que les murs. Oh! douleur, ils profanent l'hostie sainte, ils la foulent aux pieds, ils tuent les prêtres et les vrais fidèles : jamais on ne vit tant de cruauté. Que Dieu ait pitié de nous ! »

Le 1er juillet de cette année, les commissaires du Chapitre visitèrent Volnay, Pommard, Bligny, Meursault, Chassagne, Saint-Aubin et autres lieux, et dressèrent procès-verbal des dégâts causés par ces hérétiques, qui étaient

1. Le secrétaire de la Chambre des Comptes.
2. Archives de Bourgogne, *Recueil de titres concernant la ville de Beaune*, par Jos. Garnier, p. 37.

allés, sous la conduite de Coligny et du jeune Henri de Navarre, battre l'armée catholique à Arnay-le-Duc (1).

Au mois de janvier des années 1574 et 1575, les reîtres s'abattirent de nouveau comme des vautours sur Volnay et Pommard. Après leur passage, la détresse et le désespoir étaient dans toutes les chaumières (2).

Pendant l'hiver de 1577, l'émoi est encore parmi nos Volnaisiens; les uns s'enferment dans leur vieille tour, d'autres fuient vers Beaune, chassant devant eux leur bétail qu'ils vont mettre à l'abri des murailles de la cité : une nouvelle invasion de vingt-cinq mille reîtres descend du Nord, appelée par les Protestants, et traverse la Bourgogne. Quand ces hérétiques eurent porté plus loin leurs ravages, nos vignerons sortirent de leurs retraites pour cultiver leurs coteaux et ensemencer leurs champs.

L'été de la même année, nos infortunés villageois sont obligés de se cacher de nouveau pour laisser passer les reîtres, chargés de dépouilles, qui gagnent leur pays. « Quand ces Allemands se furent éloignés — dit Pépin, l'un des chroniqueurs de cette époque, — les pauvres gens des villages estoient bien aises d'avoir moyen de quitter les villes et de retourner chascun en leurs maisons, et d'y conduire le peu de bétail qui leur estoit resté, et principalement pour faire les moissons, beaucoup arriérées (3). »

La guerre civile devint encore plus acharnée en 1589, quand la branche de Valois s'étant éteinte en la personne de Henri III, la couronne de France échut au jeune Henri de Navarre, chef des Protestants. Les seigneurs Catholiques se *liguèrent* entre eux, mirent à leur tête le duc de Mayenne, l'un des Guises, et jurèrent de ne point reconnaître un Huguenot pour leur roi. La noblesse de Bourgogne, qui avait déclaré « qu'elle vouloit être la dernière à souffrir dans son pays la nouvelle religion, puisqu'elle avoit été

1. *Hist. de Beaune*, par M. Rossignol, pp. 388 et 389.
2. *Recueil de titres sur la ville de Beaune*, p. 40.
3. *Hist. de Beaune*, par M. Rossignol, p. 390.

chrétienne avant tous les Français, » embrassa chaudement la Ligue. Dijon, Beaune et Chalon furent les boulevards de ce parti.

Les villages situés entre ces villes eurent grandement à souffrir ; ils furent foulés, rançonnés et pillés à la fois par les Royalistes et les Ligueurs ; la guerre qu'on se faisait était permanente et sans pitié. Tantôt c'étaient les reîtres que l'on voyait galoper dans nos campagnes, tantôt les lanz-kenechts se traînaient de bourg en bourg. A en croire Pépin, l'année 1591 fut particulièrement calamiteuse. « Les gens de guerre, dit-il, gastent toutes les vignes et logent partout les villages voisins de Beaune ; ils emmènent les vendanges du pauvre peuple. La peste les étouffe ! — Il se fit, en cette année, un dommage incomparable dans le pays, tant des voleries des soldats aux églises, que ravissements de femmes. Horribles estoient les maux et méchancetés de ces canailles, coupant et fauchillant les bleds, les prés, les arbres, faisant du pis qu'ils pouvoient (1). »

Les mêmes brigandages continuant les années suivantes, le désespoir mit les armes aux mains de nos vignerons ; ils formèrent avec leurs voisins une ligue de salut public. Nous lisons ces mots dans le journal d'un chroniqueur contemporain, à la date du 26 janvier 1594 : « Nouvelles que les communes des villages de Pommard, Volnai, Meursault, Auscei, Santenay, Saint-Aulbin, Gamay et autres ont interpellé M. de Corabeuf (Antoine de Salins) d'estre leur chef ; et quand ils voyent un gendarme ils sonnent le tocsin ; que quand l'un des villages commence, les autres suivent, de sorte que ils courent tous au secours les uns des autres, et qu'il y a quelque temps que ils assommèrent trente gendarmes de la compagnie de M. de Thianges, qui alloient chercher des cottes (2). »

Les confédérés s'attirèrent de rudes représailles, si nous en

1. *Hist. de Beaune*, par M. Rossignol, pp. 392 et 393.
2. *Journal* de Gabriel Breunot, édité par M. Joseph Garnier, t. II, p. 19.

jugeons d'après le sort de Meursault. Les Ligueurs vinrent, quelques jours après, venger le sort de leurs frères d'armes ; « le duc de Mayenne fit brûler dix maisons autour de l'église, qui fut pillée et le saint ciboire enlevé. Les soldats outragèrent douze femmes, en tuèrent six de sang-froid, et mirent le feu à leurs maisons (1). »

Ces troubles continuels plongèrent nos Volnaisiens dans la plus profonde misère ; à mesure que la pauvreté grandissait, l'impôt montait ; il fallait faire face aux exigences de la guerre ; aussi, en 1593, notre village se trouva réduit à la dernière détresse.

« Le lundi 12 juillet, les habitants ayant à leur tête Vivant Vincent et Abraham Glantenay, descendirent à Pommard et parurent devant Claude Nyauld, chastelain du Roy, et lui exposèrent que le villaige de Vollenay devoit plusieurs cotes, tant à Saint-Jean-de-Losne, Vergy et autres lieux, notamment à Beaune ; lesquelles montoient à plus de six-vingt écus ; pour lesquelles cotes ils estoient tous les jours poursuivis, mulctés en grands frais. Ils lui remontrèrent que, pour le présent, ils estoient si nécessiteux qu'ils ne pouvoient payer, mais qu'ils consentoient que l'on prins des deniers à frais, comme aussi il fut vendu des héritaiges de leur Confrairie, pour aider à l'acquittement de ces cotes et impositions (2). »

Le châtelain, touché de cette requête, permit à des prud'hommes élus par les habitants, d'emprunter, au nom du village, la somme de cent écus, et de vendre des biens de la Confrérie pour cinquante écus. Il fallut à nos Volnaisiens vingt ans de labeurs pour se libérer de cet emprunt et racheter les propriétés engagées.

L'abjuration de Henri de Navarre vint arracher Volnay et le reste de la France aux horreurs de la guerre civile et de la famine. Dès que ce prince eut embrassé le catholi-

1. Courtépée, tome II, p. 330, art. Meursault.
2. *Cartulaire de la Confrérie.*

cisme, que notre Bourgogne avait pris charge de défendre, la Ligue alla s'affaiblissant ; son but était atteint, la religion était sauvée dans le Royaume.

Quelques jours avant le carême de l'année 1595, les bourgeois de Beaune livrèrent leur ville au maréchal de Biron, chef de l'armée royale, et les Volnaisiens lui remirent leur tour. Le château de Beaune, défendu par de déterminés Ligueurs, tint encore pendant six semaines. Durant le siège, le capitaine Labussière occupa la tour de Volnay, d'où il surveillait la plaine (1). Les assiégés ayant soutenu le choc d'une foudroyante artillerie, se rendirent à composition le jour des Rameaux. « Ils sortirent de la ville armes et baigues sauves, les enseignes ployées, mèche éteinte et sourd tambour (2). »

Henri IV fut dès lors paisible seigneur de la châtellenie de Volnay : en signe de joyeux avènement, il confirma, par des lettres du mois de juin 1595, l'antique privilège de l'Arc ; il autorisa les habitants à tirer un oiseau le premier mai, et ratifia les franchises accordées par Philippe-le-Bon au héros de cette fête (3). Ces exercices militaires, qui ne seraient plus aujourd'hui que des jeux d'enfants, étaient utiles au moyen âge pour apprendre aux villageois à se défendre contre les bandes armées.

Le nouveau seigneur trouva le domaine dans un état pire qu'en 1507. Le roi ayant ordonné à son châtelain « de visiter la tour et le chastel de Volenay, et de l'instruire de l'état d'iceux, soit pour la maçonnerie, la charpenterie et la couverture, » il fut constaté que les murailles de la tour étaient solides, mais que la toiture était délabrée ; le château n'était qu'une ruine. Le domaine, en vignes, n'était pas plus florissant ; il s'en était allé par lambeaux, pour subvenir aux besoins pressants du Trésor. En 1553, on avait vendu treize ouvrées de vignes dans les meilleurs climats, en

1. Archives communales, procès Misserey.
2. *Histoire universelle*, d'Aubigné.
3. Courtépée, t. II, p. 360.

Cailleray et en Boussetort; la tour elle-même aurait été aliénée sans l'opposition des habitants, qui représentèrent qu'ils y avaient droit d'aisance et de retraite (1).

Henri IV ajouta encore à ces ruines; ses finances étant épuisées, il détruisit à Volnay une partie du domaine et des droits seigneuriaux. Il livra aux enchères, en 1595, cent journaux de terre labourable situés près de Monthelie. Il vendit, en 1597, au sieur Jacquot d'Esbarres, la justice haute, moyenne et basse de la châtellenie de Pommard et Volnay, et soixante-trois livres de menus cens dûs à la Couronne; cette vente fut faite au prix de mille huit cent quinze livres (2).

Si le royal seigneur était pauvre, ses humbles vassaux de Volnay l'étaient bien davantage, tous étaient tombés dans la plus profonde indigence. La paix, il est vrai, améliora leur condition, mais elle fut loin de réaliser pour eux la parole du Béarnais, et chacun de nos vignerons put dire ces vers si connus :

> Du grand et bon Henri j'admire le bon mot,
> Mais pour y donner foi, j'attends la poule au pot.

Nous aimons cette population volnaisienne du XVIe siècle; elle fut malheureuse, elle fut ferme dans la foi, et elle nous légua la chapelle de Notre-Dame de Pitié. Aussi, nous nous faisons un devoir d'inscrire dans ces pages les noms des principales familles qui la composaient; elle comptait dans son sein les familles Arbalestier, Aulbry, Barbey, Barbier, Bouiller, Boulley, Bureault, Cas, Chevalier, Chicotot, Clerget, Delatour, Finet, Gautherin, Georgeot, Gilbert, Goulier, Grozelier, Guilier, Lauria, Levier, Martin, Meulley, Michot, Misserey, Poillot, Rossignol, Saliandre, Seguin, Tixier, Vincent, etc. (3).

Parmi les Volnaisiens de cette époque, Pierre Gilbert a

---

1. *Histoire universelle*, d'Aubigné.
2. Archives de Bourgogne.
3. *Cartulaire de la Confrérie du Saint-Sacrement*, pp. 88-93.

laissé un doux et religieux souvenir. Cet homme, n'écoutant que son goût pour l'étude et la prière, se retira dans l'abbaye de Sainte-Marguerite, où sa science et ses vertus l'élevèrent à la dignité de prieur. Il mourut dans ce monastère, au mois de mai 1588 ; en expirant, il n'oublia point son pays natal : il voulut reposer dans l'église de Saint-Cyr (1). Par humilité, il fixa le lieu de sa sépulture près de la petite porte de ce sanctuaire, afin que sa dépouille mortelle fût foulée aux pieds par ceux qui viendraient prier dans le temple (2). Il fonda, à perpétuité, dans l'église de Volnay, une messe chaque semaine, pour lui et pour le salut et remède des trépassés (3).

1. On lit dans les registres religieux de 1588 : « Pierre Gilebert, en son vivant prieur de Sainte-Marguerite, a été inhumé à l'église Saint-Cyr, lieu de sa nativité, le 15 mai.
2. La tombe de ce religieux, effacée par les pas des fidèles, se voit maintenant dans la grande nef de l'église, où elle a été transférée en 1839.
3. Archives communales, Titres de la cure, p. 39.

CHAPITRE II

Volnay pendant le Dix-Septième siècle

1600-1700.

Le grand Jubilé de 1600 inaugura un siècle nouveau. Ce Jubilé se fit à Volnay avec un vif enthousiasme; avide de la parole évangélique, le peuple se porta en foule dans l'église; il se purifia par la pénitence et s'approcha de la Table sainte : on eut dit que, pressentant les épreuves réservées à sa patience et à sa foi, il s'armait pour un religieux combat.

« Le 2 août 1603, à deux heures de l'après-midi, se levèrent de grands vents et orages qui renversèrent beaucoup d'arbres et de couvertures de maisons; ils furent suivis de nuées noires, amenant de merveilleux tonnerres et une horrible grêle qui gasta les raisins et fruits de Volnay, Pommard, Beaune, Savigny, etc. (1). »

Les âmes eurent aussi leur tempête; elles avaient besoin d'être fortes, bientôt elles devaient se trouver en face du Protestantisme, qui allait obtenir droit de cité dans le village.

Les habitants de Beaune, se souvenant des complots homicides des prétendus Réformés, supplièrent Henri IV d'interdire l'exercice du Calvinisme dans leur ville; ils représentèrent le prêche comme un foyer de haine et une menace perpétuelle contre les Catholiques. Pour justifier leurs plaintes, ils rappelèrent qu'en l'année 1562, leurs pères avaient failli être massacrés par les Protestants le jour de l'Ascension, et qu'au mois de septembre 1567, les sectaires étaient sortis de la ville dans le but de s'unir à une inva-

1. *Recueil de titres sur Beaune*, p. 67.

sion d'Allemands pour emporter Beaune d'assaut et le livrer au pillage. Cette requête fut discutée en Conseil d'État. Vainement les Calvinistes protestèrent de leurs sentiments de paix ; une sentence royale, du 13 mars 1610, proscrivit leur culte à Beaune et en transféra l'exercice dans notre bourgade (1).

Cet arrêt fut aussi pénible aux Volnaisiens qu'aux dissidents ; notre population catholique, qui se faisait particulièrement gloire d'honorer le Dieu de l'Eucharistie et la Vierge immaculée, s'affligea d'être contrainte de donner asile aux ennemis jurés de ses chères et saintes croyances ; elle gémit, elle murmura, mais il lui fallut se soumettre, et, le 29 avril 1610, le lieutenant général de la Chancellerie de Beaune, M. de la Mare, chargé de l'exécution de la sentence royale, installa solennellement les prétendus Réformés dans leur temple à Volnay (2).

Pendant près de soixante-quinze ans, les Calvinistes de Beaune et du voisinage s'assemblèrent dans cet oratoire. Leur secrétaire nous a conservé de curieux détails sur l'organisation de cette petite église, sur son culte et son histoire intime ; disons-en quelques mots.

Cette église protestante était régie par un Consistoire qui correspondait avec Veaux, Gex, Lyon, Pont-de-Velle, Mâcon, Sergier, Chalon, Bussy, Couches, Paray, Is-sur-Tille, Saint-Jean-de-Losne et Arnay-le-Duc. Ce Consistoire se composait d'un ministre, d'un diacre et de sept conseillers, appelés les Anciens.

Le ministre était institué par de simples pasteurs, qui le tiraient des rangs du peuple pour le faire asseoir dans la chaire de docteur. Ils imploraient l'Esprit-Saint, ils imposaient les mains sur la tête de l'élu et lui donnaient mission de prêcher : c'est ainsi que, le 24 juin 1623, les pasteurs

1. Archiv. de Bourg. *Actes du Consistoire de Beaune* ayant son temple à Volnay.
2. *Actes du Consistoire.* — Ce temple était situé à l'entrée du village, dans la rue de la Mort, au lieu où s'élève la maison Carnot.

d'Arnay et de Bussy intronisèrent F. Regnault dans le temple de Volnay (1). Le ministre baptisait, catéchisait, prêchait et présidait à la cène; il visitait les malades et assistait les mourants. Il ne donnait point aux âmes le pardon, l'Eucharistie et l'onction sainte; ses prières ne les accompagnaient pas au delà de la tombe; ses mains étaient vides des trésors sacrés que la foi a toujours reconnus dans le sacerdoce chrétien. Cet homme, engagé ordinairement dans les liens du mariage et les sollicitudes de la paternité, tombait parfois dans des défaillances inconnues au prêtre catholique : il désertait son poste au moment du danger. Le 10 mai 1630, le Consistoire accueillit comme pasteur un ancien ministre de Mâcon qui, pendant « quatre mois, » avait abandonné son troupeau ravagé par la peste, la misère et les inondations (2).

Le diacre était le sacristain du temple; les Anciens administraient les deniers publics, réglaient le culte et formaient un tribunal devant lequel devaient comparaître les transgresseurs de la loi morale et de la discipline religieuse.

Le culte nouveau exercé à Volnay n'avait rien des pompes du catholicisme; son temple était sans autel et sans sacrifice, les regards n'y rencontraient aucune de ces pieuses images qui élèvent les pensées vers le ciel; ils ne remarquaient dans cette enceinte désolée que des sièges grossiers, une chaire et une table nue. C'est là où les sectaires s'assemblaient pour entendre le prêche et faire la cène.

Le prêche avait lieu chaque dimanche, une seule fois en hiver, à cause de la brièveté des jours et de l'incommodité des chemins, et deux fois dans la bonne saison. Voici l'ordre de cette réunion religieuse : l'un des Anciens lisait la Bible pendant que le peuple s'assemblait; le ministre, revêtu d'une toge noire, montait ensuite dans la chaire et commentait longuement un passage de l'Écriture ou une

1. *Actes du Consistoire.*
2. *Actes du Consistoire*, p. 66, verso.

section du Catéchisme; après cette prédication, l'assistance chantait en chœur des psaumes de Marot (1).

La cène se célébrait aux grandes fêtes de l'année : c'était un repas fraternel, composé de pain et de vin, que les religionnaires prenaient ensemble en souvenir du souper que Jésus fit avec ses Apôtres la veille de sa mort. Ces agapes n'avaient rien de la grandeur et de la sainteté du banquet eucharistique; les Calvinistes reconnaissaient avec Bèze que le corps de Jésus-Christ était aussi éloigné de la cène que les plus hauts des cieux le sont de la terre (2).

Ce culte, malgré sa sécheresse, séduisit quelques catholiques de Beaune, de Chagny, de Demigny, de Savigny et d'autres lieux; dix-neuf vinrent « abjurer dans le temple de Vollenay la messe et les idolâtries de la papauté; » c'était la formule d'apostasie (3). Notre population volnaisienne n'eut aucune défection à déplorer; elle puisa dans son amour pour le Saint-Sacrement et Notre-Dame de Pitié une invincible foi.

La petite église calviniste de Volnay, à en juger d'après les actes de son Consistoire, offrit plutôt la confusion de la Babel antique que la ferveur d'une chrétienté naissante. Les pasteurs s'injurièrent entre eux. Un diacre mérita censure sur censure et encourut la suspense. Un dépositaire des deniers du temple s'attira des poursuites par son indélicatesse. Les Anciens eurent entre eux de graves débats dans le règlement des comptes; ils se montrèrent parfois intraitables envers les dignitaires de la secte : ils fermèrent le temple à leur pasteur, qui fut contraint d'en forcer les portes pour célébrer la cène, et ils se mirent en pleine révolte contre l'autorité suprême du Synode, en refusant le ministre qui leur était donné. Les membres du Consistoire eurent grandement à faire avec les simples fidèles : tantôt ils censuraient l'un pour un récent et « grief péché, »

---

1. *Idem.* Règlement nécessaire pour l'église, p. 23.
2. *Histoire des Variations*, par Bossuet, livre IX, p. 93.
3. *Actes du Consistoire.* — Passim.

tantôt ils sommaient un autre à venir se disculper d'un crime énorme contre les mœurs ; ils semonçaient ceux-ci à cause de haines scandaleuses, ils gourmandaient ceux-là pour leur indifférence dans le culte divin. Mais, ce qui allumait surtout la colère de ce petit aréopage, c'était que la vieille foi catholique avait peine à mourir parmi les religionnaires : l'un allait demander à l'Église romaine la bénédiction nuptiale, d'autres lui faisaient baptiser leurs enfants ou assistaient à la messe. Parmi les censurés, plusieurs courbaient docilement la tête, mais d'autres la relevaient avec fierté : ils ne s'étaient point soustraits à l'autorité de l'antique église pour obéir à des hommes sans caractère sacré et sans mission divine (1).

Pendant que la prétendue Réforme de Luther et de Calvin remplissait le monde de sang et de larmes, engendrait la décadence des mœurs et une confusion telle, que l'un des principaux adeptes s'écriait avec amertume : « tout autre état serait l'âge d'or comparativement à celui où nous vivons (2), » la véritable Réforme sortait radieuse et pure des entrailles du catholicisme, au Concile de Trente. Elle parut avec un cortège de saints. Ignace de Loyola, Xavier, Pie V, Charles Borromée, Philippe de Néri, François de Sales et Vincent de Paul acclamèrent cette fille du ciel et la firent reconnaître pour reine dans la société chrétienne : elle imposa le vivifiant empire de ses lois au clergé et au peuple. Des femmes héroïques, sainte Thérèse, sainte Jeanne de Chantal et Louise de Mérillac l'introduisirent dans la vie religieuse : elle fit refleurir le Carmel et peupla d'anges les hôpitaux et les monastères.

Après leur Réforme, les Carmélites étant, par leur sainteté, une protestation vivante contre les scandales du siècle et les impiétés de l'hérésie, furent appelées à Beaune, en 1620 ; elles s'installèrent dans l'antique Prieuré de Saint-Etienne

1. *Actes du Consistoire.* — Passim.
2. Lenissimè dicam, ut qualemcumque statum auream ætatem fore præ hâc confusione. Mélanchthon, cité par Érasme. Épître 742, liv. IV.

qui avait perdu ses moines et était tombé en commende. Volnay fournit le pain à ces pieuses recluses ; elles reçurent sur notre territoire un domaine qui fut leur principale richesse et qui alla en grandissant jusqu'à la Révolution. Quand vint le décret de 1790, ce domaine se composait d'une belle maison assise au milieu d'un vaste clos, de treize journaux de terre et de deux cent vingt-quatre ouvrées de vigne (1).

Dans le temps où les filles de sainte Thérèse devenaient propriétaires à Volnay, la décadence du domaine seigneurial grandissait de plus en plus. Les officiers royaux ayant visité, au mois de mars 1610, notre vieille tour, n'y trouvèrent que les quatre murailles ; la toiture, dont on avait négligé la réparation, s'était affaissée entraînant dans sa chute les planchers des divers étages (2). Les terres s'en allaient par morceaux ; d'audacieux voisins y mordaient à belles dents ; « comme ils s'étoient appropriés une grande partie des terres de la chastellenie, » Jacques Venot, conseiller du roi, se rendit sur les lieux, le 12 mars 1607, pour réprimer ces anticipations et renouveler les anciens terriers. Il fit le bornage du territoire de Volnay avec Monthelie, Auxey et Saint-Romain ; il consacra plus de deux ans à ce grand travail (3). En 1622, les Prés-au-Duc appartenant à la couronne furent aliénés (4). Trois ans plus tard, la châtellenie de Beaune, Pommard et Volnay fut cédée, moyennant sept mille trois cents livres, aux Maire et Échevins de la ville qui en devinrent seigneurs engagistes (5).

Ces nouveaux maîtres, sans doute pour faire payer le droit de joyeux avènement, frappèrent nos Volnaisiens d'un impôt de deux cents livres et firent chez eux, comme l'on

---

1. *Histoire des rues de Beaune,* par M. Ch. Aubertin, p. 69. — Arch. Com. Inventaire des biens ecclésiastiques en 1790.
2. Archiv. de Bourg. Procès-verbal sur l'état de la tour de Volnay en 1610.
3. *Cartulaire de la Confrérie,* p. 221.
4. Archives de Bourgogne.
5. *Histoire de Beaune,* par M. Rossignol, p. 405.

disait alors, une visite de *pot à pot*. Leur rapport nous trace un triste tableau de notre chère bourgade : il n'y a que soixante-six feux; le sol est couvert de ruines; la communauté est grevée de dettes ; les habitants demandent une diminution de la taille; ils sont pour la plupart très pauvres n'étant que métayers ou vignerons de bourgeois de Dijon, de Beaune et d'Autun (1).

Les années qui suivirent augmentèrent les maux de ces infortunés villageois ; ils eurent à souffrir de la peste, du feu et de la guerre.

La contagion commença, dans nos contrées, en 1628 et continua jusqu'en 1637 (2). « L'abbé Gandelot assure qu'il périt plus de monde cette fois que dans les pestes du xvi° siècle, et que la mortalité pouvait être comparée à celle qui affligea l'Empire sous Décius. Beaune devint désert, la plupart des maisons et des boutiques furent closes et l'herbe crût d'un pied dans les rues les plus fréquentées auparavant. » A Volnay, la mort frappa tous les âges, elle prit des victimes dans toutes les demeures; plusieurs maisons se fermèrent, veuves de leurs habitants (3). Thomas Brivot, curé de la paroisse, soigna les pestiférés avec un admirable zèle.

En 1635, un immense désastre vint ajouter au deuil qui pesait déjà sur Volnay : un horrible incendie menaça de dévorer tout le village. Quand les flammes s'assoupirent, elles avaient détruit dix maisons, dont il ne restait que des murailles croulantes et calcinées. Autour de ces ruines se lamentaient des femmes, de petits enfants à peine vêtus, et des hommes désespérés ; ces malheureux étaient sans gîte et sans pain (4).

Dans cette calamiteuse année, la France ayant entrepris la conquête de la Franche-Comté, le prince de Condé accou-

1. Arch. de Bourg. Recherche des feux en 1625.
2. Arch. de Bourg. Recherche des feux en 1635.
3. Arch. de Bourg. Recherche des feux en 1635.
4. Arch. de Bourg. Recherche des feux en 1635.

rut à Beaune pour faire réparer les fortifications et élargir les fossés de cette ville frontière. Les habitants de Volnay eurent, comme ceux du voisinage, leur part de labeur dans ces travaux faits pour le salut commun.

La campagne contre l'Empire fut malheureuse. Condé ayant attaqué Dole, en 1636, fut forcé de lever le siège pour voler au secours de la Picardie qu'envahissaient les troupes espagnoles. Aussitôt Galas, à la tête d'une formidable armée, franchit le Rhin et se jeta sur la Bourgogne; en un moment, toute la Province fut couverte de troupes ennemies. Les Volnaisiens se réfugièrent à Beaune, avec les populations voisines. On était au mois de novembre, le froid était vif et la misère profonde. « Il y avoit tant de gens malades retirés dans la ville, à cause de l'ennemi, dit un témoin oculaire, que tous les jours on trouvoit des morts sur le pavé, et on en menoit enterrer avec les pestiférés (1). » Du haut des remparts on contemplait la plaine ravagée par les flammes. Galas s'approcha; le château de Montagny et les Chartreux de Beaune furent incendiés. L'expédition des Impériaux ne dura que dix jours, mais il faut remonter aux invasions des Barbares pour trouver tant de sang et de ruines. La petite ville de Saint-Jean-de-Losne s'immortalisa par son héroïque défense.

Après quelques années de calme, le fréquent passage des gens de guerre désola Volnay. Comme à cette époque la nourriture des troupes était en grande partie à la charge des contrées qu'elles traversaient, les soldats s'installaient en maîtres dans les chaumières de nos paysans : ils dévoraient le pain, buvaient le vin; ils tuaient les génisses et mettaient tout à sang dans les basses-cours. Ces visiteurs laissaient après eux la disette et le découragement. A leur occasion, la dette de la communauté de Volnay atteignit, en 1644, la somme de deux mille six cents livres, et plusieurs familles, disant adieu à cette terre malheureuse,

---

1. Gandelot, p. 170.

allèrent chercher un sort moins rigoureux à Beaune, à Buisson et à Saint-Romain (1).

Le fléau ne faisait que commencer ; la Fronde, qui agita la France de 1648 à 1658, lui donna de plus larges proportions.

Le Parlement de Paris et quelques mécontents soulevèrent le peuple contre Mazarin et l'autorité royale. Le grand Condé, gouverneur de la Bourgogne, réconcilia d'abord les partis, mais bientôt il devint frondeur à son tour. Sa popularité et son ambition inspirant des inquiétudes, Mazarin le fit enfermer à Vincennes. Ce coup d'État mit la division parmi les habitants de la Province ; les uns se prononcèrent pour le ministre du roi et les autres pour le gouverneur du duché.

Les soldats se passionnèrent pour Condé ; le régiment de Persan embrassa avec tant de chaleur son parti, que les officiers mêlant, dans un banquet, leur sang à du vin, jurèrent, en y trempant la pointe de leur épée, de mourir pour le vainqueur de Rocroy. Les villes, pour s'épargner l'horreur d'un siège, fermèrent leurs portes à ce régiment ; neuf de ses compagnies fixèrent, en 1649, leur garnison à Volnay ; elles occupèrent la tour et les demeures de nos vignerons. Le village, après avoir épuisé toutes ses ressources, emprunta plus de huit cents livres pour nourrir ces redoutables hôtes.

En 1651, le prince, étant rendu à la liberté, échangea son gouvernement de Bourgogne contre celui de la Guyenne. La petite ville de Seurre, protégée par la Saône et défendue par une forte garnison, refusa, pendant deux années, de reconnaître l'autorité du nouveau gouverneur. Les rebelles brûlèrent les villages voisins et levèrent des contributions à plus de six lieues à la ronde. Volnay fut rançonné par eux, mais il eut moins à souffrir que Pommard, Meloisey et Bouze, qui furent horriblement traités.

1. Arch. de Bourg. Recherche des feux en 1644.

Le duc d'Epernon résolut enfin de faire le siège de la place révoltée contre lui; en 1653, il concentra des troupes dans le voisinage. Trois compagnies de soldats, se dirigeant sur Verdun, se présentèrent dans notre village pour y passer dix jours : les Volnaisiens, sachant combien il était onéreux de recevoir de pareils hôtes, obtinrent, au prix de six cent cinquante livres, qu'ils allassent ailleurs tenir garnison (1).

Le duc commença le siège de Seurre; Boutteville, qui y commandait, se rendit après un mois de tranchée ouverte. La ville paya cher sa révolte; sur la représentation des États, ses fortifications furent rasées. Elle méritait ce sort : pendant cette guerre, trente-deux villages avaient été dévastés (2).

Les contre-temps et les orages s'unissaient aux tempêtes politiques pour affliger Volnay.

L'hiver de 1644 étant extrêmement doux engendra des limaçons et des rongeurs qui ravagèrent les campagnes. « Les échevins de Beaune, sachant les plaintes des habitants de la ville et des habitants de Pommard, Volenay et autres lieux, concernant les grands effrois de famine par la perte des biens de la terre, que causoit une multitude d'insectes et rattes qui avoient fondu sur les bleds, les vignes et les arbres, cherchèrent le moyen d'apaiser l'ire de Dieu, dans l'appréhension d'un malheur extraordinaire. » Ils firent, avec l'autorisation de l'évêque d'Autun, des processions solennelles les quinze, seize et dix-sept février; ils convièrent à ces prières publiques tous les habitants de la châtellenie (3).

En 1645, le dimanche 29 janvier, un terrible ouragan faillit détruire notre village; un vent impétueux dissipa les pierres et les laves comme la poussière des chemins, et fit

---
1. Arch. de Bourg. Procès-verbal de l'intendant Bouchu.
2. Courtépée, tome I, pp. 239 et 240. — Archives de Bourg., divers procès-verbaux.
3. Arch. de Beaune. — *Hist. des rues de Beaune,* par M. Ch. Aubertin, p. 502.

voltiger les solives des toits comme des pailles légères. L'église reçut de fortes avaries : sa tour perdit sa toiture, ses contreforts furent ébranlés et lézardés, sa voûte fut enfoncée en plusieurs endroits, et le faîtage de cet édifice fut découvert dans toute sa longueur (1). Si ce lourd colosse éprouva de si profondes atteintes, nous laissons à penser quel fut le sort des maisons groupées autour de lui.

Le 27 mai 1650, une *orvalle* de grêle fit d'épouvantables dégâts sur le sol de Volnay, Pommard, Beaune, Savigny, Pernand, etc. Les habitants ruinés par ce sinistre supplièrent les élus de Bourgogne de les décharger de la taille (2).

Une trombe, comme depuis le déluge n'en virent jamais nos contrées, ravina les coteaux de Volnay en 1653. Dans ce jour, le ciel était si noir, la pluie tombait à torrents si pressés, une si épouvantable tempête était déchaînée sur la terre, que l'on croyait assister à la destruction du monde. Sur nos montagnes et dans l'arrière-côte, la scène était affreuse : des milliers de torrents se précipitaient sur le versant des collines, les terres étaient emportées par les eaux, les arbres étaient déracinés par les vents. Deux rivières jaunâtres et écumantes sortaient des vallées de Nantoux et de Maître-Anceaux: elles grossissaient sans cesse, en redoublant dans leur cours d'impétuosité et de fureur; elles se joignaient pour former un fleuve qui dévorait ses rives et emportait tout ce qui gênait son passage. Il poussait devant lui des arbres gigantesques, il les jetait et les jetait encore, avec une irrésistible violence, contre les maisons de Pommard dont les murailles opposaient une digue à son courroux. Bientôt ces maisons s'écroulèrent et les ruines s'entassèrent sur les ruines. Quand le secrétaire du roi se fut rendu sur le lieu du sinistre, il constata dans son rapport « qu'à Pommard trente maisons

---

1. Archives communales. — Rapport de 1645 sur les réparations à faire à l'église.
2. *Recueil manuscrit de titres sur Beaune*, par M. Garnier, p. 78. Archives de la Côte-d'Or

étaient ruinées et renversées par la rivière, et que vingt autres étaient désertes (1). »

La paix et la sérénité revinrent et avec elles des années meilleures. La population volnaisienne crût sensiblement : en 1658, elle comptait soixante feux ; en 1679, elle en possédait quatre-vingt-trois et neuf femmes veuves. Quand un rayon de soleil se montrait sur ce doux coteau, les habitants s'y multipliaient comme les fleurs sous un beau ciel (2).

Dieu, dans ces jours, avait donné un saint prêtre à Volnay : Sébastien Trugeot ; il était arrivé au mois de janvier 1654. C'était un jeune homme de 26 ans, doux et humble de cœur, plein de zèle et de charité. Il gouverna la paroisse pendant trente et un ans. Il mourut à Beaune, au grand Hôtel-Dieu, le 19 septembre 1685, à l'âge de cinquante-sept ans. A son lit de mort, ce pieux ministre de Jésus-Christ se souvint de son église et de ceux qui devaient continuer sa tâche ; nous transcrivons quelques lignes de son testament, elles exhalent un doux parfum : cette vie était comme l'encens, elle répandait une suave odeur en se consumant.

« Messire Sébastien Trugeot prestre, curé de Vollenay, malade et alité en la chambre Sainte-Anne du grand Hôtel-Dieu de Beaune, recommande son âme à Dieu qu'il supplie par l'intercession de la Vierge, de saint Sébastien son patron, de tous les saints et saintes, de la vouloir colloquer en son Paradis incontinent après qu'elle sera séparée de son corps. Il veut être inhumé dans le chœur de l'église de Vollenay, et qu'à cet effet il soit posé une tombe à l'endroit où il sera (3). Il lègue à la cure du dit Vollenay la grange qu'il a acquise joignant la maison curiale (4), à la

1. Archives de Bourgogne. — Procès-verbal des villages désolés par la guerre de la Fronde.
2. Archives de Bourgogne. — Recherche des feux.
3. Cette tombe se voit encore au chœur de l'église.
4. Cette grange est devenue la partie principale du presbytère.

charge pour ses successeurs, curés de Vollenay, de célébrer chacun an trois grandes messes pour le repos de son âme : l'une le jour de son décès, l'autre le jour de feste de saint Sébastien, la troisième le jour de feste de saint Roch. Il donne et lègue à la Fabrique toutes les sommes qui sont dues de reste de ses droits curiaux, pour les employer au bien et réparation de l'église. »

Anne Trugeot, pour accomplir une dernière volonté de son frère, céda en outre à la cure de Volnay une petite vigne au clos des Chênes, pour aider à l'acquittement de ces trois messes.

La Révolution a supprimé ces services religieux, mais la reconnaissance est une dette dont rien ne peut affranchir; nous conjurons les curés de Volnay de se souvenir à l'autel de leur généreux prédécesseur.

Les funérailles de messire Trugeot se firent avec un grand deuil : la paroisse, tout en larmes, vint à Beaune chercher les restes mortels de son excellent pasteur; en tête du cortège funèbre marchaient les curés voisins et les prêtres *Confrères des Joies de la Sainte Vierge*, pieuse association dont le défunt était membre (1).

L'une des tristesses de l'abbé Trugeot était de voir dans sa paroisse le temple de l'hérésie se tenir debout en face de l'église catholique; l'une de ses craintes était que d'ardents calvinistes, fixés à Volnay (2), n'inoculassent le venin de l'erreur à ses ouailles, mais le troupeau demeura fidèle, et la communauté protestante, après avoir végété quelque temps, fut dispersée par une tempête.

Dès l'année 1649, l'église prétendue réformée de Volnay était réduite à une « nécessité extrême » par le petit nombre et le peu de générosité de ses membres. Le consistoire de Lyon lui vint en aide, et un fervent religionnaire, Phili-

---

1. *Registre religieux* de 1685.
2. Les Delauzanne, les Villeminot, etc. — Note de l'abbé Delachère, dans son mémoire à Courtépée.

bert Dupuys, capitaine-major au régiment d'Estrées, lui donna deux cents livres : ces secours ne firent que prolonger son agonie. Elle s'attira une affaire au Parlement de Dijon, en 1673, et le syndic du clergé du diocèse d'Autun obtint la suppression momentanée de son culte public. En 1680, son temple se rouvrit, et elle sembla toucher à des jours meilleurs, mais ce calme ne devait être que le signe avant-coureur de la mort (1).

Louis XIV, borné dans ses succès par la Hollande, sentait au sein de ses États, dans le Protestantisme, une autre Hollande qui jouissait en secret des revers de la France; il résolut de la détruire et lui fit dès lors une guerre sans relâche et sans merci. En 1683, on lut dans le temple de Volnay un arrêt royal qui interdisait aux Consistoires de s'assister mutuellement. En 1684, on afficha dans cet oratoire un arrêt plus sévère encore; il était conçu en ces termes : « Sa Majesté estant en son Conseil a fait très expresses inhibition et défense, à tous particuliers de la religion prétendue réformée, de quelque qualité et condition qu'ils soient, de retenir dans leurs maisons aucuns malades de la dite religion, sous prétexte de charité ; leur enjoignant de les faire conduire dans les hôpitaux, pour y être traités ainsi que les malades catholiques, afin que ceux qui voudroient se convertir puissent éviter le danger d'être entre les mains des gens de la Réforme ; et aux Consistoires, d'avoir à leurs dépens aucuns lieux pour servir de retraite à leurs malades : à peine, contre les particuliers qui contreviendront au présent arrest, de cinq cents livres d'amende et de confiscation des meubles et autres choses servant aux malades ; et contre les Consistoires, d'interdiction de l'exercice de leur religion dans les lieux où ils auroient les dites maisons servant de retraite aux pauvres malades de la dite Réforme (2). »

1. *Actes du Consistoire.* Passim.
2. *Actes du Consistoire.* Passim.

Enfin, le 22 octobre 1685, le roi signa, par la révocation de l'édit de Nantes, la sentence de mort de l'église protestante de Volnay et de toutes celles qui existaient en France. Par cette ordonnance, il révoquait tous les édits favorables obtenus par les religionnaires ; il ordonnait la démolition de leurs temples, prohibait l'exercice public de leur culte, fermait leurs écoles, et enjoignait, sous peine des galères, à tous les ministres de sortir du royaume dans un délai de quinze jours. Il était permis aux simples calvinistes de demeurer dans leurs foyers, de jouir de leurs biens, de vaquer à leur commerce sans qu'on pût les inquiéter sous prétexte de religion, pourvu qu'ils ne s'assemblassent point pour l'exercer ; mais leurs enfants devaient être baptisés et élevés dans l'Eglise romaine. Un terme de quatre mois était accordé aux pasteurs et aux réfugiés pour rentrer en France et faire leur adjuration ; après ce terme, tous leurs biens étaient confisqués.

Cet édit s'exécuta avec rigueur, à Volnay, dès le mois de novembre suivant. Michel Grozelier, procureur du roi, se rendit au village, mit sous le séquestre tous les biens du Consistoire, confisqua les meubles du temple, fit démolir cet édifice, et commença d'accomplir les prescriptions légales qui devaient mettre l'un des hospices de Beaune en possession des dépouilles du culte calviniste (1).

La petite tribu protestante se dispersa ; parmi ses membres, les uns se convertirent au catholicisme, d'autres, conservant leurs croyances, les pratiquèrent en secret ; le plus grand nombre gagna la terre étrangère. Volnay vit disparaître une vingtaine de ménages qui étaient venus se grouper autour du temple (2). Ces exilés, gardant le doux souvenir de la patrie, mirent en renom, dans la Suisse et les Pays-Bas, les produits de nos coteaux. Au moment de la révocation de l'édit de Nantes, nos vins se vendaient à

1. Archives de l'Hôtel-Dieu de Beaune, registre des délibérations, 22 novembre 1685.
2. Archives de Bourg. — Recherche des feux en 1690.

peine soixante livres la queue; dix ans après l'émigration, ils atteignirent le chiffre de deux cents livres et se maintinrent depuis à un cours élevé.

Les biens du Consistoire de Volnay, mis en régie en 1685, furent définitivement adjugés, le 10 novembre 1692, par Louis XIV, à l'hospice de la Charité de Beaune (1).

Cet hospice eut une autre bonne fortune l'année suivante : une dame riche, propriétaire à Volnay, Philiberte Parigot, veuve Durand, établit les pauvres de cette Maison ses héritiers universels; elle leur légua dans notre village un domaine estimé quatorze mille francs. La testatrice, connaissant tout le prix de cet héritage, défendit expressément aux administrateurs de l'amodier, et leur ordonna de le faire valoir (2). C'est là l'origine du domaine de la Charité, dont les vins ont de la réputation.

Pendant que l'église calviniste de Volnay se dissipait au souffle de la persécution, l'église catholique, après quelques mois de deuil et de veuvage, recevait un nouveau pasteur : Messire Etienne Bouchin, quittant Corcelles-les-Ars, arrivait dans la paroisse en 1686. Il était issu d'une honorable famille de Beaune; il avait pour aïeul Etienne Bouchin, procureur du roi dans cette ville, et, en son temps, l'une des gloires oratoires de la Bourgogne (3). Les premières années du nouveau curé furent difficiles; les fausses maximes d'égalité et de liberté apportées par le Protestantisme avaient fait naître la discorde et la licence au sein de la famille volnaisienne : on ne voulait plus reconnaître de préséance dans le lieu saint, on s'y disputait les places, et la jeunesse était passionnée pour les exercices militaires et les jeux bruyants. La parole du prêtre ayant peine à rame-

---

1. « Les revenus de ce Consistoire s'élevaient à 1,185 livres 1 sou, produit de rentes servies par les héritiers des Forneret, de Lauzanne; par Claude Villeminot, Pierre Gauvenet et les sieurs Saumaise de Saint-Loup. » *Hist. de Beaune*, par M. Rossignol, p. 418.
2. *Notice historique sur la Charité de Beaune*, pp. 34 et 35.
3. Courtépée, tome II, p. 301.

ner le calme et l'ordre, le châtelain intervint plusieurs fois, « défendant aucun bruit dans l'église ni aucun tumulte ni scandale devant les portes, au sujet des places, et interdisant aux jeunes gens de s'assembler pour le port des armes, pour faire jouer la fête et entretenir des jeux publics (1). »

Les fléaux qui affligèrent la fin du xviie siècle ralentirent l'amour de la population volnaisienne pour les fêtes. En 1692, l'une des années les plus riches et les plus précoces qu'ait jamais vues la Bourgogne (l'on vendangea les derniers jours d'août), notre territoire fut ravagé par une grêle horrible, la veille de la récolte (2).

L'année 1695 fut marquée par une autre épreuve; des insectes et des rongeurs dévorèrent les biens de la terre : cette plaie fut si cruelle à Volnay, que l'on fit des prières publiques et des processions pour en obtenir la délivrance (3).

En 1696, la récolte de nos vignobles fut presque entièrement perdue par une forte gelée survenue dans la nuit du 18 avril. En 1697, des pluies abondantes arrivées au mois d'août détruisirent la qualité des vins.

Ce siècle se termina dans la faim et les larmes. Une sécheresse extraordinaire sévit en 1698 et frappa les champs de stérilité; la famine fit sentir toutes ses horreurs (4). Que devint alors le village de Volnay, qui comptait tant de malheureux même dans les années d'abondance? Notre pensée se reporte douloureusement sur lui en lisant cette lettre de M. de Pontchartrain, contrôleur général des finances, au prince de Condé : « Quelque diligence que nous ayons pu faire, tout le bled de la Province ne s'élève qu'à dix-neuf mille sacs, c'est tout ce qu'on a pu découvrir.

---

1. Archives communales. Ordonnances de 1688, 1689, 1692.
2. *Manuscrit des MM. Grozelier.* On trouve dans ce registre de famille les observations de quatre générations sur les accidents de température, les jours de vendange et le prix des vins à Volnay.
3. Archives communales. *Titres de la Cure*, p. 181.
4. *Manuscrit des MM. Grozelier.*

Jugez, Monseigneur, de la misère où sont réduits les peuples de la Province; ils meurent déjà de pure faim, et principalement dans le Charolais et l'Autunois, où il y a deux mois qu'ils ne vivent pour la plupart que de la racine de fougère. Ils sont attroupés dans les bois, d'où ils volent tout ce qu'ils peuvent attraper; ils mettent la nuit le feu aux métairies, afin que le bétail se trouvant accablé par les incendies, ils puissent en dévorer les restes. Monseigneur, les choses sont à l'extrême (1). »

Nous terminerons cette étude sur Volnay au XVIIe siècle, en reproduisant le tableau que nous en a tracé l'intendant Bouchu : c'est le portrait peint d'après nature placé à côté de l'histoire.

ÉTAT GÉNÉRAL DE VOLLENAY EN 1666.

« Vollenay est le nom de la paroisse; il n'y a aucun fief, hameau ni métairie qui en dépendent. De l'évêché d'Autun, du bailliage de Beaune, du grenier à sel et de la recepte de cette ville.

« Vollenay est du domaine du Roi; les maire et échevins de Beaune en sont seigneurs engagistes. Les habitants ne s'en plaignent pas.

« C'est une chastellenie qui a toute justice, sous le titre de simple seigneurie. Les habitants se plaignent de la chèreté de la justice. Ils sont en procès avec le greffier de la chastellenie (2).

« Le revenu principal appartient au Roi et peut être de trois cents livres. Les habitants de Beaune n'ont que le titre de seigneurie et quelques menus droits.

« Ce lieu est situé dans la montagne; le finage a une bonne demi-lieue d'étendue. Il ne s'y fait aucun commerce que le débit des vins. C'est un pays de montagne emplanté

---

1. *Histoire de Beaune*, par M. Rossignol, p. 408.
2. Cette affaire fut jugée à Nuits. Le sieur Regnier, greffier, fut condamné.

de vignes, où il croît le meilleur vin de Bourgogne. Les terres labourables, pour le peu qu'il y en a, sont propres à toutes sortes de graines. L'arpent de terre vaut de 50 à 60 livres. L'ouvrée de vigne, l'une parmi l'autre, vaut de 40 à 50 livres; les huit font l'arpent.

« Il y a soixante habitants, y compris les femmes veuves; il y a quelques particuliers commodes; le général est fort pauvre. Ils déclarent qu'ils ont souffert toutes sortes de pertes et de persécutions, et qu'ils n'ont souvenance d'aucun remboursement.

« Par les billets des seigneuries échus des années dernières, ils étaient imposés à la somme de mille soixante-dix-huit livres quinze sous.

« Outre les deniers royaux, ils s'imposent ordinairement quelques sommes pour les affaires de la communauté.

« Il n'y a ni péage ni octroi; les charges ordinaires sont une taille abonnée vingt-quatre livres, et les gages des maître d'école, marguillier et vignier, et les réparations et entretien de l'église (1).

« Ladite commune doit deux mille neuf cent cinquante livres en principaux de rentes.

« Ils n'ont pour communaux que des chaumes qui produisent des buys; il n'y en a aucune d'usurpée et d'aliénée.

« Le revenu de la cure n'est qu'une portion congrue (2). La dame abbesse de Saint-Andoche en est la collatrice. Le curé fait son devoir.

« La dîme du vin, qui se lève sur toutes les ouvrées à raison de sept deniers par ouvrée, appartient par tiers aux religieux de Cîteaux, au curé de Bligny et au curé de Vollenay. Elle peut valoir trente-trois francs par an.

1. Les habitants déclarent qu'il fallait par année commune : 40 livres pour l'entretien de l'église; 50 livres pour le maître d'école; 30 livres pour le marguillier; 30 livres pour les vigniers et messiers, et 100 pour les affaires courantes de la communauté, — Procès-verbal de l'intendant Bouchu.
2. Cette portion congrue était alors de deux cents livres.

« La dîme des grains appartient au chapitre de Notre-Dame de Beaune, au prieur de Champage, et aux curés de Bligny, Meursault et Vollenay. Elle se lève de treize gerbes l'une. Elle peut valoir deux cent cinquante et une livres. Il n'y a aucun bénéfice dans l'étendue du finage ni proche d'icelui (1). »

1. Arch. de Bourgogne, *Tables de Bouchu*, XIV° vol. in-fol.; bailliage de Beaune, art. Vollenay.

CHAPITRE III

Volnay pendant le Dix-Huitième siècle

1700-1789.

Après les années désastreuses qui fermèrent le xvii⁰ siècle, des jours meilleurs se levèrent sur Volnay ; Dieu lui donna la rosée du ciel et la graisse de la terre.

Un grand Jubilé eut lieu en 1700 ; ce fut pour la paroisse une époque de rénovation religieuse : les haines s'éteignirent, la foi se ranima, les âmes se purifièrent et la population s'assit au banquet eucharistique.

Les bénédictions temporelles s'unirent à ces dons célestes : les récoltes devinrent abondantes, le vin fut estimé et recherché. Il y eut sept ans d'une grande richesse (1).

L'hiver de 1709 survint à la suite de ces années prospères. La gelée se fit sentir le six janvier, et alla grandissant pendant plusieurs semaines. Volnay, qui jouit ordinairement d'une température privilégiée, éprouva tout-à-coup le froid rigoureux des pôles ; la terre se durcit comme le marbre, le pain et l'eau gelèrent près du foyer, et le vin se changea en glace dans les caves. Une affreuse misère suivit ces jours désolants, car le froid atteignit la racine de la vigne sur les coteaux et détruisit le blé dans les champs. « On ne moissonna pas une gerbe de froment dans toute la Bourgogne, et il y eut grande mortalité. Dieu préserve les hommes de voir une semblable année (2). » Volnay compta trente-deux décès.

La famine fut moins cruelle dans notre bourgade que dans les localités voisines ; Dieu suscita un autre Joseph au sein de la famille volnaisienne. François Grozelier,

---

1. *Manuscrit des MM. Grozelier.*
2. L'abbé Desbois, note des registres religieux de Cussy-la-Colonne.

homme d'une rare prudence et d'une vie patriarcale, soupçonnant les ravages que |pouvait causer un tel hiver, descendit, le jour de la Chandeleur, dans son champ, il tira plusieurs tiges de blé, il remarqua avec effroi que toutes étaient perdues, la racine du froment était gelée. Le lendemain notre vigneron fut trouver son maître et lui demanda à emprunter, pour quelques mois, une somme considérable. Grozelier l'ayant reçue alla, dans l'Auxois, acheter du blé. Quand les chemins devinrent praticables, d'énormes convois de grains arrivèrent chez lui pendant plusieurs jours. « Pourquoi toutes ces provisions ? » lui dirent en se raillant les voisins. « C'est pour vous, leur répondit-il, à la fin de l'année vous aurez la famine, et vous serez trop heureux de trouver ce froment. » Le *Prophète*, — c'est ainsi qu'il fut appelé depuis, — ne disait que trop vrai. La famine fut horrible : l'avoine se vendit quatre francs la mesure, l'orge six, le blé douze, et à ce prix même on n'en pouvait trouver (1). La disette fut si grande que l'on vit de nobles familles de France et Mme de Maintenon, l'épouse de Louis XIV, se nourrir de pain d'avoine (2). Alors François Grozelier ouvrit ses greniers, soulagea ses concitoyens, en vendant à un prix réduit, et jeta les fondements d'une brillante fortune (3).

Pendant ce rude hiver, le vénérable curé de Volnay tomba si dangereusement malade qu'il crut toucher à sa fin. Le 26 février, il fit appeler un notaire et lui dicta ses dernières volontés. Le testament de l'abbé Bouchin est une page si chrétienne que nous ne résistons pas au plaisir d'en citer quelques traits :

« Messire Étienne Bouchin, prêtre, curé de Vollenay, alité et malade, a fait par les présentes son testament et ordonnance de dernières volontés. Premièrement, il a recommandé son âme à Dieu, le priant, par les mérites

1. Mémoires de plusieurs chroniqueurs bourguignons.
2. *Mémoires* de Dangeau.
3. Tradition volnaisienne.

de la Passion de notre Sauveur Jésus-Christ et par l'intercession de la très-sainte Vierge, sa mère, de saint Etienne, son patron, de tous les saints et saintes du ciel, de la vouloir recevoir au nombre de ses élus.

« Il veut et ordonne que son corps soit inhumé dans l'église paroissiale de Vollenay, sous la tombe étant au chœur proche le pupitre, sur laquelle son nom sera écrit et le jour de son décès ; et où il sera fait aussi mention de la fondation d'un petit *Libera*, qui sera chanté sur ladite tombe tous les dimanches, à perpétuité, après la grand' messe, pour le repos de l'âme du dit testateur. Pour la rétribution de cette fondation, il délaisse en toute propriété à la cure de Vollenay deux petites pièces de terre qu'il a acquises, lesquelles il a jointes au jardin de la cure pour le rendre plus grand et plus régulier. Il a fait aussi clore à ses frais le dit jardin. »

L'abbé Bouchin abandonna le reste de ses biens à l'abbaye du Lieu-Dieu de Beaune, où sa sœur était religieuse (1).

Le Seigneur exauça les prières et les larmes du peuple de Volnay demandant la conservation de son vénérable pasteur ; l'abbé Bouchin vécut encore cinq années. Il mourut le 12 juillet 1714, à l'âge de 71 ans ; il fut inhumé, selon ses désirs, dans le chœur de l'église, où l'on voit sa tombe.

L'abbé Jean-Baptiste Marlot lui succéda ; il fut installé le jour de l'Assomption 1714. Il dirigea la paroisse pendant six années. Cette courte administration fut marquée par d'importantes fondations religieuses, faites par Claude Grozelier et Christophe Vincent, en faveur de l'église de Volnay et de la chapelle de Notre-Dame de Pitié (2). Ce

---

1. Archives communales. — *Titres de la Cure*, p. 69.
2. Archives comm. *Titres de la Cure*, p. 63. — Claude Grozelier fonda à perpétuité, dans l'église de Volnay, trois services solennels chaque année et douze messes basses à la chapelle. — Christophe Vincent fonda deux services à perpétuité dans l'église et une procession à la chapelle, pour le 22 août, avec grand'messe et *Libera*.

digne prêtre se retira à Beaune, en 1720 ; il consacra ses derniers jours au soulagement des malades et des pauvres. Il mourut au commencement de l'année 1738.

Il eut pour successeur Pierre-Bernard Parigot de Bataille, bachelier en théologie, l'un des petits-neveux de cette Marguerite du Saint-Sacrement qui fut la gloire de Beaune et l'une des plus charmantes fleurs du Carmel. Dans la famille de ce prêtre on avait gardé les saintes traditions de l'amour de Dieu et de la tendresse pour les pauvres : tandis qu'il était curé de Volnay, l'une de ses sœurs était supérieure de l'hospice d'Auxonne, et une autre mourait en léguant la somme de 4,000 livres à l'Hôtel-Dieu de Beaune (1). L'abbé Parigot ne demeura que cinq ans dans la paroisse ; pendant son rapide passage, il exerça une salutaire influence sur les âmes et disciplina admirablement les confréries.

Le culte de saint Vincent, patron des vignerons, appartient naturellement « au pays où croît le meilleur vin de Bourgogne. » De temps immémorial, une association existait à Volnay, en l'honneur du saint martyr ; mais au temps de l'abbé Parigot elle n'avait encore que des traditions pour se régir. Il lui donna une règle écrite et l'érigea en confrérie. Le 22 janvier 1722, les associés s'engagèrent, pour la plus grande gloire de Dieu et l'honneur de leur saint patron, à suivre ce règlement. Ils s'obligèrent à être les modèles de la paroisse par la pureté de leurs mœurs, leur tempérance et leur piété. Chaque année, le jour de la fête de saint Vincent, le bâtonnier qui offrirait le pain bénit devait communier au nom de la confrérie (2).

« Le 27 mai 1723, jour de la fête du précieux Corps de Jésus-Christ, les jeunes gens de Vollenay, mûs d'un saint zèle, voulant donner des marques de leur amour et de leur reconnaissance à Jésus dans le Sacrement de l'Autel, et à la paroisse des exemples de piété, vinrent supplier

1. Archives de l'Hôtel-Dieu de Beaune.
2. *Registre de la Confrérie de Saint-Vincent.*

M. Pierre-Bernard Parigot de Bataille, curé de Vollenay, de les unir à jamais en congrégation et de leur permettre d'acheter des flambeaux pour accompagner le très-saint Sacrement dans les processions.

« Tous s'engagèrent à les porter avec une grande modestie, à ne jamais rester la nuit dans les cabarets, à ne point s'enivrer, à fuir une vie scandaleuse et débauchée. De plus, ils promirent que quelques-uns d'entre eux s'approcheraient de la table sainte tous les premiers dimanches du mois, en l'honneur du Saint-Sacrement (1). »

Le pasteur se rendit avec joie à cette demande ; il rédigea un règlement, deux bâtonniers furent nommés, et l'association fut formée. Dans la pensée du fondateur, cette congrégation devait être le noviciat de la confrérie du très précieux Corps de Dieu.

En 1725, ce bon prêtre fut appelé à un canonicat dans l'insigne collégiale de Notre-Dame de Beaune, où il mourut.

L'abbé François Delachère, en faveur de qui M. Parigot résigna la cure de Volnay, était un beau jeune homme de vingt-sept ans. Il était né à Beaune en 1699 ; il avait été ordonné prêtre le 15 avril 1724, par Mgr Bliterwich, évêque d'Autun ; il prit possession de la paroisse le 8 mai 1725. Il était plein d'intelligence, d'initiative et d'énergie ; il avait le goût des grandes choses et un remarquable esprit d'ordre. Il porta ces qualités dans les actes de son administration, qui dura plus de cinquante ans. Ce ministre des autels eût été parfait sans une trop grande rigidité de caractère et une légère tendance au jansénisme.

En arrivant à Volnay, il trouva le presbytère sur le point de tomber en ruines. Il pria les habitants de le réparer, « ils lui firent une réponse normande et prétendirent l'amuser. » Mais il n'était point d'humeur à être dupe ; il s'adressa résolument à l'intendant de la Province, et obtint la prompte et parfaite réparation de l'édifice (2).

1. *Registre de la Confrérie de Saint-Georges*, p. 1.
2. *Mémoire sur le Presbytère*, p. 7.

Les trois premières années du jeune prêtre furent pleines de larmes et de tristesse : il vit tomber autour de lui une partie notable de son troupeau ; en quelques mois la petite vérole enleva près de cent personnes, c'est-à-dire le sixième de la population. Le fléau exerça surtout ses ravages en 1727 ; il y eut dans cette année quarante-deux morts et un grand nombre de malades (1).

Quand la famille volnaisienne eut déposé ses vêtements de deuil, l'abbé Delachère lui donna un nouveau protecteur : ayant remarqué dans l'église une belle statue de saint Georges, provenant de l'antique chapelle des ducs de Bourgogne, il résolut de former une garde d'honneur à l'illustre martyr et de le faire patron des jeunes gens. La paroisse accueillit cette pensée avec empressement. Le 22 avril 1732, les habitants étant réunis en assemblée générale, à la tenue des jours à Pommard, s'obligèrent, sous peine de trois livres cinq sous, à chômer la fête de ce saint ; et le curé, de concert avec les jeunes gens, arrêta qu'à l'avenir il y aurait, la veille de la solennité, premières vêpres ; le jour, grand'messe, précédée d'un nocturne, de laudes et d'une procession, et le soir vêpres (2).

Ce fut là l'origine de la fête de la confrérie de Saint-Georges. La transformation que subit, en cette circonstance, l'association des jeunes Volnaisiens, fut regrettable. Sous la bannière de l'Agneau mystique, ils n'avaient que des pensées de paix et de piété ; sous l'étendard du patron de la chevalerie, ils prirent des allures guerrières et des habitudes bruyantes. La fête de saint Georges fut bientôt plus tumultueuse que recueillie, plus militaire que religieuse : le roulement du tambour remplaça le chant des matines, et les parades militaires succédèrent à la procession tombée. Cette confrérie subsista jusqu'en 1861.

L'année qui vit naître cette congrégation a laissé après

1. *Registres religieux* de 1725, 1726 et 1727.
2. *Registres de la Confrérie de Saint-Georges.* — *Registres religieux* de 1732.

elle un sinistre souvenir. Le 19 mai 1732, une trombe pleine d'eau, de grêle, de tonnerres et d'éclairs s'abattit sur le village, à sept heures du soir et ne finit qu'à dix. Toutes les céréales furent anéanties, la vigne, prête à accoler, fut hachée, il n'en resta que le vieux bois, meurtri lui-même par la grêle. L'eau descendit de la montagne avec une telle violence, que les murs furent renversés, les coteaux profondément ravinés et la terre végétale entraînée dans la plaine. Les torrents qui se précipitaient sur le village détruisirent les chemins et les rues, envahirent les maisons et les celliers, et les remplirent de sable et de cailloux (1). L'eau pénétra si abondamment dans l'église qu'elle couvrit le marchepied du grand autel, bien que plusieurs personnes fissent sortir par la porte latérale les flots qui arrivaient par le grand porche (2).

Il fallut dix ans pour réparer ces désastres. La récolte fut nulle cette année et la suivante : en 1733, on eut peine à tailler faute de bois. En 1734, 1735, 1736, on ne recueillit presque pas de vin et il fut de mauvaise qualité. Les trois années qui suivirent furent moins malheureuses : mais 1740 marqua parmi les jours d'épreuve si communs dans ce siècle; il y eut de la gelée et de la neige toute l'année, même en juin; la vendange se fit le 18 octobre, et l'on fut obligé de casser la glace dans les cuves pour fouler le raisin (3).

Les années devinrent meilleures; alors l'abbé Delachère, qui souffrait de voir l'église de Volnay nue et délabrée, dit à son peuple, comme un autre Esdras : « Nous sommes les serviteurs de Dieu, restaurons son temple. » Cet appel fut entendu, les habitants déposèrent entre ses mains les revenus de la confrérie du Saint-Sacrement, qui étaient considérables à cette époque, et il se mit à l'œuvre avec le zèle et le goût qui le caractérisaient.

1. *Manuel des comptes de la Confrérie du Saint-Sacrement*, année 1732, p. 27.
2. *Mémoire sur le Presbytère et l'Eglise*, p. 43.
3. *Manuscrit des MM. Grozelier.*

Il éleva dans l'église une belle chaire, il plaça dans l'une des nefs un confessionnal richement sculpté, il fit revêtir le sanctuaire d'une magnifique boiserie. Ces œuvres étaient marquées au cachet du xviiie siècle et dues au ciseau d'habiles artistes ; ce qui en reste fait encore l'admiration des visiteurs.

Le 3 mai 1743, le curé de Volnay bénit une cloche récemment fondue : il lui donna pour parrain et pour marraine saint Cyr et sainte Julitte, représentés par M. Quirot, curé de Pommard, et M. Poussard, curé d'Aloxe. La cérémonie fut splendide : la belle chanteuse était digne de cette fête, elle pesait quatre mille cinq cents livres : jamais voix plus majestueuse ne s'éleva dans le beffroi de notre église (1).

Dans les années suivantes, le temple volnaisien fut pourvu d'un dais de drap d'or, d'ornements de grand prix et de vases sacrés en argent et en vermeil. Ces vases étaient, par leur poids, leurs ciselures et leurs pierreries, dignes d'une cathédrale : aux yeux de nos pères, rien n'était assez beau pour servir au culte divin.

L'abbé Delachère procura à son église des joyaux encore plus précieux. En 1750, il apporta de Paris deux reliquaires enrichis des restes des plus illustres martyrs. Le 16 juin 1751, il fit la translation d'ossements de saint Honorat et de sainte Libérate, martyrs de Rome ; ce fut l'occasion d'une fête magnifique, où le bruit du canon se mêla aux chants sacrés (2).

L'église de Volnay, malgré ses richesses, demeurait délabrée : son clocher, ses nefs et son sanctuaire étaient noircis et dégradés par le temps. L'abbé Delachère résolut non seulement de restaurer, mais il voulut embellir, il tenta de placer une flèche sur la tour. Il fit examiner le monument par des architectes, qui lui garantirent qu'il était assez solide

1. *Registre religieux* de 1743.
2. *Manuel des comptes de la Confrérie du Saint-Sacrement*, p. 68.

pour porter un clocher. Aussitôt il prescrivit l'exécution de plans et de devis. Un instant il se crut arrivé au terme de ses désirs. La flèche projetée devait être de forme pyramidale à quatre pans et avoir, avec la croix, quarante pieds de haut. Le mauvais vouloir du chapitre de Beaune fit échouer ce dessein. Les chanoines consentirent volontiers à cette construction, que la confrérie du Saint-Sacrement prenait entièrement à sa charge, mais ils demandèrent que la communauté les déchargeât à l'avenir de l'entretien de la moitié du clocher, auquel ils étaient tenus comme décimateurs. Le curé de Volnay rejeta cette proposition, appela ses auteurs au bailliage de Beaune et les fit condamner à toutes les réparations qui étaient à leur charge. Dans un but de conciliation, l'abbé Delachère abandonna le projet de la flèche et se contenta de faire recrépir l'église. Ce travail dura trois ans, on y consacra les années 1756, 1757 et 1761. Les décimateurs payèrent les travaux exécutés dans le sanctuaire, le chœur et la moitié du clocher; la restauration des nefs fut à la charge de la Confrérie et des habitants. Quand les murailles, les voûtes et la toiture de ce temple furent réparées, il parut beau comme au jour de sa création (1).

Le pavé brisé du sanctuaire, son autel de pierre et sa balustrade de bois n'étaient plus en harmonie avec cette église fraîchement restaurée. Le curé de Volnay y pourvut : il couvrit le sanctuaire de losanges blancs et noirs, il y plaça un autel de marbre et ferma d'une gracieuse grille en fer cette enceinte vénérée. Ces travaux s'exécutèrent dans les années 1759 et 1765 (2).

« Ce fut à dater de cette époque, dit l'abbé Delachère, que fut introduit dans la paroisse le pieux usage de porter douze flambeaux allumés devant la sainte table, depuis le commencement de la préface jusqu'à la communion, au

1. *Mémoire sur le Presbytère et l'Église*, p. 44.
2. *Registre religieux* de 1765. — *Manuel des comptes de la Confrérie*, p. 90

lieu des deux flambeaux dont on se servoit auparavant (1). »

Dans le temps où ces œuvres s'accomplirent, Volnay subit de rudes épreuves. En 1747, 1748 et 1749, des maladies épidémiques enlevèrent quatre-vingt-dix habitants (2). Le 4 mai 1745, le finage fut grêlé en partie; le 14 il fut perdu en entier; une gelée survenue le 3 juin détruisit les bourgeons qui avaient repoussé. Le 25 juin 1755, le territoire fut horriblement ravagé par la grêle. Les orages des 1er et 21 juin 1759 furent encore plus désastreux, ils couvrirent le sol de deux pieds de grêlons depuis Auxey jusqu'à Dijon (3).

Des fléaux se succédèrent au milieu de ce siècle. Une sécheresse extraordinaire affligea la terre en 1760. Un hiver précoce désola nos vignerons en 1763; le 5 octobre, les vendangeurs détournèrent la neige pour trouver les raisins. La récolte de 1765 offrit de riches espérances, mais elles furent anéanties le 1er septembre, à six heures du soir, par une forte grêle. L'humidité dévora, en 1768, les haricots et les raisins. En 1770 et en 1771, la gelée frappa nos coteaux de stérilité (4).

A l'époque où la main de Dieu s'appesantissait ainsi sur Volnay, nous trouvons des signes qui annoncent que le respect des choses saintes et la dignité des mœurs avaient baissé dans cette population. Le 21 avril 1767, à la tenue des jours à Pommard, l'abbé Delachère dénonça de criants abus. « Les jeunes gens, dit-il, surtout les domestiques, après avoir passé la nuit aux cabarets, profitent du moment où le marguillier entre à l'église pour l'*Angelus* du matin, s'emparent de la corde de la cloche, sonnent longtemps à toute volée et égayent ainsi leur vin, en donnant par leur impiété l'effroi à toute la paroisse. Si le sacristain veut empêcher ce désordre, ils menacent de le frapper. D'autre

1. Note de l'abbé Delachère.
2. *Registres religieux* de 1747, 1748 et 1749.
3. *Manuscrit des MM. Grozelier.*
4. *Manuscrit des MM. Grozelier.*

part, quand quelqu'un est mort, les parents du défunt sonnent des glas d'heure en heure, suivant qu'ils y sont excités par la feuillette de vin mise en perce dans la maison du trépassé. Ce sont là des abus révoltants que je dénonce à la sévérité de M. le châtelain. — Je demande en mon nom, en celui des Fabriciens et de la majeure partie des habitants de Vollenay : 1° qu'à l'avenir, défense soit faite, sous peine de prison et d'amende, aux serviteurs et aux autres personnes de sonner les cloches, sans permission du curé ou du procureur de la communauté ; 2° que l'on mette en vigueur les ordonnances de police qui existent contre les cabarets ; et 3° que la sonnerie des cloches soit fixée seulement à quatre glas d'un demi-quart d'heure chacun. »

Le châtelain du roi rendit une ordonnance conforme à ces conclusions (1).

L'abbé Delachère, tout en travaillant à la réforme de son peuple et à la restauration de son église, rédigeait divers ouvrages pour assurer les droits de la Cure et de la Confrérie, maintenir les usages religieux de la paroisse et faire connaître Volnay.

En 1749, il réunit dans un registre les *Principaux titres de la Cure et de la Fabrique de Vollenay*.

Il publia, en 1758, un manuel de *Prières pour les processions, saluts et bénédictions du très-saint Sacrement de l'église paroissiale de Vollenay ; avec les Offices de saint Cyr et de sainte Julitte, martyrs et patrons de ladite église.* Ces offices, composés par Lebrun Desmarets, avaient été empruntés, dès 1740, à l'église de Nevers.

Dans cette année 1758, il fit déchiffrer et transcrire toutes les vieilles chartes de la confrérie du Saint-Sacrement ; lui-même eut la patience de copier ces titres et de les réunir dans un grand *Cartulaire*, qu'il eut soin de faire collationner par un conseiller du roi, afin qu'il pût servir dans les contestations judiciaires.

1. Archives communales.

En 1767, il rédigea un *Mémoire* de soixante-douze pages, sur le *Presbytère*, l'*Église*, le *Cimetière* et la *Chapelle de Vollenay*.

Il adressa, en 1775, à l'abbé Courtépée, un *Mémoire*, de douze pages, *sur le territoire et le village de Vollenay*. L'auteur de la Description du duché de Bourgogne n'a fait que résumer ce savant travail.

Durant les cinquante années que M. Delachère fut curé de Volnay, il consigna dans le manuel des comptes de la Confrérie ou dans le registre des actes religieux, les événements remarquables qui survinrent dans la paroisse.

Ces divers manuscrits abondent en documents précieux; ils annoncent un esprit actif et intelligent; ils sont peints d'une main ferme et habile. Si nous jugeons l'abbé Delachère par ses écrits, c'était un ardent champion des droits de sa cure et de son église; il ne cherchait point la lutte, mais il l'acceptait volontiers et la soutenait avec chaleur. Il était prodigue de réparties spirituelles, et parfois il avait une causticité mordante. Il fut l'adversaire implacable « des vénérables de Notre-Dame qui gênèrent les réparations de son église et du maudit Gamay qui en lui enlevant les dîmes des terres labourables, le réduisit à la portion congrue (1). »

Pendant que le curé de Volnay travaillait et écrivait dans l'intérêt de sa paroisse, les ans s'accumulaient sur sa tête; le 17 avril 1774, dimanche du Bon-Pasteur, il célébra sa cinquantième année de sacerdoce. Ce fut une touchante fête de famille; le vénérable prêtre monta en chaire et parla avec effusion du jour lointain où il reçut la consécration sacerdotale et du demi-siècle passé au sein de son unique troupeau. Les cheveux blancs du vieillard, son front dénudé, sa vie pleine de souvenirs, et cet auditoire où il comptait à peine quelques membres qu'il n'eût point baptisés donnaient une émouvante éloquence à sa parole. Le soir, aux vêpres, la paroisse chanta un *Te Deum* en

1. *Mémoire sur le village et la commune de Volnay.*

actions de grâces des longs jours accordés à son pasteur (1).

L'abbé Delachère fut encore près de deux ans curé de Volnay ; sentant de plus en plus ses forces décroître il quitta son poste pour se préparer dans la retraite, et la prière, à paraître devant Dieu. Le premier dimanche de janvier de l'année 1776, il dit adieu à ses chers paroissiens, leur demanda pardon s'il les avait contristés dans son long ministère, et se recommanda à leurs prières. Des pleurs et des sanglots répondirent à ses paroles. L'assemblée fondit en larmes quand le vieux prêtre, montant une dernière fois à l'autel, prit d'une main tremblante le soleil d'or et donna une suprême bénédiction. Il se retira à Beaune. La tradition rapporte que, dans les beaux jours, il sortait de la ville et allait s'asseoir sur une pierre au bord du chemin ; là, il contemplait tristement Volnay, pleurait, et rentrait tristement dans sa demeure. Il mourut en 1783, à l'âge de quatre-vingt-quatre ans. Il légua mille francs à l'hospice de la Charité de Beaune, à condition que deux services seraient, à perpétuité, célébrés annuellement pour le repos de son âme (2).

L'abbé Delachère avait eu soin de se préparer un successeur ; il avait choisi un enfant d'une excellente famille volnaisienne ; il s'en était servi à l'autel et l'avait initié aux premiers éléments de la langue latine. M. François Glantenay, objet de cette sollicitude paternelle, fit ses études littéraires chez les Oratoriens de Beaune, et sa théologie à Autun, où il fut consacré prêtre au mois de décembre 1770. Il célébra sa première messe le jour de Noël, dans l'église de Saint-Cyr : en cette circonstance, la parole de son vieux maître fit couler de douces larmes. Le 1er janvier 1771, M. Delachère présenta le jeune prêtre à ses paroissiens, en leur annonçant que, désormais, il serait son aide dans les fonctions pastorales et le bâton de sa vieillesse. Cinq

1. *Registres religieux* de 1774.
2. *Notice historique sur l'hospice de la Charité de Beaune.*

ans plus tard, en 1776, il résignait sa cure en faveur du jeune vicaire et conjurait son troupeau de recevoir et d'aimer ce cher fils en Jésus-Christ comme un autre lui-même.

L'abbé François Glantenay était un jeune homme d'une taille élancée et d'un physique agréable. Il était loin d'avoir l'intelligence et la fermeté de son prédécesseur, mais il avait un caractère plus doux et un abord plus aimable. Il était destiné à traverser des temps si orageux, que plusieurs colonnes du sanctuaire devaient être ébranlées.

Les débuts du nouveau pasteur furent pleins de joie et de consolation : le Jubilé de l'année sainte eut lieu pendant l'Avent de l'année 1776 ; dans la nuit de Noël, la paroisse participa au banquet sacré. On eût dit que le Seigneur préparait son peuple aux jours néfastes qui approchaient : les ruines allaient succéder aux ruines (1).

L'année 1779 vit disparaître les derniers vestiges de la tour féodale qui avait été si longtemps le rempart de la bourgade. L'antique forteresse était entièrement délabrée ; il n'en restait plus que les quatre murs qui s'élevaient à quelques pieds au-dessus du sol ; le reste avait été démoli et vendu. Le curé et les habitants ayant eu la pensée d'agrandir le chœur de l'église devenue trop étroite pour la population, sollicitèrent du roi l'autorisation de se servir des restes du château. M. de Beaumont, intendant des finances, concéda à la fabrique de Volnay les pierres et les fossés de la tour. L'église, heureusement, ne fut point défigurée par l'agrandissement projeté, mais le château n'en fut pas moins rasé et ses fossés remplis. Les bâtonniers de la confrérie du Saint-Sacrement donnèrent quatre-vingt-onze livres à un sieur Emiland Rossignol qui se chargea de consommer cet acte de destruction.

Deux ans après, en 1782, le cimetière où, depuis de longs siècles, les Volnaisiens venaient, à l'ombre du sanctuaire, dormir leur dernier sommeil, fut interdit ; cette

1. *Registres religieux* de 1776.

funèbre enceinte était devenue trop étroite, dès qu'il avait été défendu d'inhumer dans les temples. Le nouveau lieu de sépulture fut fixé à l'extrémité orientale de la place de la Tour. Il ne devait servir que quatre-vingt-deux ans aux inhumations.

En 1781 et 1782, Volnay fut en proie à de vives dissensions. Depuis plus de seize années, Messire Marot était recteur de l'école du village ; l'âge avancé du vénérable magister fit croire, sans doute, à quelques habitants qu'il n'était plus à la hauteur de sa mission. Les mécontents appelèrent Messire Flagey, jeune homme de dix-sept ans. Nous ne savons si la science et les lumières gagnèrent beaucoup à la venue du nouvel instituteur, mais la tradition rapporte que la paix et la discipline furent profondément altérées. Les écoles se transformèrent en deux camps ; les disciples de Marot prirent pour nom de guerre *les Français*, et ceux de Flagey s'appelèrent *les Anglais*. L'acharnement des partis rappelait les haines ardentes des peuples rivaux dont ils avaient adopté les noms ; dans le sanctuaire on se disputait la possession du lutrin, et, dans les rues, les écoliers se battaient, tandis que leurs parents s'injuriaient. Heureusement cette guerre ne fut pas une autre guerre de Cent-Ans ; au mois de juin 1782, Messire Marot mit fin à ces discordes en descendant de sa chaire. Le chef des *Anglais* fut congédié et les partis se réconcilièrent.

La paroisse accueillit avec joie Joseph Daunas, jeune homme plein de piété, d'intelligence et de dévouement. Ce fut l'un des plus dignes instituteurs qu'ait eus l'école de Volnay. Il vint à la suite d'un orage, il sortira au milieu d'une tempête ; mais il sortira avec l'héroïsme d'un confesseur de la foi.

Dans ce temps, d'autres haines bouillonnaient au sein de la cité volnaisienne : en 1777, elle avait succombé dans un procès intenté aux décimateurs pour ne pas payer la dîme sur les chanvres ; et à cette heure, elle luttait avec

Gérard Brunet d'Auteuil, seigneur de Monthelie. Elle réclamait à ce dernier cinquante journaux de terre qu'elle prétendait avoir été usurpés sur son territoire par les fermiers de Marjolet et de la Serve. Ce procès, commencé en 1765, dura vingt-cinq ans. Le Parlement condamna Volnay à perdre le terrain en litige, et à payer les frais de justice, qui s'élevèrent à plus de douze mille livres (1).

Pendant ces diverses luttes, l'abbé Glantenay et les pieux associés du Saint-Sacrement réunirent tous les deniers de la Confrérie pour doter l'église d'une sonnerie harmonieuse. Ils parvinrent à amasser la somme de cinq mille deux cent quatre-vingt-cinq livres. Alors ils commandèrent à un sieur Barrard, fondeur, trois nouvelles cloches du poids total de 5,282 livres. Quant à la totalité, il fut convenu que l'on prendrait pour base la cloche de Saint-Cyr, dont la voix sonore donnait le *sol;* l'une des nouvelles chanteuses devait faire le *la*, une autre le *si* et la plus petite l'*ut*. La fonte de ces cloches se fit dans le village. Elle fut difficile : Dieu semblait rejeter cette œuvre que le marteau révolutionnaire devait sitôt briser. Barrard échoua le 22 juin 1787 dans une première épreuve; le 6 juillet suivant, il fut plus heureux; les trois cloches sortirent de leur moule parfaitement réussies. Leur bénédiction fut la dernière fête solennelle qui précéda la Révolution. La sonnerie de ces cloches était si mélodieuse que l'on croyait entendre un concert aérien, quand elles jetaient au vent leurs joyeuses volées ou qu'une main habile touchait sur leur clavier d'airain les plus belles hymnes de l'Église (2).

1. Archives communales.
2. Archives communales.

CHAPITRE IV

État de Volnay avant la Révolution.

Après que la tempête a passé sur les sables du désert, on ne reconnaît plus les sites anciens : les coteaux sont déplacés, des vallées nouvelles sont ouvertes, on voit des paysages éphémères et des horizons inconnus. La tourmente révolutionnaire produisit les mêmes effets au sein de la cité volnaisienne ; elle modifia sa constitution, ses usages et ses lois. Traçons une légère esquisse de Volnay avant 1789, afin que le lecteur qui le voit aujourd'hui, puisse apprécier la transformation qui s'est opérée.

Avant 1789, Volnay était une paroisse qui comptait 640 habitants. Cette population, docile à la voix de son pasteur, observait religieusement les préceptes de l'Église ; elle vivait dans cette haute et lumineuse conviction que l'âme est ce qu'il y a de plus grand dans l'homme et que ses intérêts éternels doivent primer tous les autres.

Le dimanche et les fêtes se passaient dans le repos et la prière. Au signal de la cloche, tout ce peuple accourait dans le lieu saint, il se recueillait dans l'adoration, il écoutait la parole de Dieu, il chantait ses louanges et respirait avec bonheur l'atmosphère sanctifiante et embaumée des divins offices. Le Carême, si sévère à cette époque (1), se pratiquait dans toute sa rigueur. Les fêtes de Pâques étaient un temps de résurrection religieuse : tous les fidèles, en âge de communier, participaient au banquet eucharistique.

L'école du village développait dans le cœur des enfants les principes chrétiens puisés au sein de la famille et sur les lèvres du prêtre. Le recteur d'école était considéré

1. On faisait maigre pendant toute la sainte quarantaine.

comme l'aide du curé, ce qui élevait sa mission à une sorte de sacerdoce. Il était obligé d'assister le prêtre dans l'administration des sacrements et de chanter les offices et les services religieux. Il était tenu, hors le cas d'affaires pressantes, d'être présent à toutes les instructions et au catéchisme pour contenir les enfants dans le respect et la modestie. Il devait faire, tous les samedis de l'année et tous les jours de Carême, le catéchisme. Les enfants qui ne fréquentaient pas l'école avaient la liberté d'y assister.

L'enseignement primaire se composait : de la lecture en français, en latin et en *procès*, de l'écriture, du plain-chant et de l'arithmétique. L'instituteur devait faire l'école toute l'année ; il donnait un jour de congé dans les semaines où il n'y avait point de fête. Pendant l'Octave du Saint-Sacrement, il ne faisait qu'une classe le jour, parce que l'office canonial occupait une partie notable de la matinée. L'école était annoncée au son de la cloche, elle s'ouvrait et se terminait par la prière. A la fin de la classe du soir, le maître et ses élèves se rendaient à l'église, où ils chantaient une antienne à la Vierge ; en Carême ce chant était le *Stabat*, l'hymne des larmes et des douleurs de Marie.

Le recteur d'école était exempt des charges de la commune, il habitait une maison appartenant à la Confrérie, et il recevait pour salaire la rétribution des mois des élèves, le modique casuel de l'église et une quête en vin. Le tout valait environ mille livres (1).

Cette paroisse avait des institutions florissantes et des monuments bien dotés.

La Confrérie du Saint-Sacrement comptait de nombreux associés; elle possédait un riche domaine, qui était le patrimoine de l'église et des pauvres. Il se composait d'une maison bourgeoise où résidait l'instituteur; d'une maison de vigneron avec pressoir, jardin, aisances et dépendances, de soixante-deux ouvrées de noiriens, de soixante-quatre de gamay et d'une soiture de pré. Le tout rappor-

1. *Règlement de 1783*.

tait annuellement environ 760 livres. Elle percevait, en outre, des rentes s'élevant à la somme de 18 livres 15 sous.

La fabrique jouissait des fossés, du Barle et des alentours du donjon du château, moyennant 20 sols de cens par an. Elle avait un quart de journal de terre, et elle recevait 11 livres de rentes.

La cure possédait un petit domaine qui consistait en dix-sept ouvrées de vigne et une maison bourgeoise ayant cour et jardin. En vertu des fondations faites par les anciens ducs, chaque année, le curé recevait du domaine royal vingt-quatre mesures de froment et une feuillette de vin.

L'église, entretenue à l'aide des revenus de la Confrérie et de la fabrique, était l'une des plus riches de Bourgogne; elle avait une sonnerie harmonieuse et un mobilier splendide. En parcourant son inventaire, nous y remarquons : un calice en vermeil orné de pierreries, un ciboire en vermeil, un ostensoir en vermeil du poids de huit livres, surmonté d'une couronne étincelante de pierres précieuses. D'autres calices, deux plats garnis de leurs burettes, deux chandeliers d'autel, un bénitier, un encensoir, la grande croix des processions, les boîtes où reposaient la grande hostie et les saintes huiles étaient en argent fin. La lampe du sanctuaire, la coupe des quêtes, six chandeliers du grand autel étaient en argent haché. Le dais était en drap d'or ; les ornements étaient en moire d'or ou d'argent, en velours ou en drap de Constantinople.

La chapelle de Notre-Dame de Pitié était pourvue de tout ce qui était nécessaire au culte divin ; elle possédait une ouvrée de terre et elle jouissait de plusieurs fondations.

Volnay, avant 1789, était une commune qui avait ses franchises et ses libertés : chaque année, le 25 mars, elle nommait son procureur, ses échevins et son garde-champêtre. Le recteur d'école était lui-même élu par les habitants. Toutes les affaires se traitaient dans des assemblées générales qui se tenaient sous de vieux noyers qui ombrageaient la place de la Tour. Ce forum avait ses orateurs et ses agitations populaires. Les citoyens n'étaient pas soumis à la conscription; ils étaient libres comme l'air de leurs coteaux.

Cette commune avait ses propriétés et ses revenus. Elle possédait les deux montagnes de Chaignot et de Rongeon où allait paître le bétail, quinze journaux d'excellente terre labourable amodiés annuellement environ 360 livres, et une rente de 7 livres.

Les tributs royaux et la dîme prélevés, à cette époque, sur la population volnaisienne étaient peu onéreux. Laissons l'abbé Delachère nous en parler :

« Une bonne partie des biens des anciens ducs ont été donnés à rente et à cens, lesquels forment le gros domaine. Le gros domaine appartient à M. Dutillet, marquis de Serrigny, près Beaune, et aux héritiers de M. Gillet-Blancheton; lequel peut valoir, toutes charges payées, 300 livres. Le petit domaine appartient à la ville de Beaune qui, en vertu des baux qui se renouvellent tous les vingt-neuf ans, est Dame engagiste de la seigneurie de Pommard et Volnay; il peut valoir 40 livres.

« Outre ces cens et ces rentes sur les biens donnés par les ducs, il y a encore une taille de 45 livres due en totalité sur les maisons de Vollenay, suivant le rôle où chaque habitant est taxé, laquelle taille appartient au gros domaine (1). »

Que l'on compare les cotes imposées à Volnay par les Etats de Bourgogne, et ces 385 livres perçues, au nom du trésor royal, par les nobles seigneurs et la Dame engagiste d'autrefois, aux lourds impôts qui pèsent aujourd'hui sur notre sol, sur l'air que nous respirons, sur le rayon de soleil qui visite la demeure du pauvre, et l'on jugera si le sort des contribuables s'est amélioré depuis nos révolutions.

1. *Mémoire de M. Delachère sur le village de Vollenay.*

« La dîme en grains, continue l'ancien curé de Volnay, se perçoit de treize gerbes l'une ; et la dîme en vigne se paye sept deniers par chaque ouvrée, par transaction entre les habitants et les décimateurs en date du 17 septembre 1486. Il y a dans la paroisse six décimateurs ; savoir pour les grains : le Chapitre de Beaune, le Commandeur de Beaune de l'Ordre des chevaliers de Saint-Jean-de-Jérusalem, le curé de Bligny et le chapelain de Saint-Léger ; et pour les vignes : l'abbaye de Citeaux et le seigneur du Moulin-Foulot à Meursault. Le curé de Vollenay était aussi décimateur, mais il trouva sa part si minime qu'il la céda, ainsi que tous les autres revenus de la cure, aux décimateurs, et reçut d'eux la portion congrue de 500 livres (1). »

La dîme était amodiée annuellement de 300 à 350 livres : cette somme était loin d'être franche ; les décimateurs devaient parfaire le traitement du curé et entretenir une partie notable de l'église.

Depuis 1789, il n'y a plus qu'un décimateur à Volnay, c'est l'Etat ; après avoir prélevé, par ses percepteurs, une large part du revenu, il exige, par d'autres agents, des droits énormes sur les vins et l'eau-de-vie qui sortent de nos celliers.

L'abbé Delachère nous apprend encore que notre village fut régi par ses antiques coutumes judiciaires jusqu'à la veille de la Révolution. « La justice de la seigneurie de Pommard et Vollenay, dit-il, est administrée par un châtelain royal, des sentences duquel est appel directement au Parlement (2). »

Étudions maintenant les mœurs des Particuliers.

Le Volnaisien du xviiie siècle était un type charmant de simplicité antique et de vie patriarcale. Il était franc et loyal comme son vin, gai et chantant comme l'alouette de ses coteaux ; il était matinal et laborieux : il commençait son travail avant que l'oiseau eût commencé sa chanson.

1. *Mémoire de M. Delachère sur le village de Vollenay*.
2. *Mémoire de M. Delachère sur le village de Vollenay*.

Il était sobre; sa nourriture se composait : de pain bis, de laitage, de lard, de légumes et d'une boisson faite avec le marc du raisin. Il ne mangeait de la viande que dans les noces et le jour de la fête du Patron. Il ne buvait du vin que le dimanche et en recevant la visite d'un parent ou d'un ami. Il ne connaissait point la bière, le sucre et le café. Avec ce genre de vie d'anachorète, il jouissait d'une forte constitution et d'une robuste santé.

Son costume était pittoresque. En semaine, il consistait dans le bonnet de laine, la veste ronde, ou la blouse de grosse toile, la culotte courte, les guêtres de coutil blanc et les lourds sabots. Le dimanche, notre vigneron avait des airs de bourgeois, avec son chapeau à cornes, sa cravate blanche, son gilet rayé de diverses couleurs, son grand habit dont les larges pans battaient sur ses talons, sa culotte de gros drap, les bas à côtes qui dessinaient le torse de sa jambe, et les boucles d'acier ou d'argent qui brillaient sur ses souliers.

La femme et la jeune fille avaient un costume plein de simplicité et de modestie : il subissait rarement les caprices de la mode. Les jours de travail, elles portaient des jupes de droguet ou de coton et une grande coiffe de serge. Le dimanche, elles revêtaient un corsage et une robe d'indienne ou de gros drap, elles jetaient sur leurs épaules un fichu de laine couvert de capricieux dessins, et elles paraient leur tête d'un petit bonnet rond finement plissé et blanc comme neige. Elles étaient fières de ce costume de paysanne, et elles voyaient, sans envie, passer à côté d'elles les grandes dames couvertes de velours, de soie, de fleurs et de dentelles.

Les maisons de nos Volnaisiens étaient simples comme leurs habitants : elles n'avaient ordinairement qu'une seule pièce; elle était vaste, son plancher était noirci par la fumée, ses murailles étaient blanchies à la chaux vive, et on y remarquait une large cheminée près de laquelle la famille se réunissait le soir pour se délasser des travaux du jour. Voici quel était l'ameublement de ces humbles demeures : un Christ de bois ou d'ivoire, qui avait reçu le dernier soupir des aïeux et que les générations se transmettaient avec respect, une table de chêne sur laquelle était un gros pain noir enveloppé dans une nappe blanche, des lits qui disparaissaient sous de larges draperies bleues ou vertes, une armoire de noyer, et un vieux buffet dont l'étagère était garnie de brillants vases d'étain, et de plats de terre vernissée ou de faïence sur lesquels un vif pinceau avait jeté des fleurs fraîches comme celles de nos prairies, des oiseaux et des papillons diaprés de riches couleurs comme ceux que nous envoie le printemps.

La plupart de ces habitations abritaient des familles patriarcales. Les vieux parents y étaient entourés d'une sorte de culte, ils régnaient sur deux ou trois générations. Les époux se respectaient, ils se disaient *vous*, ce langage établissait entre eux une chrétienne déférence. Ils observaient les saintes lois du mariage ; la bénédiction du Seigneur était avec eux, ils comptaient six, huit, dix ou douze enfants. Ils les élevaient avec mansuétude et fermeté. Dans la plupart de ces maisons on faisait, le soir, la prière en commun ; et dans plusieurs on lisait la vie du Saint du jour ou quelques pages commentées de l'Évangile.

Pour achever de peindre le suave et fidèle tableau de ces familles des anciens jours, nous empruntons une plume plus habile que la nôtre.

« Dans ces familles, la loi de Dieu était en toutes choses la règle première et souveraine : la crainte de l'offenser y devançait toutes les préoccupations, comme le devoir de l'aimer et de le servir y dominait tous les intérêts et tous les sentiments.

« Là, le père, chef incontesté de la famille, se croyait, comme tel, obligé d'en être le modèle, surtout dans le service de Dieu, et si le soin de son propre salut l'obligeait de vivre en chrétien, la charge des siens le rendait plus attentif encore et plus scrupuleux observateur des préceptes divins.

« Là, on parlait souvent ensemble des choses de la religion, parce que c'étaient elles que l'on connaissait et que l'on estimait le plus. Les fêtes qui se partagent l'année catholique, formaient naturellement matière à ces conversations domestiques; et comme ces fêtes ne sont autre chose que la suite des mystères de notre foi, et que chacun les célébrait selon son âge, les enfants, en entendant ces entretiens et en y prenant la petite part qui leur était permise, recevaient sans efforts et même sans étude tous les enseignements du salut, et l'intelligence de toutes les obligations qui s'y rattachent.

« La famille était alors la première et la principale école primaire où se formaient les consciences par la connaissance inévitable et l'invincible discernement du bien et du mal moral; parce que, malgré les imperfections ou même les fautes qui pouvaient échapper à la conduite de quelques-uns, en principe les appréciations morales étaient toujours exactes et pures, invariablement fondées sur la loi de Dieu.

« Aussi quand, plus tard, l'enfant était mis en rapport avec le prêtre pour recevoir de lui le complément de ces leçons de famille, il portait déjà en lui-même, dans toute leur netteté et leur solidité, les premières notions de la vérité divine; en sorte que les enseignements du catéchisme de la paroisse n'étaient que l'extension des enseignements et des exemples de la vie de famille, où ils trouvaient encore leur écho fidèle et leur énergique confirmation.

« Que dirons-nous des joies de ces familles patriarcales? Ah! leurs joies, elles consistaient surtout dans l'amour de préférence qui unissait tous leurs membres dans le bonheur de se trouver ensemble, père, mère, enfants, et de jouir le plus possible les uns des autres.

« Le père savait et sentait qu'il se devait tout entier et à toute heure aux siens; la mère savait et sentait que son premier devoir était de faire aimer l'intérieur de sa maison; les enfants savaient et sentaient que rien n'est plus précieux que la conversation d'un père, rien de plus parfaitement doux que le cœur d'une mère. On ne connaissait, on ne cherchait rien au-delà.

« Alors, on prenait, quand il y avait lieu, ses plaisirs ensemble ; on n'en comprenait pas d'autres. On eût rougi de se livrer à des divertissements prolongés sans les siens ; des plaisirs mêmes légitimes, non partagés par eux, semblaient toujours incomplets. C'était surtout au jour du Seigneur, jour divinement réservé pour le repos, que l'on remettait les joies communes ; les autres jours étaient consacrés au travail.

« Oh ! le repos du dimanche, qu'il était doux et beau, qu'il était rafraîchissant et salutaire pour le corps et l'âme !

« On allait ensemble aux offices divins, on en revenait ensemble pour partager les entretiens et les loisirs de la famille. Et le soir, quand les chants liturgiques avaient cessé, que la dernière bénédiction avait été répandue sur la foule des fidèles, et que la lampe allumée veillait seule devant les adorables tabernacles, alors, après avoir prié devant le même autel, on se retrouvait plus intimement ensemble au même foyer pour prendre en famille, ou avec de rares amis, des délassements variés, mais toujours simples, procurant de modestes récréations, sans jamais être une charge, remplissant l'âme d'une satisfaction complète, sans l'enivrer ou la fatiguer jamais.

« Comme les membres de ces familles mettaient toujours leurs jouissances en commun, ils y mettaient aussi leurs peines et leurs revers. Quelles que fussent les disgrâces et les adversités de cette vie d'épreuves, ils en trouvaient le fardeau moins lourd parce qu'ils le portaient ensemble, et ils en triomphaient plus facilement parce qu'ils réunissaient toutes leurs forces pour les surmonter.

« Enfin, la famille était pour tous ses membres ce chez-soi, que l'on ne quitte jamais qu'avec peine, où l'on revient toujours avec un nouveau plaisir, et qu'au fond l'on préfère toujours à tout. C'était un sanctuaire où Dieu était toujours connu, adoré, servi et maintenu sans hésitation à son rang suprême (1). »

Volnay comptait à cette époque des familles très aisées ; de ce nombre étaient les Grozelier, les Blondeau, les Vincent, les Glantenay, les Caillet, les Bouley, etc. Les autres pour la plupart étaient pauvres, elles cultivaient les vignes de riches propriétaires forains : elles trouvaient leur sort si doux et si paisible qu'elles n'aspiraient point à la condition de propriétaires. Tous ces vignerons cultivaient à moitié, ce qui était un motif pour que le travail fût consciencieux ; ils étaient attachés au domaine et le léguaient à leurs enfants comme un héritage : ils le regardaient comme leur bien propre, et appelaient nôtres les maisons, les terres et les vignes qu'ils tenaient de leurs maîtres.

Les rapports qui existaient entre le riche et le pauvre, établissaient entre eux des liens pleins de cordialité et de charité chrétienne : il fallait entendre tout ce qu'il y avait de respectueux dans ces mots : « notre Monsieur, notre Dame, » et tout ce qu'il y avait de bon et de paternel dans ces paroles : « mon Ami, mon Enfant, » qui se mêlaient dans les entretiens des vignerons et des propriétaires !...

Le maître était la providence de celui qui cultivait son domaine ; il le nourrissait dans les temps de disette, et lui faisait loyalement sa part après la vente des vins ; il l'aimait comme un membre de sa famille.

De son côté, le vigneron était plein de dévouement pour ses maîtres ; son affection était si profonde que, devenu riche, il n'était pas rare qu'il amodiât ses propres vignes à des étrangers, pour ne pas abandonner le domaine qu'avaient cultivé ses pères. Sur le sol volnaisien, les familles plébéiennes étaient aussi étroitement attachées aux vieilles races bourgeoises ou aristocratiques, que le sont, en certains lieux, les pampres de la vigne aux rameaux des arbres séculaires.

1. *La Famille,* par Mgr Parisis, évêque d'Arras.

LIVRE VI

Volnay pendant la Révolution

1789-1799.

CHAPITRE PREMIER

Volnay sous la Constituante

1789-1791.

'ORAGE qui, en 1789, éclata sur la France et transforma Volnay, se préparait depuis longtemps. Les premiers nuages se levèrent dès le xvie siècle, lorsque Luther et Calvin, proclamant l'infaillibilité de la raison humaine, substituèrent le libre examen à l'autorité de l'Église. La Renaissance ajouta aux vapeurs qui chargeaient l'horizon, en faisant pénétrer le paganisme dans les arts, les lettres, l'éducation, et en exaltant dans les jeunes âmes les idées de révolte et de république. Les sophistes du xviiie siècle achevèrent d'obscurcir le ciel des intelligences, en formulant toutes les erreurs religieuses, philosophiques et politiques. Tous les vents étaient déchaînés, on devait moissonner des tempêtes. Il ne fallait qu'un éclair pour mettre en feu tous ces éléments de conflagration.

Les divers ordres de la société, loin de conjurer l'orage, ne faisaient que l'appeler sur leurs têtes. La royauté, pure dans la personne de Louis XVI comme la victime préparée pour le sacrifice, avait depuis longtemps attiré sur elle, par ses scandales, la justice divine et le mépris des peuples. La noblesse s'était faite l'imitatrice des désordres des princes; de plus, elle était devenue sceptique et impie. Elle avait inoculé ses vices à la tribu sainte : les hauts dignitaires du clergé, sortis du sein de l'aristocratie, apportaient souvent dans le sanctuaire une foi douteuse et des mœurs équivoques : le sel de la terre était affadi, les lampes de l'autel étaient éteintes. Au-dessous de ces deux ordres se trouvait, à la tête du peuple, une bourgeoisie ambitieuse et corrompue qui, non contente d'avoir en partage le commerce, les arts, les lettres et l'industrie, aspirait à voir tomber les barrières qui lui interdisaient les grades de l'armée, les dignités de la cour et de l'Église.

La société du XVIIIe siècle était profondément malade : un souffle d'indépendance avait passé sur les âmes, elles méprisaient tout ce qui était vénérable et antique, et elles ne voulaient plus du joug de l'autorité. Le vertige semblait avoir gagné toutes les têtes ; les esprits, emportés par des aspirations trompeuses et des idées mensongères, se précipitaient vers une sorte de mirage. Les hommes de 1789 et de 1793 allaient faire à cette société l'application des théories, objet de ses rêves.

La Révolution fut précédée par des signes effrayants et des perturbations atmosphériques épouvantables.

Depuis le 10 juin 1783 jusqu'au milieu de septembre, on vit, en Bourgogne, une brume sèche et épaisse qui s'étendant sur le ciel comme un crêpe funèbre, donnait au soleil une couleur sanglante (1). Le 6 juillet, entre neuf et dix heures du matin, il y eut un violent tremblement de

---

1. *Registres religieux de Béçouotte, de Saint-Julien, de Tanay*, cités par M. Joseph Garnier dans les *Annuaires* de 1865 et 1866.

terre; ses secousses ébranlèrent fortement notre sol volnaisien, mais elles n'occasionnèrent aucun sinistre (1).

L'hiver de 1785 fut long et rigoureux; plusieurs voyageurs périrent de froid sur les routes. Un drame lamentable se passa dans le voisinage de Volnay. Le samedi 12 mars, un sieur François Pothier, de Mavilly, âgé de quarante-cinq ans, revenant de Beaune, accompagné d'un fils de douze ans, amena du grain au moulin de la Grange-au-Vagey. La nuit était déjà noire, la neige tombait épaisse, le froid était extrême et une horrible tempête était déchaînée. Le bon meunier conjura ses hôtes de passer la nuit dans sa maison, il leur fit de vives instances. Ce fut en vain qu'il leur représenta qu'ils allaient à la mort, ils partirent! A une faible distance au-delà de Nantoux, François Pothier, se sentant saisi par le froid, descendit de voiture pour essayer de se réchauffer en marchant; mais bientôt il tomba gisant sur le sol et demeura immobile. Son fils, voulant sans doute le hisser sur la voiture, détela le cheval; mais ses forces furent impuissantes à soulever ce cher et douloureux fardeau. Le pauvre enfant retourna quelques pas en arrière et appela du secours : sa voix se perdit dans la profondeur de la nuit; et les échos de la solitude et les hurlements de la tempête répondirent seuls à ses cris. Il revint près de son père et se jeta à son cou, en pleurant. Le lendemain on les trouva ensevelis dans la neige; ils se tenaient embrassés, ils étaient sans vie et raides comme un groupe de marbre (2).

L'été de 1788 fut marqué par de terribles orages; en certains lieux, il tomba des grêlons pesant jusqu'à dix livres (3).

L'hiver de 1788 et 1789 fut encore plus cruel que celui de 1785. Le froid commença, à Volnay, le 14 novembre;

---

1. *Manuscrit des MM. Grozelier.*
2. *Registres religieux de Mavilly*, année 1785.
3. *Registres religieux de Bèze*, cités par M. Joseph Garnier dans l'*Annuaire* de 1865, p. 402.

et alla près de deux mois en augmentant. Plusieurs fois le thermomètre descendit à vingt degrés au-dessous de zéro. Les fontaines du village gelèrent, et pendant six semaines il fut impossible d'y laver. Le 27 novembre, la terre, durcie comme du granit, se couvrit de deux pouces de neige. Le 4 décembre, une pluie froide et épaisse, jetant sur cette neige un linceul de verglas, convertit en cristaux les arbres et les vignes, et transforma en un immense glacier la plaine, les collines et la montagne. Un ciel terne, un soleil éteint et les rugissements du vent du nord complétèrent l'aspect désolé de ce morne paysage. Le 16 décembre, la neige tomba tout le jour, et le soir elle se couvrit d'une nouvelle couche de glace. Les jeunes arbres qui ne purent se courber jusqu'à terre furent brisés : un glaçon d'environ trois pouces de circonférence entourait la plus légère ramille. La plupart des vieux arbres périrent; les uns furent glacés au cœur ou à la racine et les autres se découronnèrent de leurs rameaux sous le poids qui les accablait. On voyait sous les antiques noyers de la place de la Tour les petits enfants et les pauvres se disputer, comme épaves, les branches brisées que leur jetait la tempête. Le 19 décembre, il neigea encore une partie du jour : de sorte que le sol se trouva couvert d'un pied et demi de neige et de deux croûtes de glace.

Le matin de la fête de Noël, la population volnaisienne s'éveilla en jetant un cri de joie : la température était notablement adoucie, le midi soufflait, les murs étaient blancs comme en temps de dégel, et les rameaux des arbres, se dépouillant de leur écorce de glace, reprenaient leur aspect naturel. Cette joie fut courte ; le lendemain la bise faisait entendre ses sifflements et le froid reprenait avec une intensité nouvelle. Les premiers jours de janvier furent d'une rigueur extrême : les puits du village se couvrirent de glace ; notre ruisseau de la *Folie* et plusieurs rivières de Bourgogne, gelant dans toute leur profondeur, virent périr leurs poissons.

Alors la famine fit sentir ses horreurs : la récolte avait été mauvaise, le froid avait atteint les fruits cachés dans les celliers ; et les moulins, dont la roue était fixée dans les glaces, ne donnaient plus de farine. On fut réduit à broyer le froment dans des pilons et des moulins à café. Il se trouva, comme en 1709, un homme qui secourut nos vignerons ; Pierre Pignet, habile charpentier, construisit un moulin à bras qui, tout le temps que dura le fléau, servit à l'alimentation du village.

Enfin le ciel s'adoucit, une pluie légère tomba les 13 et 14 janvier, le vent du midi fit sentir sa tiède haleine et l'on se trouva en plein dégel (1).

Pendant ce grand hiver, Louis XVI, touché de compassion pour la misère du pauvre peuple, épuisa le trésor royal, dont déjà le déficit était énorme. Le 5 mai 1789, le monarque réunit, à Versailles, les États généraux, pour les consulter sur le moyen d'améliorer les finances. Les trois ordres qui composaient les États généraux, — le clergé, la noblesse, le tiers-état ou la bourgeoisie, — étaient en présence : le tiers-état exigea, au mépris de la volonté du roi et des antiques traditions de la France, qu'il n'y eût qu'une seule Assemblée, dont les membres voteraient par tête sans distinction d'origine : c'était aliéner les deux autres ordres, car le tiers-état était assuré d'avoir la force du nombre. Le 23 juin 1789, Louis XVI, prévoyant que cette Assemblée serait fatale à la monarchie, essaya de la dissoudre ; mais elle résista, en invoquant le principe nouveau de la souveraineté du peuple. Le roi eut la faiblesse de céder : dès lors, la Révolution commençait et le pouvoir royal était perdu.

Les passions populaires accueillirent avec enthousiasme cet acte de rébellion, et donnèrent à l'Assemblée une force formidable. Le 14 juillet, le peuple de Paris, ameuté par les clubs, emporta d'assaut le donjon de la royauté, la

---

1. *Manuscrit des MM. Grozelier.* — *Registres religieux de Bèze* cités par M. Joseph Garnier dans l'*Annuaire* de 1865, p. 402.

Bastille. D'autre part, des factions qui spéculaient sur la calomnie, le meurtre et le pillage, envoyèrent des courriers dans les villes et les campagnes pour terrifier les âmes et discrédi- ter le pouvoir.

Ces hommes arrivèrent à Volnay, au temps de la moisson ; ils entrèrent au village en jetant ces cris : « les Brigands, les Brigands !!! » La population suspendant ses travaux accourut en toute hâte, et interrogea ces semeurs de nouvelles. Ils annoncèrent la venue de hordes de scélérats, députées par les princes, le clergé et la noblesse, pour massacrer les enfants au berceau, déshonorer les femmes et incendier les récoltes. L'épouvante saisit nos crédules villageois : ils emportèrent les malades, ils entraînèrent les vieillards ; les femmes pressèrent leurs enfants dans leurs bras, les hommes saisirent leurs armes, et tous se mirent à fuir. Mais où aller, dans un pays nu et découvert comme Volnay ? Ces pauvres gens se retirèrent dans la charmille qui est au flanc de la montagne du Chaignot : là, les femmes éperdues se mirent à pleurer sur leurs petits enfants, et les hommes veillèrent en armes. On passa de longues heures d'angoisse : la nuit vint et les brigands ne parurent point ; enfin on rentra au village, où pendant plusieurs jours on fut sous le coup d'une terreur panique (1).

Cette indigne manœuvre n'eut, à Volnay, d'autre conséquence que d'alarmer une douce et paisible population ; mais ailleurs elle jeta au sein des masses la haine et la défiance contre les hautes classes ; en certains lieux, le peuple s'insurgea contre les représentants de l'autorité et la noblesse, et des crimes épouvantables souillèrent le berceau de la Révolution.

L'Assemblée, s'attribuant des pouvoirs dictatoriaux, prit pour mission de donner à la France une constitution nouvelle : c'est ce qui lui a valu dans l'histoire

---

1. Tradition volnaisienne.

le nom de *Constituante*. Elle ne laissa au roi qu'une ombre de pouvoir pour sanctionner les décrets qui allaient modifier les lois, les coutumes et les traditions françaises. Le 4 août 1789 fut particulièrement célèbre dans ce travail de transformation. Dans ce jour, l'Assemblée adopta la fameuse *Déclaration des Droits de l'homme;* et dans la nuit, les députés de la noblesse et du clergé firent tour à tour, au bruit des acclamations, l'abandon de tous leurs droits et privilèges. On décréta, avec une sorte d'ivresse, l'abolition du titre de serf, et celles des juridictions seigneuriales, des privilèges de la noblesse, le rachat de la dîme, l'égalité des impôts, l'admission de tous les Français aux emplois civils et militaires et la destruction de tout ce qui pouvait rappeler le régime féodal. Sans discussion, sans délibération, on abolit en trois heures l'ouvrage de plus de dix siècles.

Par suite de ces décrets, Volnay fut transformé : les traces de l'antique féodalité disparurent et firent place à un régime nouveau ; les maire et échevins de Beaune perdirent leur titre de seigneurs engagistes ; le domaine royal, qui n'était plus qu'une ombre du passé, s'évanouit entièrement ; la taille et la dîme furent abolies.

La Constituante, continuant son travail, ne respecta rien de ce qu'avaient établi les siècles précédents : les Provinces qui composaient la France furent morcelées en Départements ; et les administrations civiles et judiciaires reçurent une organisation nouvelle.

Volnay qui était une Paroisse du Duché de Bourgogne, devint une Commune du Département de la Côte-d'Or. La justice de la vieille seigneurie de Pommard et Volnay, qui était administrée par un châtelain royal, fut annexée aux divers tribunaux de la ville de Beaune.

Le 2 février 1790, les habitants du village se réunirent pour nommer leur administration civile et militaire, conformément aux décrets de l'Assemblée. Toutes les autorités furent élues au scrutin secret. Hubert Grozelier, le petit-fils du *Prophète*, fut nommé maire : c'était un homme plein de sens, de modération et de droiture. On lui donna pour assesseurs : cinq officiers municipaux, un procureur de la commune et un conseil composé de douze notables. Nicolas Tixier, tonnelier, fut choisi pour être le secrétaire de la municipalité : un demi-savoir, une belle écriture et un peu de style le mettaient à la hauteur de ses fonctions. Cet homme fut un scribe infatigable; il a tracé dans un énorme in-folio les lois de la Constituante et les délibérations de la municipalité volnaisienne. M. François Blondeau, surnommé *le Saint*, fut élu capitaine de la garde civique : c'était un riche propriétaire plein de religion et d'honneur qui accueillait la Révolution parce qu'il était trompé par ses promesses (1).

Le 14 juillet, les administrateurs volnaisiens célébrèrent avec éclat la fête nationale, qui se faisait à l'occasion de la prise de la Bastille; ils convoquèrent le peuple, mirent la garde civique sous les armes, et allèrent à l'église tambour en tête et drapeau déployé. On chanta une messe solennelle d'actions de grâces. Après le service divin, la population se rendit sur la place publique pour jurer fidélité à la Constitution : ce serment se prêta au bruit du tambour et au son des cloches. La fête se termina par un banquet où les cris et les chants patriotiques se mêlèrent à de copieuses libations (2).

Les passions révolutionnaires, en exaltant les esprits, avaient affaibli la foi et ébranlé les mœurs; l'administration volnaisienne s'émut de cette décadence et essaya de l'arrêter, en donnant au village une sorte de code.

Le 15 septembre 1790, toute la population fut réunie sous les vieux noyers de la grande place, pour assister à la promulgation d'un Règlement communal. Il était rédigé avec sagesse, il portait sur trois points : les mœurs, la police intérieure et la police rurale. En voici quelques articles :

1. *Registre de la municipalité*, année *1790*, p. 3.
2. *Registre de la municipalité*, année *1790*, p. 3.

« Défense à tous les habitants de Volnay de blasphémer le saint nom de Dieu, sous peine d'un châtiment exemplaire.

« Défense à toute personne de travailler les jours de dimanche et de fêtes, sans dispense du curé, sous peine de trois livres d'amende.

« Défense de tenir des jeux et des danses publics, sans permission des officiers municipaux, sous peine d'amende arbitraire.

« Défense à tous les habitants de fréquenter les cabarets, pendant les offices les jours de fêtes et de dimanche ; et d'y demeurer au-delà de six heures du soir en hiver et de huit heures en été, sous peine de dix livres d'amende.

« Défense est faite aux cabaretiers de vendre à faux poids et à fausses mesures : s'ils sont pris en défaut ils seront passibles d'une amende extraordinaire.

« Nous ordonnons aux habitants de tenir parfaitement nettes les cheminées de leurs maisons et de leurs fours, sous peine de trois livres d'amende.

« Nous leur enjoignons de nettoyer devant leur maison, et de ne point mettre de fumier et de paille dans les rues, sous peine d'une amende de trois livres.

« Nous ordonnons à tous les particuliers qui ont des jardins ou des enclos d'enlever et de brûler les nids de chenilles, sous peine de trois livres d'amende.

« Défense est faite de retourner les terres ensemencées, d'usurper le terrain d'autrui, sous peine de dix livres d'amende.

« Défense à tous les habitants de vendre et d'aliéner des terrains communaux, sous peine de cinquante livres d'amende (1). »

Il y a plus de christianisme dans cette petite législation que dans tous les décrets de l'Assemblée nationale ; mais l'ordre moral était si profondément ébranlé, que ce règle-

1. *Registre de la municipalité*, année 1790, p. 253.

ment était impuissant à contenir les mauvaises passions.

La Constituante avait porté une main destructive non seulement sur le trône qui est l'une des colonnes de l'édifice social, mais encore sur l'autel qui en est la pierre fondamentale. Le 13 février 1790, elle avait supprimé les ordres religieux et les vœux monastiques, et elle avait déclaré que les biens du clergé étaient mis à la disposition de la nation. Ce décret fut un coup mortel porté, dans la conscience du peuple, aux principes religieux et au droit de propriété.

L'exécution de cette inique sentence jeta un grand trouble au sein de notre bourgade. Elle attrista plusieurs familles dont les enfants furent impitoyablement chassés du cloître où ils étaient allés demander un abri (1). Elle froissa les intérêts de nombreux vignerons qui se virent arracher les domaines qu'ils cultivaient. Elle enleva aux pauvres du village les aumônes qu'ils recevaient des maisons religieuses (2). Et elle mit sous l'excommunication et l'anathème les acquéreurs des biens de l'Église.

Nos ancêtres avaient eu à cœur de faire servir à l'autel le vin et le froment de Volnay ; dix-huit maisons religieuses ou chapelles possédaient quelques parcelles du territoire (3). Ces propriétés ecclésiastiques consistaient en 600 ouvrées de vigne, en 31 journaux de terre labourable, en 12 soitures de pré et en 2 bâtiments. Ces biens, qui avaient été consacrés par les donateurs à la gloire de Dieu, au soulagement des pauvres et des âmes des trépassés, furent vendus à vil prix, sans aucune réserve pour les charges pieuses et charitables dont ils étaient grevés.

1. Le chanoine Grozelier, les ursulines Glantenay et Bouzereau, la carmélite Petiot.
2. La seule abbaye de Maizières leur donnait chaque année 50 livres.
3 Ces maisons étaient : la Collégiale, les Jacobins, les Ursulines, les Carmélites et les Bernardines de Beaune ; les abbayes Notre-Dame de Maizières, Saint-Andoche et Saint-Jean-le-Grand d'Autun ; les chapelles de Saint-Paul, de Saint-Martin, de Sainte-Croix de Beaune ; de Saint-Denis de Changey ; de Saint-Jacques et de Saint-Laurent de Dijon ; de Saint-Philibert de Pommard ; les chapitres de Saint-Rizand, de Saint-Hernet et de Saint-Honoré de Beaune.

La Constituante ne se contenta point de proscrire les ordres religieux et de vendre leurs biens, elle attaqua l'Église de France au cœur, en la séparant de Rome qui est son centre et sa vie. Le 12 juillet 1790 elle décréta la *Constitution civile du clergé* (1). Après avoir inscrit le schisme dans le code des lois, elle le fit passer dans le sein de la nation : elle imposa à tous les membres du clergé, qui voulaient exercer les fonctions pastorales sur le territoire français, de prêter serment à la Constitution (2).

Cette loi fut un coup de vent donné dans l'aire du père de famille : tout ce qu'il y avait de saint et de profondément éclairé dans la tribu sacerdotale préféra la persécution et la mort à ce serment schismatique. Quelques colonnes du sanctuaire furent ébranlées; l'épiscopat français, composé de 135 membres, compta quatre défections, et le clergé inférieur, qui avait environ soixante mille membres, eut à déplorer près de dix mille apostasies.

M. l'abbé Glantenay fut malheureusement du nombre des prêtres assermentés. Depuis quatorze ans, il était à la tête de la paroisse; il lui coûta de quitter sa terre natale, sa

---

1. L'Assemblée changea la délimitation des Provinces ecclésiastiques, et donna au royaume de saint Louis une organisation religieuse contraire aux antiques traditions et à l'essence même du Catholicisme. D'après la nouvelle Constitution l'Évêque ne recevait plus sa mission du Pape, vicaire de Jésus-Christ; mais il était élu par le peuple, et était investi de l'institution canonique par le métropolitain ou à son défaut par l'évêque le plus ancien de l'arrondissement ecclésiastique. L'autorité du successeur de Pierre, qui de droit divin s'étend sur toute l'Église, était expressément et formellement rejetée : « Il est défendu à toute église ou paroisse et à tout citoyen, disait la Constitution, de reconnaître en aucun cas, et sous quelque prétexte que ce soit, l'autorité d'un Évêque dont le siège serait établi sous la domination d'une puissance étrangère ni celle de ses délégués résidant en France ou ailleurs. »

2. Elle donna une publicité calculée à cet acte d'apostasie. « Le serment, dit-elle dans un décret du 27 novembre 1790, sera prêté un jour de dimanche, à l'issue de la messe, savoir : par les Évêques, leurs vicaires, les supérieurs et directeurs de séminaires dans l'église épiscopale; et par les curés, leurs vicaires et autres ecclésiastiques fonctionnaires publics dans l'église de leur paroisse, et tous en présence du conseil général de la commune et des fidèles : à cet effet ils feront par écrit, au moins deux jours à l'avance, leur déclaration au greffe de la municipalité, de leur intention de prêter serment et se concerteront avec le maire pour arrêter le jour. »

famille et le troupeau qui lui était cher. Il y eut dans son âme une terrible lutte entre le devoir et les affections : celles-ci l'emportèrent !... Le pauvre prêtre alla trouver la municipalité et la prévint qu'il se proposait de prêter le serment. On fixa cet acte schismatique au dimanche 6 février 1791. Dans ce jour, à l'issue de la grand'messe, la municipalité se rangea devant la grille du sanctuaire, et l'abbé Glantenay, debout sur les degrés de l'autel, s'écria d'une voix tremblante et émue : « Je jure de veiller avec soin sur les fidèles de cette paroisse qui me sont confiés ; d'être fidèle à la Nation, à la Loi et au Roi ; et de maintenir de tout mon pouvoir la Constitution décrétée par l'Assemblée nationale et acceptée par le Roi. »

Le maire et le conseil général de la commune, ne comprenant pas la portée de ce serment, et craignant de se voir sans culte et de perdre leur pasteur aimé, témoignèrent leur satisfaction, en serrant les mains de l'abbé Glantenay. Le secrétaire de la commune écrivit, en présence de l'assemblée, le procès-verbal de cet acte malheureux. Le *Te Deum* retentit sous les voûtes attristées de l'église et toutes les cloches sonnèrent comme dans un glas funèbre (1).

Depuis ce moment l'infortuné prêtre mena une vie pleine d'amertume : il fut témoin de tous les sacrilèges de la Révolution, et la municipalité le traita souvent avec hauteur. Ces humiliations et ces déchirements de cœur abrégèrent sa vie, il mourut pendant la tourmente. Avant d'expirer, il eut le courage de se relever de sa chute ; il rétracta son serment et s'endormit dans le sein de cette Eglise romaine dont il avait reçu le baptême et le sacerdoce. La douceur, la pénitence et les malheurs de ce prêtre ont rendu sa mémoire chère à la population.

Volnay, qui avait accueilli avec joie la suppression de la taille et des dîmes, sentit bientôt peser sur lui des charges

---

1. *Registre de la municipalité, année 1791*, p. 397.

plus lourdes. Le 13 février 1791, la commune se soumit au décret porté pour la formation du Rôle des impositions. Ce fut un immense travail : on divisa le territoire en six sections, désignées chacune par une lettre de l'alphabet, et les commissaires nommés par la municipalité firent l'estimation de la part de chacun. L'impôt fut fixé d'après les appréciations de répartiteurs : il s'éleva pour cette année au chiffre de seize mille six cents livres quinze sous. Cette somme fut entièrement dévorée par l'Etat : les charges communales furent acquittées au moyen de deniers que l'on ajouta au marc le franc sur cette somme (1).

Pendant que le travail du fisc s'accomplissait sur les propriétés, un autre s'opérait dans les intelligences : la Révolution gravait ses principes dans l'âme des petits enfants. Les instituteurs étaient forcés d'apprendre à leurs écoliers un catéchisme nouveau, celui des *Droits de l'homme et du citoyen* et les articles de la *Constitution*. Pour stimuler le zèle des maîtres et des élèves dans la science démocratique on établit des concours publics dans les cantons, et on décerna des prix aux écoliers les plus savants dans la nouvelle doctrine.

Les magistrats de la commune eurent à cœur que les enfants de Volnay ne fussent pas des derniers : le dimanche 6 mars 1791, à la sortie de la messe, ils firent subir, sur la grande place, un examen à tous les écoliers. Ils furent si satisfaits de la science de ces enfants, et du soin avec lequel ils avaient copié le catéchisme révolutionnaire, qu'ils félicitèrent le citoyen Daunas d'avoir de pareils élèves, et décernèrent à douze de ceux-ci un certificat d'instruction patriotique, afin qu'ils fussent admis au concours solennel de toutes les écoles du canton qui devait avoir lieu à Beaune le dimanche suivant (2).

La jeunesse et l'âge mûr subissaient encore plus vivement que l'enfance la fièvre révolutionnaire : le 14 juil-

1. *Registre de la municipalité, année 1791*, p. 400.
2. *Registre de la municipalité, année 1791*, p. 402.

let 1791 la garde nationale du village fit l'anniversaire de la fête de la Fédération, c'est-à-dire du jour où des corps des armées de terre et de mer et de nombreux détachements des gardes civiques du royaume se réunirent à Paris, sur le Champ-de-Mars, pour exalter, par un imposant spectacle et des serments solennels, l'esprit démagogique au sein de la nation. Cette fête est appelée dans nos annales le *Renouvellement du serment civique,* parce que chacun des officiers et des soldats de la milice volnaisienne fit le serment des fédérés. Voici ce serment que nous trouvons transcrit sur les registres et signé par plus de trente des plus notables habitants :

« Je jure d'employer les armes remises en mes mains, à la défense de la Patrie, et à maintenir contre tous les ennemis du dedans et du dehors la Constitution décrétée par l'Assemblée nationale, et de mourir plutôt que de souffrir l'invasion du territoire français par des troupes étrangères, et de n'obéir qu'aux ordres qui seront donnés en conséquence des décrets de l'Assemblée nationale (1). »

La Constituante touchait à sa fin, on peut ainsi résumer son ouvrage : l'avilissement et l'anéantissement de l'autorité royale, la destruction de toutes les coutumes sanctionnées par le temps, le principe d'élection appliqué à tous les services, l'omnipotence de l'Assemblée, enfin l'établissement du schisme en France.

1. *Registre de la municipalité, année 1791,* p. 411.

CHAPITRE II

Volnay sous l'Assemblée législative

1791-1792.

Le 1ᵉʳ octobre 1791, la Constituante fit place à une nouvelle Assemblée qui, sous le nom de Législative, continua l'œuvre de destruction commencée par sa devancière.

Quelques semaines après (le 13 novembre), Volnay se donna une autre administration : le temps d'exercice du maire, de trois officiers municipaux, du procureur de la commune et de six notables étant expiré, on leur choisit des successeurs. M. François Blondeau fut élu maire : il entoura d'une pompe théâtrale et religieuse sa prestation de serment.

Le dimanche 4 décembre, le conseil général de la commune se rendit en corps à l'église : l'ancien et le nouveau maire, les officiers municipaux et les notables se placèrent dans le sanctuaire. Le *Veni Creator* ayant été chanté pour appeler sur les élus du peuple les grâces de l'Esprit divin, M. Blondeau, malgré la sainteté du lieu, adressa un discours à l'assemblée.

« Messieurs, dit-il, j'ai balancé jusqu'ici à accepter le poste de confiance auquel m'ont appelé vos suffrages, parce que je ne pouvais me séparer de la garde nationale qui m'avait choisi pour son chef. Les administrateurs du district m'autorisant à accepter la place dont vous m'honorez, sans me démettre de mes premières fonctions, j'ai cru devoir céder. Une autre cause de mon indécision, c'est tout à la fois mon inexpérience des affaires et la difficulté de remplacer mon prédécesseur et ses collègues, qui ont répondu d'une manière si satisfaisante à l'attente de leurs concitoyens. Mes associés et moi nous prenons l'engagement de marcher sur les traces de nos devanciers : leur souvenir enflammera nos cœurs, leur exemple guidera nos pas. Comme eux, nous nous efforcerons de maintenir la paix, l'union et la concorde dans la paroisse. Nous ne cesserons de vous porter à l'amour des lois nouvelles qui vous assurent de si grands droits, et de vous inviter à bénir une Constitution qui, nous arrachant des bras du despotisme, nous a faits les enfants de la liberté. Mes associés et moi nous faisons serment de maintenir de tout notre pouvoir la Constitution du royaume, et d'être fidèles à la Nation, à la Loi et au Roi. »

Le saint sacrifice fut célébré, et on chanta le *Te Deum* en actions de grâces de l'élection des nouveaux magistrats (1).

Cette administration s'efforça de maintenir la pureté des mœurs antiques et de remédier aux conséquences de plus en plus accentuées de l'esprit révolutionnaire. Les membres du district s'étant plaints des désordres qui attristaient la commune de Volnay, le conseil flétrit les orgies du cabaret et l'ignoble conduite d'hommes gorgés de vin, qui se battaient entre eux, insultaient et frappaient les citoyens paisibles. Le 15 février 1792, le maire fit publier au prône un avertissement où il stigmatisait ces scandales et prévenait leurs auteurs qu'en cas de récidive il sévirait rigoureusement (2).

Au sortir du temple, l'un des coupables se déchaîna en invectives et en menaces de mort contre le maire et les officiers municipaux. M. Blondeau, informé de cet acte de rébellion, réunit immédiatement son conseil, et cita l'insulteur à ce tribunal : celui-ci, refusant de comparaître, fut traîné devant ses juges par une escouade de gardes nationaux. Le prévenu, loin de s'humilier, se mit à vomir de grossières injures. Le maire voulant que le respect et la

1. *Registre de la municipalité, année 1791*, p. 402.
2. *Registre de la municipalité, année 1792*, p. 448.

force demeurassent à l'autorité, convoqua la paroisse au son de la grosse cloche, condamna le coupable à une amende et le contraignit à faire publiquement, devant la porte de l'église, réparation d'honneur à la municipalité (1).

La jeunesse, surtout, tombait dans les excès du cabaret; M. Blondeau, pour la préserver des entraînements du vice, fit, en ces termes, annoncer à l'église des prix de vertu :

« Le maire et les officiers municipaux de la paroisse de Volnay, animés du désir d'y voir régner l'ordre et la décence, considérant que le bonheur de l'homme consiste dans l'amour du devoir et des choses honnêtes, et que les jours que la religion a sanctifiés ne doivent pas être marqués par les excès de la débauche, mais par les œuvres de piété qui honorent le chrétien, invitent la jeunesse à prêter une oreille attentive aux mesures prises pour parvenir à ce but. La municipalité établit trois prix de vertu pour la jeunesse : elle les distribuera le dimanche 4 novembre 1792, sous le chœur de l'église, après la messe paroissiale.

« Voici les conditions exigées pour y concourir : ne point fréquenter les cabarets, ne point manquer les offices les dimanches et les fêtes ; ne point se livrer à des emportements qui pourraient scandaliser le prochain ; se comporter avec modestie et décence dans les amusements avoués par la religion; ne point se permettre de propos équivoques et offensants envers les maîtres. Tous les jeunes gens, sans exception, depuis l'âge de seize ans, pourront, en se conformant à ces conditions, concourir à ces prix.

« Huit jours avant leur distribution, les candidats présenteront à la chambre commune un certificat de bonne conduite signé de leurs parents ou de leurs maîtres. Les prix seront tirés au sort. Le maire proclamera ceux qui les auront obtenus; la municipalité se réserve de donner des récompenses moindres à ceux que le sort n'aura point favorisés (2). »

1. *Registre de la municipalité, année 1792*, p. 449.
2. *Registre de la municipalité, année 1792*, p. 452.

Ces prix de vertu ne furent décernés qu'une fois : le courant qui emportait la société était si fort, que cette institution ne pouvait avoir qu'un très faible résultat ; c'était un brin d'herbe à l'aide duquel on voulait arrêter un torrent.

M. Blondeau désirait sincèrement le bien, mais ses titres de maire de la commune et de commandant de la garde nationale lui inspirèrent l'esprit de domination, et le firent tomber en d'étranges abus de pouvoir. Il voulut tout régenter dans l'église : les fabriciens et les bâtonniers des confréries lui rendirent compte de leur gestion ; il s'arrogea le droit de nommer les officiers du sanctuaire. Le curé se plaignit, mais il fut obligé de fléchir : l'autorité municipale lui refusa le titre nécessaire à la perception de son maigre traitement, tant qu'il n'eut point accepté ses iniques prétentions (1).

Tandis que tout se courbe devant cette puissance dictatoriale, de faibles jeunes filles lui opposent une résistance opiniâtre, et Volnay assiste au combat du lion et du moucheron. Le 5 février 1792, le maire assemble les filles dans la maison commune et les fait procéder à l'élection d'une sacristine. Jeanne Dufour obtient la majorité des voix ; mais les votantes, subissant à regret le contrôle de l'autorité civile, s'offensent des railleries de quelques jeunes gens, fils d'officiers municipaux, et sortent de la salle en déclarant qu'elles ne reconnaîtront jamais la nouvelle bâtonnière. Réunies, quelques semaines après, sous la présidence du curé, elles nomment une autre sacristine. Le maire, se faisant un point d'honneur de maintenir son œuvre, déclare cette élection nulle et illégale ; et pour vaincre l'opposition féminine, il multiplie les réunions du conseil, les écritures, les menaces, les sommations et les sentences (2). Les jeunes filles demeurent fermes ; elles refusent de porter les flambeaux et de paraître aux processions, tant que leurs vieilles franchises n'auront point été reconnues. Les pères prennent

1. *Registre de la municipalité*, année 1792, p. 21.
2. *Registre de la municipalité*, année 1792, pp. 20-34.

parti pour leurs enfants et la commune se trouve en pleine révolution. La lutte devient ardente et passionnée : le 17 juin, le procureur du directoire de Beaune arrive à Volnay pour prêcher la paix et la concorde ; et le maire met la garde nationale sous les armes pour maintenir la tranquillité publique.

> Le malheureux lion se déchire lui-même,
> Fait résonner sa queue à l'entour de ses flancs,
> Bat l'air, qui n'en peut mais ; et sa fureur extrême
> Le fatigue, l'abat : le voilà sur les dents.

La cause est portée devant les proconsuls du département. Les directeurs de la Côte-d'Or blâment l'autorité municipale et donnent droit aux jeunes filles, en déclarant que l'administration des églises appartient exclusivement aux fabriques. Le 25 novembre 1792, le conseil général de la commune arrête à l'unanimité qu'à l'avenir les filles seront libres de faire, selon leur coutume, l'élection des bâtonnières (1).

> L'insecte du combat se retire avec gloire,
> Comme il sonna la charge, il sonne la victoire.

Pendant que se jouait cette petite comédie, des évènements d'une haute gravité se passaient à Volnay. La Révolution, après avoir dévoré les biens des maisons religieuses, réclama ceux des églises et des confréries. Au mois de mai 1792, l'abbé Glantenay, M. Blondeau et les fabriciens furent contraints de faire la déclaration des biens de la Cure et de la Confrérie, et de dresser l'inventaire du magnifique mobilier de l'église (2). Ce fut avec une profonde tristesse, que ces honnêtes magistrats accomplirent cette désolante mission : il leur coûtait de livrer à l'hydre révolutionnaire le patrimoine de Jésus et des pauvres, et de voir détruire l'ouvrage que leurs pieux ancêtres avaient mis tant de siècles à édifier ; mais les injonctions étaient si pressantes qu'il fallut obéir.

1. *Registre de la municipalité*, année 1792, p. 86.
2. Id. pp. 4-8. Archives de Bourgogne.

M. Blondeau fit de louables efforts pour empêcher la ruine des richesses paroissiales. Il sauva le presbytère, en le faisant figurer parmi les biens communaux; il parvint ainsi à le préserver de la vente qui dissipa toutes les autres propriétés de la Cure. Il offrit quinze mille livres pour que le domaine de la Confrérie fût laissé à la commune; mais cette proposition fut repoussée. Il réclama instamment l'humble manoir où, depuis des siècles, les administrateurs du village tenaient leurs réunions, et où résidaient le maître d'école et ses élèves. On répondit que cette maison, appartenant à la Confrérie, était bien national. Et le 17 octobre 1792, le modeste manoir et le riche domaine furent adjugés publiquement aux enchères du tribunal de Beaune.

La Révolution, remettant à des jours plus mauvais l'enlèvement des richesses mobilières de l'église de Volnay, se contenta, pour cette fois, d'aliéner les propriétés de la Cure et de la Confrérie.

Cette spoliation sacrilège fut désastreuse pour l'église et la commune. Le temple de Jésus-Christ tomba dans un tel dénûment, que pour subvenir aux plus pressantes nécessités du culte, les fabriciens furent obligés de vendre la vaisselle d'étain qui, le jour de la Fête-Dieu, servait aux fraternelles agapes des associés du Saint-Sacrement (1). Par l'aliénation des biens de la Confrérie, la commune perdit à la fois l'école de ses enfants et le pain de ses pauvres. Le lendemain de cette vente, l'instituteur se trouva sans asile; et les indigents furent à jamais dépouillés des trois cents livres que leur distribuait annuellement la pieuse association.

La perte de cette aumône fut d'autant plus sensible qu'elle survint dans une année calamiteuse; en 1792, de fortes gelées et une horrible grêle détruisirent la plus grande partie de la récolte. De plus, le commerce des vins

---

1. *Registre de la municipalité*, année *1792*, p. 63.

fut anéanti par la crise financière connue dans l'histoire sous le nom des assignats. La gêne se fit sentir chez les riches et la misère dévora les pauvres.

Dans cette détresse générale, la municipalité volnaisienne accomplit un acte regrettable de vandalisme. Les places publiques étaient peuplées d'énormes noyers, leurs fruits servaient à l'entretien des lampes du sanctuaire, les enfants jouaient sous leur ombrage et la commune tenait ses assemblées sous leurs rameaux : ces vieux et utiles habitants furent condamnés à mourir, pour aider le village à payer ses dettes. Quelques jours après cette sentence, tous tombèrent impitoyablement sous la hache du bucheron. Vingt ans plus tard, on eut besoin de leur témoignage dans un ruineux procès : mais ces antiques gardiens des droits de la cité avaient disparu, et la commune succomba (1)!

Les crimes de la Révolution contre l'autel et le trône émurent les rois de l'Europe; ils se coalisèrent et apparurent en armes au nord de la France, rêvant peut-être moins de protéger l'ordre et Louis XVI que de se partager les lambeaux de la monarchie.

L'Assemblée nationale leur opposa trois armées : l'une, sous les ordres du général Rochambeau, fut battue, au mois d'avril 1792, à Quievrain et à Tournay.

Ces défaites causèrent une vive et douloureuse sensation à Volnay; « la municipalité, dans le dessein d'attirer la faveur du Ciel sur les armes françaises, pria le curé de la paroisse de chanter le *Domine non secundum* et de donner la bénédiction avec le ciboire, chaque dimanche après les vêpres, jusqu'à ce que la victoire permît de faire retentir les temples du chant d'allégresse (2). »

Pour sauver la France, l'Assemblée organisa fortement les gardes civiques sur tout le sol de l'Empire, et les mit sur le pied de guerre depuis Dunkerque jusqu'à Besançon. Le 13 mai, M. Blondeau réunit tous les hommes de Vol-

1. *Registre de la municipalité, année 1792*, p. 63.
2. *Registre de la municipalité, année 1792*, p. 10.

nay en âge de porter les armes et les fit procéder à la réélection de leurs chefs. En qualité de commandant, il adressa une harangue à cette petite troupe.

« Frères et amis, dit-il, dans ce jour cesse l'autorité dont vous m'aviez investi, en me proclamant votre chef. Rassemblés, en ce moment, pour organiser la force publique de cette commune, ne perdez pas de vue le but de l'Assemblée nationale, en créant les milices citoyennes ; ce fut d'en faire le rempart de la liberté et le salut de l'Empire. Vous savez que notre France a pour ennemis les tyrans de l'Europe : presque tous sont ligués pour noyer dans des flots de sang la liberté qui menace de faire tomber leurs trônes d'argile. A cette heure périlleuse pour la patrie, mettez à votre tête des hommes fermes et déterminés. En nommant vos chefs, souvenez-vous que les fonctions de maire ne me permettent plus d'accepter le commandement (1). »

Comme la garde nationale de Volnay comptait cent quarante-deux soldats actifs, elle fut divisée en deux compagnies : chacune eut son capitaine, son lieutenant et son sous-lieutenant. L'état-major de cette milice fut ainsi composé : M. Poulleau, commandant ; J.-B. Buffet et Gérard Bureau, capitaines ; J.-B. Verdereau et Philibert Jacotot, lieutenants ; Étienne Grozelier, Claude Poussard, Louis Pagand et Pierre Dufour, sous-lieutenants ; et Claude Parent, porte-enseigne (2).

Chaque dimanche, cette petite légion s'exerça au maniement des armes : le temps approchait où plusieurs de ses soldats devaient aller combattre à la frontière. M. Blondeau profita des fêtes de la Révolution pour exciter le patriotisme dans les âmes.

Le 14 juillet 1792, jour anniversaire de la prise de la Bastille, le tambour battit le rappel dans les rues de Volnay et la garde nationale se mit sous les armes. Elle con-

1. *Registre de la municipalité*, année *1792*, p. 15.
2. Id., p. 14.

duisit solennellement à l'église les autorités du village : les douze notables, les officiers municipaux ceints de l'écharpe, le maire et le curé. Ce jour-là, le saint sacrifice s'appela *la messe de la Fédération*. Après le service divin, toute l'assistance se rendit sur la grande place, où s'élevait une table surmontée de la croix ; c'était l'autel préparé pour le renouvellement du serment civique. Le Mirabeau volnaisien fit un discours où l'on remarque la vive empreinte des idées et du style de cette époque.

« Frères et Amis, dit-il, dans ce jour, la patrie se met sous les armes pour célébrer la mémoire des hommes qui le 14 juillet 1789 renversèrent la Bastille, et pour rappeler le serment qui se fit l'année suivante dans la fête de la Fédération. Le temps est venu où les vrais Français, les amis de la liberté, vont prouver au monde qu'ils savent tenir leurs serments.

« La patrie est en danger, de toutes parts l'orage se forme ; cinq couronnes sont liguées contre elle. Les armées des tyrans environnent le sol français et veulent tuer la liberté. D'un autre côté, le fanatisme aiguise ses poignards et secoue ses torches incendiaires sur la surface de l'Empire.

« Frères et Amis, dans ces jours de péril, serrons-nous ; offrons à l'ennemi un front calme et menaçant. Distinguons-nous par l'amour et le respect de la Constitution : nous souvenant que les peuples les plus libres furent aussi les plus fidèles aux lois de leur pays.

« Si quelqu'un, jusqu'ici, est demeuré indifférent à la chose publique, que la vue de la patrie en danger émeuve son âme ; qu'il se pénètre de cette maxime : le citoyen naît et meurt pour sa patrie. Ainsi pensaient et agissaient les anciens Romains ; aussi furent-ils le plus grand peuple de l'univers.

« Ainsi pensent ces valeureux Français qui, s'arrachant aux douceurs de la famille, combattent et meurent sur les frontières pour assurer le triomphe de la liberté. Que leur exemple ne soit pas perdu pour nous ; que leur patriotisme réveille le nôtre ; empressons-nous de seconder leurs généreux efforts.

« Frères et Amis, je vous invite à prêter de nouveau, à mon exemple, le serment que je vais prononcer : « Je prête « le serment de maintenir de tout mon pouvoir la Cons-« titution du Royaume, d'être fidèle à la Nation, à la Loi « et au Roi (1). »

Chacun des citoyens passa devant la croix, leva la main, redit le serment. Ces serments solennels, ce langage de tribun où retentissaient les mots magiques de patrie et de liberté électrisèrent la jeunesse et la préparèrent à de belliqueux entraînements.

Que devenait la royauté au milieu de l'effervescence des passions populaires ? — Elle était dans les luttes de l'agonie et touchait à l'heure suprême du martyre. La coalition des princes de l'Europe formée en faveur de Louis XVI ne fit que précipiter sa chute. Le duc de Brunswick, commandant des armées de Prusse et d'Autriche, ayant déclaré que la ville de Paris serait détruite si la moindre violence était faite à la famille royale, la Révolution répondit à cette menace en se portant aux derniers excès. Le 10 août 1792, la populace envahit les Tuileries, massacra les Suisses sur les marches du trône, et conduisit le roi et sa famille à la barre de l'Assemblée. Les législateurs décrétèrent la déchéance provisoire de Louis et la convocation d'une Convention nationale appelée à donner une constitution nouvelle à la France. L'infortuné prince et sa famille furent enfermés dans la prison du Temple.

Ces attentats envers la majesté royale accrurent les périls de l'État : les troupes étrangères accélérèrent leur marche, et les populations de l'Anjou, du Poitou, de la Bretagne et de la Vendée se soulevèrent, en jetant ce cri de guerre : « Dieu et le roi ! »

---

1. *Registre de la municipalité*, année 1792, p. 38.

La Révolution tint tête à ses ennemis en organisant de formidables armées.

Le dimanche 26 août 1792, l'abbé Glantenay annonça au prône que le commandant de la garde nationale du canton ordonnait aux grenadiers de Volnay de se réunir immédiatement à Beaune, pour désigner les huit hommes qui devaient faire partie du bataillon recruté dans le district (1). Ces soldats, tous jeunes et remplis d'ardeur, étaient prêts à répondre à l'appel; déjà depuis plusieurs jours, ils portaient à leurs chapeaux des rubans aux couleurs nationales et parcouraient les rues au bruit du tambour et au chant de la *Marseillaise*. Ils avaient tant d'enthousiasme qu'une élection fut inutile; plus de vingt passèrent spontanément du sein de la milice volnaisienne dans les rangs de l'armée française.

L'ivresse guerrière avait gagné les adolescents eux-mêmes; ils pleuraient de ne pouvoir accompagner leurs aînés, et l'un d'eux, Claude Bouley, âgé d'environ quatorze ans, suivit le bataillon du district, malgré les instances de son père et les larmes de sa mère. Cet intrépide enfant eut le sort de la plupart de ses frères d'armes, il ne revit jamais son clocher et sa chaumière.

Les recrues levées en France n'étaient point encore organisées, quand les Prussiens arrivèrent sous les murs de Verdun. Ce fut le signal de l'un des actes les plus sauvages de la Révolution. Danton s'écria : « Il faut une convulsion nationale ; il faut que le peuple se porte en masse sur les ennemis ; il faut en même temps enchaîner tous les conspirateurs. » Il obtint de l'Assemblée un décret qui ordonnait des perquisitions nocturnes dans les maisons de Paris. Les lieux de détention se remplirent de nobles, de femmes et de prêtres et, le 2 septembre 1792, au bruit du tocsin, la populace se portant aux prisons commença un horrible massacre qui dura quatre jours.

1. *Registre de la municipalité, année 1792*, p. 49.

La fièvre révolutionnaire, qui se manifestait dans la capitale par des forfaits, se trahissait dans notre bourgade par des chants impies et des assemblées tumultueuses. Le mal devint tel que, le lendemain des massacres de Paris, le 6 septembre, le conseil général se réunit pour aviser au moyen de remédier aux désordres qui troublaient la commune. La municipalité volnaisienne rédigea un règlement où elle écrivit, à côté des sages prescriptions de 1790, des ordonnances réclamées par les besoins de l'époque. On y remarque cet article : « Il est défendu à toute personne d'exciter aucun tumulte dans les rues, ni ailleurs ; de chanter des chansons scandaleuses ; ni de faire aucune chose qui puisse troubler la tranquillité publique et offenser les bonnes mœurs. »

M. Blondeau, sachant que la religion est la meilleure gardienne des mœurs d'une cité, sollicita, en ce moment, avec instance, près des directeurs du district, l'autorisation, déjà plusieurs fois réclamée, de réparer l'église. Il offrit pour cette œuvre le concours spontané des plus riches habitants (2). Cette demande demeura sans réponse ; les hommes de la Révolution nourrissaient d'autres projets : ils allaient profaner les autels et fermer les églises.

1. *Registre de la municipalité*, année 1792, pp. 50-59.
2. Id., p. 67.

CHAPITRE III

Volnay sous la Convention et le Directoire

1792-1795-1799.

Ce fut au milieu des émotions fiévreuses de septembre que se firent les élections de la Convention. Cette assemblée se forma des membres les plus exaltés de la Constituante et de la Législative et des tribuns les plus féroces des clubs. Elle se réunit le 21 septembre 1792 : son premier acte fut l'abolition de la monarchie et l'établissement de la République.

Le 27 septembre, M. Blondeau, maire de Volnay, rassembla les habitants sur la grande place et lut le décret annonçant la déchéance du roi et la proclamation de la République. Cette nouvelle, arrivant dans le village en même temps que la rumeur de l'envahissement du sol français par les armées étrangères, répandit la terreur dans les âmes. La municipalité convia le peuple à de solennelles supplications; elle pria le curé de faire pendant huit jours les prières des quarante heures, pour implorer la miséricorde du Seigneur sur la France. Dans cet octave, le Saint-Sacrement fut exposé, les fidèles chantèrent, le matin et le soir, le *Domine non secundum* et le *Miserere;* et le prêtre récita l'Amende honorable (1).

La fête civique du 21 octobre, célébrée en réjouissance de l'abolition de la royauté, conserva dans la paroisse de Volnay la même teinte lugubre. Le *Te Deum* ne fut point chanté comme dans les jours d'allégresse; mais, par ordre du corps municipal, le *Miserere* fut psalmodié comme dans les temps de deuil public. Après le service divin, on

---

1. *Registre de la municipalité, année 1792,* p. 67.

accomplit le programme imposé par la Convention : les citoyens se rendirent sur la place, firent trois fois le tour de l'arbre de la liberté, crièrent vive la nation! vive la République! et chantèrent la *Marseillaise*. Le maire qui se plaisait à faire entendre un discours dans les fêtes patriotiques, garda un silence désapprobateur dans celle-ci : les excès de la Révolution consternaient cet honnête magistrat (1).

Dès ce jour, la Convention déclara à la paroisse qu'elle continuerait activement l'œuvre sacrilège des précédentes Assemblées. L'abbé Glantenay, la voix pleine de larmes, lut au prône la loi du 10 septembre 1792 concernant l'inventaire des objets en or et en argent employés au service du culte. Il annonça, en finissant, que cet inventaire serait fait, après les vêpres, par la municipalité et les fabriciens. En achevant cette pénible tâche, les magistrats volnaisiens élevèrent une voix suppliante en faveur de la chapelle de Notre-Dame de Pitié. Ils déclarèrent aux directeurs de Beaune que ce sanctuaire était propriété communale, et qu'en conséquence ils les conjuraient de respecter ce lieu où la Vierge avait plusieurs fois opéré des miracles (2).

Dans ce temps, jamais on ne parla davantage de liberté et jamais pareil joug ne pesa sur les âmes. Il fallait se donner par serment à la Révolution, il fallait prendre part à ses fêtes, ou bien on lui devenait suspect et on était livré à la mort. Les ecclésiastiques, surtout, étaient victimes d'odieuses vexations. M. Claude Grozelier, ancien chanoine théologal de Saulieu, et son ami, M. Bouley, diacre, n'avaient point paru à la fête du 21 octobre : ce fut un crime aux yeux des patriotes; ils les dénoncèrent à la municipalité, qui les condamna à une solennelle réparation. Le dimanche suivant, ils furent conduits au pied de l'arbre de

---

1. *Registre de la municipalité*, année 1792, p. 75.
2. *Registre de la municipalité*, année 1792, p. 75. — Archives de Bourgogne. *Inventaire du mobilier de l'Église et de la Chapelle de Volnay*.

la liberté, où ils jurèrent, en présence de la population, d'être fidèles à la Nation, de maintenir la Liberté, l'Egalité et de mourir en les défendant. Comme le mot schismatique de Constitution ne se trouvait point énoncé dans ce serment, les deux ecclésiastiques crurent pouvoir le prêter sans blesser leur conscience (1).

Cette cruelle humiliation ne satisfit point encore la haine ombrageuse des patriotes volnaisiens. Ces deux hommes vivaient dans une intimité que justifiait la communauté d'état et de pays ; le chanoine célébrait la messe et le jeune diacre le servait à l'autel ; souvent ils se promenaient ensemble. Ils furent soupçonnés de gémir sur les maux de la France : les plaintes succédèrent aux plaintes ; et la municipalité, pour mettre fin à ces alarmes, somma les deux amis de suspendre leurs relations. On reprocha même à l'abbé Grozelier de dire la messe à l'église de Volnay sans permission de l'autorité civile. Le pauvre prêtre sollicita cette faveur ; mais il n'en usa pas longtemps ; quelques mois après, il fut jeté en prison (2).

Les particuliers virent violer leur domicile par les agents de la Révolution, qui fouillèrent partout, sous prétexte de découvrir des dépôts d'armes. Nos archives gardent le procès-verbal d'une perquisition faite chez M. Grozelier, gentilhomme plein d'honneur qui avait servi dans la seconde compagnie des mousquetaires du roi. Ce vieux serviteur de Louis XVI redoutant que la découverte de son « épée à poignée et à garde d'argent, à lame damasquinée d'or, » n'attirât sur lui les fureurs des proconsuls de la République, se hâta de fuir le sol inhospitalier de la France. Il avait été précédé sur la terre étrangère par un de ses anciens compagnons d'armes, aussi propriétaire à Volnay, M. Genot, officier royal, à qui ses services avaient mérité la croix de chevalier de Saint-Louis. L'exemple de ces deux militaires fut suivi par M. Bourgeois, simple citoyen

1. *Registre de la municipalité, année 1792*, pp. 79-81.
2. *Registre de la municipalité, année 1792*, pp. 83-84.

volnaisien, qui craignit de payer de sa tête ses antipathies républicaines. Ces exilés, par le seul fait de l'émigration, devinrent passibles de la peine de mort et leurs biens furent confisqués et vendus au profit de la nation (1).

Le maire de Volnay gémissait de ces actes tyranniques ; dans des temps moins mauvais, M. Blondeau eût été le type du magistrat chrétien, car il aimait de toute son âme la religion, la patrie et la commune. Il se montra plein de sollicitude pour l'honneur du culte divin et la conservation des mœurs ; il défendit avec énergie les monuments religieux et les intérêts du village ; et, dans les grands deuils de la France, il eut le courage de prescrire des prières publiques (2).

Le mandat de M. Blondeau étant expiré, d'autres hommes furent appelés au périlleux honneur d'exercer le pouvoir dans ces jours sinistres. Une élection générale s'étant faite, le 9 décembre 1792, M. Jacques Vincent, riche propriétaire, fut proclamé maire de la commune. On lui adjoignit cinq officiers municipaux. La tâche de ces hommes fut encore plus douloureuse que celle de leurs devanciers.

Soit que l'ancien maire regrettât le pouvoir, soit qu'il fût peu sympathique à l'administration nouvelle, il ne voulut point l'installer. Mais M. Vincent était un homme énergique, et il sut faire respecter les droits du suffrage populaire. Le 30 décembre, il envoya son procureur convoquer l'ancienne municipalité ; il fit réitérer cet avis au prône ; il sonna la grosse cloche, comme cela se pratiquait pour assembler la commune ; enfin, il envoya une seconde fois le procureur, avec le juge de paix, prier M. Blondeau de recevoir le serment des nouveaux élus. Voyant que les anciens officiers municipaux s'obstinaient à ne point paraître, il requit deux témoins et prêta devant eux serment avec tout son conseil (3).

1. Archives communales.
2. *Registre de la municipalité, année 1792*, pp. 90-92.
3. *Registre de la municipalité, année 1972*, pp. 93-95.

Jacques Vincent eut encore plus de peine à obtenir les insignes du pouvoir et le règlement des comptes ; M. Blondeau ne se soumit qu'après avoir reçu deux sommations du directoire de Beaune (1).

Pendant que le nouveau maire prenait si laborieusement possession du pouvoir, la Convention multipliait ses forfaits : elle jugeait et condamnait Louis XVI, et, le 21 janvier 1793, elle faisait tomber sur l'échafaud la tête du Roi-martyr. La nouvelle de ce crime jeta Volnay dans la consternation et la stupeur.

L'Europe s'émut au bruit de ce régicide et se leva en armes : la République, pour être de force à soutenir cette lutte gigantesque, demanda à la France le double tribut de l'or et du sang.

L'impôt fut ruineux pour Volnay, il monta au chiffre énorme de 22,964 fr. (2). Il dépassait de plus de six mille livres le rôle des années précédentes, la municipalité adressa requête sur requête au directoire pour demander la diminution de cet impôt « qui s'élevait aux deux tiers du revenu net. » Elle fit observer que Volnay ne jouissait d'aucun des avantages de la nouvelle Constitution, car la suppression des dîmes et des droits féodaux n'avait point amélioré le sort des habitants, parce que ces antiques redevances étaient presque nulles dans la commune. Elle objecta, en outre, que le bon vin, le grand revenu du village, était de sa nature le produit de la terre le plus sujet aux intempéries, et que, pour le moment, sa valeur était dépréciée, tandis que tout avait doublé de prix. Elle demanda avec instance un dégrèvement. Cette prière fut rejetée, et il fallut solder sans merci cette taille ruineuse (3).

Une charge plus lourde fut imposée à la commune : la Convention lui demanda, pour ses armées, dix hommes choisis parmi les citoyens depuis l'âge de dix-huit à qua-

1. *Registre de la municipalité, année 1792*, pp. 95-106.
2. De nos jours, l'impôt de Volnay n'atteint pas douze mille francs.
3. *Registre de la municipalité, année 1793*, p. 107.

rante ans. Soixante-six individus non mariés ou veufs sans enfant, se trouvèrent sous le coup de cette terrible conscription. Ils se réunirent, sous la présidence des officiers municipaux, dans la maison de M. Genot, dont la demeure était devenue bien national par l'émigration de son propriétaire. Là, eurent lieu de vives contestations; deux éléments composaient l'assemblée : les jeunes gens riches, au nombre de dix-huit, et les pauvres, au nombre de quarante-huit. Les fils de familles aisées proposèrent le tirage au sort, comme le mode le plus équitable pour former le contingent; les autres exigèrent l'élection au scrutin secret. Les quarante-huit, forts de leur nombre, imposèrent leur volonté. Les autres, assurés à l'avance du résultat, déclarèrent qu'ils ne participeraient point au vote. L'élection se fit sans eux. Tous les soldats furent pris parmi les dix-huit : les votants mirent de côté le respect religieux et l'équité naturelle, leurs suffrages se portèrent sur le diacre Bouley et sur deux fils d'une même maison (1). Cet évènement fut une nouvelle cause de division au sein des familles volnaisiennes.

La Convention, après avoir détruit la royauté, porta ses fureurs contre le sacerdoce, les églises et la noblesse.

Elle multiplia ses décrets contre les prêtres : elle sévit même contre ceux qui lui avaient prêté serment de fidélité. Elle les traita comme des criminels de la pire espèce; elle les mit sous la surveillance de la haute police. Elle recueillit le signalement des derniers clercs demeurés sur le sol français, afin de s'en servir, quand il lui plairait, pour les jeter en prison ou les faire monter à l'échafaud. Elle prit ces mesures odieuses envers M. Glantenay, curé assermenté de Volnay, et M. Aufric, pauvre clerc tonsuré, âgé de soixante-quinze ans et presque aveugle (2).

Le 10 août 1793, l'abbé Glantenay célébra la messe à l'occasion de l'anniversaire de la chute de la royauté : ce

1. *Registre de la municipalité*, année *1793*, pp. 111-116.
2. *Registre de la municipalité*, année *1773*, pp. 119-121.

fut la dernière fois que la Révolution appela les prêtres constitutionnels à ses fêtes. Dans ce jour, un homme se montra héroïque comme les confesseurs de la foi, au temps de la primitive Église. Quand toute la population fut réunie sur la place publique pour la prestation de serment, Joseph Daunas, recteur d'école, secrétaire de la municipalité depuis 1792, refusa de le prêter. — « Citoyen, s'écria le maire, tu l'as fait jusqu'ici!... » — « C'est vrai, répliqua le généreux chrétien, mais j'ignorais que ce serment fût contraire à la foi de la sainte Église catholique, apostolique et romaine, dans le sein de laquelle je veux vivre et mourir. » — « Si tu ne prêtes le serment civique, reprit l'homme de la commune, la municipalité sera forcée de verbaliser, et tu sais quelles en seront les conséquences. » — « Que le maire fasse son devoir! répartit Joseph Daunas; pour moi, je préfère la mort au serment. » Et en disant ces mots, il quitta gravement l'assemblée (1).

D'ardents patriotes essayèrent d'arrêter le courageux chrétien; mais quand ils se présentèrent dans sa demeure, ils le trouvèrent absent. Il n'avait fait qu'y apparaître pour embrasser sa femme et ses petits enfants, et leur annoncer qu'il était contraint de fuir pour sauver sa liberté et sa vie. Joseph Daunas se retira à Gergy, où il reçut le plus bienveillant accueil; sa famille vint le rejoindre, et il exerça longtemps la profession d'instituteur. Le départ de cet homme fut un malheur pour Volnay, car il était le type achevé du recteur d'école, par la sainteté de ses mœurs et son zèle pour l'éducation de l'enfance.

Pour apprécier l'héroïsme de l'acte chrétien accompli par M. Daunas, disons quel était l'état des esprits en ce moment. La France était tombée sous le régime de la Terreur. La Montagne, dominée par Robespierre, avait vaincu la Gironde. La Convention était divisée en deux fractions : l'une décrétait les forfaits et l'autre les exécutait. Des tri-

1. *Registre de la municipalité, année 1793*, p. 130.

bunaux révolutionnaires étaient établis partout : une émulation de crime s'était emparée des âmes; la guillotine était en permanence dans les villes. Une guerre ouverte était déclarée à Dieu et à son Christ.

Bientôt, l'ère de l'Incarnation cessa d'être en usage; on compta le temps à partir du 22 septembre 1792, jour de la fondation de la République. L'année fut divisée en douze mois égaux, plus cinq jours complémentaires appelés les *sans-culottides* (1). Le repos du dimanche fut aboli et transféré au dixième jour de la décade. Les grandes fêtes de Jésus-Christ, de sa mère et de ses saints furent remplacées par de sanglants anniversaires, comme ceux du 10 août et du 21 janvier. Ces indications sont nécessaires pour comprendre la date des évènements que nous allons raconter.

Le 5 frimaire an II de la République française (25 novembre 1793), Volnay fut soumis à la loi de l'emprunt forcé. Des agents de la Révolution rançonnèrent impitoyablement les malheureux habitants qui étaient déjà ruinés par une année de disette et par de lourds impôts (2).

La Convention tenta de ravir aux âmes un bien plus précieux que l'or, elle voulut leur arracher la foi. Elle somma la municipalité de Volnay de détruire les croix élevées dans le village : par ordre de l'agent national, la croix qui dominait le clocher fut descendue et toutes les autres disparurent. Ce fut un jour de deuil pour la population (3).

Le 22 frimaire an II (12 décembre 1793) fut plus lamentable encore; une troupe de Terroristes, expédiée par le comité révolutionnaire de Beaune, vint dévaster l'église et la chapelle de Notre-Dame de Pitié. Ces misérables accomplirent leur sinistre mission avec la fureur de démons échappés de l'enfer : les uns brisèrent la porte du tabernacle et la table de communion, ils enlevèrent les vases

---

1. Les mois furent pour l'hiver : nivôse, pluviôse, ventôse; pour le printemps : germinal, floréal, prairial; pour l'été : messidor, thermidor, fructidor; pour l'automne : vendémiaire, brumaire, frimaire.
2. *Registre de la municipalité, an II*, p. 136.
1. *Registre de la municipalité, an II*, p. 136.

sacrés et les ornements sacerdotaux ; d'autres, montés sur les autels, renversèrent les crucifix et les statues. Ces impies, proférant d'horribles blasphèmes contre la Vierge immaculée, mirent en morceaux le palladium de Volnay, l'image miraculeuse de Notre-Dame de Pitié.

Les cloches firent entendre des sons plus lugubres que le tocsin d'alarme et le glas de la mort, elles frémirent sous les coups d'énormes marteaux qui les brisèrent. Une seule demeura au beffroi pour donner le signal des assemblées de la commune. Pendant ces scènes sacriléges, les habitants pleuraient près de leurs foyers, ou gémissaient dans le temple en voyant l'abomination et la désolation dans le lieu saint (1).

Les profanateurs résolurent d'incendier la magnifique boiserie du sanctuaire. Une femme vint tout éperdue prévenir P. Pignet. Ce charpentier était, par l'ardeur de ses convictions religieuses, sa probité, son intelligence et sa rare énergie, l'un des hommes considérés du village. Il avait une taille élevée, le regard expressif, la parole éloquente, le courage et la force de Samson. Il aimait Dieu et son pays d'un amour héroïque : au besoin, il aurait donné sa vie pour la religion, et il avait envoyé à la frontière son fils combattre les ennemis de la France. A la nouvelle du danger qui menaçait l'église, il saisit sa hache et courut au sanctuaire. Les hommes de la Révolution amassaient déjà des faisceaux de sarment pour l'incendie. « Citoyens, s'écria Pierre Pignet d'une voix tonnante, assez, assez de ruines et d'impiétés !... Vous ne toucherez point à cette boiserie. » — « Il faut qu'elle soit réduite en cendres, répondit le chef de la troupe, elle est couverte d'emblèmes inciviques et superstitieux. » — « Je vous défends de la brûler, car cet incendie amènerait infailliblement l'embrasement de l'église et des maisons qui l'entourent. » — « Citoyen, laisse-nous exécuter la justice de la

---

1. Archives communales. Tradition.

Nation. » — « Au-dessus de la justice de la Nation, il y a celle du Dieu que vous outragez et qui vous punira (1). » — « Respect aux représentants du peuple !... » — « Respect aux droits de Jésus-Christ et à ceux du village ! En conséquence, je vous le déclare, vous n'incendierez point ce temple où dorment nos pères, et vous ne détruirez pas les demeures où reposent nos enfants. Et s'il le faut je mourrai en les défendant. » Le charpentier accompagna ces dernières paroles d'un regard menaçant et d'un geste qui fit pâlir et reculer les incendiaires ; il brandit sur leurs têtes sa lourde hache avec la vigueur de Samson. En face de ce redoutable adversaire, la troupe sacrilège crut qu'il était prudent de ne point insister : elle sortit du temple humiliée et vaincue par le courage d'un seul homme (2).

Les Terroristes furent, à leur départ, l'objet de la risée et des sarcasmes de la foule. De jeunes Volnaisiens ayant imaginé, pour venger leur foi, d'enlever furtivement les chevilles des roues des chars qui portaient les dépouilles de l'église, au premier mouvement les roues quittèrent l'essieu, et les chariots s'abattirent sur le sol. Cet accident fut accueilli par de vifs battements de mains et de bruyants éclats de rires. Les agents révolutionnaires eurent mille maux à relever les véhicules. Pendant qu'ils suaient à ce rude labeur, de malicieux vignerons les invitaient ironiquement à recourir aux bras vigoureux de P. Pignet. Quand les chars furent debout, la troupe jeta une malédiction au village, et se mit en marche en hurlant, comme une menace, l'ignoble *Ça ira* (3).

A la requête de l'agent national, la municipalité volnaisienne, « pour ne point se mettre dans le cas d'éprouver les reproches des membres supérieurs du directoire, » con-

---

1. P. Pignet prophétisait : la fin de ces misérables fut si terrible, qu'elle fut, pour ceux qui en furent témoins, une preuve frappante de la divinité du Christianisme.
2. *Notice sur Volnay*, par M. l'abbé Dubois, p. 35. Tradition volnaisienne.
3. Tradition volnaisienne.

somma l'œuvre du 22 frimaire : elle fit disparaître les bancs de l'église, et vendit publiquement, dans le sanctuaire, les tableaux, les meubles et tous les objets demeurés dans le temple de Jésus-Christ et dans la chapelle de Notre-Dame de Pitié, après le passage des Terroristes. Cette vente produisit la somme de mille cinquante-huit francs (1).

Ce ne fut point assez pour la Révolution de profaner les églises, elle condamna les prêtres constitutionnels à paraître devant les conseils municipaux pour renoncer à l'exercice des fonctions de leur état, et remettre les lettres de leur sacerdoce. Le jour de sextidi de la seconde décade de nivôse an II (5 janvier 1794), l'abbé Glantenay racheta sa vie en buvant cet amer calice. Il fut à jamais banni du presbytère qui devint la demeure de l'instituteur et du pâtre (2).

Dès lors, tout culte public cessa dans le village; l'église ne servit plus qu'à la promulgation des lois et aux harangues des démagogues, les jours de décade. Un seul usage catholique fut conservé dans la paroisse, la sonnerie de l'*Angelus*. Il fut défendu, sous peine de mort, aux prêtres de baptiser les enfants au berceau, de donner l'onction sainte aux mourants et d'inhumer les trépassés. Les habitants de Volnay se trouvèrent reportés au temps de Néron et des catacombes; ils se réunirent dans les ténèbres pour la célébration des divins mystères.

Pendant le sommeil des bourreaux, de dignes prêtres : MM. les abbés Arnoult, Bélorgey, Blenne, Buffet, etc., sortaient de leurs retraites et offraient le saint sacrifice dans des caves, des granges ou des greniers, en présence de quelques chrétiens venus au péril de leur vie adorer leur Dieu. Là, les ministres de Jésus-Christ donnaient le baptême aux nouveau-nés, l'absolution aux pénitents, l'Eucharistie aux fidèles et la bénédiction nuptiale aux époux. A l'aube, tout était rentré dans le silence; les prêtres s'étaient

---

1. *Registre de la municipalité, an II*, pp. 142-146.
2. *Registre de la municipalité, an II*, p. 139.

ensevelis dans leurs sépulcres, ou ils étaient allés porter à d'autres âmes le secours de la religion proscrite.

Les hommes de la Terreur menaient de front la guerre contre Dieu et contre les citoyens soupçonnés d'antipathie aux idées nouvelles. Le 17 septembre 1793, la loi contre les suspects avait été lancée; le premier article était ainsi conçu : « Après la publication du présent décret, tous les gens suspects qui se trouvent sur le territoire de la République et qui sont encore en liberté seront mis en état d'arrestation. » Ce fut le signal d'effroyables proscriptions. En peu de jours, les prisons furent encombrées : les prisons manquant, on y suppléa par les églises et les couvents. Puis, comme la population des captifs allait toujours grossissant, on lui fit place par l'échafaud. Alors la fureur de tuer fut au comble.

En vertu de cette loi, presque toute l'aristocratie volnaisienne fut arrêtée; on conduisit dans les prisons de Beaune le chanoine Grozelier et les principaux propriétaires forains : MM. Brunet aîné, Antoine Brunet, Louis Brunet, Mlle Brunet, hospitalière; M. Bourgeois-Adelon et M. Vergnette-Gombeau. Les femmes et les enfants des captifs obtinrent de partager le sort de leurs époux et de leurs pères. Nous avons conversé avec les derniers survivants de ces nobles détenus, nous avons été le confident de leurs peines; en les entendant redire les privations et les angoisses de leur captivité nous avons été ému jusqu'aux larmes. Il y eut pour eux des jours de pénible agonie, ce fut en prairial an II de la République, quand ils apprirent que la municipalité de Volnay, cédant à de pressantes injonctions, avait adressé au Conseil général du district l'inventaire des biens qu'ils possédaient sur le territoire de la commune (1). Tous se préparèrent à la mort, comprenant que la Révolution s'apprêtait à recueillir l'héritage des victimes qu'elle destinait prochainement à l'échafaud. Heureusement cette odieuse précaution devait être inutile.

1. *Registre de la municipalité, an II*, p. 150.

Dans ces jours néfastes, la guerre sur les frontières et à l'intérieur se mêlait aux horreurs de la proscription : les armées de l'Europe entouraient la France d'un cercle de fer et de feu ; Lyon, la Vendée et plusieurs villes du Midi étaient en lutte avec la Convention. Le sang et les larmes de Volnay coulèrent dans ces grandes calamités de la patrie.

Presque tous les jeunes gens du village qui étaient sous les drapeaux périrent en défendant le sol français contre les armées étrangères.

Lyon s'étant rendu, après une lutte prolongée et un bombardement qui alluma partout l'incendie, la Convention décréta la ruine de la ville et l'extermination des habitants. Elle employa contre les hommes la guillotine, la fusillade et le canon ; elle se servit contre les rues de la sape et de la mine ; elle n'épargna que la maison du pauvre et les édifices publics. M. Louis-François Brunet, fils de l'une de ces familles patriciennes que nous venons de voir captives, fit partie de cette immense hécatombe ; il fut fusillé, le 26 décembre 1793, à l'âge de vingt-six ans. Ce jeune homme, né à Beaune, le 25 mars 1767, emporta dans la tombe les plus brillantes espérances : il avait été reçu conseiller à la Cour de Lyon avant d'avoir atteint sa dix-neuvième année (1).

Le jeune conseiller avait à son service une fille âgée de Volnay, appelée Jeanne Clerget ; elle était parvenue, à force de privations et de labeur, à se procurer une petite chambre où elle projetait d'abriter ses dernières années. Cette domestique, cédant aux instances de son maître, avait quitté Lyon pendant le siège ; elle revint après la capitulation, rêvant de reprendre son service et de revendiquer en faveur de sa chère cellule le privilège du pauvre. Mais quelle ne fut pas sa désolation au retour ! son maître était tué, les bombes avaient détruit sa chambre et le feu avait dévoré ses meubles.

1. *Histoire des rues de Beaune*, par M. Ch. Aubertin, p. 25.

En présence de ce sang et de ces ruines, Jeanne sentit défaillir son courage, elle tomba mourante de douleur. Elle fut recueillie par un honnête Lyonnais, qui demanda à la municipalité volnaisienne « des secours pour cette fille d'une conduite irréprochable, malade et n'ayant pour tout bien que les vêtements qui couvraient son corps (1). »

Quelques mois plus tard, on reçut, à Volnay, une autre sinistre nouvelle, venue du fond du Morbihan : M. Genot était fusillé !... Ce vieux chevalier de Saint-Louis, las de l'exil, quitta l'Angleterre et se mit dans les rangs de la petite armée d'émigrés qui débarqua à Quiberon, pour soutenir la Bretagne et les départements de l'Ouest insurgés contre la Convention. Cette tentative fut désastreuse, les émigrés, vaincus par le général Hoche, se rendirent en demandant la vie sauve. La Convention leur répondit par un arrêt de mort ; huit cents d'entre eux furent condamnés à être passés par les armes. M. Genot fut du nombre des victimes : il mourut avec la foi d'un chrétien et le courage d'un officier français. Il périt, avec le plus grand nombre de ses frères d'infortune, près de Vannes, dans une plaine qui porta depuis le nom funèbre de *Champ des Martyrs* (2).

Les rigueurs de la Convention n'atteignaient pas seulement quelques individus isolés, elles se faisaient sentir à toutes les familles : tantôt la redoutable Assemblée demandait aux pères leurs enfants ; tantôt elle exigeait des vivres pour ses soldats, des fourrages pour sa cavalerie, des chevaux et des voitures pour le transport des bagages de ses armées. Quelques-uns de nos malheureux voiturins allèrent jusque sur les bords de la Moselle. Ces tributs, souvent répétés, étaient exigés d'une manière si impérieuse, que ceux qui étaient contraints de les subir, disaient en pleurant : « Heureux ceux qui n'ont point d'enfant !... Heureux ceux qui sont les derniers des pauvres !... »

L'enlèvement des jeunes gens mit une telle gêne au sein

1. Archives communales. Correspondance.
2. Tradition de la famille Genot.

des familles volnaisiennes, que, le 10 messidor an II, l'État fut forcé d'accorder des secours à dix pères de familles dont les fils étaient sur les champs de bataille (1). Mais ce que la République donnait d'une main, elle le retirait avec usure, en levant à Volnay des réquisitions de toute sorte pour l'approvisionnement des troupes. Les productions du village ne suffisant point, pour répondre aux exigences des proconsuls, les habitants furent obligés d'aller à Belledéfense (Saint-Jean-de-Losne) acheter des fourrages demandés par l'armée des Pyrénées-Orientales. Comme la poudre manquait dans les arsenaux, on remua en tous sens le sol du village pour découvrir et extraire les terres chargées de salpêtre (2).

La Convention se lassa enfin de la sanglante dictature de Robespierre, le 9 thermidor an II (27 juillet 1794), elle le mit hors la loi et le condamna à mort : elle le fit exécuter le lendemain avec ses principaux satellites. Une ère moins violente commença pour la France ; les prisons s'ouvrirent, l'échafaud dévora moins de victimes, et il y eut moins de gêne dans l'exercice du culte.

Cette amélioration dans le gouvernement se fit aussitôt sentir à Volnay : les propriétaires qui étaient détenus furent rendus à la liberté ; et le citoyen le plus vertueux de la commune, M. François Blondeau, fut nommé agent national. Les premiers actes du nouveau magistrat furent de rouvrir l'église et de relever les croix.

Le 17 prairial an III (7 juin 1795), sous l'influence de cet homme, tous les habitants se réunirent à l'église, où le maire prenant la parole demanda à l'assemblée si « elle voulait le rétablissement du temple de l'Être-Suprême. » Les âmes qui, malgré la suspension du culte, étaient demeurées chrétiennes répondirent par d'unanimes acclamations. On arrêta qu'une porte serait replacée au tabernacle et que tous les citoyens qui avaient acheté des objets servant au

1. *Registre de la municipalité, an II*, p. 153.
2. *Registre de la municipalité, an II*, pp. 150-178.

culte les rendraient à l'église moyennant leurs déboursés (1). Le lendemain, le conseil municipal se rendit près de l'abbé Glantenay et le conjura de reprendre ses fonctions pastorales. Le pauvre prêtre s'était réconcilié avec l'Église romaine, sa mère; il avait rétracté ses serments schismatiques entre les mains des confesseurs de la foi, et s'était condamné à une longue et austère expiation. Il avait eu la faiblesse de Pierre, il en eut le repentir et en imita la pénitence. Il reprit avec bonheur la direction de son cher troupeau (2).

Le 6 thermidor an III, à la requête de M. Blondeau, le conseil général de la commune arrêta que la croix serait replacée au sommet du clocher, et que l'on relèverait celles qui avaient été abattues sur les deux cimetières et devant la chapelle de Notre-Dame (3).

Il y eut dans les réunions religieuses qui se tinrent au lendemain de la Terreur d'ineffables émotions de joie et de tristesse. Le son de la cloche, la vue de la croix, les offices divins, les chants sacrés remplissaient d'allégresse le cœur des fidèles; mais la douleur et l'effroi planaient encore sur ces assemblées : les âmes gémissaient en voyant l'extrême pauvreté du lieu saint, et elles redoutaient, avec raison, le retour des jours de proscription et de sacrilèges.

La Convention abdiqua, le 4 brumaire an IV (26 octobre 1795), après avoir fait une guerre sauvage à la royauté, à la noblesse et au christianisme. « Elle avait sauvé la France des efforts réunis de trois coalitions de rois; elle avait triomphé au dedans et au dehors de tous les ennemis de la République; et en se servant du crime comme moyen, de l'échafaud comme ressource, de la mort comme système, elle avait réussi à laisser après elle un nom écrit en lettres de feu et de sang et un souvenir à la fois gigantesque et détesté (4). »

1. *Registre de la municipalité, an III*, p. 180.
2. *Registre de la municipalité, an III*, p. 181.
3. *Registre de la municipalité, an III*, p. 189.
4. *Histoire de France*, par Amédée Gabourd, tome III, p. 262.

Le Directoire, composé de cinq membres nommés par le Corps législatif, succéda à la Convention. Ce gouvernement n'adoucit point le sort de la population volnaisienne : il lui demanda son sang pour ses armées et son or par de lourds impôts et un emprunt forcé. Et en retour de ces durs sacrifices, il interdit son école et ferma son église.

Le 14 messidor an IV, les Directeurs de la Côte-d'Or supprimèrent l'école primaire de Volnay, et mirent les enfants de la commune sous la férule de l'instituteur de Pommard. Les habitants réclamèrent, mais l'autorité départementale fut inflexible. Les familles continuèrent d'envoyer leurs enfants à l'école du village ; mais les proconsuls refusèrent d'approuver en faveur du maître le traitement inscrit au budget communal. Et, pendant près de six années, les Volnaisiens furent forcés de recourir à des cotisations particulières pour l'entretien de leur école.

Le Directoire attaqua cette population dans ses intérêts les plus sacrés et ses convictions les plus intimes : il interdit son culte, ferma son temple, et la contraignit à redescendre dans les catacombes pour y adorer son Dieu.

Les émotions de cette douloureuse époque achevèrent de briser la santé de M. l'abbé Glantenay : il mourut au sein de son troupeau, auquel il prodiguait en secret les consolations de la religion. Il expira le 6 août 1797, à l'âge de cinquante-deux ans. Quand sa tombe se ferma, il y eut un grand deuil dans la paroisse ; elle devenait veuve et rien ne faisait pressentir le terme de son veuvage, tant les prêtres étaient rares : les uns avaient porté leur tête sur l'échafaud et les autres erraient proscrits sur la terre étrangère.

Volnay ne fut plus visité que, de loin en loin, par des missionnaires, comme le sont les bourgades des contrées infidèles. M. l'abbé Buffet, curé de Mavilly, lui donna plus particulièrement les secours du ministère sacré.

En 1798, le Directoire accrut encore la religieuse tristesse qui oppressait les âmes ; il chassa de Rome Pie VI, sans égard pour son grand âge, ses souffrances, sa dignité et ses vertus. Il le poursuivit d'exil en exil à travers l'Italie et l'amena captif à Valence.

Les malheurs du père de la grande famille catholique plongèrent dans le deuil la population volnaisienne. Un instant elle espéra voir passer sur son territoire le vicaire de Jésus-Christ, se rendant à Dijon qui lui était assigné comme séjour, elle tressaillit dans la pensée de le saluer et de recevoir sa bénédiction ; mais la mort du martyr empêcha ce voyage (1).

En 1799, les habitants de Volnay, las d'exercer leur culte dans le silence et les ténèbres, se réunirent en plein soleil et affirmèrent leur foi par des chants. Le jour de Pâques, un prêtre étant venu les visiter, ils s'assemblèrent dans une maison particulière, ils reçurent leur Dieu et chantèrent avec enthousiasme pendant la célébration des saints mystères. Cette scène, si rare dans ces temps malheureux, laissa d'ineffaçables souvenirs à ceux qui en furent témoins : les vieillards pleuraient en entendant les hymnes qui réjouirent leur jeunesse, et les enfants écoutaient ravis des cantiques inconnus qui leur semblaient beaux comme des chants du ciel. Ce jour fut l'*Alleluia* précurseur d'une prochaine résurrection religieuse.

1. Pie VI expira dans la nuit du 29 août 1799, à l'âge de 81 ans. Jusqu'au dernier soupir, il fut grand et sublime dans le malheur. Le peuple de Valence s'étant agité à la nouvelle de sa maladie, et les autorités craignant une révolte, le noble mourant, revêtu de ses ornements pontificaux, parut au balcon, cria d'une voix sonore à la foule attendrie : *Ecce Homo !* et lui donna une dernière bénédiction. Quand il reçut le saint Viatique, il prononça cette admirable prière : « Seigneur Jésus, voici devant vous votre vicaire, exilé, captif et expirant avec joie pour son troupeau. Mon très doux Père et mon Maître, je vous en conjure instamment, accordez le pardon le plus ample à tous mes ennemis ; rendez à Rome la chaire de Pierre et son propre trône ; à l'Europe la paix ; et à la France, qui m'est surtout si chère, la religion. » (*Hist. de l'enlèvement et de la captivité de Pie VI*, par Baldassari.)

LIVRE VII

Volnay au Dix-Neuvième siècle.

CHAPITRE PREMIER

Volnay sous le Consulat et l'Empire

1799-1815.

Un homme avait grandi, au milieu des guerres de la Révolution, il s'appelait Napoléon Bonaparte; il était le plus jeune des généraux de la République, et déjà sa renommée remplissait le monde. Usant du prestige que lui donnait le titre de vainqueur de l'Italie et de l'Égypte, il s'empara du pouvoir, le 18 brumaire an VIII (9 novembre 1799), et se fit tour à tour proclamer Consul et Empereur. Durant plus de quinze ans, il tint entre ses mains les destinées de la France et de l'Europe.

Pendant ces années, des luttes gigantesques enlevèrent aux familles volnaisiennes leurs enfants pour les jeter sur les champs de bataille. Parmi ces jeunes gens, très peu revinrent au foyer paternel!... Quoique Volnay fut placé loin du théâtre des combats, il eut à supporter les lourdes charges de la guerre; outre sa part dans le ruineux tribut de l'or et du sang, il fut obligé de fournir des vivres aux armées en marche vers la frontière. Souvent arrivaient, le soir pour coucher, cent ou deux cents hommes; et les pauvres vignerons étaient contraints de donner à ces soldats le pain qu'ils réservaient à leurs familles. Dans les premiers mois de l'année 1800, une compagnie de fantassins tint garnison dans notre bourgade : elle ne la quitta que pour franchir les Alpes et aller se battre à Marengo. Après le passage des troupes et le choc des batailles, des réquisitions d'une autre nature étaient faites ; on demandait aux villageois de grandes voitures pleines de paille pour le transport des blessés (1).

Dans ce temps où la guerre décimait et ruinait la population volnaisienne, les fléaux du ciel la désolaient; les années les plus remarquables ne furent point elles-mêmes exemptes d'épreuves.

Les récoltes de 1800 et 1801 donnèrent très peu de vin, mais il fut d'excellente qualité.

En 1802, de fortes gelées, survenues les 17, 18 et 19 mai, ravagèrent notre vignoble, lorsque l'on commençait d'accoler. La Côte souffrit peu, mais les vignes basses furent entièrement perdues. Les cultivateurs furent si découragés qu'ils congédièrent leurs domestiques craignant de ne pas recueillir pour payer les travaux. Heureusement la température s'adoucit, la chaleur devint brûlante, les ceps poussèrent de nouveaux bourgeons et la récolte dépassa toute espérance (2). Le vin de 1802 marqua parmi les plus renommés du siècle.

La température fut si humide et si pluvieuse, en 1804, que les raisins pourrirent dans les vignes. — L'année 1805 fut froide et tardive : le 15 octobre, jour fixé pour l'ouver-

---

1. Voir aux Archives communales, la case des Affaires militaires.
2. On fit deux vendanges : la première, ouverte le 3 septembre, produisit, dans la Côte, quatre dixièmes de pièce, par ouvrée; et la seconde, faite le 16 octobre, donna un dixième de pièce.

ture de la vendange, le sol se trouva couvert d'un pied de neige. Le raisin cueilli dans de pareilles conditions donna un vin détestable. — En 1808, des grêles affreuses, qui tombèrent les 2 et 3 juillet, perdirent presqu'entièrement la récolte.

L'année 1810 fut ruineuse pour le commerce; les vins, achetés au poids de l'or au moment de la vendange, tournèrent au soutirage.

Le 11 avril 1811, une gelée complète détruisit les tendres bourgeons de la vigne. Et au temps de la récolte, on eut peine à trouver une pièce dans vingt ouvrées. Ce vin fut un nectar précieux qui porta le nom de la brillante comète qui resplendit dans les nuits sereines de l'été de 1811.

L'année 1814 fut aussi désastreuse pour les coteaux volnaisiens qu'elle le fut pour les armées françaises. Un cruel hiver, qui sévit surtout dans les mois de février et de mars, fit périr tous les grands ceps. La destruction de ces glorieux vétérans fut si complète, qu'au moment de la vendange, il fallait vingt-cinq ouvrées de vigne pour faire une pièce de vin (1).

Si cette époque eut ses tribulations, elle eut aussi ses joies : Bonaparte rendit l'ordre et la religion à la société, et la sécurité aux individus. Le jeune souverain restitua, à la France, son culte proscrit et ses autels profanés; il ouvrit aux prêtres exilés les portes de la patrie, et conclut avec Pie VII le concordat de 1801, qui détruisit le schisme et pacifia les consciences.

M. l'abbé Grozelier, que la tourmente révolutionnaire avait chassé de Volnay, se hâta de revenir sur le sol natal. Il eut la joie de restaurer le culte divin au milieu de ses frères ; et pendant plus de vingt ans il fut curé de la paroisse. Esquissons rapidement la vie de ce vénérable confesseur de la foi.

Claude Grozelier naquit à Volnay, le 25 mars 1743,

1. *Manuscrit des MM. Grozelier.*

d'une famille riche et profondément chrétienne. Il fit ses études littéraires chez les Oratoriens de Beaune et termina sa théologie à Paris où il fut reçu bachelier en Sorbonne. Promu au sacerdoce, il obtint un canonicat dans la collégiale de Saulieu : il était théologal et grand chantre quand éclata la Révolution. Les chapitres étant supprimés, le pauvre prêtre se réfugia au sein de sa famille.

Là, bientôt ses jours furent en péril : un soir d'automne de l'année 1793, le brigadier Manlay, de la gendarmerie de Beaune, vint annoncer à la famille Grozelier qu'il avait reçu ordre d'arrêter le chanoine, le lendemain ; et qu'en conséquence, il l'engageait à fuir. On prit ce message pour le tour d'un militaire qui voulait boire à peu de frais un petit verre de Volnay. On trinqua avec le soldat et on demeura tranquille sur le sort de l'abbé.

L'avertissement était sérieux : le lendemain, à 4 heures du matin, le brigadier était à Volnay ; se défiant de la trop grande sécurité de ses hôtes de la veille, il embusqua ses hommes sous les fenêtres de la maison, et se dirigea seul à la porte de la cour qui se trouvait du côté opposé. Il sonna un violent coup de cloche. Qui lui ouvrit ?... L'abbé Grozelier à peine vêtu ! Le généreux gendarme serra la main du proscrit et lui souhaita un heureux voyage. Ensuite, pour sauver l'honneur de la consigne, il explora la maison ; puis relevant ses hommes, il chercha avec eux le réfractaire.

Pendant ce temps le prêtre gagnait la campagne : plusieurs jours, il erra dans le voisinage demandant l'hospitalité à quelques rares amis. Mais il fut bientôt découvert, et conduit comme un criminel dans les prisons de Beaune. Il fut mis au cachot, et les juges du district décidèrent qu'il serait expédié à Dijon. En ces jours sanglants, être envoyé au chef-lieu du département, c'était pour le prisonnier aller à la déportation ou à l'échafaud. Dès que la famille Grozelier fut instruite de cette fatale nouvelle, le père et le frère du captif accoururent à Beaune pour tenter de fléchir les juges : ils les trouvèrent inexorables comme la mort.

Le geôlier, grâce à quelques pièces d'or, fut plus humain : il s'attendrit en voyant les larmes des suppliants, il pleura et promit d'élargir le prisonnier. A minuit, le cachot fut ouvert et l'abbé Grozelier s'échappa. Il fut recueilli par une héroïque chrétienne, mise dans le secret de l'évasion : elle lui donna quelques pièces d'argent, et le descendit à l'aide de cordages, au pied des remparts de la ville (1).

Le fugitif « après avoir échappé nombre de fois à la mort (2) » gagna la Suisse, où il demeura près de sept années.

Il revint à Volnay au mois d'août 1800 : son retour fut une fête pour le village; ses parents et ses concitoyens l'accueillirent avec transport et le conjurèrent d'être leur pasteur. Il fut heureux de servir de père à cette famille délaissée. Son cœur se serra en entrant dans cette église de Volnay qu'il avait vue si riche et si splendide : les autels étaient dépouillés; les nefs étaient veuves de leurs bancs; la sacristie avait perdu ses ornements sacrés; et une cloche unique était au beffroi de la tour. Le délabrement du temple matériel était l'image de l'église spirituelle : pendant de longues années les fidèles avaient été égarés dans les voies du schisme; les âmes étaient plongées dans l'ignorance et le vice, elles n'entendaient plus la parole évangélique et le culte divin était depuis longtemps suspendu. L'abbé Grozelier entreprit de réparer toutes ces ruines.

Il invita son peuple à décorer la maison de Dieu; et donna l'exemple, en consacrant à cette œuvre ses ressources particulières. Les Volnaisiens répondirent à cet appel; tous rivalisèrent de zèle pour procurer à l'église les objets les plus indispensables à la célébration du culte.

Le temple spirituel se releva avec le même élan : le troupeau se rangea sous la houlette du pasteur, et les vieilles confréries refleurirent. La privation des choses saintes

---

1. Nous tenons tous ces détails de la bouche de M. Manlay.
2. Expression de M. Grozelier, dans le *Registre de la confrérie de la Sainte Vierge*, p. 15.

avait fait naître dans les âmes la faim de la parole de vie, des sacrements et des cérémonies religieuses. Les jours de fêtes et de dimanche, une foule avide et recueillie se pressait autour de la chaire et de l'autel. L'église n'avait plus ses vases d'or et ses riches ornements; mais elle avait retrouvé sa plus magnifique parure, la foi et la piété d'un peuple chrétien. Jamais il n'y eut peut-être, à Volnay, plus d'enthousiasme dans les offices divins; et jamais les voûtes du sanctuaire ne retentirent de plus majestueux accents. Le vénérable M. Daunas avait élevé de nombreux enfants dans la science du chant sacré, ces écoliers étaient devenus des hommes, ils composèrent le plus beau chœur qu'ait entendu la paroisse.

L'Archichancelier de l'Empire mit le sceau à cette restauration religieuse en érigeant, par un décret du 6 prairial an XIII, l'église de Volnay en succursale (1).

Les débris des anciennes communautés contribuèrent puissamment à développer la vie chrétienne au sein de la population : une ursuline instruisit des petites filles ; une ex-hospitalière soigna les malades, et une carmélite répandit autour d'elle le suave parfum des vertus de sainte Thérèse. Sœur Petiot, forcée par la tourmente de quitter le Carmel de Beaune, fit comme ces colombes qui chassées de leur demeure vont demander un abri aux murailles des vieux temples; elle se retira dans le voisinage de l'église de Volnay. Là, elle continua ses austérités et ses oraisons, jeûnant presque toute l'année et se relevant les nuits pour prier. Elle créa un petit monastère ; sa vieille mère embrassa son genre de vie et sa jeune sœur fut la tourière de la petite communauté.

Pendant que l'abbé Grozelier travaillait à la restauration religieuse, son neveu, M. François Grozelier, s'efforçait, en qualité de maire, de réparer les ruines que la Révolution avait léguées à la commune. L'ancienne maison de l'insti-

1. *Registre de la Fabrique.*

tuteur étant vendue et le droit de posséder une école étant retiré, il tenta de bâtir une maison nouvelle et de reconquérir le privilège perdu.

A cette occasion, il engagea une vive polémique avec le préfet : « Quoi ! s'écriait-il, Aloxe, Chorey, Vignolle ont leur instituteur, et Volnay, beaucoup plus populeux et plus riche, n'aurait pas le sien ?... Non ! non ! tant que je porterai l'écharpe, je ne souffrirai point que pareille injustice soit faite à mon pays. » L'énergie du maire de Volnay triompha des obstacles. Le 6 fructidor an IX, l'école fut reconnue et la préfecture autorisa l'instituteur choisi par la commune. Et le 30 germinal an XII, la municipalité arrêta qu'une maison rectorale serait construite : mais cette époque était si malheureuse et tant d'incidents traversèrent ce projet, que vingt-cinq années s'écoulèrent avant son exécution.

En ce temps, un homme vint généreusement en aide à la fabrique et à la commune ; ce fut M. F. Blondeau dont nous avons déjà admiré le zèle et le dévouement pour les intérêts de Volnay.

A la restauration du culte, il pourvut le sanctuaire de chandeliers, de lampes, d'une magnifique balustrade et d'autres meubles ; ces objets lui coûtèrent plus de trois mille livres. En 1809, il fit présent à l'église du corps de saint Vincent, martyr de Rome. Il céda, en 1810, un pré à la fabrique pour l'entretien perpétuel d'une lampe ardente devant le Saint Sacrement. En 1813, il fit placer une cloche au beffroi de l'église, afin de convier les fidèles à la prière et de s'associer aux cantiques de la maison du Seigneur (1). Il fit des aumônes considérables aux églises du voisinage.

Dans ses largesses, M. Blondeau n'oublia point les enfants et les pauvres. Il donna, en 1813, à la commune la somme de cinq mille deux cent vingt-cinq francs pour construire une maison d'école. Il réserva que chaque année six messes basses seraient dites à son intention et que tous les jours,

1. Minutes de l'Etude Morelot. — Archives de la Fabrique et de la commune.

à la sortie de la classe, les enfants psalmodieraient pour lui le *Miserere*. En fondant l'école, il créa la première ressource du bureau de bienfaisance de Volnay ; il stipula que l'une des deux caves qui devaient régner sous le nouvel édifice serait louée au profit des indigents. En 1810, il céda toutes ses vignes en bon vin à la Charité de Beaune, à condition que cet hospice entretiendrait à perpétuité cinq vieillards : un de Volnay, un de Beaune, un de Pommard, un de Monthelie et un de Bligny-sous-Beaune (1).

Toutes ces œuvres étaient la floraison spontanée d'une âme profondément chrétienne ; François Blondeau, né à Monthelie, le 25 juin 1731, ne participa point à l'incrédulité et à la corruption de son siècle ; il fut un juste des anciens jours, ayant une foi ferme et des mœurs pures.

Il se choisit une compagne digne de lui, Mlle Toussaine Bourrelier, née à Pommard, le 27 avril 1729 : elle avait reçu du Ciel une piété vive, une modestie angélique et une tendre compassion pour les pauvres. Dieu avait créé ces deux âmes l'une pour l'autre. Le soir des noces, M. Blondeau dit à son épouse : « Mademoiselle, si vous le voulez, vous serez ma sœur et je serai votre frère. » — « Votre désir, repartit la jeune fille, répond au vœu le plus intime de mon cœur. » Et tous deux jurèrent de s'aimer de l'amour le plus chaste. Par respect pour la pureté virginale de sa compagne, M. Blondeau ne lui donna jamais le nom de Dame, il l'appela toujours Mademoiselle.

Ces nobles époux ayant renoncé aux joies de la paternité, se vouèrent à l'amour de Dieu et au soulagement des délaissés et des pauvres. Ils édifièrent Volnay par leurs vertus : elles furent si éminentes qu'elles méritèrent à M. Blondeau le surnom de *Saint*. Toussaine Bourrelier se fit la sœur de charité du village ; ses mains versaient d'abondantes aumônes, elle passait de longues heures au chevet des malades, elle avait du baume pour toutes les plaies et des

---

1. Minutes de l'Etude Morelot. — Archives de la Fabrique.

consolations pour toutes les douleurs. Pendant que l'épouse dispersait, l'époux amassait par une sage administration et un rare esprit d'ordre : c'était la source qui fournit au ruisseau les trésors qu'il doit répandre.

Madame Blondeau mourut à Volnay le 31 août 1809. Inconsolable de cette perte, son époux quitta le lieu où il avait vu expirer celle qu'il aimait et se retira à Beaune. Il passa ses dernières années à méditer les vérités éternelles et à se préparer à la mort. Pour se rendre plus familières les saintes et salutaires pensées de la tombe, il fit préparer, longtemps à l'avance, son suaire et son cercueil. Il rendit son âme à Dieu le 27 août 1814. Voulant dormir son dernier sommeil à côté de la chaste compagne de sa vie, il désigna le cimetière de Volnay pour sa sépulture. Quand on ouvrit son testament, on vit qu'il ne restait plus rien de sa brillante fortune, tout avait été dissipé en legs pieux et en fondations charitables (1).

Cinquante ans après la mort de M. Blondeau, — le 14 septembre 1864, — les habitants de Volnay exhumèrent ses restes et ceux de sa digne épouse, et les transportèrent avec pompe dans un nouveau cimetière, où ils reposent sous le chœur de Notre-Dame de Pitié. C'était la place qui convenait aux cendres de celui qui avait sollicité avec foi et courage, près des proconsuls de la République, la conservation de ce sanctuaire. Quand on ouvrit la tombe du *Saint* on admira la merveilleuse blancheur de ses ossements (2).

Dans l'année où mourut cet homme de bien, la France fut accablée de revers; ses armées furent détruites et son sol devint la proie des troupes coalisées de l'Europe. Le 30 janvier 1814, le maire de Volnay, la rougeur au front et la douleur dans l'âme, annonça aux habitants que la France était vaincue et qu'il fallait aviser aux moyens de recevoir

1. Nous tenons ces détails biographiques de personnes très dignes de foi, parentes de M. Blondeau.
2. *Registre religieux de Volnay, année 1864.*

les détachements ennemis envoyés dans le village. On nomma des commissaires pour statuer sur la valeur des grosses réquisitions, on ouvrit un registre pour créditer les particuliers de leurs fournitures, et on arrêta que toutes les grosses dépenses faites dans la commune par les troupes étrangères seraient payées au marc le franc de l'impôt (1).

Il était temps de prendre ces mesures; les soldats ennemis arrivèrent à Volnay le 2 février suivant. Divers détachements de fantassins et de cavaliers vinrent tour à tour visiter nos malheureux vignerons. Cette première invasion des hordes étrangères ne dura que quelques semaines : elle coûta la somme de quatorze cent cinquante-trois francs à la commune (2).

Les Royalistes profitèrent de ce moment pour relever l'étendard des lys : le peuple accueillit, sans opposition, le vieux drapeau de la monarchie; les uns saluèrent en lui la fin de l'ère révolutionnaire, les autres y virent l'unique moyen d'épargner à la France les horreurs d'un démembrement.

Le 15 septembre 1814, le duc d'Artois, qui plus tard fut Charles X, traversa le finage de Volnay, en se rendant à Lyon. Il reçut une solennelle ovation : le drapeau blanc flottait sur les rangs de la garde nationale; les femmes et les jeunes filles étaient vêtues de blanches parures; les enfants portaient la cocarde royale et agitaient des oriflammes semées de fleurs de lys. Deux arcs de triomphe s'élevaient en l'honneur du prince. Il fut salué par le son des cloches, des décharges de mousqueterie et les cris répétés de vive le Roi! vive Monsieur! vive les Bourbons (3).

Cette première restauration de la royauté ne dura que quelques mois; Napoléon s'échappant de l'île d'Elbe reparut comme un lion qui a trompé la vigilance de ses gar-

---

1. *Registre de la municipalité, année 1814.*
2. *Registre de la municipalité, année 1814.*
3. Archives communales. — Tradition volnaisienne.

diens, et « l'aigle de l'empire vola de clocher en clocher jusqu'aux tours de Notre-Dame. » Comme le drapeau blanc tardait à tomber du beffroi de l'église de Volnay, il fut remarqué par un régiment de dragons qui passait sur la route de Beaune. Ces soldats, furieux de voir flotter encore l'étendard de la royauté, mirent le sabre au poing et montèrent au village où ils arborèrent le drapeau de l'Empire.

Le trône impérial s'écroula rapidement; le 18 juin 1815, la journée de Waterloo remit la France aux mains de l'étranger.

Les compagnies allemandes reparurent à Volnay. La première, arrivant par la route de Larochepot, fut saisie d'admiration à l'aspect de la Côte; elle stationna près de deux heures sur les hauteurs de Monthelie et de Cailleray, ne se lassant point de contempler les riches vignobles et la vaste plaine qui se déroulaient devant elle. Ces militaires, las des fatigues des combats, disaient entre eux :

> Qu'ils font plaisir à voir, ces fameux champs de vignes,
> Du salut des passants ne sont-ils pas plus dignes
> Que ceux qui, labourés hélas! par le canon,
> A quelque grand carnage ont dû leur grand renom (1)?

Les hommes et les chevaux s'installèrent dans les maisons du village; les canons et les caissons s'arrêtèrent sur la place de la Tour (2).

Cette fois, ces hôtes importuns prolongèrent leur séjour, et pour les nourrir le vin coula à flots et de nombreuses pièces de bétail furent abattues. Ces soldats se conduisirent plutôt en alliés qu'en vainqueurs : ils étaient d'un caractère doux; ils jouaient avec les enfants, les faisaient manger avec eux, et les menaient sur la montagne assister à leurs manœuvres.

Un jour cependant, ces étrangers se montrèrent presque féroces. C'était le 3 août 1815, un baril de poudre avait été vendu par quatre artilleurs autrichiens; le gros seigneur

1. *La Côte-d'Or*, vers de M. Gauthey.
2. Tradition volnaisienne.

du village, le baron du Mesnil, avait traité un officier avec hauteur ; un soldat avait remarqué une femme cachant un fusil. Ces circonstances réunies firent supposer à ces enfants du Nord que d'autres Vêpres-Siciliennes s'organisaient contre eux. Pour prévenir ce prétendu massacre, ils résolurent de terrifier les âmes : ils commencèrent par schlaguer jusqu'au sang, sur la place publique, les quatre artilleurs, puis ils visitèrent toutes les maisons et en enlevèrent les armes. Quand la nuit fut venue, ils entassèrent des monceaux de sarments et allumèrent de grands feux, pour signifier aux Volnaisiens qu'au moindre mouvement leur bourgade serait brûlée. Les habitants furent consternés. Les populations voisines accoururent croyant à un immense incendie. Un poste militaire, qui se trouvait en observation au guidon de Beaune, tira la pièce d'alarme et des cavaliers partirent de la ville en éclaireurs. Heureusement ce n'était qu'un incendie simulé : à minuit la flamme était tombée et le calme revenait dans les âmes. L'officier qui fut l'auteur de ce grand émoi fut vertement réprimandé par son général (1).

Les soldats étrangers quittèrent Volnay quand la France eut payé la plus grande partie des huit cents millions fixés pour sa rançon. Ces hommes usèrent jusqu'à la fin des droits de vainqueurs, ils retinrent plus de quinze jours les malheureux voituriers chargés de conduire leurs bagages. Et quand ces voyageurs reparurent au village, ils trouvèrent leurs femmes, leurs mères et leurs enfants dans le deuil et les larmes, car ils les croyaient tués ou prisonniers.

Dès que l'ennemi eut évacué le sol, les commissaires de la commune se réunirent pour évaluer les grosses réquisitions faites pendant cette seconde invasion. Ils reconnurent qu'elles s'élevaient à la somme de quatre mille cent soixante-treize francs (2).

1. *Manuscrit des MM. Grozelier.* — Tradition volnaisienne.
2. *Registre de la municipalité, année 1815.*

CHAPITRE II

Volnay sous la Restauration

1815-1830.

L'Europe victorieuse enchaîna sur un rocher de l'Océan l'Aigle qui troublait son repos; elle envoya Napoléon mourir à Sainte-Hélène, et elle remit Louis XVIII sur le trône de France. La Révolution et l'Empire avaient coûté tant de sang et de larmes aux familles volnaisiennes, qu'elles saluèrent avec joie le retour de la paix et des Bourbons.

L'instituteur, M. Jean Cassière, éleva les enfants du village dans l'amour de cette vieille dynastie ; depuis 1815 jusqu'en 1830, il fit chaque jour chanter ce cantique, avant de commencer l'école :

> O Souverain Être,
> D'où vient tout secours,
> Du Roi notre maitre
> Conservez les jours.
>
> Que ce prince aimable,
> Si cher à nos cœurs,
> D'un bonheur durable
> Goûte les douceurs.

Les premières années de la Restauration furent pénibles à passer. En 1815, les habitants de Volnay se trouvèrent dans une si grande gêne, à la suite du séjour prolongé des troupes étrangères, que la municipalité, malgré ses charges écrasantes, fut obligée, dès le commencement de l'hiver, d'acheter du grain pour ne pas laisser mourir de faim les pauvres les plus nécessiteux (1).

L'an 1816 vint encore augmenter la misère. Il fit froid et il plut presque continuellement. On moissonna au mois de

1. *Registre de la municipalité, année 1815.*

septembre ; les ouvriers qui travaillaient dans les champs allumaient du feu pour se réchauffer. On vendangea le 25 octobre ; les raisins étaient si peu mûrs que l'on avait peine à distinguer les noirs des blancs : il fallait quarante ouvrées de vigne pour faire une pièce de vin. Le laboureur mangea avec ses enfants le peu de grain qu'il recueillit, mais le vigneron fut livré aux horreurs de la famine. La chèreté fut excessive, on paya jusqu'à vingt-quatre francs la mesure de blé. La commune épuisa toutes ses ressources pour venir en aide aux pauvres, mais elle ne fit qu'adoucir leur misère ; on les voyait errer sur les chemins et dans les prairies cherchant des herbes pour les manger ; leurs enfants déterraient les pommes de terre et les dévoraient. Les mois qui précédèrent la récolte de 1817 furent surtout le temps difficile de la *chère année*, les pauvres mangeaient les épis à moitié mûrs dans les champs (1).

Les riches récoltes de 1818 et 1819 réparèrent un peu les maux causés par la disette. — Mais bientôt les années calamiteuses reparurent ; depuis 1820 jusqu'en 1826, la stérilité affligea nos coteaux.

Dans cette série malheureuse, 1822 marqua par une rare précocité. Un hiver doux comme un tiède automne précéda cette année ; dans la nuit de Noël, il y eut un violent orage accompagné de grêle et de tonnerre ; on aurait pu se croire au mois de juillet. En février, la vigne bourgeonna, en avril elle fut en pleine floraison, le 16 juin, saint Cyr reçut un raisin noir ; et le 2 septembre les vignerons commencèrent la vendange (2).

Pendant ces années Volnay soutint un procès qui prit les proportions d'une petite guerre civile ; il dura aussi longtemps que les luttes de l'Empire, et coûta au village autant que les deux invasions.

M. Augustin Lebelin de Chatellenot possédait, du chef

---

1. *Manuscrit des MM. Grozelier.* — *Registre de la municipalité, année 1810.* — Tradition volnaisienne.
2. *Manuscrit des MM. Grozelier.*

de Mlle Brunet, son épouse, une maison située sur la place de la Tour, vis-à-vis l'ancien château des ducs de Bourgogne. Ce petit manoir n'avait point de cour, l'espace qui s'étendait devant lui était regardé comme faisant partie de la place publique; il y avait là autrefois des noyers dont la fabrique récoltait les fruits. Le 23 juillet 1811, M. de Chatellenot forma une cour devant sa maison, en creusant un fossé et en élevant une haie sèche.

M. l'abbé Claude Bouley, l'un des maires les plus actifs et les plus dévoués qu'ait eus la commune, porta plainte immédiatement au sous-préfet de Beaune. Ce magistrat se rendit sur les lieux, et lança, le 25 juillet, un arrêté qui enjoignit au maire de faire détruire la clôture. Le lendemain, la haie sèche avait disparu et le fossé était comblé.

M. Lebelin, homme doux et pacifique, se serait probablement incliné devant cet acte de vigueur; mais il fut poussé à la résistance par M. Brunet de Monthelie, son beau-frère. Cet homme, belliqueux par nature, âpre au travail et d'une redoutable ténacité, se fit le champion de sa sœur.

Avant d'entrer en campagne, il proposa à la commune de céder à M. de Chatellenot le terrain en litige, moyennant une somme de quinze cents francs redue à la famille Brunet, sur le désastreux procès de 1789. Cette proposition réveilla de vieilles haines et souleva un refus indigné.

Le préfet de l'Empire, M. le duc de Cossé-Brissac, étant peu favorable à M. Brunet, ce tenant choisit prudemment son heure pour entrer en lice. Il attendit que les Bourbons, dont il avait été l'intrépide soldat sur la terre d'exil, fussent rentrés en France pour commencer l'attaque. En 1814, pendant que les troupes étrangères étaient campées dans le village, il rouvrit le fossé de la maison Chatellenot, et demanda à la préfecture de mettre à néant l'arrêté du 25 juillet 1811, et de permettre aux parties de faire valoir leurs droits devant les tribunaux.

M. de Saint-Maur, sous-préfet de Beaune, communiqua à la commune la réclamation de son antagoniste, et l'engagea à traiter plutôt que de s'engager dans un long et ruineux procès. Le conseil municipal, ayant consulté deux habiles jurisconsultes, répondit que la demande de M. Brunet n'était point acceptable, et qu'une transaction serait contraire aux intérêts du village et déshonorante pour ses administrateurs. La fabrique fit cause commune avec la municipalité.

L'affaire fut portée au tribunal de Beaune. Volnay gagna en première instance, le 10 mars 1819. Ce succès enflamma la verve des troubadours du village qui composèrent de joyeuses ballades à l'occasion de cette victoire.

M. Brunet interjeta appel à la Cour royale de Dijon. La lutte prit des proportions plus vastes : on fouilla les archives du département, on creusa la place publique en tous sens, on mit à nu les fondations de la tour, les fossés, le barle et les alentours du château, qui avaient été donnés à la fabrique en 1657. Les Volnaisiens travaillèrent avec l'ardeur de soldats qui font un siège. La maison Chatellenot, avec les immenses et longues tranchées qui s'ouvraient devant elle, ressemblait à une citadelle que l'on tente d'emporter d'assaut. Le 27 juillet 1820, la Cour royale, après avoir entendu le rapport des experts envoyés sur les lieux et ouï les ardentes plaidoiries des avocats, déclara que la commune était propriétaire du terrain situé devant la maison Chatellenot, et condamna M. Lebelin aux dépens.

Cette nouvelle transporta de joie les habitants. Le maire et l'adjoint, en revenant de Dijon, furent accueillis comme des triomphateurs. Le dimanche suivant, il y eut grande liesse au village : un banquet réunit toute la population sur la place publique, les ballades se mêlèrent au cliquetis des verres, les instruments de musique retentirent et un bal étourdissant s'organisa. Cette fête se prolongea très avant dans la nuit. Comme le clocher et la place publique étaient splendidement illuminés, les gens du voisinage accoururent, croyant à un incendie, ils ne firent qu'augmenter l'allégresse en se mêlant aux danses et aux libations.

Au sein de la foule, circulaient lentement quelques rares vieillards disant d'une voix timide : « Mes enfants ne chantons pas si haut victoire; la fortune des procès est comme celle des armes, elle a parfois des retours terribles; craignons qu'un désastreux Waterloo ne vienne mettre fin à nos triomphes. » On bafoua ces censeurs chagrins, et on répondit à leurs conseils par les éclats d'une joie plus bruyante.

Hélas ! les prophètes de malheur ne disaient que trop vrai. M. Brunet porta l'affaire en Cassation, l'arrêt des premiers juges fut mis à néant et la cause fut renvoyée en dernier ressort à Besançon. Le 24 juillet 1823, la Cour de cette ville adjugea par une sentence définitive le terrain en litige à M. de Chatellenot et condamna la commune à tous les frais du procès.

Ces frais s'élevèrent à quatre mille cent quarante-cinq francs. Volnay avait déjà dépensé des sommes énormes pour solder les impressions de mémoires, les consultations des jurisconsultes et les honoraires de ses avocats et de ses avoués. La fabrique et la commune se trouvèrent ruinées au lendemain de cette sentence. La fabrique étant dans l'impossibilité de payer sa part dans cette dette, abandonna à sa compagne d'infortune tous ses droits sur la place publique, à condition qu'elle supporterait seule les frais du procès. Celle-ci fut contrainte pour se libérer de vendre des terres communales, et d'aliéner une rente de cent quatre-vingt-neuf francs qu'elle possédait sur l'État (1).

Les enfants intervinrent alors dans la lutte; ils démolirent pendant la nuit les murs d'enceinte que M. de Chatellenot faisait bâtir devant sa maison, et durant de longues années, ils jetèrent en passant des pierres à la porte de cette cour objet de leurs malédictions.

M. l'abbé Bouley, le champion de la commune, n'eut

1. Le volumineux dossier de ce procès est aux Archives de la commune. — Voir aussi le *Registre de la municipalité* depuis 1811 jusqu'en 1825.

pas la douleur de voir succomber la cause qu'il défendait ; il mourut en 1822, emportant les regrets et la gratitude de ses compatriotes. On lit ces mots sur sa pierre sépulcrale : « Ci git le corps d'honorable Claude Bouley, diacre et maire de Volnay, né le 5 août 1765 et mort le 27 mars 1822, regretté de ses administrés dont il soutenait les intérêts avec zèle. L'amour et la reconnaissance l'ont couvert de cette tombe. »

La vie de cet homme fut consacrée à son pays ; pendant la Révolution, il cacha les prêtres et procura les secours religieux aux âmes ; en 1806, il fit bâtir de ses deniers un lavoir public, en retour d'une légère compensation. Placé pendant de longues années à la tête de la commune, il l'administra avec sagesse et intelligence ; il eut le rare talent de se faire craindre et aimer ; sous lui, la police était sévère au cabaret et la tenue parfaite à l'église. Choisi par ses compatriotes pour les représenter dans le procès Chatellenot, il soutint leur cause avec plus de sollicitude qu'il ne l'aurait fait pour ses propres intérêts.

L'année précédente, un autre deuil avait attristé la paroisse ; M. l'abbé Grozelier était mort le 4 août 1821, à l'âge de soixante-dix-huit ans. Depuis quelques mois, ses forces trahissaient son zèle ; il fallait le soutenir à l'autel, et sa voix éteinte ne pouvait plus que redire ces paroles : « Mes chers enfants, aimez Dieu !... aimez-vous les uns les autres !... » La famille volnaisienne pleura ce père qui était indulgent jusqu'à la faiblesse, doux et accessible jusqu'à la familiarité.

M. l'abbé Blaise-Dominique Guyot lui succéda le 3 octobre 1821. C'était un beau vieillard qui portait avec aisance ses soixante-dix ans : il avait la démarche grave, la voix sonore et le regard vif, sa belle figure était couronnée d'une auréole de cheveux blancs. Le cœur et l'esprit de ce prêtre étaient encore plus distingués que ses dehors ; il était profondément pieux et instruit. L'abbé Guyot était naturellement sévère, mais il avait un air si vénérable et des manières si nobles que sa sévérité ressemblait à de la dignité.

On accueillit avec joie le nouveau pasteur, et on s'entretint avec intérêt des particularités de sa vie.

C'était un enfant du peuple, le fils d'un cordonnier; il était né à Beaune le 9 janvier 1751. Les Oratoriens de cette ville dirigèrent ses études littéraires, il fit sa théologie et reçut les ordres sacrés à Autun. Après avoir été vicaire à Rouvray, il évangélisa Bessey-en-Chaume. La tourmente révolutionnaire le trouva fidèle à son Dieu et dévoué au salut de ses frères : il fut durant la persécution l'apôtre de Savigny, d'Arcenant, d'Échevronnes et des villages voisins. Le jour, il se cachait dans les antres sauvages, dans le fourré des bois ou dans les fermes isolées. La nuit, il sortait de sa retraite pour courir où l'appelaient les âmes : donnant le baptême aux petits enfants, la bénédiction nuptiale aux époux, le viatique et l'onction sainte aux mourants. A la fin, le pauvre prêtre fut si impitoyablement traqué par les Terroristes, qu'il fut contraint de fuir en Suisse. Là, pour gagner le pain de chaque jour, il se fit tisserand. Revenu de l'exil, il fut chargé de la paroisse d'Échevronnes et de ses annexes; les fatigues du binage incompatibles avec son grand âge l'obligèrent à dire adieu à ce cher troupeau.

L'abbé Guyot imprima une direction ferme à la paroisse de Volnay : l'instruction religieuse y devint plus solide et le culte divin s'y pratiqua avec plus d'éclat. Le nouveau pasteur prêcha avec le zèle d'un apôtre; comme le Christ, il aimait les petits enfants, chaque jour, il les réunit pour les catéchiser. Il accomplissait les cérémonies saintes avec la majesté d'un pontife : les grandes solennités de l'année rappelaient l'âge d'or du Christianisme, le peuple se pressait en foule dans l'église et chantait en chœur tout l'office canonial (1).

L'introduction de la liturgie parisienne, qui eut lieu dans

---

1. Tradition volnaisienne.

la paroisse en 1826, nuisit à l'éclat des pompes religieuses, en condamnant au silence une multitude de voix familiarisées avec les mélodies du rit romain. L'abbé Guyot n'aimait point la liturgie nouvelle, parce qu'elle était l'œuvre d'ardents jansénistes et qu'elle rompait avec Rome et les traditions antiques de l'Église de France. Elle offrait, il est vrai, un habile emploi de l'Écriture Sainte, de belles compositions poétiques, un chant grave et majestueux; mais elle était moins pieuse que le rite romain, et dans son ensemble, elle était triste comme un ciel sans étoiles, tant les fêtes de la Vierge et des saints y étaient rares. Rendue obligatoire dans le diocèse de Dijon depuis longtemps, Volnay s'obstinait à la refuser; il fallut que l'Évêque l'imposa à la paroisse, en 1826; lui signifiant que son budget ne serait point approuvé tant qu'elle n'aurait point admis la liturgie parisienne. Le curé et les fidèles se soumirent à cet ordre épiscopal (1).

La bénédiction de la Maison-commune, qui se fit au mois de janvier 1829, fut l'une des joies du village et l'une des consolations de M. l'abbé Guyot. Pour élever son modeste hôtel communal, Volnay eut à surmonter des difficultés sans nombre et d'interminables lenteurs.

Cet édifice était à l'état de projet depuis 1804. La municipalité vota sa construction en 1810 : comme les fonds communaux n'étaient point suffisants, les propriétaires firent entre eux une souscription, qui atteignit le chiffre de deux mille deux cent soixante-sept francs. En 1811, M. Blondeau se chargea seul de cette lourde entreprise. Il promit pour cette œuvre la somme de cinq mille deux cent vingt-cinq francs : il imposa aux habitants de faire les fouilles et de conduire les matériaux et les déblais. Les Volnaisiens accueillirent cette proposition avec empressement, et creusèrent aussitôt, sur la place où s'élevait autrefois le château ducal, les caves et les fondations du futur monument.

1. Tradition volnaisienne.

Des lenteurs administratives ne permirent point de passer l'acte définitif d'acceptation avant le 15 septembre 1813. M. Blondeau mourut quelques mois après, sans avoir versé la somme promise. Son exécuteur testamentaire traîna tellement en longueur la liquidation de la succession, que la commune fut contrainte de faire prononcer contre lui une sentence juridique. Il fut condamné en 1824, et mourut en 1825. De là, résultèrent de nouveaux retards, et le don de M. Blondeau ne fut déposé dans la caisse municipale qu'au mois de décembre 1827.

Le maire, M. Claude Glantenay, s'occupa de suite des travaux de construction; ils furent adjugés, le 22 janvier 1828, au prix de cinq mille cinq cents francs. Ils s'exécutèrent si activement que l'édifice fut debout à la fin de l'année. Quand on en fit la réception, il se trouva un imprévu de deux mille francs, occasionné par la découverte d'une source abondante qui nécessita la création d'un puits.

Dans l'année 1828, la commune était si pauvre qu'elle ne put faire que les travaux les plus indispensables, une salle d'école et une chambre unique pour l'instituteur; elle laissa le reste à l'état d'ébauche. Ce ne fut qu'en 1835 qu'elle compléta l'édifice en organisant un premier étage composé d'une chambre pour le maître d'école, d'une salle de conseil et d'un cabinet des archives (1).

Ainsi ce ne fut qu'après plus de trente ans de labeurs et de révolutions de tous genres que s'acheva cet humble hôtel communal. Une pierre y manque encore, elle a été oubliée par ses constructeurs, c'est une inscription qui rappelle M. Blondeau. La reconnaissance honore les communes comme les individus, aussi nous émettons le vœu qu'une pierre commémorative soit placée au-dessus de la porte de cette maison, en souvenir de l'honorable citoyen qui a si bien mérité du village. On y graverait ces mots : « Volnay

---

1. *Registre de la municipalité, de 1804 à 1835.* — Les travaux complémentaires de 1835 coûtèrent 1,730 fr.

à son insigne bienfaiteur François Blondeau, surnommé le *Saint*, né le 25 juin 1731 et décédé le 14 août 1814. »

La Maison-commune fut construite au milieu d'une série d'années calamiteuses. L'an 1825 est demeuré parmi nous tristement célèbre par les deux orages du 25 mai. Le premier sévit dans la matinée, il jeta la terreur dans les âmes : le tonnerre qui ne cessait de gronder tomba dans plusieurs endroits du village, et une grêle légère frappa le vignoble. Ce n'était que le prélude d'un plus grand sinistre ; à quatre heures du soir, le ciel se voila de nouveau, il prit un aspect lugubre, l'air se remplit de sourdes rumeurs, et des serpents de feu sillonnèrent des nuages noirs et cuivrés. A quatre heures et demie, un violent coup de tonnerre fut le signal d'une affreuse tempête : les vents déchaînés et une grêle torrentielle se précipitèrent sur la campagne ; il y eut un moment d'effroyable nuit !... Quand le soleil reparut, il éclaira le plus lamentable spectacle, tout était ravagé depuis Chagny jusqu'à Dijon, depuis la montagne jusqu'aux rives de la Saône. Les quelques raisins qui échappèrent aux fureurs de l'ouragan produisirent l'un des vins les plus fameux du siècle. Les *conscrits* qui repoussèrent furent eux-mêmes d'excellente qualité (1).

En 1828 et en 1829, il y eut une abondance pire que la disette, les celliers des vignerons se trouvèrent encombrés d'un vin détestable. On ne pouvait le vendre. Le tonnelier réclamait impérieusement le prix de ses fûts et ne voulait pas les reprendre pleins. Le laboureur refusait d'échanger une mesure de blé contre une feuillette de vin. Les propriétaires qui avaient des bêtes de somme conduisaient le produit de leurs récoltes sur les places de Dijon, de Seurre et de Saint-Jean-de-Losne et le donnaient à vil prix. Ceux qui n'ont pas vécu dans ces tristes années ne peuvent se figurer combien fut grande la misère de la population volnaisienne (2).

1. *Manuscrit des MM. Grozelier.*
2. *Manuscrit des MM. Grozelier.*

Un cruel hiver mit le comble à ces épreuves, il commença le 6 décembre 1829 et ne finit que les premiers jours du mois de mars 1830; tout travail fut suspendu dans la campagne, et les jeunes gens jouèrent tristement sur un immense glacier qui s'étendait depuis la fontaine de Veau jusqu'au bas du village. Dans certains endroits la glace atteignit près de deux mètres d'épaisseur : il fallut plus de deux mois et demi pour dissoudre entièrement cette masse ; le 20 mai, les derniers restes n'étaient point encore fondus.

Ce froid rigoureux et prolongé rendit la vigne stérile ; la récolte de 1830 fut nulle, on recueillit à peine une pièce de vin dans quarante ouvrées. Nos vignerons furent dans un état voisin de la famine, ils payaient neuf francs le boisseau de blé (1) Ce grand hiver fut, comme celui de 1789, précurseur d'une révolution.

1. *Manuscrit des MM. Grozelier.*

CHAPITRE III

Volnay sous le Gouvernement de Juillet

1830-1848.

Le double avènement de la Restauration avait coïncidé avec deux invasions subies par le pays. La France se considéra comme conquise par ses princes ; elle confondit dans une même pensée les humiliations imposées par l'étranger et l'inauguration du trône royal. Ce fut là un malheur que la révolution ne pardonna point à l'antique dynastie. Elle lui en fit un crime; elle multiplia les obstacles sur sa route, et elle concentra toutes ses forces et ses fureurs pour la renverser. Elle parvint à son but dans les sanglantes journées de juillet 1830. Une formidable insurrection éclata dans Paris ; l'émeute fut victorieuse et le roi Charles X, qui venait de donner l'Algérie à la France, fut contraint de reprendre le chemin de l'exil. Le 9 août 1830, le duc d'Orléans fut proclamé Roi des Français sous le nom de Louis-Philippe Ier.

Ce mouvement politique causa peu de sensation à Volnay ; la population exécuta assez froidement le programme obligé de toute révolution ; le maire fut changé, un arbre de liberté s'éleva sur la place publique, et les citoyens transformés en gardes nationaux jouèrent quelque temps le rôle de soldats. Les fêtes patriotiques se célébrèrent sans enthousiasme ; le pain était cher et la misère était profonde.

Le dimanche 26 avril 1830, les jeunes Volnaisiens, à l'occasion de la fête de saint Georges, leur patron, sonnèrent la grosse cloche avec tant de violence qu'ils la brisèrent. Elle fut refondue à Dijon, et M. l'abbé Guyot la bénit le 25 septembre 1833. La cérémonie se fit sans éclat : les âmes étaient tristes, car cette cloche avait beaucoup perdu de sa sonorité et de son poids.

Cette bénédiction fut l'un des derniers actes solennels de la vie sacerdotale de M. l'abbé Guyot; il trépassa le 23 décembre 1836, à l'âge de quatre-vingt-quatre ans. « Malgré son extrême vieillesse, ce digne prêtre était plein de vigueur, il prêchait tous les dimanches et faisait les offices divins avec une régularité édifiante. Sa dernière maladie fut courte et douloureuse; il supporta avec résignation les peines de ce dernier combat, et mourut de la mort des saints, l'avant-veille de Noël. Dieu, dont il avait été le vaillant serviteur, sembla l'appeler à lui pour célébrer dans le ciel l'anniversaire de la naissance de Jésus-Christ qu'il avait aimé, glorifié et courageusement confessé sur la terre (1). »

Le veuvage de la paroisse dura près d'une année : les secours religieux furent donnés aux fidèles par M. l'abbé Comte, curé de Pommard.

Le premier dimanche d'octobre 1837, M. l'abbé Louis Dubois fut installé curé de Volnay. C'était un jeune homme de vingt-sept ans, cachant sous les dehors d'une bonhomie charmante une imagination vive, un esprit d'élite et des connaissances peu communes (2). Il était né à Bassoncourt, dans la Haute-Marne, le 10 février 1810.

Les Volnaisiens qui depuis longtemps n'avaient vu que des vieillards à leur tête, furent heureux de posséder ce prêtre qui était dans toute la vivacité de la jeunesse et la fleur du talent; aussi lui firent-ils l'accueil le plus sympathique.

Pour le loger dignement, la commune restaura et agrandit le presbytère. Les ressources ordinaires ne suffisant point à ces réparations, qui s'élevèrent à plus de cinq mille francs, elle recourut à un emprunt (3).

1. *Registre religieux de Volnay*, année *1836*.
2. Voir au chapitre VII, une notice sur M. l'abbé Dubois.
3. *Registre de la Municipalité*, années *1837*, *1838* et *1839*.

Le conseil de fabrique et la bourgeoisie remirent entre les mains de M. l'abbé Dubois plus de six mille francs, et le chargèrent de la restauration du temple de Dieu, tombé dans un triste état de délabrement.

Le jeune prêtre pressa vivement les travaux : des aqueducs d'assainissement furent creusés, « l'église fut réparée tout entière, recrépie et reblanchie, les boiseries, la chaire, les petits autels, les statues et les tableaux, tout fut restauré et repeint. Et l'église de Volnay, dont la laideur avait été proverbiale, devint l'une des plus belles des environs (1). » Quand Mgr Rivet visita la paroisse, le 1er mai 1841, il n'eut que des éloges à donner au pasteur et au troupeau. « Nous avons trouvé, dit-il, une église nouvellement restaurée, fraîchement ornée et dans un état de propreté parfaite. Nous sommes heureux de consigner ici le légitime témoignage de notre satisfaction, pour l'état où nous avons trouvé toutes choses (2). »

Malheureusement, dans ces réparations, l'autel principal fut déplacé, et le sanctuaire qui avait toujours occupé le fond de l'abside fut reporté au-devant du chœur où il perdit son atmosphère de paix et de recueillement. Il cessa d'être le Saint des saints, il fut accessible à tous les hommes qui furent forcés de le traverser pour se rendre à leurs places, et l'autel déroba à cette partie de l'assistance l'aspect de la chaire et l'émouvant spectacle des cérémonies religieuses.

Quelques années après, en 1844, M. l'abbé Dubois répara la chapelle de Notre-Dame de Pitié. Le sanctuaire de la Vierge prit un nouvel aspect; ses murailles furent recrépies, des bancs vinrent se placer dans sa nef déserte, et il s'enrichit d'un bel autel en marbre blanc d'Italie.

Les travaux faits à l'église et au presbytère de Volnay s'accomplirent dans des années malheureuses. En 1838, des gelées survenues en avril et en mai détruisirent les bourgeons de la vigne, et à la vendange, on recueillit à

---

1. *Notice sur Volnay*, par M. l'abbé Dubois, p. 31.
2. *Registre de la Fabrique*, année 1841.

peine une pièce de vin dans huit ouvrées. La récolte des légumes fut aussi nulle que celle du vin. En 1839, un autre sinistre frappa les coteaux. « Le 3 juin, un orage, qui depuis deux heures s'annonçait dans le lointain par de sourds roulements de tonnerre, vint fondre sur le territoire. Une grêle énorme tomba en si grande quantité, qu'après la tourmente, il y en avait sur le sol de cinq à six pouces. Le village se vit réduit au désespoir. Pour comble de malheur, les haricots ne purent être récoltés à cause des pluies d'automne, ils restèrent pourris dans les vignes. Rarement on vit misère plus grande, car le pain était horriblement cher. Les riches propriétaires du village firent d'abondantes aumônes (1). »

Ces maux émurent M. l'abbé Dubois, il essaya d'y remédier en formant une association de secours mutuels, pour le soulagement des vignerons malades et l'assistance des veuves et des orphelins. Empruntant le style imagé d'un écrivain célèbre, il dit à ses paroissiens :

« Il faut que vous soyez unis entre vous par les liens d'un amour mutuel et des services réciproques. Lorsqu'un arbre est seul, sur une montagne, il est battu par les vents et dépouillé de ses feuilles. Lorsqu'une plante est seule, ne trouvant point d'abri contre l'ardeur du soleil, elle languit, se dessèche et meurt. Ne soyez point comme la plante et l'arbre qui sont seuls, mais unissez-vous les uns aux autres, appuyez-vous et abritez-vous continuellement. Et si l'on vous demande : Combien êtes-vous ? Répondez : Nous sommes un, car nos frères c'est nous, et nous c'est nos frères (2). »

Ce langage fut compris ; soixante vignerons se réunirent en 1840 et formèrent une confrérie de secours mutuels, sous le patronage de saint Cyr. M. l'abbé Dubois leur donna un règlement plein de charité et de christianisme,

1. *Registre des actes religieux* année 1839.
2. *Notice sur Volnay*, par M. l'abbé Dubois pp. 6 et suivante.

Mgr Rivet approuva cette règle, et adressa aux confrères la lettre la plus gracieuse. La reine Amélie leur fit présent d'une magnifique bannière (1).

Pendant que ces œuvres se faisaient dans la paroisse, d'autres non moins utiles s'accomplissaient dans la commune. En 1840, M. le baron du Mesnil dotait le village d'un beau lavoir construit sur la fontaine de Veau. Dirigée par un homme plein d'initiative et d'intelligence, M. Claude Gillotte, la municipalité plantait, en 1838, des marronniers et des tilleuls sur la place de la Tour; en 1840, elle obtenait pour Volnay un bureau de régie et un débit de tabac; elle employait les années 1839, 1840 et 1841 à sillonner le village d'aqueducs et à réparer les chemins (2).

Après les jours de calamités, les années prospères revinrent; la période de 1840 à 1850 fut l'une des plus riches que vit Volnay, les vignobles produisirent en abondance des vins d'excellente qualité. Les froides et pluvieuses années de 1843 et 1845 firent seules exception. Par une sorte de dédommagement, les vins de 1842 et de 1846 marquèrent parmi les plus fameux du siècle. Les récoltes de 1847, de 1848 et de 1849 furent de bonne qualité et d'une abondance extraordinaire : malheureusement la Révolution de Février anéantit le commerce et empêcha les Volnaisiens d'écouler leurs produits.

1. *Registre de la confrérie de Saint-Cyr.*
2. *Registre de la municipalité, de 1838 à 1841.*

CHAPITRE IV

Volnay sous la seconde République

1848-1852.

Une révolution avait porté Louis-Philippe sur le trône, une révolution l'en renversa; les journées de février 1848 marquèrent sa chute, comme celles de juillet 1830 avaient été le signal de son avènement. Ce mouvement populaire se fit au nom du suffrage universel. La République fut proclamée.

Elle eut d'abord à sa tête une commission provisoire composée de onze membres. Ce gouvernement mit ses soins à donner la sécurité aux personnes et aux propriétés. Comme les éléments révolutionnaires étaient déchaînés, et que les clubs, la presse anarchique et les doctrines les plus subversives avaient libre carrière, l'ordre social fut bientôt profondément ébranlé, et le 23 juin les passions démagogiques firent une terrible explosion dans les rues de Paris. Pendant quatre jours, des torrents de sang coulèrent, et il fallut toutes les forces réunies de l'armée et de la garde nationale pour dompter la plus formidable et la plus gigantesque insurrection.

Une Assemblée nationale, issue du suffrage universel donna à la France une nouvelle Constitution et un Président fut élu pour quatre années. Les glorieux souvenirs de l'Empire s'étant subitement réveillés dans le peuple, il acclama, le 10 décembre 1848, par près de six millions de suffrages, Louis-Napoléon Bonaparte, chef de la République.

La commotion qui ébranla la France remua profondément Volnay. Dès le lendemain des journées de février, le

5 mars 1848, quelques hommes annoncèrent à M. François Boillot-Grozelier, maire du village, que ses pouvoirs avaient cessé et que le peuple souverain allait se donner une autre administration.

Ils convoquent la commune au bruit du tambour et au son de la cloche, et procèdent à l'élection d'une commission provisoire. Volnay compte plus de deux cents électeurs, quarante-cinq seulement prennent part au vote. Une commission de douze membres est nommée.

Les élus se choisissent un Président; ils organisent la garde nationale et plantent un arbre de liberté. Le 2 avril, la commune se donne « un comité pour diriger le club républicain (1). »

La division est dans la famille volnaisienne naguère parfaitement unie; elle se partage en deux camps : l'un se prononce en faveur de l'ancienne administration, l'autre se passionne pour la commission républicaine.

Les partisans de l'ancienne municipalité prient le citoyen Ardiot, proconsul de Beaune, de consulter Volnay, surpris lors d'un premier vote. De nouvelles élections se font le 9 avril 1848.

Depuis la proclamation du suffrage universel, la confrérie de Saint-Cyr est une puissance; aussi décide-t-elle du sort de la journée. Se groupant autour des élus du 5 mars, tous sortis de son sein, ils obtiennent cent voix tandis que leurs adversaires atteignent à peine le chiffre de cinquante. Une fête bruyante célèbre cette victoire et creuse davantage l'abîme entre les partis (2).

Quand le péril est commun, les haines se taisent et chacun se dévoue au salut public; c'est ce qui a lieu le 24 avril 1848.

C'est le lundi de Pâques, on nomme dans toute la France des représentants qui doivent donner au pays une nouvelle

1. *Registre des délibérations, année 1848.*
2. *Registre des délibérations.*

constitution. Tous les électeurs de Volnay, formant une imposante colonne, se dirigent sur Beaune, clairons sonnants et drapeau déployé. Les autorités locales, le curé en tête, ouvrent la marche.

La colonne est arrivée à la porte Saint-Nicolas de Beaune. Là, stationnent des groupes d'hommes à longues barbes et à figures sinistres. Irrités à la vue d'un prêtre à la tête d'une troupe d'électeurs, ils s'avancent et distribuent des bulletins écarlates. Les Volnaisiens les refusent ou les déchirent et les foulent aux pieds.

Outragés dans leur foi politique, les républicains beaunois jettent cette clameur : A bas les Jésuites! et font pleuvoir les coups de poings drus comme grêle. M. l'abbé Dubois, pour ne pas compromettre l'honneur de sa robe, s'esquive prudemment. Les Volnaisiens se serrent autour de leur drapeau que l'ennemi veut enlever : ils font bonne contenance et rendent coups pour coups.

A la garde! à la garde! crie-t-on autour de la salle du scrutin, qui est l'antique chapelle de l'Oratoire. Le Président, M. Welter, maire de Beaune, accourt avec la force armée; il veut saisir le drapeau, mais il est repoussé avec violence. Il se hâte de décliner son nom et ses titres; aussitôt les courages se calment et les fronts se découvrent. Il prend le drapeau et introduit pacifiquement la colonne volnaisienne dans la salle.

Pour éviter une nouvelle collision, ce magistrat fait passer nos électeurs dans une cour voisine à mesure qu'ils effectuent leur vote. Quand le dernier bulletin est tombé dans l'urne, le Président ordonne à la colonne de se reformer et la conduit, à travers la ville, jusqu'en dehors des murs, portant lui-même le drapeau qui a été si chaudement défendu.

Sur le soir, il y a grande rumeur au village; quelques jeunes gens qui se sont attardés dans les cafés de Beaune répandent, à leur retour, les bruits les plus sinistres; à les croire, les républicains exaltés de la ville et des faubourgs ont juré de se porter en masse sur le village et de le livrer aux flammes après avoir massacré son curé.

Aussitôt on convoque la garde nationale; on met des postes militaires aux abords de la cité; M. l'abbé Dubois quitte le presbytère et des sentinelles veillent à la porte de la maison où il s'est réfugié. La panique dure pendant plusieurs jours, enfin on se calme, s'apercevant qu'on est victime d'une fausse alerte.

Le plus fâcheux de cette aventure fut la fuite du curé; ne voulant pas ajouter par sa présence aux alarmes de ses ouailles, il se retira dès le mardi de Pâques dans sa famille. Pendant plusieurs semaines le service divin demeura suspendu et la paroisse fut en deuil. Sur les instances du conseil municipal, Mgr Rivet rendit le pasteur à son troupeau (1).

A cette époque, une lutte n'est pas terminée qu'une autre commence. Tout en travaillant au retour de M. l'abbé Dubois, la municipalité pétitionne pour obtenir l'éloignement du maître d'école. C'est une déclaration de guerre à l'ancien conseil et à son parti, qui estiment et affectionnent cet instituteur.

M. François Leblanc, originaire de Bessey-en-Chaume, est dans la vigueur de l'âge. Doux et inoffensif, d'une parfaite intégrité de foi et de mœurs, zélé et instruit, il est irréprochable comme citoyen et comme maître. Il régente depuis quatorze ans l'école de Volnay avec une ardeur qui ne se dément point : ses élèves ont été lauréats d'un concours public qui réunissait à Beaune les écoles des deux cantons.

En mai 1848, des animosités particulières le dénoncèrent, comme incapable, au Recteur de l'Académie. M. Ravaille, principal du collège de Beaune, est délégué pour inspecter l'école: il est surpris de l'ordre et du recueil-

---

1. Tradition volnaisienne.

lement qui y règnent. On lui présente les cahiers ; tous sont propres et soignés, et quelques-uns dénotent des mains sûres et bien exercées. Il fait lire : les élèves s'en acquittent avec succès, observant les repos et les liaisons ; il commande aux plus âgés de passer au tableau : des mathématiciens de dix à douze ans résolvent des problèmes ardus ; plusieurs copies de la composition écrite sont sans faute. Surpris et émerveillé, il tend une main amie à l'instituteur et dit : « Ne craignez rien, vous êtes éminemment dans le devoir. »

Le délégué passe à la salle de la mairie où l'attend le conseil municipal et annonce que l'inspection est pleinement en faveur de M. Leblanc. — « N'importe ! répondent quelques voix, il faut éloigner cet homme : sa présence est une occasion de trouble dans la commune. — L'Académie, reprend M. Ravaille, ne sacrifiera pas à des haines aveugles et injustes un excellent instituteur, un honorable père de famille. »

Trompée dans son attente, la municipalité entreprend de réduire son adversaire par la famine : elle appelle un instituteur libre et établit école contre école. Le concurrent de M. Leblanc est un antagoniste sérieux : M. Lagrange a des qualités personnelles et, de plus, de l'instruction et le don d'enseigner. Nos édiles et leur parti mettent tout en œuvre pour lui recruter des élèves et faire le vide dans l'école communale ; on donne au nouveau magister le secrétariat de la mairie et tout ce qu'il est possible d'enlever à son rival.

La division est encore plus profonde. Volnay est revenu au temps malheureux de MM. Marot et Flagey. Cette fois, ce ne sont plus les *Français* et les *Anglais* qui sont en présence, mais les *Blancs* et les *Rouges*. Les *Blancs* sont les partisans de l'instituteur dont ils ont pris la cause et le nom, les *Rouges* sont ses adversaires. La discorde règne pire que jamais : les membres des familles sont désunis ; les enfants des écoles en viennent aux mains ; les jeunes gens se fuient; les hommes s'évitent; les femmes se boudent ou s'injurient. Le souffle révolutionnaire, qui en ce moment passe sur la France, active encore l'animosité et la haine.

M. l'abbé Dubois est en but aux récriminations des deux partis : l'un lui reproche d'avoir divisé la paroisse par la création de la confrérie de Saint-Cyr et d'être hostile à M. Leblanc, l'autre lui fait un crime de le conserver comme chantre à l'église. Au mois d'octobre 1849, le bon prêtre secoue la poussière de ses pieds, et passe à la cure de Messigny.

M. l'abbé Pierre Michaud, curé de Pommard, dessert Volnay pendant une année. Il est merveilleusement taillé pour soutenir le choc des passions populaires : il a une haute stature, le regard fier et la figure imposante. Il a la répartie prompte et la parole éloquente; il est doué d'une intelligence supérieure et d'une volonté de fer. Ce digne prêtre ne fait que préparer les voies à un successeur.

Le Recteur de l'Académie, au mois de mars 1850, essaie de ramener le calme dans la population; il nomme M. Lagrange instituteur à Bouilland. Celui-ci accepte avec reconnaissance un poste qui lui donne la paix et le pain nécessaire à sa nombreuse famille.

Cette mesure semble devoir terminer la lutte : les finances communales sont en mauvais état et les familles qui soutiennent l'école dissidente sont lasses des charges qui pèsent sur elles. Malheureusement il n'en est rien : la municipalité appelle un nouvel instituteur libre, M. Ravet, un des martyrs de la cause révolutionnaire, et la guerre devient plus vive que jamais.

En ce temps, la France était comme Volnay en proie à des divisions intestines, les *Rouges* et les *Blancs*, ainsi nommés de la couleur de leurs drapeaux, menaçaient de s'entredévorer. On attendait avec anxiété l'expiration du mandat du chef de la République : on redoutait pour ce moment des collisions sauvages comme celles qui ensanglantèrent les rues de Paris dans les journées de juin 1848. Le prince Louis-Napoléon dissipa ces craintes par un hardi coup d'Etat. Le 2 décembre 1851, il licencia l'Assemblée nationale qui gênait son autorité et se fit conférer par le peuple la Présidence pendant dix ans, avec de véritables pouvoirs monarchiques. Dans le but de pacifier les populations troublées, le Prince-Président investit les préfets d'une sorte de dictature.

Irrité de voir la division s'éterniser dans notre village, le chef du département profite de cette dictature pour dissoudre la municipalité volnaisienne et disperser son parti. Il lance contre eux ces trois arrêtés :
« Nous, Préfet de la Côte-d'Or, baron de Bry, en vertu de pouvoirs extraordinaires qui nous sont conférés par le Gouvernement, Arrêtons : M. Boillot-Grozelier est nommé maire de Volnay, en remplacement du maire actuel qui demeure révoqué. Fait à Dijon, le 8 décembre 1851. »
« Nous, Préfet de la Côte-d'Or, baron de Bry, en vertu de pouvoirs extraordinaires du Gouvernement, Arrêtons : le Conseil municipal de Volnay est dissous, et une Commission municipale provisoire est nommée pour le remplacer. Fait à Dijon, le 5 janvier 1852. »
« Nous, Préfet de la Côte-d'Or, baron de Bry, en vertu de pouvoirs extraordinaires qui nous sont conférés par le Gouvernement, Arrêtons : l'Association des vignerons de Volnay, dite Société de Saint-Cyr, est dissoute. Fait à Dijon, le 31 décembre 1851 (1). »
Ces arrêtés produisent un véritable coup d'Etat au sein de la population : les hommes issus du suffrage universel sont renversés et ceux de l'ancien régime reviennent au pouvoir. Les confrères de Saint-Cyr se séparent le deuil dans l'âme. Les *Blancs* tressaillent de joie, et les

1. *Registres de la municipalité, années 1851 et 1852.*

Rouges sont consternés ; ces mesures mettent le comble à l'exaspération dans le camp des vaincus.

L'instituteur privé essaie de continuer son école, mais il s'aperçoit bientôt que la concurrence n'est plus possible. Il replie sa tente et va chercher fortune dans une région plus hospitalière.

Avant le baron de Bry, l'Evêque avait tenté, mais en vain, l'œuvre de la pacification. Au mois d'octobre 1850, Mgr Rivet avait envoyé un homme de paix à Volnay : c'était M. l'abbé Jean-Baptiste Girardot. Ce prêtre, âgé de quarante-huit ans, avait de la science, des talents variés, beaucoup de tact et une grande aménité de caractère : il était chanoine d'honneur.

Venu sur nos coteaux pour y prêcher la concorde et respirer l'air pur que réclamait une santé profondément altérée, ce pasteur fut méconnu ; sa voix demeura sans écho, et son âme fut attristée par le spectacle des discordes civiles.

M. l'abbé Girardot fut apprécié seulement par la partie religieuse de la paroisse : elle goûta l'onction de sa parole et admira son esprit éminemment sacerdotal.

La dissolution de la Confrérie de Saint-Cyr, à laquelle Monseigneur Rivet retira ses privilèges religieux, souleva contre le curé une explosion de murmures ; beaucoup de confrères s'éloignèrent de l'église en voyant disparaître le tableau qui portait leurs noms. L'abbé Girardot gémit et pria, attendant des jours meilleurs.

Il n'eut pas la joie de voir cette paix dont il avait préparé le retour par sa vertu et ses prières. Pour récompenser sa pénible mission, Monseigneur Rivet le nomma, en octobre 1852, curé-doyen de Montbard.

CHAPITRE V

Volnay sous le second Empire

1852-1870.

Le coup d'Etat du 2 décembre 1851 ne fut qu'une courte étape vers l'Empire ; au mois de novembre 1852, ce plébiscite fut présenté à la nation : « Le peuple veut le rétablissement de la dignité impériale dans la personne de Louis-Napoléon Bonaparte avec hérédité dans sa descendance directe légitime ou adoptive. » La France, par près de huit millions de suffrages répondit un Oui solennel, et l'élu du peuple prit le nom de Napoléon III, par la grâce de Dieu et la volonté nationale, Empereur des Français.

A la veille de cet évènement, un nouveau curé, M. l'abbé Etienne Bavard, arrive à Volnay. Il n'a pas trente ans ; ses débuts ont été plus que modestes : il a été successivement vicaire de Meursault et curé de Bessey-en-Chaume. Installé le dimanche 7 novembre 1852, il dit à son peuple : « Je n'ai ni la vertu, ni l'expérience, ni les talents de mes devanciers ; mais je vous apporte un entier dévouement. Je me donne à Volnay. Je n'ai qu'un désir, c'est de me sacrifier pour vos âmes et de mêler ma cendre à la vôtre : *Ego autem libentissime impendam, et superimpendar ipse pro animabus vestris* (1) ».

Ce jeune prêtre est accompagné de sa sœur, Mlle Marie-Emilie Bavard, toute rayonnante de jeunesse, de modestie. Elle a refusé les partis les plus honorables et les plus avantageux pour se faire la coopératrice de son frère : elle sera,

---

1. C'est de grand cœur que je me donne et que je me dépenserai pour le salut de vos âmes. (Saint Paul)

pendant plus de trente ans, la sœur de charité et le bon ange de la paroisse.

Le nouveau curé est reçu avec sympathie par toute la population, lasse de cinq années de discordes. Il recueille dans l'allégresse ce que ses prédécesseurs ont semé dans les larmes : les colères tombent et les âmes se rapprochent; l'église naguère abandonnée revoit un peuple avide de la parole de Dieu.

L'administration municipale, par sa modération et son impartialité, a une large part dans ce travail d'apaisement et de pacification.

Le 9 mai 1853, Monseigneur Rivet vient mettre le sceau à la réconciliation générale, en souhaitant à tous la paix et en appelant l'Esprit-Saint dans les âmes. — Dans un but d'entier apaisement, le recteur nomme, au mois de novembre de cette année, M. Leblanc instituteur à Bligny-sous-Beaune (1).

Volnay entre enfin dans une ère de calme.

La guerre est stérile, mais la paix est féconde : aussitôt que la terre volnaisienne n'est plus battue par les orages, les œuvres de piété et de charité y fleurissent à l'envi. La *Propagation de la Foi* s'y établit; la *Sainte-Enfance* enrôle sous sa bannière les enfants de la paroisse; le *Rosaire-Vivant* groupe sous le patronage de la Vierge l'élite des jeunes filles et des femmes chrétiennes. Une ordonnance épiscopale confirme les privilèges de l'antique *Confrérie du Saint-Sacrement*. Le mois de janvier est consacré à Jésus-Enfant et le mois de mars à saint Joseph. Les exercices du mois de Marie sont fréquentés; le mois de juin est voué à l'Eucharistie et au Sacré-Cœur.

Le souffle de Dieu passant sur la paroisse y fait éclore une magnifique floraison de vierges chrétiennes : les unes s'enferment derrière les grilles du cloître, et les autres

1. *Registres religieux.*

vont servir Jésus-Christ dans les rangs des filles de la Providence ou de Saint-Vincent de Paul.

L'église pour laquelle on n'a rien fait depuis des années se restaure et s'embellit. La grosse cloche, muette pendant vingt ans, est remontée sur de nouveaux agrès et jette au vent ses joyeuses volées (1854). Une magnifique horloge est placée dans la tour du clocher : c'est l'œuvre de M. Schwilgué, l'inventeur de la fameuse horloge de Strasbourg (1855). La maison de Dieu s'enrichit d'un confessionnal et de retables gothiques (1855) et de l'un des plus beaux chemins de croix du diocèse (1863).

Ces embellissements sont l'occasion de fêtes magnifiques. La plus imposante a lieu, le 2 février 1855, pour l'inauguration, à l'église, d'une statue de la Vierge, en mémoire de la proclamation du dogme de l'Immaculée-Conception, que Pie IX vient de définir. M. l'abbé Bougaud, en qui l'on pressent déjà l'orateur et l'écrivain, prête à cette solennité le charme de sa parole (1).

A cette époque, Volnay possède une pléiade de belles intelligences : il a ses prosateurs et ses poètes. M. Claude Rossignol, archiviste de la Côte-d'Or, compose de remarquables ouvrages historiques sur la Bourgogne. Il soutient une joute brillante contre M. Quicherat, directeur de l'École des Chartes et quelques novateurs du monde savant qui prétendent que l'*Alesia* de César n'est pas l'Alise-Sainte-Reine de notre Auxois, mais Alaise en Franche-Comté. Le 27 août 1857, l'Institut de France décerne au victorieux défenseur d'Alise le premier des prix qu'il donne annuellement pour les travaux historiques. — M. l'abbé Dubois publie la belle *Histoire de l'abbaye de Morimond*, qu'il a composée à Volnay. — M. l'abbé Pillot célèbre les gloires de la Vierge, dans un livre gracieux comme son titre : *Marie!* — M. l'abbé E. B*** publie

1. *Registres religieux.*

l'*Histoire de Volnay*. — M. l'abbé Bissey écrit la *Chronique de Larochepot*. — M. Jules du Mesnil traite avec succès des questions d'économie politique. — M. le baron Eugène du Mesnil traduit en vers français les *Psaumes de David*. — M. l'abbé Girardot compose des *Cantiques* en l'honneur de la Sainte Vierge.

En ces jours, s'il y a des joies, des fêtes et des triomphes pour Volnay, il y a aussi de grandes tristesses.

Une série de sept mauvaises années désole nos vignerons. Les récoltes de 1850, 1851, 1852, 1853 sont peu abondantes et de mauvaise qualité. L'année 1854 donne un vin exquis, mais en si petite quantité que l'on grapille plutôt qu'on ne vendange. Les années 1855 et 1856 produisent avec parcimonie un vin qui est sans feu et sans couleur. Les Volnaisiens ne sont plus les fortunés habitants de la Côte-d'Or, mais les tristes cultivateurs d'une terre maudite : une gêne extrême est au sein des familles.

En 1859, de cruels fléaux déciment la population. Au mois de juin, le croup sévit avec tant de violence parmi les enfants que l'on ferme l'école pendant un mois. En août et en septembre, la dysenterie fait d'effrayants ravages : on compte plus de soixante malades, plusieurs s'éteignent dans d'affreuses douleurs. En cette année, il y a vingt-six décès (1).

Onze ans d'une fécondité et d'une qualité incomparables succèdent à cette période calamiteuse. En 1857, 1858, 1859, 1861, 1862, 1863, 1864, 1865, 1867, 1868, 1869, des chaleurs torrides entremêlées de tièdes averses enrichissent nos coteaux de merveilleuses récoltes. Les 1858 et 1865 sont les princes de ces grands vins : ils ont robe de pourpre et goût d'ambroisie.

Les riches récoltes amènent l'aisance et la fortune à

---

1. *Registres religieux.*

Volnay ; chacun bâtit, achète ou thésaurise : le village jouit d'une prospérité unique dans son histoire. Au milieu de cette abondance, l'austérité des mœurs antiques s'altère dans toute la Côte ; ses habitants prennent des habitudes de luxe, de bonne chère et de plaisir inconnues à leurs pères. La maison de Dieu est moins fréquentée et des travaux sacrilèges attristent les dimanches et les fêtes.

Pour remédier à cette décadence morale et religieuse, le P. Eugène, bénédictin de la Pierre-qui-Vire, donne, pendant l'Avent de 1861, une mission dans la paroisse : elle ne produit point dans les âmes un mouvement d'entraînement et d'enthousiasme, mais elle opère de nombreux et sérieux retours (1).

En ces jours prospères, Volnay compatit aux grandes douleurs de ce temps. Il partage, en 1860, les tristesses de Pie IX persécuté par la révolution italienne : depuis cette époque, il offre chaque année le denier de Saint-Pierre au vicaire de Jésus-Christ. La paroisse tout entière prend part à un office funèbre qui, au mois d'août 1860, se célèbre pour les âmes des chrétiens de la Syrie et du Liban massacrés par les Musulmans, et elle envoie une large aumône aux fidèles échappés au cimeterre des Turcs et des Druses. Elle tend une main généreuse à plusieurs villages de la Côte-d'Or visités par d'immenses incendies, et vient en aide au Morvan et à l'Auxois ravagés par le terrible ouragan de grêle du 22 juin 1861.

La commune, ayant à sa tête un homme actif et intelligent, M. Victor Boillot, profite de ces riches années pour accomplir d'utiles et importants travaux : la montagne du Chaignot est boisée ; on relève sur la petite place de l'église une croix qui tombait de vétusté ; des pompes sont placées aux principaux quartiers du village ; on construit des lavoirs et on crée un cimetière.

1. *Registres religieux.*

Le lavoir de la Chapelle et le cimetière méritent de fixer notre attention.

Les grandes sécheresses de 1857, 1858 et 1859, qui tarirent les lavoirs, firent comprendre aux habitants la nécessité de sources plus abondantes.

Le cimetière de la place de la Tour, où l'on inhumait depuis 1782, était étroit et mal situé. Les Volnaisiens avaient la douleur d'ensevelir leurs morts près des bruits et des jeux de la place publique, et de voir remuer avant le temps leurs cendres à demi consommées. Tous appelaient de leurs vœux un cimetière plus vaste, situé dans une atmosphère calme et religieuse; tous fixaient son emplacement autour de la Chapelle, afin que les défunts reposassent à l'ombre de Notre-Dame de Pitié, et que les alentours de ce sanctuaire ne servissent plus de retraite aux bohémiens.

De grands obstacles s'opposaient à la réalisation de ces pieux désirs : le terrain situé dans le voisinage de la Chapelle se vendait au poids de l'or, et il n'avait pas la profondeur nécessaire aux inhumations.

Une heureuse circonstance, donnant satisfaction à ces besoins et à ces désirs, se présenta. M. le comte de Juigné, voulant créer de belles caves dans la maison de Mlle Chauvelot sa pupille, aujourd'hui dame de Montille, demanda à Volnay un endroit pour déposer les fouilles et promit en retour les eaux qu'il découvrirait. La municipalité s'empressa d'accueillir une proposition qui répondait si bien aux intérêts du village; elle acheta deux emplacements : l'un pour y creuser un lavoir et l'autre, autour de la chapelle, pour y déposer des terres et préparer un lieu d'inhumation.

En 1863 et 1864, le maire fit exécuter les constructions nécessaires. Le lavoir est d'un style assez gracieux; il a un large bassin où bouillonnent des eaux vives, limpides et abondantes (1). Le cimetière est vaste; sa croix, qui rap-

1. Le lavoir coûta 4,721 fr. : emplacement, 1,500 fr.; constructions, 2,988 fr.; acqueduc, 233 fr.

pelle celle de Pommard ; ses murailles et sa porte sont d'un excellent travail (1). Ces constructions font honneur à M. Goin, qui en a été l'architecte, et à M. Glantenay qui les a exécutées.

Mgr Rivet, le 14 septembre 1864, bénit solennellement ce lavoir aux belles eaux et ce magnifique cimetière. Il déposa dans cette terre nouvellement bénie les restes de deux anciens curés de Volnay : MM. Claude Grozelier et Blaize-Dominique Guyot ; et ceux d'insignes bienfaiteurs : M. François Blondeau, surnommé le *Saint,* et Mlle Toussaine Bourrelier, sa digne épouse.

En présence de leurs cercueils, il adressa ces émouvantes paroles à la paroisse :

« Chers Enfants, l'hommage que vous rendez à ceux qui furent vos maîtres dans la foi, prouve que vous avez gardé religieusement leur mémoire. Avez-vous tous gardé aussi fidèlement leurs leçons ? Sortis un instant de la tombe, vos anciens pasteurs viennent aujourd'hui vous parler avec l'autorité que donne la claire vue d'une autre vie. Confirmant les enseignements de plus de trente-cinq années ils vous disent : « Méprisez les faux biens de ce « monde. Pensez sérieusement à Dieu ; travaillez pour le « ciel et l'éternité. Vivez d'une vie de foi et de charité. »

« Imitez les deux héroïques fidèles dont les restes sont devant vous ; marchez sur les traces de ces nobles époux qui embaumèrent cette paroisse du parfum de leurs vertus et qui l'enrichirent de leurs dons généreux.

« Je souhaite que cette terre volnaisienne qui donne au monde un vin renommé, produise aussi pour le ciel le plus pur froment. Je souhaite que quand l'infatigable moissonneur, l'ange de la mort, viendra recueillir le grain mûri sur ce coteau pour le semer dans les sillons du champ funèbre que je viens de bénir, tous les grains emportent

---

1. Le cimetière contient 25 ares 68 centiares. Il coûta 9,770 fr. : emplacement, 4,908 fr. ; constructions, 4,862 fr.

en eux des germes d'immortalité et de résurrection glorieuses (1). »

Une création pleine de vie et d'espérance marque encore cette année. Le 19 mai 1864, le curé de Volnay et sa sœur, Mlle Émilie Bavard, « pour la gloire de Dieu, l'honneur de la très sainte et immaculée Vierge, Mère de notre Seigneur Jésus-Christ, » donnent à la commune un magnifique jardin et une vieille maison, afin « d'y établir et entretenir à perpétuité des institutrices religieuses pour l'éducation des jeunes filles (2). »

La maison est appropriée à sa nouvelle destination; chacun offre son obole pour la pourvoir de mobilier.

Le 21 novembre 1864, fête de la Présentation de la Vierge, sœur Saint-Firmin et sœur Winceslas, sortent de l'église, où elles ont reçu leur Dieu : l'une porte un crucifix et l'autre tient une statue de Marie. Elles s'acheminent lentement vers la vieille maison, précédées de la croix et des petites filles du village qui marchent deux à deux en chantant les litanies de la Vierge; les pères et les mères sont tout émus en voyant passer ce virginal cortège. Le prêtre bénit la maison fraîchement restaurée, il y installe les sœurs et leur charmante famille : l'école religieuse des filles est fondée. Elle est entretenue à l'aide des rétributions scolaires, d'une subvention de la commune et du produit d'une somme de trois mille francs, léguée à cette intention par une femme en qui Dieu avait réuni à un haut degré la distinction de l'esprit et la générosité du cœur, Mme Eulalie Chauvelot de Chevannes.

Cette œuvre ne fait que commencer; elle ne sera complétée que dix ans plus tard; mais avant, la France et Volnay auront à subir des épreuves sans nom.

Deux mauvaises récoltes s'égarèrent au milieu du cycle

1. *Registres des délibérations. — Registres religieux.*
2. *Minutes de l'étude Bouzerand.*

d'or que nous venons de parcourir et donnèrent des vins d'une infériorité historique.

En 1860, des froids continus et des pluies incessantes empêchèrent au raisin de mûrir. La gelée et la neige survenues en pleine vendange achevèrent de détériorer la récolte. Pour nos vignobles, cette année fut calamiteuse comme l'invasion garibaldienne dans les paisibles contrées de Naples et de la Sicile : c'est ce qui valu au 1860 le nom de *Garibaldi*.

Ce vin eut un digne frère dans le 1866. Les coteaux promirent d'abord une abondante et riche récolte; mais les pluies d'août et de septembre pourrirent le raisin. Une horrible grêle vint achever le travail de décomposition. Le 5 septembre, à huit heures du soir, une nuée noire et blafarde, pleine de tonnerres et d'éclairs, bruyante comme un immense char de feu lancé à toute vapeur, se précipita sur le village et couvrit le territoire de trois pouces de grêlons. Cette nuit fut pour la côte volnaisienne désastreuse comme la journée de Sadowa pour l'Autriche : on recueillit un vin sans feu, sans couleur et si méprisé que des vignes ne furent pas vendangées. Nos villageois frappés de la sinistre apparition du chancelier de fer, qui devait faire couler tant de larmes et de sang pour fonder l'empire prussien, donnèrent à ce vin maudit le nom de *Bismarck*.

Cette ruineuse récolte mit la gêne dans beaucoup de familles, et fit comprendre aux vignerons volnaisiens la nécessité de s'unir pour s'entr'aider dans les épreuves. Ce besoin d'association prit une énergie nouvelle dans les inquiétudes que causèrent les débuts de l'année 1867 ; une neige épaisse couvrit le sol dans la nuit du 24 mai, et le froid glacial des trois journées qui suivirent ravagea plusieurs climats.

M. Dubois-Caillet, fils du président de l'ancienne confrérie de Saint-Cyr, résolut de reformer cette association.

Il fit appel à tous les hommes de bonne volonté, déclarant bien haut que la nouvelle société de secours mutuels ne quitterait jamais les sereines régions de la paix et de la charité pour intervenir dans les luttes communales. De nombreux vignerons répondirent à la voix de ce bon citoyen et l'élurent leur président. Mgr Rivet qui avait bénit les pères bénit encore les fils ; il érigea l'association en confrérie et approuva son règlement, le 1er juin 1867.

La société de Saint-Cyr est animée de l'esprit chrétien. Quand un de ses membres est malade, les confrères continuent ses travaux ; ils le visitent, le consolent et passent les nuits à son chevet. S'il meurt, ils assistent religieusement à ses funérailles et en signe de chrétienne espérance et d'adieu, ils récitent le *De profundis* sur sa fosse avant qu'elle se referme. Ils font célébrer un service pour l'âme de leur frère, et ils viennent en aide à sa veuve et à ses orphelins, en poursuivant son ouvrage, par voie de corvées, pendant un an. En aucun cas, les corvées ne sont faites un dimanche ou un jour de fête.

Au moment où nous traçons ces lignes, la confrérie de Saint-Cyr est reconstituée depuis près de vingt ans ; nous sommes heureux de constater qu'elle a été jusqu'ici fidèle à sa mission de paix et de charité. Aussi chaque année, le lendemain de la fête paroissiale, quand on la voit apparaître dans les rues du village avec son patron, précédée de la Fanfare, qui porte fièrement sa glorieuse bannière constellée de palmes et de médailles, et qui joue ses plus beaux airs, tous les fronts se découvrent et saluent avec une religieuse sympathie la belle association des vignerons volnaisiens.

CHAPITRE VI

Volnay sous la troisième République

1870-1886.

La politique de Napoléon III, dans ses dernières années, fut fatale à la France et à l'Église : il seconda le Piémont dans la création de l'unité italienne, amena la ruine du domaine temporel du Pape, prépara l'écrasement de l'Autriche et la formation de l'empire d'Allemagne. Bientôt il fut aux prises avec ce terrible adversaire : pour éviter l'avènement d'un Hohenzollern sur le trône d'Espagne, il déclara, le 19 juillet 1870, la guerre à la Prusse.

Celle-ci, à la tête de toute l'Allemagne, envahit la France. A Wissembourg, à Forbach, à Reischoffen, à Rezonville et à Gravelotte, nos soldats, malgré des prodiges de valeur, sont écrasés par les masses ennemies et par une artillerie foudroyante. Le 1er septembre, Napoléon III, enfermé dans un cercle de feu, capitule à Sedan et est fait prisonnier avec cent mille hommes.

A la nouvelle de ce désastre, les députés de Paris proclament la République et la déchéance de la dynastie impériale; les chefs du parti républicain établissent le gouvernement de la *Défense nationale*. Au lieu de traiter avec un ennemi qui est invincible par le nombre et la supériorité de ses armes, on organise la résistance à outrance : des avocats, des ingénieurs et des médecins s'improvisent généraux et prétendent sauver le pays. La nation entière est appelée sous les drapeaux.

Volnay prend part à cet élan patriotique. La municipalité vote deux cents francs pour aider à la défense nationale. La garde civique s'organise et s'équipe. Elle compte cent cinquante-six hommes, commandés par le capitaine Alfred Patriarche, le lieutenant Alexandre Chouet et le sous-lieutenant Saunois. Chaque matin, ces braves gens, vêtus de la blouse, du ceinturon et du képi, font l'exercice sur la place (1).

Bientôt vingt-quatre d'entre eux sont mobilisés et vont rejoindre les soldats volnaisiens qui déjà sont sous les drapeaux. Les uns prennent part à la défense de Paris; les autres luttent contre les armées allemandes qui parcourent la France, et d'autres vont en Algérie pour contenir les Arabes qui menacent de s'insurger. Tous se comportent vaillamment en face de l'ennemi. L'un d'eux, François Bouley, meurt au siège de Paris; un autre, François Nicolle, est grièvement blessé à Chevilly et rentre au village avec la médaille militaire.

Le 16 septembre 1870, nos gardes nationaux suspendent les manœuvres pour se livrer aux travaux de la vendange. Le temps est favorable, les ceps sont chargés de fruits, et cependant la cueillette du raisin se fait sans enthousiasme : on craint que le vin rouge et fumeux qui coule des pressoirs devienne la proie des Prussiens et excite davantage leur brutalité et leur fureur. Le vin en primeur se vend à vil prix.

A partir de la vendange jusqu'aux premiers jours de janvier 1871, Volnay ressemble plutôt à un camp qu'à un village agricole. Les mobilisés de Nuits, de Louhans et du Creuzot s'y succèdent et y séjournent : ils s'exercent au maniement des armes. Des troupes de francs-tireurs, le septième régiment de chasseurs à cheval, le quatre-vingt-douzième de ligne, une compagnie du génie, des batteries d'artillerie viennent y demander l'hospitalité et s'y arrêtent un instant dans leurs marches. On compte dans chaque maison jusqu'à dix, vingt, trente ou quarante de ces hôtes. Ils sont accueillis cordialement : le sarment flambe dans

1. La commune paie 1,032 fr. cet équipement. — *Registre des délibérations.*

l'âtre, et l'on partage avec eux les provisions du ménage et le vin du cellier. On compatit aux souffrances de ces pauvres soldats qui depuis des semaines marchent dans la neige et endurent la faim et les rigueurs d'un froid sibérien. On est désolé de n'avoir pas assez de paille et de fourrage pour coucher les hommes et nourrir les chevaux qui tombent de fatigue et d'inanition.

Les sacrifices des Volnaisiens et le courage des soldats sont impuissants devant l'invasion allemande : c'est une immense inondation qui bloque Metz et Paris, et s'étend de l'est à l'ouest de la France.

Strasbourg a capitulé, l'armée qui l'assiégeait envahit la Bourgogne. Ville ouverte et sans artillerie, Dijon, avec une poignée de braves, se défend, le 30 octobre, pour sauver l'honneur. L'ennemi en prend possession. De là, il rayonne de tous côtés : à Châtillon-sur-Seine, à Autun, à Châteauneuf, à Genlis, à Brazey et surtout dans la Côte. Nuits est le théâtre de deux combats (20 et 30 novembre), et d'une bataille, le 19 décembre 1870 : on entend depuis Volnay les crépitements de la fusillade et les grondements du canon. L'affaire est chaude et sanglante ; l'ennemi surtout éprouve des pertes énormes. Les Badois occupent Nuits ; mais ils sont si peu assurés de leur victoire qu'ils regagnent Dijon à la hâte, tandis que nous voyons Cremer et ses soldats se replier sur Lyon.

Les hôpitaux du voisinage ne sont pas assez vastes pour recueillir les blessés ; on fait appel à la charité chrétienne. Volnay y répond généreusement : la salle d'école est transformée en ambulance, on y installe douze lits ; une quête produit plus de quinze cents francs ; le linge, le vin et les provisions de toute nature abondent. Ce petit hôpital s'ouvre le 7 décembre 1870 pour se fermer le 9 février suivant : il est constamment plein. Vingt-quatre malades s'y succèdent : ce sont des artilleurs, des soldats du 57e de marche, des mobilisés de la Gironde, du Rhône et de Saône-et-Loire. Deux d'entre eux, François Marchon et

Yves-Marie Legal y meurent dans de grands sentiments de foi et de résignation (1). Le service s'y fait à merveille. Le docteur Félix Celard mérite par son intelligence et son dévouement une médaille d'honneur. La bonne Nison Charry met tout son talent culinaire et son cœur dans la préparation des tisanes et des aliments. Sœur Saint-Firmin et Mlle Emilie Bavard sont d'admirables hospitalières ; elles passent le jour au chevet des malades et la nuit à raccommoder leurs vêtements en lambeaux. La pieuse sœur succombe à la tâche ; le village perd en elle une institutrice incomparable. Sa compagne de charité ne survit que parce que le Seigneur la réserve à d'autres dévouements.

Ceux qui n'ont pas vécu en ces jours n'en comprendront jamais l'amertume : aux douleurs privées et locales se joignent les tristesses causées par les désastres de la patrie. Les trois armées du Nord, de la Loire et de l'Est, formées en grande partie de recrues mal nourries, mal équipées et mal dirigées, sont impuissantes : la France est tombée sous les pieds d'un vainqueur impitoyable. La capitulation de Paris, la reddition de Metz amènent l'armistice du 28 janvier 1871, et les pourparlers du traité de Francfort, qui impose à la France une rançon de cinq milliards et lui enlève l'Alsace et la Lorraine.

Ces cruels évènements ajoutent au deuil qui règne à Volnay. Les malades de l'ambulance y ont apporté la variole ; elle sévit dans le village d'une manière effrayante : on compte plus de deux cents malades, et dans cette année on enregistre vingt-huit décès. Deux personnes se signalent au milieu de cette épidémie : ce sont M. le docteur Celard, — à qui la commune offre une magnifique soupière en argent, en souvenir de sa conduite courageuse et désintéressée, — et Mlle Marie-Émilie, qui affronte la contagion et prodigue partout ses visites et ses soins.

Dieu épargna à Volnay la tristesse d'être occupé et ran-

1. Archives communales.

çonné par l'ennemi. La paroisse attribua cette grâce à la Vierge, sa protectrice séculaire. Au mois de novembre 1870, quand à l'approche des hordes allemandes on murait les caves et l'on enfouissait les objets précieux, elle recourut à Notre-Dame de Pitié. Marie, exauçant son peuple, mit sa protection comme un rempart aux limites du territoire et dit aux masses ennemies : « Ici vous briserez la fureur de vos flots. » L'invasion inonda le voisinage ; elle parvint à Pommard et à Bligny-sous-Beaune, mais elle s'arrêta aux confins de Volnay.

La paroisse devait un témoignage de gratitude à sa protectrice. Un Volnaisien, M. l'abbé Pillot, vicaire général de Dijon, se chargea d'acquitter la dette de son pays. Il éleva à Marie une statue monumentale.

C'est une Vierge-Mère d'un type si pur, si artistique et si religieux, qu'ayant été admise à l'exposition de Rome en 1870, elle fit l'admiration de Pie IX et mérita une médaille d'honneur. Cette statue, coulée en fonte à Lyon, dans les ateliers de MM. Villard et Tournier, a le fini du bronze ; tout est beau et harmonieux dans ses proportions, ses détails et son ensemble : elle est plus grande que nature, elle a deux mètres vingt-cinq centimètres de hauteur.

Cette Madone, enveloppée de son voile et drapée dans les chastes plis de sa robe, a dans son visage et son maintien les grâces pudiques de la Vierge et les ineffables tendresses de la Mère. Elle porte noblement le plus beau des enfants des hommes. Il est doucement penché vers la terre ; ses bras sont étendus en signe de paix et de miséricorde, et sa main droite est levée pour bénir. Que de grâce, de candeur et d'amour dans cette figure d'Enfant ! elle a quelque chose de royal et de divin ; elle a un reflet des splendeurs du Verbe.

Le donateur eut la gracieuse inspiration de dédier cette statue à Notre-Dame des Vignes, et ainsi de consacrer à la fois le titre de noblesse de son village, — au vin justement renommé, — et la gloire de la Vierge qui est la vigne mystique dont le parfum embaume le monde, et dont le fruit béni, Jésus, donne aux âmes le vin eucharistique.

Le cadre est digne du tableau : cette image, debout sur une pyramide haute de huit mètres (1), est placée au sommet du vignoble de Volnay, dans l'un des plus magnifiques sites de la Bourgogne et de la France. De là, l'on découvre une plaine immense, semée de villes, de bourgs et de villages, entrecoupée de vignes, de prairies, de champs et de forêts; l'horizon est fermé par les chaînes bleues du Jura, des Vosges et des Alpes, dominées par le Mont-Blanc.

Le 17 septembre 1871, fête de Notre-Dame des Sept-Douleurs, Monseigneur Rivet vint bénir cette statue. Au seuil de l'église, M. le Curé salua en ces termes le vénérable pontife que les épreuves de la province avaient grandi :

« Monseigneur, la bénédiction de l'image de Notre-Dame des Vignes vous appartenait, c'est l'œuvre de votre coopérateur et de votre ami; puis, ce monument s'élève pour rappeler aux âges futurs des tribulations qui, en frappant votre peuple, ont fait éclater tout ce qu'il y a de grand et de paternel dans votre cœur.

« Nous aimions déjà beaucoup le Pontife dévoué qui, pour demeurer au milieu de nous, a refusé les plus riches et les plus nobles métropoles de France (2) : mais nous l'aimons bien davantage depuis que nous l'avons vu, comme un autre saint Léon, sortir de sa ville épiscopale et aller au-devant d'un nouvel Attila plaider la cause de son peuple; nous l'aimons davantage depuis que nous l'avons vu transformer en hôpitaux son palais, ses séminaires, ses maisons religieuses, et se mettre à la tête de son clergé pour soigner les malheureuses victimes de la guerre; nous l'aimons davantage depuis que nous l'avons vu envoyer ses plus jeunes lévites verser leur sang pour la défense de la

---

1. Les plans de cette pyramide ont été donnés par M. Lermier, architecte et ingénieur à Dijon, et exécutés par M. Claude Glantenay, entrepreneur à Volnay.
2. Les archevêchés de Bourges, de Tours et de Toulouse.

patrie (1), et lui-même adopter les orphelins dont les pères sont tombés au champ d'honneur.

« Aussi en vous recevant, Monseigneur, sur le seuil de cette église, je m'écrie au nom de la paroisse : Béni soit celui qui vient au nom du Seigneur !

« Votre caractère de pontife donne à vos prières une efficacité que n'ont point les nôtres. Conjurez la Vierge, dont vous venez bénir l'image, de protéger nos coteaux; nous l'établissons aujourd'hui la gardienne du vignoble de Volnay et de la Bourgogne : *Posuerunt me custodem in vineis* (2); suppliez-la surtout d'abaisser ses regards miséricordieux sur la vigne des âmes que vous m'avez confiées; qu'elle y fasse fleurir toutes les vertus et produire abondamment des fruits de vie : *Respice de cœlo et visita vineam istam* (3).

« Du haut du rocher sur lequel repose Notre-Dame des Vignes, à l'horizon d'une plaine vaste et belle comme la mer, on aperçoit les sommets vaporeux des Alpes et des Vosges. En ce moment, l'aspect de ces montagnes éveille dans les âmes catholiques et françaises le souvenir de grandes et saintes infortunes : au-delà des Alpes se trouve le noble prisonnier du Vatican (4), et au-delà des Vosges, deux filles de la France, l'Alsace et la Lorraine, sont captives. Nous nous unissons à vous, Monseigneur, pour demander à la Vierge d'obtenir la délivrance de notre Père et de nos Sœurs.

« Que Jésus, dont la bénissante image repose entre les bras de Notre-Dame des Vignes, confonde nos ennemis et relève la France mutilée et vaincue; qu'il règne pleinement sur Volnay, sur la Bourgogne, sur la France et sur le monde ! *Christus vincit, Christus imperat, Christus regnat* (5) ! »

1. Deux ont mérité la médaille militaire.
2. Ils m'ont établie la gardienne de leurs vignes. (Cant. 1, 5.)
3. Jetez un regard du haut du ciel et visitez cette vigne. (Ps. 76. 15.)
4. Pie IX.
5. Le Christ triomphe, le Christ commande, le Christ règne.

Le Prélat répondit :

« Aimons et invoquons Marie, soyons les fidèles disciples de Jésus ; et forts de la protection de la Mère et de la toute puissance du Fils, nous vaincrons le monde et l'enfer : *Christus vincit, Christus imperat, Christus regnat.* »

Rarement les fêtes de la terre sont sans nuages. Quand, à l'office des vêpres, la procession s'avançait, bannières et oriflammes déployées, le long du chemin de Notre-Dame des Vignes, deux orages, l'un venu de la plaine et l'autre de la montagne, s'abattirent sur ses rangs et y jetèrent la confusion : on eut dit que le prince des puissances de l'air, voulant se venger de celle qui lui écrasa la tête, tentait d'empêcher la manifestation faite en son honneur.

Néanmoins, la cérémonie s'accomplit. Au milieu d'une pluie diluvienne, l'Evêque, accompagné de prêtres et de nombreux fidèles, bénit la statue monumentale. A ce moment, le voile qui la couvrait tomba, la blanche image de Marie se détacha triomphalement sur le ciel orageux, et tous les yeux purent lire cette inscription :

NOTRE-DAME DES VIGNES
—
Posuerunt me custodem in vineis
—
BÉNITE LE 17 SEPTEMBRE 1871
PAR MONSEIGNEUR FRANÇOIS-VICTOR RIVET, ÉVÊQUE DE DIJON.

INDULGENCE DE 40 JOURS (*toties quoties*)
POUR TOUS CEUX QUI, DE PRÈS OU DE LOIN, INVOQUERONT MARIE
A LA VUE DE CETTE SAINTE IMAGE.

Les fidèles s'assemblèrent ensuite à l'église, où un magnifique discours de M. l'abbé Perron les dédommagea du contretemps qu'ils venaient de subir.

Avant de bénir l'assistance, le pontife félicita M. l'abbé Pillot d'avoir créé une œuvre qui racontera aux générations futures son double amour pour la sainte Vierge et pour Volnay. Puis, il montra Notre-Dame des Vignes, à la paroisse, comme un éloquent prédicateur de toutes les vertus et comme un nouveau palladium contre les fléaux.

Le soir, l'Évêque, les prêtres et les principaux laïques se réunirent dans des agapes toutes chrétiennes. Monsieur le Curé se faisant l'interprète de tous, dit à l'auguste vieillard :

« Monseigneur, dans ce temps où l'Église, après avoir célébré les *Noces d'or* de Pie IX, le félicite d'avoir dépassé sur la chaire pontificale les années de Pierre, nous nous plaisons à saluer en Votre Grandeur le prélat qui le plus longtemps a occupé le siège de Dijon. Laissez-moi au nom de Volnay, au nom de ces prêtres et de ces laïques, dignes représentants de votre famille diocésaine, vous exprimer les vœux que nous formons pour votre santé. Nous conjurons Celle que nous aimons à invoquer sous les noms de Notre-Dame des Vignes, de Notre-Dame de Dijon, de Notre-Dame de France, de vous obtenir, pour le bien de votre troupeau, encore de longues années. *Ad multos annos!*

« Que votre cœur d'Évêque et de Français, après avoir ressenti les épreuves de l'Eglise et de la Patrie, soit consolé par la vue du triomphe. Puissiez-vous, Monseigneur, nous prescrire et entonner vous-même le grand *Te Deum* que les catholiques espèrent chanter à l'occasion de la double exaltation de l'Eglise et de la France.

« Que ce chant de victoire soit pour votre Grandeur, pour ceux qui vous entourent en ce moment, pour les habitants de Volnay, pour les témoins de la bénédiction de Notre-Dame des Vignes et pour tous les membres de votre famille diocésaine, le prélude de l'*Alleluia* des joies éternelles.

« A la santé de Pie IX et de Monseigneur l'Évêque de Dijon! A l'exaltation de l'Église et de la France ! »

Le vénérable Prélat, se levant, fit entendre les accents du patriotisme le plus pur et le plus chrétien.

Malgré l'orage qui troubla cette fête, son souvenir demeurera dans les âmes; et longtemps la population volnaisienne redira le cantique de Notre-Dame des Vignes et ce refrain qui l'accompagne :

> Salut ! Notre-Dame des Vignes :
> Volnay met son espoir en vous.
> De vos bienfaits rendez-nous dignes,
> Notre-Dame, protégez-nous (1).

Depuis cette pieuse journée, M. l'abbé Pillot et sa sœur ont généreusement fait don, à la paroisse, de Notre-Dame des Vignes et des terrains qui l'entourent, se réservant quatre messes annuelles, pour eux et leur famille.

Le calme est revenu. Aussitôt, sous l'habile direction du maire, M. Victor Boillot, qui a été admirable d'intelligence et de patriotisme pendant la guerre, la municipalité volnaisienne accomplit d'utiles travaux : elle continue le reboisement de la montagne; elle rend l'accès du village plus facile en adoucissant la pente des rues d'Angles, de la Barre et de la Chapelle ; elle répare d'autres rues et l'abreuvoir.

L'excellent magistrat, témoin de la mauvaise installation des institutrices et de leurs élèves, et de la gêne des mères de familles pauvres, qui pendant de longues années sont détournées des travaux de la campagne par les soins de la maternité, propose à son conseil, bien que la caisse municipale soit vide, de créer une salle d'asile pour les petits enfants et une école pour les jeunes filles. La proposition est acceptée avec enthousiasme ; un emprunt de seize mille cinq cents francs est contracté et on se met à l'œuvre.

Quelques mois après, la maison, construite par M. Claude Glantenay, sur les plans de l'architecte M. Goin, est debout : elle se compose d'un corps de logis pour les institutrices, d'une vaste salle d'école et d'une magnifique salle d'asile. Cet établissement situé entre cour et jardin,

---

1. Les paroles et la musique de ce cantique sont l'œuvre de M. l'abbé Pillot. — *Chronique religieuse du diocèse de Dijon*, octobre 1871.

dans une ravissante exposition, est tout inondé d'air et de soleil. On y lit cette inscription :

> CETTE ÉCOLE A ÉTÉ CONSTRUITE PAR LA COMMUNE
> EN L'AN 1874, SUR UN TERRAIN DU A LA LIBÉRALITÉ
> D'ÉTIENNE BAVARD, CURÉ DE VOLNAY,
> ET D'ÉMILIE BAVARD, SA SŒUR,
> ELLE A ÉTÉ DOTÉE PAR Mme CHAUVELOT DE CHEVANNES.

Les Sœurs Saint-Omer, Césarine et Odette prennent possession de cette maison et en deviennent les anges tutélaires. Les deux premières se dépensent à l'éducation chrétienne des jeunes filles; tandis que l'autre prie, joue et chante avec les petits enfants, qui aiment l'asile comme les oiseaux leur nid. Nous saluons avec un profond respect, en ces humbles religieuses et en celles qui continueront leur tâche, ce qu'il y a de meilleur au monde : la religion, le dévouement et la charité.

En ce temps, d'autres localités se donnent des administrateurs qui font consister tout leur républicanisme à faire la guerre au prêtre et à la religion : Volnay est mieux inspiré; pendant plus de vingt ans, il conserve comme maire l'homme que l'on peut appeler le bon génie du village : aussi les utiles créations continuent. En 1874 et en 1875, on restaure le presbytère et la maison commune, et, en souvenir des aïeux on relève la vieille croix du cimetière de la place de la Tour; on plante d'arbres ce lieu qui, depuis dix ans, ne sert plus aux sépultures; on en distrait une partie pour agrandir la place publique et l'autre est convertie en un petit jardin pour l'instituteur. Cette place avec sa croix, son beau mur et ses grands arbres; ce jardin avec sa grille élégante sont d'un bel effet. Ils occupent un site charmant, de là, on découvre l'un des plus beaux panoramas de la Bourgogne.

En 1880 et en 1882, quand l'engouement était aux palais scolaires, l'autorité supérieure pressa Volnay d'agrandir sa maison d'école. Le maire et la municipalité résistèrent :

ils eurent le bon sens de ne pas faire des dépenses ruineuses pour perdre le riant coin de terre qui est l'ornement du manoir communal (1).

A cette époque, la charité privée et l'administration paroissiale travaillent de leur côté à la restauration et à l'embellissement de la maison de Dieu. Le chœur de l'église et une partie de la grande nef sont recrépis. Les fenêtres, déshonorées par le plein cintre, reprennent leur forme primitive qui était ogivale. Deux statues d'art, venues de Munich, un Sacré-Cœur et un saint Joseph, sont placées au-dessus de l'arc triomphal. La grande baie du chœur s'enrichit de meneaux et d'un splendide vitrail représentant le martyre de saint Cyr et de sainte Julitte, patrons de Volnay. Les autres fenêtres sont décorées de verrières qui reproduisent des scènes religieuses, ou de saints personnages.

La sacristie, qui était l'une des plus pauvres du diocèse, devient avec son grand meuble et sa boiserie en chêne l'une des plus belles des paroisses rurales.

La chapelle de Notre-Dame de Pitié n'est point oubliée : on y place deux verrières : l'une représente la scène du Calvaire et l'autre Notre-Dame de Lourdes.

Le dimanche des Rameaux 1880, la petite cloche de l'église fut brisée accidentellement; la population volnaisienne la remplaça par une autre de plus grand poids. *Julitte*, c'est le nom de cette nouvelle cloche, sort des ateliers de M. Martin, fondeur à Nancy, elle pèse six cent quatre-vingt-quinze kilogrammes. Sa bénédiction, qui eut lieu le 23 avril, dimanche du Bon Pasteur, 1882, se fit avec pompe, au milieu d'une foule considérable. Dès que la belle chanteuse fut montée au beffroi, elle fit entendre sa voix sonore, et ses aînées lui répondirent : Volnay assista à un véritable concert aérien (2).

1. *Registres des délibérations.*
2. *Registres religieux.*

Ce qui ajoute au mérite de toutes ces créations c'est qu'elles se sont accomplies malgré une série de mauvaises récoltes, comme Volnay en a peu rencontré dans le cours des âges.

Le gamay, qui occupe plus de moitié du territoire et qui contribue pour une large part à l'alimentation et à l'aisance des habitants, ne donne presque plus de fruits depuis quinze années : la récolte de 1875, seule, a fait exception. Tout semble s'être réuni pour frapper de stérilité cette partie de notre vignoble : les gelées d'hiver et d'été, la pyrale, l'écrivain, les froids et les pluies de juin, la grêle et par-dessus tout le phylloxéra, qui l'attaque avec vigueur et qui menace de le détruire. Le peu de vin gamay que récolte le vigneron trouve en outre un difficile écoulement par suite de la concurrence déloyale que lui font les vins fabriqués qui empruntent son goût, sa couleur et son nom pour tromper et éloigner l'acheteur. Si au temps du bon duc Philippe-le-Hardi le pinot réclamait la proscription du « trez mauvaiz et déloyaul gamay, » celui-ci peut à son tour demander à juste titre que les raisins secs que nous envoient la Syrie et la Grèce soient frappés de droits qui lui permettent de vivre. Cette disette de vin ordinaire est une grande perte pour Volnay et impose de rudes privations à sa population laborieuse.

Depuis de nombreuses années, à part 1875, les grands crus volnaisiens ne sont pas moins éprouvés. En 1871, 1872, 1873, 1879, 1880, 1882 les froids et les gelées attaquent les ceps et rendent les récoltes peu abondantes et de mauvaise qualité.

Dans l'hiver de 1878-1879, le vigneron est soixante-dix jours sans retourner à ses travaux. Les 22, 23 et 24 janvier, il n'ose franchir le seuil de sa demeure à cause de l'épais verglas qui couvre la terre, brise les arbres des forêts et dépeuple nos coteaux de leurs pêchers.

L'hiver de 1879-1880 est encore plus rigoureux ; c'est le plus rude du siècle. Sans la neige du 3 et du 4 décembre, qui couvrit la campagne de quarante à cinquante centimètres, notre vignoble eût été détruit par un froid vif et prolongé qui varia de seize à vingt degrés. La gelée sévit encore plus dans les vallées et les plaines que sur les coteaux et les hauteurs ; dans les régions basses, elle détruit presque tous les arbres fruitiers. Pendant soixante-deux jours d'un froid sibérien, le vigneron garde son foyer.

La grêle se met aussi de la partie pour désoler les coteaux volnaisiens ; le 26 juillet 1874, elle détruit la moitié de la récolte des grands crus ; le 17 juillet 1884, elle en perd plus des trois quarts.

Dans d'autres années de cette période calamiteuse, ce sont les insectes : la pyrale, l'écrivain, les hannetons qui dévorent le raisin. En 1886, les pluies froides de juin anéantissent presque la récolte de la fine côte.

Tous ces fléaux réunis ne sont rien comparés au phylloxéra. Il fait son apparition en 1878, dans les climats de Pluchot et de Cailleret. La plupart des vignerons nient d'abord la présence de cet insecte que l'œil a peine à distinguer, tant il est petit et infime. Mais hélas ! les plus incrédules sont forcés de se rendre à l'évidence : en 1884, les progrès du fléau sont alarmants ; en 1886, ils sont terrifiants ; l'ennemi est partout ! et dans peu d'années, le redoutable puceron aura détruit notre beau et renommé vignoble !!!

Le ravageur, *vastatrix*, c'est le surnom qu'on lui a donné, manifeste sa présence par petites places de ceps jaunes et rabougris qui sont comme des taches d'huile tombées sur le manteau vert du vignoble. Bientôt ces taches circulaires se multiplient, s'étendent, se rejoignent et le manteau a disparu.

On combat le terrible insecte par divers moyens, surtout par le sulfure de carbonne et le sulfo-carbonate de potassium. Ce dernier procédé est reconnu pour le plus efficace ; mais comme il exige de huit à dix litres d'eau par cep, il est coûteux et d'une pratique difficile. Ces remèdes retardent un peu la destruction de la vigne, mais finalement elle succombe. Il faut en faire l'aveu, jusqu'ici l'homme est impuissant devant le redoutable fléau. Que Dieu sauve la plante qui nourrit son peuple et donne le vin qui sert au divin sacrifice !

De grands deuils se joignent aux épreuves de cette époque pour attrister Volnay.

Le 26 août 1882, la paroisse perd Mme Anne-Marie-Thérèse Grozelier, veuve de M. Emile Blondeau. C'était la veuve chrétienne décrite par saint François de Sales. Elle était douée d'une rare prudence et d'une parfaite modestie. Elle aimait le service de l'église, des pauvres et des malades. « La nécessité et la simplicité étaient les deux ornements de ses habits ; l'humilité et la charité, les deux ornements de ses actions, l'honnêteté et la débonnaireté les deux ornements de son langage (1). » En mourant, elle légua une somme notable au bureau de bienfaisance pour l'assistance des pauvres, et une somme plus considérable pour faire, en temps opportun, une fondation dans une maison de charité en faveur d'une femme âgée.

Le 10 février 1885, un glas funèbre jette la consternation dans la paroisse ; il annonce qu'en ce jour on va inhumer Mlle Emilie Bavard, la mère des pauvres et des malades, l'amie et la sœur de tous. On s'entretient de la poignante nouvelle ; on pleure, on se lamente. Ce qui ajoute à la douleur commune, c'est qu'on ne pourra assister aux funérailles de la chère défunte et qu'elle reposera loin de Volnay, sa famille adoptive. Martyre de la charité, Mlle Emilie est allée mourir à Labussière-sur-Ouche, en assistant un proche parent malade.

Quelques jours après, la paroisse célèbre avec grand deuil et grande pompe un service funèbre ; et pour rappeler le souvenir et la mort de cette héroïque chrétienne,

---

1. *Introduction à la vie dévote.*

elle place, dans la chapelle de la Vierge, une magnifique couronne, au milieu de laquelle on lit cette inscription en lettres d'or gravées sur marbre :

A Mlle ÉMILIE BAVARD,
LES HABITANTS DE VOLNAY RECONNAISSANTS.
ELLE AIMA DIEU, L'ÉGLISE ET LES PAUVRES.
LE 8 FÉVRIER 1885 (1).

Au mois de juin 1886, les feuilles publiques annoncent la mort du célèbre volnaisien, M. Rossignol. Comme il est la gloire du village, nous souhaitons que ses concitoyens placent en son honneur, dans l'église où il fut baptisé, une pierre portant ces mots : *A la mémoire de Claude Rossignol, archéologue et historien, né à Volnay, le 16 février 1805, décédé à Bourbon-Lancy, le 2 juin 1886* (2).

1. Voir sa *Notice*, livre VII, chap. 7.
2. Voir sa *Notice*, liv. VII, chap. 7.

CHAPITRE VII

Esquisses et Portraits.

Au xix° siècle, Volnay fut dignement représenté dans l'Église, l'armée et les lettres. Cette humble bourgade eut des prosateurs et des poètes. Certainement tous ne furent pas dignes de siéger à l'Académie, mais tous firent honneur à leur pays et peu de village purent offrir une semblable pléiade. Esquissons quelques-unes de ces figures volnaisiennes en suivant l'ordre alphabétique.

Nous avons hésité longtemps avant de crayonner les deux portraits qui ouvrent cette galerie de famille : nous le faisons uniquement pour être fidèle à notre rôle d'historien, et ne pas contrister les nombreuses sympathies qui ont honoré notre chère sœur.

Mlle MARIE-ÉMILIE BAVARD, qui devait consacrer à Volnay la plus grande et la plus belle partie de sa vie, 33 ans, naquit à Labussière-sur-Ouche, le 23 septembre 1828. Sa mère était une femme d'une rare vertu et d'une grande foi. Elle offrait à Dieu ses enfants et les mettait sous la protection de la Vierge, dès qu'elle se sentait appelée à l'honneur de la maternité. Quand ils étaient au berceau, elle ne cessait de prier et de les bénir. Digne fille d'une pareille mère, Marie-Émilie était d'une nature douce et humble. De bonne heure son âme s'ouvrit aux nobles et pures aspirations.

Son instruction et son éducation commencées sur les genoux de sa mère, s'achevèrent à Dijon, au pensionnat de Mlle Renaudot. Quand les grandes et riches élèves virent arriver la petite paysanne avec son air timide, son costume de villageoise, elles furent tentées de sourire ; mais grande fut leur surprise quand elles l'entendirent réciter ses leçons et répondre aux interrogations de sa maîtresse : la petite paysanne excellait dans toutes les branches de l'enseignement. Au déclin de sa vie, Mlle Renaudot aimait à dire : « J'ai eu des élèves bien distinguées, mais aucune n'était comparable à mon Émilie : c'était la modestie dans le succès ; c'était la petite sainte du pensionnat. »

Comme en Marie-Émilie les grâces naturelles répondaient à la distinction de l'esprit, le monde lui fit les avances les plus séduisantes : elle repoussa tout, pour se faire la coopératrice de son frère dans le service de Dieu et des âmes. Dès lors, elle commença d'unir dans sa vie la piété, les labeurs, l'austérité de Claire d'Assise, à l'amabilité et à la charité d'Élisabeth de Hongrie.

Tertiaire de saint François, elle prit le nom de sœur Marie-Françoise des Cinq Plaies. Ce fut dans le monde la clarisse accomplie : priant, jeûnant, travaillant, prolongeant ses veilles dans la nuit, couchant sur la planche, portant le cilice et flagellant son corps. Ce corps, quand elle mourut, était tellement exténué par la pénitence, que le médecin qui l'assista dans sa dernière maladie s'écria tout ému : « Jamais, dans ma longue carrière, je n'ai rencontré pareille maigreur! quand cette demoiselle aurait été une pauvre mendiante, vivant depuis trente ans de privations, son corps ne serait pas plus décharné. » L'humilité, la grâce, l'aménité et le sourire de sœur Marie-Françoise étaient des fleurs jetées sur les épines de cette vie austère que le monde ne soupçonnait point.

Il ne voyait et ne connaissait dans cette servante de Dieu que la petite-sœur des pauvres. Avec quelle charité et quel respect elle les accueillait au presbytère! Elle les faisait chauffer en hiver; en tout temps elle les servait de ses mains, pansait leurs plaies ; souvent elle les assistait de sa propre nourriture et de ses vêtements. A l'aumône du corps elle joignait celle du cœur : écoutant les plaintes de l'indigent, compatissant à ses souffrances et lui disant un mot de Dieu et du ciel.

C'était la sœur de charité de la paroisse. Elle catéchisait les enfants idiots ; elle consolait les affligés ; elle versait l'aumône dans le sein des pauvres ; elle visitait et soignait les malades. Elle avait pour tous des attentions, des prévoyances, des délicatesses, que seul pouvait lui inspirer Jésus qui vivait en elle. Aussi les hommes les moins chrétiens, à la vue de tant d'abnégation et de dévouement, disaient : « Il n'y a pas deux personnes, en France, pareilles à Mlle Émilie. »

Le 8 février 1885, sœur Marie-Françoise, âgée de 56 ans, s'endormait dans la paix et le baiser du Seigneur, martyre de la charité, à Labussière-sur-Ouche, où elle était allée assister, dans une épidémie, un proche parent malade. « Allons, mon âme, élevons-nous vers Dieu !... » fut sa dernière parole. A la nouvelle de son trépas, l'impression générale fut de l'invoquer plutôt que de prier pour elle : tant était grande sa réputation de vertu.

Sur sa couche funèbre, qu'elle était belle, vêtue de sa pauvre robe de clarisse, et entourée de fleurs qu'elle avait faites pour une *Adoration* et que Jésus lui rendit pour honorer son dernier sommeil !... Avant sa mise au cercueil, trente-six heures après sa mort, ses membres avaient tant de souplesse, son visage respirait tant de calme et de sérénité, que des étrangères l'embrassaient comme si elle eût été leur sœur endormie.

Pour Volnay, la mémoire de Mlle Marie-Emilie est suave comme un mélange de parfums.

M. l'abbé MARIE-ÉTIENNE BAVARD, né le 19 février 1823, dans le val de l'Ouche, à l'ombre de la vieille abbaye de Labussière, près des ruines du château de Marigny, sentit de bonne heure, à la vue de cette riante vallée et de ces restes du passé, s'éveiller en lui l'amour de la nature et du moyen âge.

Sous cette inspiration, il composa les *Légendes bourguignonnes* et *Tebsima* : Tours, Mame, 2 vol. in-8° avec gravures. Ces ouvrages ont eu de nombreuses éditions. *Tebsima* a été traduit en allemand. On a dit de ce livre :

> Qui n'a lu *Tebsima*, ce ravissant poème,
> Épilogue inédit d'*Atala*, de *Réné*.
> Mais d'un *Réné* touché de la grâce suprême
> Le refuge et l'appui du cœur infortuné (1) :

Devenu curé de Volnay en 1852, M. l'abbé Bavard, consacra ses loisirs aux études historiques. En 1870, il fit paraître l'*Histoire de Volnay* : Beaune, Batault-Morot, 1 vol. in-8° avec gravures. Cet ouvrage ayant été rapidement enlevé, nous en donnons une édition nouvelle, revue, corrigée et augmentée notablement.

Attiré et séduit par la sainteté du Vincent de Paul de la Bourgogne, ce prêtre écrivit la *Vie du vénérable Joly, le père des pauvres, d'après les manuscrits et les auteurs contemporains* : Paris, 1878, Poussielgue, 1 vol. in-12, avec portrait.

La même année, la société d'Histoire et d'Archéologie de Beaune publia dans ses *Mémoires*, du même auteur, une curieuse *Notice historique et descriptive sur Bessey-en-Chaume*, où il avait fait ses débuts dans le ministère pastoral.

Le 27 janvier 1880, M. l'abbé Boudrot mourait, léguant au curé de Volnay les documents qu'il avait recueillis sur cet « admirable hospital de Beaune qui n'a pas son égal au monde (2) » et dont il désirait raconter l'histoire. L'héritier de ces précieux manuscrits ne put se résoudre à voir périr tant de labeurs et tant de richesses ; par respect pour la mémoire de son ami, il écrivit le livre qu'il rêvait. L'année suivante, M. Batault-Morot éditait, à Beaune, un splendide volume orné de nombreuses gravures et portant

1. *Roses de Noël*, par Joseph Petasse.
2. Guillaume Paradin.

ce titre : *L'Hôtel-Dieu de Beaune. — 1443-1880, — par M. l'abbé E. B., curé de Volnay, membre de plusieurs sociétés savantes, d'après les documents recueillis par M. l'abbé Boudrot, aumônier de l'Hôtel-Dieu.*

M. l'abbé FRANÇOIS BISSEY naquit à Volnay, le 18 juillet 1811 : il fit ses études dans les séminaires diocésains. Promu au sacerdoce le 28 mai 1836, il fut successivement vicaire d'Auxonne, curé de Champignolle, de Coromble et de Larochepot. Sa belle conduite pendant le choléra qui, en 1866, décima cette dernière paroisse, lui mérita une médaille d'honneur.

Dans les heures que lui ont laissées le soin des âmes et la prière, il a composé la *Chronique de Larochepot*, 2 vol. in 4°. On trouve dans ce manuscrit de curieux détails sur l'église romane, les seigneurs, l'antique château féodal et l'histoire contemporaine de cet intéressant village.

La Société d'Histoire de Beaune a publié dans ses *Mémoires* des extraits de cette *Chronique* : *La Généalogie des Pot*; une *Notice sur les Pot, seigneurs de la Roche-Nolay*; et une *Notice biographique sur M. l'abbé Bredault*.

M. LÉONCE BIZOUARD DE MONTILLE, né à Beaune le 24 février 1828, ancien capitaine de chasseurs à pied, est l'un des propriétaires des grands crus de Volnay; où il passe une partie de l'année dans sa charmante villa. Il a les goûts artistiques et littéraires des gentilshommes d'autrefois.

L'église de Volnay doit à sa générosité la belle verrière du martyre de saint Cyr et de sainte Julitte qui décore la grande fenêtre du chœur.

Parmi les précieux manuscrits de l'hôpital de Beaune, figure le *Roman de Girard de Roussillon*. M. de Montille se passionna pour ce personnage qui est, après Roland, le héros principal de nos chansons de Gestes. Aidé de

M. l'abbé Boudrot, de M. L. Cyrot, il déchiffra le fameux manuscrit ; puis, il le collationna avec soin, l'enrichit d'une large introduction et d'un glossaire et, en 1880, le fit paraître chez M. Batault-Morot avec son vieux titre : « Chroniques des faiz de feurent de Monseignr Girart de Rossillon. A son vivant duc de Bourgoigne et de dame Berthe sa femme, fille du conte de Sans. Que Martin Besancon fist escpre en l'an M.CCCCLXIX. *Publiées pour la première fois d'après le manuscrit de l'Hôtel-Dieu de Beaune, augmentées des variantes des autres versions.*

M. de Montille est secrétaire de la Société d'Histoire, d'Archéologie et de Littérature de Beaune, membre de la Société française d'Archéologie et de plusieurs autres sociétés savantes.

M. l'abbé LOUIS DUBOIS, né à Bassoncourt, dans la Haute-Marne, le 10 février 1810, fit ses études littéraires à Langres et sa théologie à Dijon. Là, il se fit remarquer parmi ses condisciples, et Mgr Rey, le nomma, le 20 septembre 1832, à la chaire de philosophie du Grand Séminaire. Le jeune professeur eut la bonne fortune de rencontrer à Dijon le président Riambourg, l'un des grands philosophes du siècle ; il profita des leçons de cet homme éminent et contracta près de lui les goûts d'étude qui firent le charme et l'honneur de sa vie. Sous sa direction, il entreprit un grand ouvrage sur les *Sacerdoces*, qui est resté manuscrit.

Appelé à la cure de Volnay, en 1837, l'abbé Dubois y fit ses débuts comme écrivain. Il publia, en 1840, une courte *Notice sur la Paroisse, l'Église, le Village et l'Association des vignerons de Volnay*. Cet opuscule a eu deux éditions.

Enhardi par cet essai, le jeune auteur se livra aux études historiques. Dans son enfance, il avait erré sur les ruines d'une abbaye voisine de son pays natal, et il avait évoqué dans sa pensée les ombres des cénobites qui y vécurent. Poursuivi dans le presbytère de Volnay par ces souvenirs, il écrivit l'*Histoire de l'Abbaye de Morimond, quatrième fille de Cîteaux.*

Voici un rapide résumé de cet ouvrage. M. l'abbé Dubois montre dans une large introduction que le monachisme est un élément essentiel de la vie religieuse de l'humanité, et que dans l'Église du Christ l'avénement d'un institut cénobitique est un bienfait providentiel en harmonie avec l'époque où il paraît. — Après cette étude, il raconte l'histoire de l'Abbaye de Morimond. Les origines de ce monastère furent humbles : ce fut le grain de sénevé jeté dans une bonne terre : il germa, il grandit, ses racines plongèrent dans le sol, ses rameaux s'étendirent à l'Orient et à l'Occident, et les oiseaux du ciel vinrent s'y reposer. Dieu donna à cette abbaye une fécondité prodigieuse : elle envoya des colonies dans la Bavière, l'Autriche, la Bohême, la Hongrie, la Pologne, la Moravie et la Bulgarie; elle peupla de couvents l'Espagne et le Portugal. Elle compta dans sa filiation près de sept cents monastères des deux sexes. Dans le Nord, les cénobites de Morimond exercèrent une salutaire influence sur l'état religieux, agricole et social des races slaves et germaniques, et ils établirent une sainte fraternité entre les peuples chrétiens : « ce fut sur la bouche virginale des moines que la Pologne donna à la France son premier baiser. » Dans le midi, Morimond posa une digue à l'Islamisme, et affranchit l'Espagne du joug humiliant des Maures, en fondant les ordres militaires de Calatrava et d'Alcantara.

Ce livre eut du succès, il fut traduit en allemand et en espagnol, et il obtint plusieurs éditions.

En 1849, M. l'abbé Dubois fut appelé à la paroisse de Messigny près de Dijon. Dans ce nouveau poste, il continua ses études sur l'Ordre de Cîteaux. Il publia, en 1867, l'*Histoire de l'abbé de Rancé et de sa Réforme, composée avec ses écrits et des documents inédits*, 2 vol. [in 8°. Cet ouvrage, remarquable comme le précédent, mérita à son auteur les éloges d'écrivains éminents. A la suite de ce nouveau succès, Mgr Rivet créa l'abbé Dubois chanoine honoraire.

Ce savant termina ses études sur l'Ordre cistercien, en écrivant une *Notice sur Notre-Dame de Cîteaux*, pour la grande *Histoire de Notre-Dame de France*.

Les dernières années de M. l'abbé Dubois furent remplies d'épreuves. En 1870, lui et la paroisse de Messigny eurent grandement à souffrir de l'invasion prussienne ; son jardin fut même le théâtre d'un combat acharné. L'année 1871 mit le comble à son amertume et à son deuil, son ancien condisciple, son ami, Mgr Darbois tomba sous les balles de la Commune.

Une maladie de cœur succéda à de si poignantes émotions ; elle fut longue et douloureuse. Le 14 mai 1875, M. l'abbé Dubois, muni du divin Viatique, mourut plein de foi et d'espérance, voyant dans le trépas le sommeil qui finit et le rêve qui s'en va, le jour qui se lève et la vie qui commence avec la vraie félicité.

M. l'abbé J.-B. GIRARDOT prend aussi place dans cette galerie de famille comme ancien curé de Volnay. Il naquit à Dijon, le 31 mai 1802 : il fit ses humanités à Langres et sa théologie dans sa ville natale. Il remplit dans le diocèse plusieurs postes : il fut successivement curé de Bouilland, directeur du Grand Séminaire, secrétaire de Mgr Rivet, curé de Saint-Sauveur, de Volnay, de Montbard et de l'importante paroisse Saint-Michel de Dijon. Partout il laissa sur son passage le suave parfum que répand une vie éminemment sacerdotale.

Il mourut à Dijon le 19 novembre 1865. « La mort de ce prêtre fut le digne couronnement de sa vie. Dès qu'on l'eut averti de la gravité de son état, il demanda avec instance et reçut avec les marques de la plus vive piété les derniers sacrements. Au moment de se nourrir du saint Viatique, il éleva la voix malgré son extrême faiblesse et exprima dans les termes les mieux sentis sa foi et son ardente charité; à ce moment suprême son âme déjà prête à quitter son corps mourant semblait se révéler tout entière. Les témoins de cette scène pleuraient à chaudes larmes (1). »

D'après le désir qu'il en avait exprimé, M. Girardot fut transporté à Nuits, berceau de sa famille, et inhumé près de son père et de sa mère.

En mourant, il n'oublia point sa chère paroisse de Volnay; il écrivit ces lignes dans son testament : « Je laisse mon âme à Dieu mon créateur; je le prie d'oublier toutes mes fautes, et par les mérites de Jésus-Christ et de sa très sainte Mère, de me recevoir dans son saint Paradis. Amen! — Je lègue à la fabrique de Volnay mille francs, à la charge par elle de placer cette somme sur l'Etat, et de faire acquitter pour le repos de mon âme, une messe basse, le premier mercredi de chaque mois, à perpétuité (2). »

Ce prêtre avait une très grande facilité pour composer des vers français. Dans sa jeunesse, quand il visitait la petite ville de Nuits, il aimait à se retirer dans le solitaire vallon de la Serrée et à rêver sur les ruines d'une chapelle de la Vierge. En 1856, Madame la comtesse de Lupé reconstruisit cet oratoire; ce fut pour M. l'abbé Girardot la révélation de son talent poétique, il prit la harpe et chanta la Madone du Rocher.

L'accueil fait aux *Trois cantiques en l'honneur de Notre-Dame de la Serrée* inspira à l'abbé Girardot les *Chants à Marie immaculée*, 41 cantiques. — Le dernier chant de ce poëte fut pour Notre-Dame de Volnay, et les dernières notes tombées de sa harpe furent ce cri jeté à la Vierge :

> A Volnay gardez votre empire,
> Qu'il fleurisse tous les jours;
> Que nos cœurs aiment à redire,
> Notre-Dame, à vous pour toujours!

1. *Chronique du diocèse de Dijon.*
2. Minutes de l'étude Blondel, à Dijon.

Sœur JEANNE-FRANÇOISE (Maria Pillot) naquit à Volnay le 15 janvier 1843. Comme Samuel, elle fut élevée à l'ombre du sanctuaire. Elle passa ses premières années dans la maison de son oncle, curé de Charigny, petite paroisse de l'Auxois, ce fut là que furent jetés dans cette âme ces germes de vertu qui devaient produire une si riche moisson.

M. l'abbé Pillot étant nommé secrétaire particulier de Mgr Rivet, l'éducation de l'enfant fut confiée aux religieuses de Saint-Vincent de Paul de Dijon. Dans cette école de la charité et du dévouement, Maria crût en âge et en sagesse, laissant épanouir chaque jour davantage ces qualités de l'esprit et du cœur dont le Ciel s'était plu à la combler. Ceux qui vivaient avec elle admiraient son aimable simplicité, sa grande douceur, sa rare modestie et sa candeur angélique. La limpidité de son regard, la pureté de son sourire pénétraient l'âme d'une salutaire émotion. « Auprès d'elle, dit une de ses compagnes, l'odeur de ses vertus me portait au bien ; loin d'elle, son souvenir m'éloignait du mal. » La petite Maria allait avec les sœurs de Charité visiter les malades et les pauvres : à l'aspect de la souffrance, ses yeux se voilaient de larmes et ses mains s'ouvraient pour donner les pièces de monnaie qui étaient la récompense de ses succès d'école.

Plus tard, l'enfant fut placée au couvent des Ursulines de Montigny-sur-Vingeanne, pour acquérir une instruction plus solide. Là, elle n'avait plus ses chers pauvres à visiter : pour satisfaire le besoin de charité qui dévorait son âme, elle se fit l'apôtre et la trésorière de l'œuvre de la Sainte-Enfance : elle recueillit des aumônes et organisa des loteries en faveur des petits Chinois. Pour venir en aide à ses protégés, elle s'imposa les plus héroïques sacrifices. Elle recevait chaque année de belles étrennes : des jouets, des images et des livres charmants. Loin de toucher à des dons qui lui étaient d'autant plus précieux qu'ils venaient de personnes tendrement aimées, elle organisait aussitôt un petit magasin, et annonçait une vente au profit du rachat des petits infidèles. Les élèves, s'associant avec générosité à l'œuvre de leur compagne, se pressaient à l'étalage et montaient à beaux deniers les objets mis à l'enchère. Ces joies étaient si douces au cœur de Maria qu'elle aimait à les renouveler : elle mangeait du pain sec à ses déjeuners et à ses desserts ; et après quelques semaines de privations, la petite marchande reparaissait à l'étalage et mettait à l'encan les fruits qu'elle avait conservés.

Volnay ne vit cette enfant qu'au temps des vacances. Les jours de délassements de la pensionnaire annonçaient la future religieuse, comme le printemps promet les fruits que donnera l'automne. Elle ne se plaisait que dans la maison paternelle et le sanctuaire de Dieu. On eut dit que son bon ange eut révélé à cette jeune âme la brièveté de son pèlerinage et le prix du temps. On trouve sur notre montagne une petite fleur constamment tournée vers le soleil : elle le salue à son aurore, elle le fixe à son midi, et le soir, quand il a disparu à l'horizon, sa tête se penche languissante : Maria rappelait la plante de la montagne, son soleil était l'Eucharistie ; le matin, au milieu du jour et au crépuscule on la trouvait recueillie devant le tabernacle.

A l'âge de quinze ans, cette jeune fille entra postulante au monastère de la Visitation de Dijon : là, elle reçut le nom de sœur Jeanne-Françoise. Comme elle avait une intelligence d'élite, on lui confia une classe du pensionnat. Cette religieuse possédait un merveilleux talent pour former les cœurs et élever les âmes ; elle savait rendre à ses écolières la vertu aimable et le devoir facile. Chaque fête ramenait une gracieuse pratique : quelques jours avant Noël, la petite famille préparait le berceau de l'Enfant-Dieu ; la crèche et les langes étaient les emblèmes des plus suaves vertus de l'enfance ; à la Présentation, les élèves devaient accompagner la Vierge, en portant chacune au Temple un panier plein de colombes ; ces colombes symbolisaient les sacrifices accomplis durant le mois.

A vingt ans, sœur Jeanne achevait sa course : déjà sa couronne était prête et sa gerbe était faite. Elle emportait dans la tombe la grâce baptismale et les richesses d'une longue vie : car « ce n'est pas l'âge qui fait la vieillesse, c'est une vie immaculée (1). » Voici en quels termes on nous annonça sa fin.

« La mort de sœur Jeanne-Françoise a présenté, comme sa vie, les marques d'une véritable prédestination. Depuis dix mois, elle annonçait sa mort à ses compagnes qui, à la vue de sa jeunesse et de sa robuste santé, s'amusaient de ces étranges prédictions.

« Au mois d'octobre 1863, elle fit une retraite de dix jours ; à la fin de ces pieux exercices, elle écrivit de son sang ces paroles : « *Dixi nunc cœpi!...* » et demanda à Dieu la grâce de mourir, plutôt que d'être infidèle à la résolution qu'elle prenait d'être tout à lui.

« Le jour de la Présentation de la sainte Vierge, fête où la communauté renouvelle ses vœux, après les avoir solennellement renouvelés elle-même et les avoir inscrits sur le grand livre du monastère, elle fut envoyée à l'infirmerie. Déjà elle ressentait les premières atteintes du typhus qui alors ravageait Dijon.

« Durant ses cruelles souffrances et dans son délire, ses lèvres exprimaient des sentiments si parfaits, que les religieuses qui la servaient étaient attendries jusqu'aux larmes.

« Enfin, le saint jour de l'Immaculée-Conception, 8 décembre 1863, quand sur la terre sa chère communauté terminait l'office du soir, à l'instant même de la Bénédiction du très Saint-Sacrement, elle s'envolait au ciel pour célébrer éternellement les glorieux privilèges de sa divine Mère.

« A ce moment suprême où ses forces étaient éteintes, ses yeux fermés, ses lèvres et sa langue glacées par l'agonie, il s'est produit en elle un acte qu'il est difficile d'expliquer naturellement. A trois différentes reprises, séparées seule-

1. Sagesse, chap. IV, v. 9.

ment de quelques secondes, en présence des sœurs qui veillaient pour recueillir son dernier soupir, elle a subitement relevé la tête et ouvert ses grands yeux comme devant une apparition extraordinaire, et dans une surprenante agitation elle s'est écriée : « Ma Mère!... ma Mère!... ma Mère!... » Après la troisième reprise, elle a expiré.

« En même temps, la Bénédiction s'achevait dans la chapelle du monastère, et l'on entonnait le *Laudate Dominum* (1). »

M. le baron EUGÈNE JOBARD du MESNIL, né le 10 septembre 1803, est l'un des propriétaires des grands crus de notre vignoble. Depuis de longues années, il vit retiré dans sa villa de Volnay. Il a consacré ses loisirs à traduire en vers les *Psaumes de David*. Il a joint à cette œuvre la traduction des plus belles hymnes de l'Eglise. Il a publié plusieurs éditions de ces poésies sacrées.

En 1877, parurent à Dijon, imprimerie Darantière, les *Fables de La Fontaine*, avec ce sous-titre : *Les fautes de langue ont été corrigées* par le Baron Eugène du Mesnil. L'éditeur exposa en ces termes les proportions et le but de ses retouches :

« Clio a retouché plus de douze cents vers, émoussé quelques traits de misogyne et de mauvais ton, et remplacé les fables du *Soleil et des Grenouilles* et de la *Ligue des Rats*.

« La langue française parlée incorrectement et avec autant de charme est d'un mauvais exemple. »

La témérité du Volnaisien mit le Parnasse en émoi; le doyen des poètes bourguignons s'écria dans son indignation et sa douleur :

> Fables de La Fontaine, ô perles à l'eau pure,
> Diamants irisés, rubis sertis dans l'or.
> Un poète a tenté, brisant le sertissure,
> De vous substituer un plus riche décor.

1. *Vie manuscrite de sœur Jeanne-Françoise*, par M. l'abbé Pillot.

Baron, vous avez fait un acte sacrilège.
. . . .

Quel malheureux esprit vous trouble et vous inspire?
Vous avez travesti les *Psaumes de David*,
Ces hymnes inspirés exhalés de sa lyre ;
Il ne vous reste plus qu'à retoucher le *Cid*.

Refaire La Fontaine, épurer son langage,
C'est un lourd contre-sens, c'est une énormité ;
C'est ôter à l'oiseau ses ailes, son plumage,
Et ravir son parfum à l'œillet velouté (1).

Clio ne s'effraya point : en 1884, les *Fables de La Fontaine* reparurent avec des corrections et des additions nouvelles.

M. JULES JOBARD du MESNIL-MARIGNY, né le 15 avril 1805, ancien officier de marine, est comme son frère l'un des riches propriétaires volnaisiens. Il a pris place parmi les économistes de notre époque. Voici les titres de ses principaux ouvrages : *De la liberté des ventes aux enchères ou débouché nouveau à ouvrir à Paris pour les marchandises de toutes espèces*. 1 volume in-8°; cet ouvrage a eu trois éditions ; — *Question du libre-échange*, 1 volume in 8°, cet ouvrage a été traduit en allemand et en anglais ; — *Les Libres-Échangistes et les Protectionnistes conciliés*, 1 volume in-8°, ce livre a eu deux éditions ; — *Catéchisme d'économie politique*, 1 volume in-12 ; — *Le Râle de l'industrie française et le traité de commerce*, 1 volume in-12 ; — *L'Histoire de l'économie politique*, 2 volumes in-8°. Il mourut à Paris, le 23 avril 1885.

M. ERNEST de NEUCHÈSE, propriétaire de cette maison Chatellenot autour de laquelle nous avons vu une lutte si ardente, naquit en 1810 et fut élevé à Saint-Cyr : il représenta glorieusement le village dans les rangs de l'ar-

---

1. *Les Brises des Montagnes*, par Joseph Petasse, p. 47.

mée. Il mérita, en 1855, par sa bravoure dans la guerre de Crimée, la croix d'officier de la Légion d'honneur.

Ce militaire, avide de périls et de gloire obtint de prendre part à la campagne d'Italie. Le 24 juin 1859, étant lieutenant-colonel du huitième régiment de ligne, il se trouva en face des hauteurs de Solférino, qu'il fallait enlever sous le feu plongeant des batteries autrichiennes. Plusieurs fois le régiment tenta l'assaut : mais il fut repoussé avec des pertes énormes et le colonel tomba parmi les morts.

Les soldats sentaient faiblir leur courage. Alors M. de Neuchèze, saisissant d'une main un drapeau et de l'autre montrant l'ennemi de la pointe de son épée, s'écria : « Enfants, c'est ici qu'il faut vaincre ou mourir. En avant !!! » Aussitôt il s'élança vers les tourbillons de flammes que vomissaient les canons et la mousqueterie.

Les deux corps d'armée se heurtèrent dans le feu et le sang. La lutte fut terrible. Le lieutenant-colonel supporta le fort de l'orage : il fut criblé de blessures, néanmoins il se battait comme un lion. A la fin, il tomba épuisé : les Autrichiens, jetant un cri de joie, se précipitèrent sur lui et arrachèrent ses décorations et ses épaulettes. Les Français défendirent le corps de leur chef et vengèrent sa mort, en faisant autour de lui un horrible carnage. Le lieutenant-colonel fut tué, ses insignes disparurent dans la tempête ; mais la batterie fut enlevée et ce vaillant coup de main contribua au succès de la journée.

M. Ernest de Neuchèze mourut au champ d'honneur à l'âge de quarante-neuf ans : son corps repose dans un coin ignoré de la Lombardie (1).

M. l'abbé PIERRE PILLOT, naquit à Volnay, le 4 avril 1810 ; il fit ses études dans les séminaires diocésains ;

1. Ce glorieux épisode nous a été raconté par la mère de M. de Neuchèze, née de Chatellenot, qui tenait ce détail des compagnons d'armes de son fils.

il fut consacré prêtre le 25 juillet 1839. Il passa les premières années de son sacerdoce dans l'enseignement, au Séminaire de Plombières. En 1843, il fut appelé à la cure de Charigny-en-Auxois. En 1847, Mgr Rivet l'attacha à sa personne en qualité de secrétaire intime, et en 1861 il le nomma vicaire-général. M. l'abbé Pillot prit une part active aux principales œuvres qui marquèrent le long et fructueux épiscopat de Mgr Rivet.

En 1851, ce prêtre volnaisien publia un livre intitulé : *Marie !* Il en fit deux tirages, l'un français et l'autre latin-français. « Cet ouvrage, malgré son petit volume, dit Mgr Rivet, est peut-être le plus complet qui ait été composé jusqu'ici en l'honneur de la très sainte Vierge, et on en trouverait difficilement un autre qui ait mis plus vivement en relief les glorieuses prérogatives de cette créature divinement privilégiée et bénie entre toutes les femmes. »

Un docte ami de l'auteur, après avoir lu son livre lui écrivit une gracieuse épître latine, où nous remarquons ces vers :

> Nullus divinior unquam
> Auribus humanis sonuit, nec suavior hymnus
> Nempe melos qui dulce sibi promptsisse videtur
> Vatibus è sacris et fonte hausisse superno (1).

L'abbé Pillot a composé plusieurs autres ouvrages qui ne sont que manuscrits. En 1871, il a érigé sur la montagne de Volnay la belle statue de Notre-Dame des Vignes.

M. CLAUDE ROSSIGNOL est né à Volnay le 16 février 1805 : son père était un honnête artisan. L'enfant paraissait peu favorisé de la nature : il bégayait, il louchait et son intelligence fut longtemps à se développer. Sa mère pleurait amèrement en entendant le magister du village lui

---

1. Jamais hymne plus suave et plus divine ne retentit aux oreilles des humains ; on dirait que son harmonie est empruntée aux chants des prophètes et puisée aux sources sacrées.
(Zacharie de LABORDE.)

dire : « Votre fils ne pourra jamais parler, ni lire, ni écrire. »

Quand Claude eut atteint sa treizième année, son père lui mit le tablier de travail et l'installa à côté de lui dans son atelier. Le jeune Rossignol était morne comme un oiseau ravi au grand air et au soleil, et enfermé dans une cage ; il se mourait d'ennui et parfois de grosses larmes roulaient sous ses paupières.

Son bon génie lui ayant révélé qu'il était appelé à de plus nobles destinées, il dit un jour à son père : « Je ne veux pas être ouvrier, je veux faire mes études. » — « Mon enfant, lui fut-il répondu, je suis pauvre et chargé de famille, et tu as la tête bien dure ; tu le vois, l'entreprise est difficile ! » — « Mon père, je me sens du courage et vous m'avez appris à me confier en Dieu ; avec cela on est fort contre les difficultés. » — L'artisan embrassa son fils et lui promit de l'aider à faire ses études.

Pour ne pas obérer le budget plus que modeste de la maison paternelle, Claude, pendant seize mois, se rendit chaque jour, quelque temps qu'il fit, chez un petit grammairien de Beaune. Après ce rude apprentissage, il entra en cinquième au collège de la ville. Il était de haute stature et dépassait de la tête tous ses condisciples ; mais sa science était si médiocre que, pendant plusieurs mois, il fut le dernier de la classe. Les quolibets des élèves, les traits acérés du professeur ne découragèrent point le pauvre enfant, Dieu bénit ses efforts, à la fin de l'année il remportait un prix et un accessit.

En quatrième, Claude atteignit la première moitié de sa classe. Il se distinguait par une grande facilité à composer des vers français et latins. L'une de ses pièces françaises mit en émoi le collège. Le professeur ayant un jour laissé ses élèves choisir le devoir qui leur plairait, le caustique Volnaisien en profita pour se venger des avanies reçues. Le lendemain, il présenta une fable en beaux vers. Le sujet était piquant ; il s'agissait de deux ânes qui cheminant ensemble sur la route de Beaune arrivèrent en présence

d'un magnifique chardon. Qui aura le friand morceau?...
Une vive contestation s'élève entre les deux voyageurs. Ne
pouvant s'accorder, ils prennent pour juge un certain monsieur aux oreilles longues et au front étroit, en qui ils
remarquent certains airs de famille. Le juge dans un long
examen dévore feuille par feuille le chardon.

Les plaideurs regardent en se demandant quelle sera la
sentence. L'arbitre dit d'un ton de Président : Pour ses
frais, la Cour s'adjuge le chardon. Quant à vous, amis,
allez en paix.

La fable piqua au vif les Beaunois, ils crurent y reconnaître de transparentes allusions; et il y avait sur les bancs
des fils de juges, d'avocats et de procureurs qui proposèrent de payer les alexandrins du nouveau Piron avec une
volée de bois vert. Heureusement cet avis ne fut point
goûté. Claude était si joyeux camarade qu'on lui pardonna.

Comme à cette époque on n'enseignait pas le grec au
collège, l'infatigable écolier résolut de se livrer à l'étude de
cette langue. Il découvrit à Beaune un savant helléniste
qui avait professé en Italie; il le pria d'être son maître : il
traduisit sous sa direction Homère et les chefs-d'œuvre
des tragiques grecs. Le vieux professeur émerveillé de
l'intelligence de son élève et de son aptitude pour les
langues lui enseigna l'italien. Par mode de récréation, les
soirs, ils lisaient ensemble la *Gérusalem Libérata*. Après
une année d'étude, Claude parlait l'italien et composait des
poésies dans la langue du Tasse.

En rhétorique, il fit une ample moisson de couronnes.
Pendant ses années de collège, le jeune Volnaisien fut, par
la gaieté franche de son caractère et la vivacité de son intelligence, le centre des autres élèves; il se lia intimement
avec un jeune adolescent de Combertaut, J.-B. Pallegoix,
qui fut plus tard évêque de Siam et orientaliste distingué.

Claude Rossignol, après avoir fait sa philosophie à
Plombières et une année de théologie au Grand Séminaire

de Dijon, se livra à l'enseignement. M. le baron de Bretenières, premier président de la Cour de Dijon, redoutant pour son fils la mortelle influence de la philosophie professée à un faux point de vue, chargea M. Rossignol dont il connaissait la haute capacité, d'initier ce jeune homme à cette science. Les leçons du maître confirmèrent dans l'élève les saintes et nobles traditions de la famille ; et plus tard il eut la gloire d'être, à Dijon, l'un des tenants les plus fermes et les plus généreux de la cause religieuse, et le père de Just et de Christian de Bretenières, qui furent l'un apôtre de la Corée et martyr de la foi, et l'autre le restaurateur du berceau de saint Bernard et le créateur de collèges catholiques.

Le vieux Président témoigna sa gratitude au jeune précepteur en lui confiant l'éducation de ses deux neveux, les fils de Nansouty. M. Rossignol leur enseigna les langues classiques et la littérature ; et explora avec eux les plus hautes questions de philosophie et de religion. Ces deux élèves firent honneur à leur maître : l'un mourut très jeune, étant un officier de marine de grand mérite, et l'autre est aujourd'hui général et commandeur de la Légion d'honneur.

L'infatigable précepteur ne prenait d'autre délassement que celui d'assister aux séances de la Société des Bonnes Études, où il rencontrait l'élite de la jeunesse studieuse de la province, et particulièrement MM. Henri Lacordaire, Théophile Foisset, le poète Brugnot et le marquis d'Andelarre.

Pendant que ses élèves étaient occupés à l'étude, il consacrait son temps à des traductions italiennes, et à de savants travaux sur les langues, la philosophie et la religion.

En 1834, il publia la traduction de l'*Histoire des Hérésies*, par saint Liguori, 2 vol. in-12 ; des *Sermons*, du même auteur, 2 vol. in-12 ; la *Vie* de ce grand saint, un vol. in-12. — Les *Prisons* de Silvio Pellico ayant paru,

M. Rossignol se sentit ému en lisant ces pages pleines de larmes et de touchante simplicité; il adressa à l'auteur une lettre italienne remplie de cœur et d'enthousiasme. Celui-ci répondit à son admirateur par l'envoi de deux volumes de *Poésies* qu'il venait d'achever. Quelques mois après, en 1837, une traduction des deux volumes paraissait sous le nom de C. Rossignol et était rapidement enlevée. — Le jeune traducteur se mit en relations avec une autre gloire italienne, en 1838, il traduisit la *Morale catholique de Manzoni*. — Voulant prouver à l'Italie que la Bourgogne est aussi le pays des belles productions intellectuelles, il envoya en 1840, au-delà des Alpes, une *Traduction de la Vérité Catholique* de M. Nault, procureur général à la Cour de Dijon.

Dans ce même temps, le traducteur se livrait à des travaux approfondis sur les langues, dont l'étude demeura toujours l'une des passions de sa vie. En 1835, il publiait des *Études sur la langue hébraïque*. Plus tard, il faisait paraître successivement : *les Radicaux de la langue grecque dans leurs rapports avec les langues latines et néolatines* (1854); et un *Dictionnaire des Racines de la langue grecque comparées* (1860). Ce laborieux philologue a en outre composé : un *Dictionnaire des Racines de la langue allemande, comparées avec ses congénères*; et un *Dictionnaire du français à son berceau comparé au patois bourguignon* : ces deux ouvrages sont manuscrits.

Cet esprit sérieux quittait les études de linguistique pour s'occuper de questions religieuses. En 1836, il publiait un ouvrage intitulé : *La Religion d'après des documents antérieurs à Moïse*. Il faisait paraître, en 1840, dans les *Annales de Philosophie chrétienne*, une dissertation sur le *Prométhée d'Eschyle* au point de vue des rapports que ce mythe peut avoir avec les traditions bibliques les plus reculées. Le succès de cette étude, qui fit sensation dans le monde savant, engagea son auteur à publier dans la même *Revue* un travail sur *Quelques relations remarquées entre les signes hiéroglyphiques égyptiens et le sens de certaines expressions hébraïques.*

En 1841, la Bourgogne perdit M. Maillard de Chambure, archéologue distingué et Conservateur des Archives de la Côte-d'Or; le préfet, M. Nault de Champlouis, lui donna pour successeur M. Rossignol, dont il appréciait l'activité et l'intelligence. Le jeune savant, installé au palais des Archives, se mit à classer les richesses historiques de la province. Il fit l'*Inventaire sommaire des Archives de Bourgogne*, en 2 vol. in-4°, le premier est précédé d'une *Notice sur la Chambre des Comptes de Dijon*. Cet ouvrage fut publié en 1863 et en 1864. Il a été trouvé si méthodique et si remarquable qu'il a servi de modèle à tous les archivistes des départements, et un inventaire semblable a été ordonné dans tous les chefs-lieux de préfecture. M. Joseph Garnier est le digne continuateur de cette œuvre.

Ce travail de bénédictin ne suffit pas à la prodigieuse activité de M. Rossignol, il trouva du temps pour faire un cours d'archéologie chrétienne au Grand Séminaire de Dijon et remplir la charge de secrétaire de l'Académie de cette ville.

Ayant été élu membre de cette société savante, en 1841, il lui paya un glorieux tribut dès sa première année. Strauss ayant eu l'audace d'envoyer, comme une sorte de défi, sa prétendue *Vie de Jésus-Christ*, à l'aréopage dijonnais; M. Rossignol releva le gant. Il répondit par deux volumes de *Lettres sur Jésus-Christ*, au docteur allemand et au juif Salvador qui venait aussi d'insulter le Christ. L'ouvrage demeura sans réplique, il mérita à son auteur une lettre de félicitations de Pie IX.

En 1842, la Commission archéologique de Dijon admit M. Rossignol dans son sein et le nomma secrétaire. Outre des comptes-rendus annuels rédigés avec talent, il lut à cette société savante : une *Notice sur saint Bernard et sa statue*, une *Histoire de l'abbaye de Saint-Seine*, et des

Rapports pleins d'intérêt *sur des antiquités gallo-romaines découvertes à la source de la Seine et sur divers points du département.*

Pendant que l'Archiviste dijonnais s'occupait d'histoire, de controverse et d'archéologie, un formidable orage se formait dans les sphères politiques : il éclata au mois de février 1848 ; le trône fut brisé et la République fut proclamée. Notre savant semblait devoir être à l'abri de la tourmente par des services rendus à la science et aux lettres, et par une vie pure et paisible passée loin des luttes de partis ; il n'en fut rien : le proconsul du département le chassa des Archives. Ce coup était rigoureux, M. Rossignol était pauvre et il se trouva subitement, avec sa famille, sans abri et sans pain.

Il résolut de demander aux lettres le pain qui lui manquait ; voulant se livrer au haut enseignement, il subit un examen de licencié ès-lettres : il conquit glorieusement son diplôme.

Au lieu d'être professeur, il devint journaliste. On lui offrit à Beaune la rédaction d'une feuille démocratique : il accepta, à la condition que le journal changerait de couleur en changeant de rédacteur. La feuille beaunoise fit volte-face et conquit bientôt la première place dans la presse départementale.

L'habileté de M. Rossignol comme polémiste inspira aux conservateurs dijonnais la pensée de s'en servir pour créer un journal d'ordre. Un appel fut fait aux hommes notables appartenant aux opinions modérées, et l'*Union* fut fondée avec cette épigraphe : *Pro aris et focis, pour la défense des autels et du foyer.* L'entreprise dépassa toute espérance, grâce au talent du rédacteur : et quelques mois après, son successeur écrivait ces mots qui caractérisent le rôle que M. Rossignol joua comme journaliste : « L'*Union*, dit-il, vient à peine d'entrer dans le sixième mois de son existence, et elle compte plus de seize cents abonnés, et chaque jour voit grandir à la fois son influence morale et sa prospérité matérielle. Ce résultat, peut-être unique dans les souvenirs de la presse départementale, l'*Union* le doit à l'honorabilité de ses fondateurs et au talent consciencieux de son rédacteur en chef, M. Rossignol, à la modération persévérante de sa politique, à son respect profond pour tout ce qui est respectable aux yeux de la conscience humaine : la famille, la propriété, la morale publique, les pouvoirs publics, la loi. Elle le doit à la position hautement indépendante qu'elle a su prendre au milieu des partis, et au rôle conciliateur qu'elle s'est ménagée sur le terrain des principes entre les éléments divers dont se compose la majorité. »

Au mois d'août 1849, M. Rossignol fut heureux de quitter l'arène des luttes politiques, pour reprendre ses anciennes et paisibles fonctions qui lui furent rendues par un vote unanime du Conseil des Archives de France. Le savant et laborieux écrivain profita du riche dépôt confié à ses soins, pour continuer l'œuvre de M. de Barante et écrire l'histoire de la Bourgogne pendant la période monarchique. Dans l'espace de quelques années, il publia de remarquables travaux historiques dont voici les titres : *Des libertés de la Bourgogne d'après les jetons frappés par ses États*, un volume in-8° (1851), ouvrage couronné par l'Institut; — *Histoire de la Bourgogne sous Louis XI* (1853), un vol. in-8°; — *La Bourgogne sous Charles VIII* (1853), un vol. in-8°; ces deux ouvrages obtinrent une mention très honorable de l'Institut ; — *Histoire de la ville de Beaune* (1854), un vol. in-8°.

Dans ces années, M. Rossignol continua d'être le membre le plus actif de l'Académie et de la Commission archéologique de Dijon : il lut dans ces assemblées des rapports du plus haut intérêt (1). Il prit aussi une part active à tous les

1. Rapports sur : *L'Ascia sculptée sur les tombeaux gallo-romains,* — *Un groupe de la Trinité placé dans l'église Notre-Dame de Dijon,* — *Les lacrymatoires,* — *Une invasion en Bourgogne,* — *Un portrait en émail de Catherine de Médicis,* — *Les Armoiries de Dijon,* — *Le*

évènements qui émurent la cité dijonnaise. En 1852, il défendit dans un éloquent *Mémoire*, les restes du palais des ducs de Bourgogne, — la tour de Bar et les cuisines monumentales, — que l'on voulait détruire : il eut la joie d'empêcher cet acte de vandalisme. Il siégea au Congrès archéologique de France qui se tenait à Dijon en 1852 ; il lut à la séance d'ouverture l'*Éloge de M. de Saint-Mémin, conservateur du Musée de Dijon*. En 1854, il prononça, en présence du Congrès scientifique de France, l'*Éloge de l'amiral Roussin*. En 1856, il paya, au nom de la ville, dans une *Notice biographique*, un juste tribut de regrets à M. André, maire de Dijon.

Le mérite de l'illustre Volnaisien fut justement apprécié en France et à l'étranger ; les principales sociétés savantes de Paris et des départements s'honorèrent de le compter pour membre, et les Académies de Belgique, de Savoie et l'Institut archéologique de Rome furent fiers de se l'associer.

En 1857, éclata une lutte scientifique et littéraire qui, un moment, fixa l'attention du monde savant. Un Franc-Comtois, M. Lacroix, s'avisa de prétendre que l'Alesia des *Commentaires de César* n'était point, comme on l'avait cru jusque-là, Alise-Sainte-Reine en Bourgogne, mais Alaise en Franche-Comté. Cette erreur historique était présentée d'une manière spécieuse ; des textes étaient cités, on faisait valoir habilement la conformation des lieux, on tirait un merveilleux parti des noms de climats. Le charme de la nouveauté séduisit certains savants, ils accueillirent la prétendue découverte et s'en firent les ardents champions. Alise, la véritable Alesia, se trouva de nouveau assiégée par de redoutables ennemis, et menacée de perdre son plus beau fleuron, la gloire d'avoir résisté longtemps à César et à ses légions, et d'avoir été le dernier boulevard de l'indépendance des Gaules.

fief de Crébillon, — *La Fête des Fous et l'Histoire de la Mère-Folle de Dijon,* — *Le Bailliage de Dijon après la bataille de Rocroy,* — *Procès-verbal d'une recherche de feux en 1644,* etc.

M. Rossignol se fit le Vercingétorix de la cité bourguignonne : il déploya dans sa défense une remarquable activité et fit valoir ses talents de critique, de polémiste, de logicien, de philologue, d'archéologue et d'antiquaire. Il culbuta les assiégeants sur tous les points. Il publia sur la Question d'Alise ces huit mémoires : — *Études sur une campagne de Jules César* (1857), — *Examen critique d'un texte fondamental dans cette question* (1857), — *L'Alesia de César maintenue en Bourgogne* (1857), — de l'*Oppidum gaulois à propos d'Alesia* (1858), — *Nouvelles d'Alise,* — — *Le Champ de bataille de Marengo, lettre à M. Thiers* (1861), — *De la valeur historique de Don Cassius dans le récit de la conquête des Gaules, sous forme de lettre adressée au Ministre de l'instruction publique* (1860), — *Découverte des retranchements faits par Jules César pour le blocus d'Alesia, sous forme de lettre adressée à l'Institut archéologique de Rome* (1861).

Dès le premier engagement, la victoire parut si assurée au village bourguignon que l'Institut de France décerna une médaille de cinq cents francs à l'auteur des *Études sur une campagne de Jules César*. La *Lettre à M. Thiers* est digne de celui à qui elle s'adresse : c'est une réfutation fine et spirituelle des attaques dirigées contre Alise; l'auteur, appliquant à la bataille de Marengo le système de ses adversaires, démontre d'une manière très spécieuse et très ironique que le César français a remporté sa célèbre victoire non à Marengo, dans les plaines de la Lombardie, mais à Alaise, en Franche-Comté.

En 1865, M. Rossignol fit une dernière sortie contre ses adversaires : il publia dans la *Revue archéologique* un article sur l'*Identité des mots Alesia, Alisia et Alise*.

La victoire remportée par le défenseur d'Alise eut des conséquences sérieuses sur son avenir personnel. Napoléon III écrivant la *Vie de César* s'intéressa à cette joûte historique : il fut si charmé de l'érudition et du talent de M. Rossignol, qu'un jour il manda aux Tuileries l'Archiviste dijonnais. Il l'accueillit gracieusement et lui montra ses ouvrages sur les rayons de sa bibliothèque. On parla du conquérant des Gaules et de la chute glorieuse d'Alesia. A la fin de l'audience, l'Empereur s'enquit avec une exquise délicatesse de la position de fortune du savant volnaisien. — « Sire, répondit-il, j'habite un palais, mais je ne suis que le fils d'un pauvre artisan, et je n'ai pour tout bien que les modiques appointements de Conservateur des Archives de la Côte-d'Or. Cela suffirait aux besoins de ma famille, mais j'ai la malheureuse passion d'écrire et souvent mes frais de recherches et de publication dévorent une notable partie de la somme que je devrais tout entière à mes enfants. Il ajouta, avec un sourire, je déplore ce ruineux penchant, mais hélas ! je suis incorrigible comme le père de famille que domine l'ivresse. » Le Prince serra la main de l'Archiviste et lui dit : « Retournez à votre poste, je m'occuperai de vous ! »

Quelques jours après, M. Rossignol recevait un décret, en date du 8 mars 1862, qui le nommait Conservateur-adjoint des Musées impériaux, et le chargeait de la création d'un Musée gallo-romain à Saint-Germain-en-Laye.

La cité d'Alise témoigna sa gratitude à son habile champion. En 1861, elle lui accorda un terrain sur le plateau où fut la ville antique, afin qu'il élevât une statue à l'intrépide et malheureux Vercingétorix, le dernier défenseur de la liberté gauloise. M. Rossignol rêvait d'ériger ce monument à l'aide des souscriptions de l'armée française ; mais l'Empereur, s'emparant de cette patriotique pensée, s'est chargé seul de la réaliser. Le bronze debout sur son piédestal domine aujourd'hui la vallée des Laumes.

Le conseil municipal et les habitants d'Alise donnèrent une autre marque de reconnaissance au vaillant joûteur ; ils se cotisèrent pour lui offrir une épée d'honneur, qui fut portée au château de Saint-Germain par l'un des notables du village. Cette délicate attention émut profondément M. Rossignol ; cette épée lui est chère comme s'il l'eût gagnée sur un champ de bataille.

Le savant volnaisien remplit activement la tâche que lui confia l'Empereur ; il réunit au château de Saint-Germain les antiquités les plus rares et les plus curieuses des temps primitifs jusqu'à Charlemagne, et les classa par époques. En parcourant les salles de ce palais, on voit se dérouler, à l'aide de statues, d'inscriptions lapidaires, de bronzes et de médailles, toutes les phases historiques et artistiques des vieux âges de la Gaule et de la France. Le château de Saint-Germain mérite véritablement le nom de Musée des antiquités nationales. Ce Musée plaît moins à l'œil que celui de Versailles, où le pinceau des grands maîtres a retracé les glorieuses pages de notre histoire, mais il est plus instructif : il n'offre pas seulement l'image du passé, mais c'est le passé lui-même évoqué de la tombe.

Napoléon III, pour récompenser l'habile collectionneur, le nomma chevalier de la Légion d'honneur en 1864.

Le Volnaisien n'eut pas la joie de mettre la dernière main à son œuvre ; des tracasseries le forcèrent à prendre sa retraite en 1866. Quelques semaines après, son successeur, inaugurant le Musée de Saint-Germain, en faisait les honneurs à l'Empereur, à l'élite de la société française, et livrait aux regards du public le trésor de nos richesses gallo-romaines. M. Rossignol aurait pu écrire sur les portes du château ces vers connus :

> *Hæc* ego... feci, tulit alter honores.
> Sic vos non vobis nidificatis aves ;
> Sic vos non vobis vellera fertis, oves ;
> Sic vos non vobis mellificatis, apes ;
> Sic vos non vobis fertis aratra, boves (1).

Condamné à la solitude et au repos, le savant reprit sa plume et se consola en écrivant l'*Histoire du château de*

---

1. J'ai fait ces choses et un étranger en a recueilli la gloire. Ainsi pour d'autres, oiseaux, vous bâtissez vos nids ; ainsi pour d'autres, brebis, vous portez vos toisons ; ainsi pour d'autres, abeilles, vous composez votre miel ; ainsi pour d'autres, taureaux, vous traînez la charrue. (Virgile.)

Saint-Germain, que lui avait demandée Napoléon III, et de curieuses *Études sur le règne de Louis XIII*.

Retiré dans son humble domaine de Bourbon-Lancy, tout en s'occupant d'études archéologiques adressées aux sociétés savantes d'Autun et de Moulins, M. Rossignol consacra ses dernières années aux intérêts de sa petite ville, dont il fut le maire. Il prit part aux améliorations de l'hospice d'Aligre, à l'établissement d'écoles religieuses et à la construction de la belle église romane de Bourbon-Lancy.

Le 2 juin 1886, âgé de quatre-vingts ans, plein de jours et de mérites, les yeux tournés vers le ciel, il expira doucement, murmurant ces chrétiennes paroles : *Credo, spero, amo* (1).

1. Je crois, j'espère, j'aime.

CHAPITRE VIII

Vieilles coutumes volnaisiennes.

Le côté pittoresque et poétique de la vie villageoise tend à disparaître : le vieil idiome local ne sera bientôt plus parlé ; le costume antique est remplacé par les modes parisiennes ; le paysan se fait bourgeois, et le hameau prend des airs de faubourg. Au milieu de ce travail de transformation, nous regrettons le naufrage de certaines coutumes qui étaient naïves comme l'enfance et gracieuses comme des fleurs des champs. Nous donnons dans ces pages asile à quelques-uns des usages antiques disparus à Volnay dans le cours du xixe siècle.

Le cycle de l'année en se déroulant ramenait parmi nos pères des pratiques charmantes.

Le Premier Jour de l'An était autrefois, au sein des familles volnaisiennes, l'occasion de poétiques fictions et de joies enfantines. Les petits enfants se levaient de grand matin, en souhaitant la bonne année à leurs parents. Ils couraient à la cheminée, où la veille ils avaient eu soin de déposer leurs sabots, ils les trouvaient remplis d'étrennes : de fruits, de bonbons et de quelques pièces de monnaie.

Quel était le bon génie qui avait fait ces largesses ? — Dans certaines maisons, à en croire la mère, l'Enfant Jésus était venu mystérieusement, pendant la nuit, apporter ces dons à ses petits frères et à ses petites sœurs, en leur demandant en retour d'aimer de tout leur cœur Dieu et la bonne Vierge, et d'être obéissants à leurs parents. Dans d'autres familles, qui sans doute n'étaient point assez chrétiennes pour mériter la visite de l'Enfant-Dieu, le visiteur inconnu était le Père Janvier avec ses quatre bonnets.

Quelquefois la mère, pour donner à cette légende l'ombre de la vérité, montrait à l'enfant un morceau d'étoffe suspendu à la crémaillière ; c'était, disait-elle, un lambeau des vêtements du vieux bonhomme qui s'était déchiré en descendant par la cheminée.

Les mères endimanchaient leurs enfants, elles leur posaient un gros baiser sur le front, et elles les envoyaient souhaiter la bonne année aux membres de la famille. Ce jour-là, la famille était nombreuse, elle embrassait presque tous les habitants du village. Les joyeux enfants entraient dans chaque maison et disaient de l'air le plus aimable : « Bonjour mon oncle, ma tante (1); je vous souhaite une bonne année, une parfaite santé et le paradis à la fin de vos jours. » Chacun s'étonnait d'avoir tant de neveux et tant de nièces. On leur donnait quelques fruits, et ils allaient porter ailleurs leurs vœux intéressés. Les parrains et marraines étaient tenus à de plus grandes largesses, ils devaient un pain à chacun de leurs filleuls.

De nos jours, les choses se font d'une manière plus bourgeoise : les visites ne dépassent point le cercle étroit de la famille; le Père Janvier est laissé dans la région des chimères, et l'Enfant Jésus n'apporte plus d'étrennes aux petits enfants ; ils les reçoivent prosaïquement des mains de leurs parents.

La Fête des Rois se célébrait dans chaque famille par un festin plein de franche gaieté. « Il n'y avait pas de vigneron qui ne trouvât moyen d'accomplir, ce jour-là, le souhait du Béarnais. L'aïeul présidait la réunion, il était là comme la divinité du foyer. Ses petits-enfants, qui depuis longtemps ne rêvaient que la fête attendue, entouraient ses genoux, et le rajeunissaient de leur jeunesse. Les fronts respiraient la gaieté, les cœurs étaient épanouis. Au choc

---

1. Les enfants et les jeunes gens, dans leurs rapports habituels, donnaient toujours ce titre respectueux aux personnes âgées.

des verres, aux éclats de la joie, on tirait au sort ces royautés qui ne coûtaient ni soupirs ni larmes (1). »

Le chapeau de l'aïeul était l'urne du sort, et le plus jeune de l'assemblée avait le privilège de donner le sceptre et la couronne. Il faisait le signe de la croix, puis portant la main à l'urne, il tirait une fève en disant : « Fébé dominé, voici pour le bon Dieu ! — Fébé dominé, voici pour la sainte Vierge ! — Fébé dominé, voici pour mon grand-père !... » Et il énumérait ainsi, dans leur ordre hiérarchique, tous les noms de la famille, jusqu'à l'apparition de la fève noire qui désignait le roi ou la reine.

Pour célébrer le joyeux avènement de cette royauté d'un jour, on servait un énorme gâteau dont la plus large portion, appelée la part de Dieu était donnée aux pauvres qui, le lendemain, venaient la réclamer en chantant une ballade. Chaque fois que le roi portait la coupe à ses lèvres, il y avait une explosion de francs rires. Aujourd'hui on ne tire plus la fève ; une noisette mise au gâteau désigne seule le roi. Et le pauvre ne vient plus réclamer, en chantant, sa part au festin de la famille.

La Semaine Sainte ramenait des pratiques d'une autre nature. « Si les cloches, dit Châteaubriand, nous étaient interdites, il faudrait choisir un enfant pour nous appeler à la maison du Seigneur. » C'est ce que nos pères avaient fait pour les trois derniers jours de la Semaine Sainte, quand les cloches étaient muettes en signe du deuil causé par la Passion et la mort de Jésus-Christ, les enfants étaient chargés d'appeler le peuple à la prière. A l'heure de midi, ils traversaient les places et couraient le long des coteaux en agitant des crécelles et en annonçant l'*Angelus*. Le soir ils appelaient à l'office des Ténèbres. Maintenant le timbre sonore de l'horloge marque seul les heures de la prière.

1. *Génie du Christianisme*, par Châteaubriand, les Rois.

Le Vendredi Saint, dès les quatre heures du matin, ces cloches vivantes étaient en mouvement, et leurs voix argentines criaient à travers le village :

> Eveillez-vous, fidèle,
> Le Seigneur vous appelle
> Au service divin,
> A l'office divin.

Après l'office du matin, les enfants de chœur, pour entretenir dans les âmes l'émotion qu'avaient fait naître le chant de la Passion et l'adoration de la croix, allaient de maison en maison en redisant sur un air triste cette naïve complainte :

> Seigneurs et Dames, vous plait-il d'écouter,
> Une complainte pitieuse à raconter.
> De Notre-Dame qui eut le cœur dolent,
> Quand elle sut que fut pris son Enfant.
>
> Traître Judas, tu fus bien déloyal,
> D'avoir trahi le fils du sang royal.
> Trente deniers aux Juifs tu l'as vendu.
> Malheur à toi ! tu seras confondu.
>
> O faux Pilat', qui l'avez tant battu,
> Tant flagellé, tant tiré, tant rompu.
> Hélas ! pourquoi n'en point avoir pitié,
> Il était digne de toute amitié.
>
> Pleurez, pleurez, hommes, femm' et enfants,
> Délaissez pompes et soyez tout dolents.
> Pleurez de cœur sur le bon Jésus-Christ,
> Qui sur la Croix pour nos péchés pâtit.
>
> O Fill' et femm' qui gardez la maison
> Donnez des œufs à ces petits garçons.
> Donnez m'en deux, à mon compagnon dix,
> Nous vous dirons chacun : *De profundis*,
> Qui vous menera tout droit en Paradis.
>
> Amen, amen, amen dico vobis.
> Miserere, miserere nobis.

Peu de portes se fermaient devant les petits chanteurs : ordinairement ils étaient reçus avec cordialité, on leur donnait des œufs, et on leur faisait l'aumône de quelques sous.

Après avoir fait leur tournée dans le village, ils se rendaient chez le maître d'école qui les recevait à sa table. Le repas consistait dans du pain de froment, du vin clairet et des lentilles : c'était somptueux dans ce jour du Vendredi-Saint où tout jeûnait, disait-on, jusqu'aux oiseaux du ciel. L'instituteur avait la part du lion dans le produit de la quête ; la coutume lui attribuait tous les œufs : en bon prince, il laissait les sous aux chanteurs, et leur donnait quelques œufs pour leur roulée.

Ce charmant usage s'est éteint quelques années après la Révolution de 1830. Ce fut aussi vers cette époque que les petits enfants cessèrent d'offrir des œufs à M. le Curé, en se confessant.

La Confession pascale des Petits Enfants était empreinte d'une simplicité antique qui rappelait le moyen âge. L'un des premiers jours de la Semaine Sainte, tous les enfants se réunissaient devant la grille du sanctuaire. Là, le prêtre faisait une courte et paternelle exhortation, puis s'asseyant dans un fauteuil, il prenait une longue baguette, et se mettait à remplir le rôle de Grand Pénitencier. Il appelait d'abord à son tribunal tous les petits garçons au-dessous de sept ans : il les faisait ranger en cercle, et les touchant successivement de sa baguette, il leur faisait faire l'aveu public des peccadilles communes à cet âge. Après la confession, la troupe des pénitents s'agenouillait, baisait la terre en signe de contrition et recevait la bénédiction. Les petites filles venaient ensuite se soumettre au même cérémonial. Les pénitents et les pénitentes, avant de sortir du sanctuaire, déposaient chacun un œuf dans une corbeille placée sur la crédence.

Les confessions des enfants de sept ans et au-delà étaient plus sérieuses : chacun venait tour à tour s'agenouiller aux pieds du prêtre et lui confier dans le secret l'aveu de ses fautes. Chacun aussi était fidèle à l'offrande de l'œuf.

La Fête de Saint Georges, qui venait quelques jours

après Pâques, se célébrait militairement. Dans la matinée le tambour battait le rappel. A l'heure de la Messe, les jeunes gens traversaient le village, l'arme au bras, drapeau au vent, et tambour en tête. L'un des bâtonniers de la confrérie de Saint-Georges portait le pain bénit couvert de fleurs et de rubans, et l'autre tenait l'oiseau qui devait servir de cible. A la porte de l'église, le cortège faisait une forte salve de mousqueterie, puis il continuait sa marche jusqu'aux abords du sanctuaire, où le prêtre bénissait le pain. Pendant la célébration des divins mystères, les confrères demeuraient debout sous les armes, échelonnés dans la grande nef : au moment de l'Élévation, un solennel genou terre! était prononcé, et la crosse des fusils tombait sur les dalles et le tambour battait aux champs. Le tir de l'oiseau terminait cette bruyante journée. Cette fête disparut avec la confrérie de Saint-Georges en 1861.

Le Premier Dimanche de Mai ramenait parmi nos ancêtres une fête plus calme et d'une beauté virginale. Dans la soirée, après les offices divins, on voyait se dérouler dans les rues un long cortège de petites filles aux visages frais et épanouis comme les fleurs du printemps : elles conduisaient l'Épousée du mois de Mai. C'était une enfant de cinq à six ans, belle et ingénue comme on l'est à cet âge ; sa blonde chevelure était couronnée des fleurs du pommier et de l'aubépine, sa poitrine portait un bouquet de marguerites et de roses, sa robe blanche était couverte de rubans et de dentelles. Elle avait pour filles d'honneur les deux plus sages futures communiantes.

Cette troupe était joyeuse comme les hirondelles, elle chantait comme les fauvettes ; s'arrêtant au seuil de chaque maison, elle redisait une ballade dont voici le refrain :

> Parfaite santé et bonne année !
> Etrennez-nous, notre Epousée.
> Voici que vient le mois de Mai,
> Ouvrez la porte s'il vous plait.

La porte s'ouvrait gracieusement au cortège nuptial, et les maîtres du logis donnaient des œufs et quelques sous pour aider à la célébration des noces. Après avoir ainsi parcouru les rues du village, la charmante Épousée rentrait dans la maison paternelle, où se faisait le repas des noces. Ce festin était d'une simplicité antique ; il consistait uniquement dans de larges omelettes faites avec les œufs recueillis dans la tournée. Les sous étaient laissés pour dot à l'Épousée du mois de Mai.

Cette fête instituée pour saluer le retour des fleurs et des beaux jours a cessé en 1840.

Des Combats de Mirmidons signalaient l'arrivée du printemps ; les petits Volnaisiens entraient en campagne contre leurs éternels ennemis les enfants de Pommard. Pendant de longs siècles une antipathie profonde exista entre les écoliers des deux villages, et presque chaque jeudi fut marqué par des escarmouches et des batailles.

Il fallait voir ces fiers combattants !... Un tambourin servait à battre la charge ; les soldats portaient des plumets de fleurs ou de papier, un bâton placé sur l'épaule était le fusil, un autre plus court suspendu à la ceinture tenait lieu de sabre ou d'épée : ainsi équipés tous marchaient bravement au feu.

Les rues d'Angle et de la Piture, se trouvant du côté de Pommard les points vulnérables du village, étaient le théâtre ordinaire des combats ; à l'annonce de l'ennemi, les jeunes défenseurs du pays accouraient sur le point menacé, et faisaient de leur poitrine un rempart à la cité : ils prenaient leur rôle au sérieux comme les héros des Thermopyles. Les deux armées jetaient un long cri de guerre, puis elles faisaient tonner l'artillerie et la mousqueterie : les pierres du chemin servaient de projectiles. Quelquefois on s'abordait à l'arme blanche, alors la mêlée devenait sérieuse ; on jouait activement des pieds, des poings et du bâton. Tantôt favorisés par le terrain les Volnaisiens étaient vainqueurs, tantôt écrasés par le nombre, ils battaient en retraite : souvent ils furent vaincus, jamais ils ne furent domptés; au lendemain d'un désastre, le même nombre de combattants se trouvait en ligne de bataille.

Ces intrépides enfants allaient encore en d'autres régions cueillir le sanglant laurier de la victoire : ils se rendaient sur la montagne du Chaignot, pour se mesurer avec les écoliers de Monthelie; ou, s'alliant avec ceux-ci, ils attaquaient sur le Pré-de-Manche la puissante armée de Meursault.

Ces luttes de Mirmidons ne furent jamais plus vives qu'au temps de la Révolution et de l'Empire, quand des bruits de guerre remplissaient le monde : ces enfants semblaient préluder à ces combats gigantesques où tant d'entre eux devaient mourir. Grâce à nos mœurs devenues plus douces et à l'énergique intervention de la police, ces usages barbares ont à peu près disparu.

L'automne et l'hiver offraient d'autres scènes de mœurs.

Le Jour de la Toussaint, les petits enfants étaient pleins de dévotion pour les trépassés; ils allaient, après les vêpres, vers les personnes attardées dans l'église et leur disaient : « Mon oncle, ma tante, donnez-moi des sous et je prierai pour vos défunts. » Ils recevaient quelques pièces de menue monnaie, et se mettant à genoux sur les dalles ils récitaient les sept psaumes de la pénitence. Après avoir acquitté les charges religieuses qu'ils avaient prises, ils allaient dissiper chez le marchand de châtaignes le casuel de la journée. Ces prières des enfants pour les morts ont cessé vers le milieu de notre siècle.

Le Jour de la Foire de Saint-Martin, 12 novembre, les petits Volnaisiens se transformaient en douaniers. Après la classe du soir, ils descendaient sur la route près de la rue d'Angles, et réclamaient aux voyageurs qui revenaient de la foire de Beaune le péage de Saint-Fremi. Les uns leur jetaient gracieusement des châtaignes ou quelques liards ; d'autres, pour se délivrer de leurs importunités, pressaient vivement le trot des chevaux : mais ce moyen ne faisait qu'irriter les serviteurs de la gabelle, ils poursuivaient les contrebandiers et enlevaient de leurs voitures, à l'aide de bâtons armés de crochets, des paquets de jardinage. Quand la nuit était venue, les jeunes douaniers, chargés de butin, rentraient, en chantant, au village. Cet usage abusif, reste d'un vieux droit de péage, a peine à disparaître.

Les Veillées d'Hiver commençaient à la Toussaint. Plusieurs familles se réunissaient autour d'une lampe de forme antique suspendue au plancher ou placée près de l'âtre. Les grand'mères filaient leurs fuseaux, les jeunes filles et les jeunes ménagères faisaient tourner leurs rouets. Pour égayer ces travaux monotones, on chantait des noëls et on racontait des légendes. Quelquefois, une bonne vieille, cédant aux instances de l'assemblée, se mettait à redire des histoires terribles : elle faisait intervenir dans ses récits tour à tour les démons, le sabbat, les fées, les fantômes, les devins et les sorciers. Le sombre merveilleux de ces drames populaires s'harmonisait avec la nuit qui était noire et la tempête qui mugissait au dehors : aussi le frisson courait dans tous les membres et une mystérieuse terreur remplissait les âmes.

A onze heures, le travail cessait ; l'assemblée tombait à genoux et l'un des assistants faisait à haute voix la prière du soir.

Les longues veillées d'hiver et leurs émouvants récits s'en sont allés avec les fuseaux des grand'mères et le rouet des jeunes filles ; depuis près de cinquante ans la culture et le filage du chanvre ont cessé à Volnay et dans les villages de la Côte.

La Solennité de Noël avait ses pratiques populaires. On brûlait la Bûche de Noël, et on conduisait les enfants à la

Messe de Minuit, chacun d'eux portait une bougie bariolée de bleu et de rouge, pour honorer la Naissance de Jésus. Maintenant la bûche traditionnelle flambe encore au foyer ; mais les petits Volnaisiens se contentent, dans cette nuit, d'honorer par leur sommeil le sommeil de l'Enfant-Dieu.

La Messe de l'Aurore garde encore parmi nous quelque chose de la vieille simplicité des aïeux. Les vignerons, se souvenant que les Bergers de Bethléem étaient comme eux des hommes des champs, viennent dès le matin offrir leurs adorations au Sauveur nouveau-né, et chantent des noëls tout le temps de la messe.

Chants Populaires. Il y a quarante ans, la franche gaieté gauloise faisait le fond des mœurs volnaisiennes ; chaque saison avait ses chants. Il y avait parmi nos vignerons des trouvères qui composaient des complaintes, des sirventes et des ballades. Ces poètes avaient des couplets sanglants pour venger les bonnes mœurs outragées, et de gracieux épithalames pour célébrer la chaste fiancée. Les noces étaient surtout le théâtre où ils se faisaient entendre : là, les ménestrels et les trouvères se livraient à des joûtes et à des tournois, et il y avait entre eux assauts de gais refrains.

Quelquefois l'assemblée priait des convives venus de l'Arrière-Côte de chanter à leur tour : ceux-ci redisaient ordinairement le *Chant du Rain-d'Amour* (1), si aimé des

---

1. Le *Rain d'Amour* était un arbre vert qu'autrefois, en certains villages de la Bourgogne, les jeunes filles ornaient de fleurs, de fruits et de rubans et qu'elles portaient solennellement à l'épousée au retour de l'église. Parvenues à la porte close de la maison nuptiale, elles s'adressaient à l'humble mariée, comme si elle eût été une noble et riche châtelaine, et lui criaient en chantant :

Ouvrez, ouvrez vos portes, abaissez vos ponts.

Les gens de la noce ouvraient, en répondant ces paroles chantées :

Entrez, entrez les filles, saluez la compagnie :
Saluez la Belle, la plus belle de toutes.

vieux Montagnards bourguignons. Ce chant d'une assez faible poésie est plein d'une haute moralité, on peut en juger d'après ces strophes :

>Voici le plus beau de vos jours,
>Le jour de votre mariage,
>Jeunes gens, pensez-y toujours,
>Pensez-y toujours, si vous êtes sages.
>
>Si vous vivez en bonne paix,
>Si vous en faites un saint usage,
>Si vous ne vous fâchez jamais,
>Dieu bénira le mariage.
>
>Epoux, aimez votre moitié,
>Comme Jésus aime l'Eglise
>D'une sainte et chaste amitié :
>Vous épouse, soyez soumise.
>
>Vous vous êtes donnés la foi,
>Au sacrement de mariage ;
>Il faut observer cette loi,
>Votre parole en est le gage.
>
>Si Dieu vous donne des enfants,
>Qui sont les fruits du mariage,
>Apprenez leur dévotement
>A servir Dieu dès le bas âge.

Les dispositions poétiques et musicales du peuple volnaisien étaient éveillées par l'éducation reçue dans l'école; les anciens instituteurs mettaient leur gloire à former des chantres et à populariser ces vieux cantiques qui électrisaient les foules chrétiennes. Une classe aurait paru trop longue et trop austère, si elle n'eût été égayée par quelques chants sacrés. Voici des couplets qui, pendant plus de

La jeune fille qui portait l'arbrisseau, feignant de se tromper, l'offrait d'abord à une femme âgée et lui disait en chantonnant :

>Tenez, tenez, la tante, voici le *Rain d'Amour*,

Et quand la pauvre vieille y portait les mains, la jeune espiègle lui répondait avec un malin sourire :

>Tout bas, tout bas, la tante, ce n'est point pour vous,
>C'est pour une épousée plus belle que vous.

La mariée recevait le *Rain d'Amour* et ses anciennes compagnes, se rangeant autour d'elle, chantaient un long épithalame, dont nous citons quelques strophes. Elles le terminaient par une ronde joyeuse appelée le *Branle de l'Epousée*.

trente années, furent redits chaque jour par les enfants de Volnay :

Avant l'École.

Bénissez mon ouvrage,
Je vous l'offre, Seigneur;
Qu'il soit pour vous un gage
De l'amour de mon cœur.

Je connais ma faiblesse,
Sans vous j'agis en vain.
Dirigez donc sans cesse
Et mon cœur et ma main.

Après l'École.

O mon Dieu, de l'ouvrage
Que je viens de finir,
Mon cœur vous doit l'hommage,
Et je viens vous l'offrir.

Ce qui peut vous déplaire,
Daignez le pardonner :
Le bien que j'ai pu faire,
Daignez le couronner.

Il y avait aussi à cette époque un pieux et poétique usage, dont la suppression est regrettable. Après la classe du soir, l'instituteur conduisait ses élèves à l'église; ils s'agenouillaient devant l'autel de la Vierge, le maître faisait la prière à haute voix, et les enfants chantaient ensuite le *Salve Regina*. La cloche sonnait pendant ce cantique, afin d'inviter toutes les âmes de la paroisse à s'unir aux petits enfants pour saluer la Reine du Ciel et la Protectrice de Volnay.

LIVRE VIII

Vignoble et Monuments volnaisiens

CHAPITRE PREMIER

Vignoble et vin de Volnay.

N décrivant le village et son territoire, en traversant les siècles, nous avons rencontré les Grands Crus volnaisiens, le Château ducal, l'Église Saint-Cyr, la Confrérie du très précieux Corps de Dieu, et la Chapelle de Notre-Dame de Pitié; nous en avons dit seulement quelques mots en passant, pour ne pas interrompre le cours de nos récits. Nous leur devons une étude plus sérieuse, nous allons la faire dans ce dernier livre.

« Au sud-ouest de Beaune, au sortir du vallon d'Auxey, commence un groupe de monticules qui s'étend jusqu'à la gorge de Pommard. On y distingue trois crêtes qui dessinent autant de petites montagnes. Sur la première, au sud, est bâti le village de Monthelie. Sur celle du centre se trouve le charmant village de Volnay; enfin, au pied de la troisième est placé le beau village de Pommard.

« Cette Côte est renommée par l'excellence de ses vins; nous en indiquerons les cantons les plus distingués. Le premier, en sortant de Meursault, est le Santenot qui fait encore partie de ce village; le vin qu'il fournit, quand il a été gardé, rivalise avec les meilleurs de la Côte-d'Or. Après le Santenot, on entre sur le finage de Volnay et l'on y trouve les Chevrets; au-dessus d'eux sont les Cailleray, qui produisent des vins de la plus grande finesse, d'où est venu ce proverbe rural : « Qui n'a de vignes en Cailleray ne sait ce que vaut le Volnay. » En suivant, on trouve les Champans, un des meilleurs climats de cette commune; au-dessus d'eux sont les Talle-Pies. Après ceux-ci, on rencontre les cantons de la Chapelle, de Bousse-d'Or, des Angles, etc., etc. (1).

« Quand on sort de ces vignes, on entre sur le territoire de Pommard qui offre les excellents climats: des Fremiers, des Bertins, des Croix-Noires, des Rugiens, etc. Là se termine le coteau de Volnay (2). »

> Pléiade constellant nos coteaux tant aimés,
> Oui! vous êtes les crus justement renommés
> Pour le goût, le bouquet, la suave finesse,
> La sève moelleuse et la délicatesse (3).

Ces grands vins sont confinés par des vignes fines de second ordre; leur infériorité se fait sentir à mesure qu'elles s'éloignent du centre de la Côte. Le Clos-des-Chênes, les Pitures et les Chanlins occupent une place distinguée parmi ces crus secondaires; leurs terres blanches et mar-

---

1. Ces etc. représentent : le clos de la Barre, l'Ormeau, les Mitans, les Rougeottes, les Frémiers, les Brouillards, la Carelle, les Aussi et les Roncerets, qui figurent parmi les vignes de première classe sur la carte des grands vins de la Côte-d'Or.
2. *Statistique de la vigne dans le département de la Côte-d'Or*, par le docteur Morelot, pp. 9-11.
3. *La Côte-d'Or*, poëme de M. Simon Gauthey. — *Journal de Beaune*, 6 novembre 1869.

neuses donnent des vins chargés de tartre qui sont d'une robuste santé.

« Les grands crus volnaisiens dont nous avons cité les noms fournissent des vins rouges de même qualité ; quelques-uns l'emportent sur d'autres, mais leur supériorité n'est due qu'à l'exposition. Cette identité tient à la nature du sol qui est partout la même (1). »

Examinons ce sol.

La roche qui sert de base à ces vignobles est un calcaire oolithique composé de carbonate de chaux, de débris d'encrines et de madrépores. A la hauteur de la Chapelle de Volnay, ce calcaire est d'un beau rose, sa pâte dure et compacte renferme des grains d'un vert pâle ; il ressemble à du porphyre. Sur cette base repose le sous-sol ; sa superficie se compose de bans schisteux très minces, se délitant facilement, et dont les débris se mêlent souvent à la terre végétale. Ce sous-sol est couvert d'une terre végétale d'un brun rouge ; elle est légère et sablonneuse ; elle a quelque chose de la teinte et de la délicatesse du vin qu'elle produit. Si on la soumet à l'analyse, on y trouve une forte dose de silice, de carbonate de chaux et d'oxyde de fer, mélangée à un peu d'alumine et de carbonate de magnésie (2).

Ce terrain est riche en principes aromatiques ; Volnay est sous ce rapport, avec la Romanée et le Saint-Georges, l'un des climats les plus privilégiés du globe. C'est à ces éléments que le vin doit la rare finesse et le bouquet charmant qui le caractérisent.

La Côte volnaisienne, étant inclinée au sud-est, jouit d'une exposition merveilleuse ; le matin la colore de ses teintes pourprées, le midi l'inonde de ses feux, et le soleil à son déclin laisse tomber sur elle ses rayons d'or. Aussi,

---

1. *Statistique de la vigne*, p. 12.
2. *Rapport sur les terrains livrés à la culture de la vigne dans la Côte-d'Or*, par M. le vicomte A. de Vergnette. — *Actes du Congrès des vignerons français*, 4ᵉ session.

loin de s'étonner de l'excellence de ses produits, involontairement on murmure ces vers à son aspect :

> Sur ce charmant coteau qu'en naissant le soleil
> Caresse obliquement de son rayon vermeil,
> . . . .
> De sucs plus délicats la vigne se nourrit
> Et dans un air plus pur le raisin y mûrit.
> Son jus tire de là cette saveur choisie
> Qui n'est à comparer qu'au goût de l'ambroisie.
> De là cette finesse, ce bouquet flatteur
> Plus doux que le parfum de la plus douce fleur (1).

La favorable exposition de ce vignoble explique sa haute antiquité. Il fut créé par les Celtes ou les Romains ; des amphores, des instruments particuliers à la culture de la vigne découverts au milieu de débris celtiques et gallo-romains, en plusieurs lieux du village et du territoire, ne laissent aucun doute sur ce point.

Le cépage qui croît sur ce coteau contribue puissamment à la qualité du vin ; là, on ne cultive que le loyal Pinot ou Noirien. Ce plant, que connaissent la plupart de nos lecteurs, a un cep délicat et des sarments peu élevés ; sa feuille fortement découpée et petite, si on la compare à celle du Gamay, est d'un vert tendre ; sa fleur est odorante comme celle du réséda ; sa grappe, en pleine maturité, est délicieuse comme le miel ; les grains qui la composent sont petits, ronds et peu serrés ; leur couleur de jais prend une teinte bleuâtre sous une légère poudre blanche qui les pare de son lustre.

Le Pinot, dans ses jeunes années, donne des fruits beaux et abondants ; mais ils sont loin d'atteindre la saveur de ceux qu'il produit dans sa maturité et sa vieillesse, quand il est parvenu à l'état de grand cep. La qualité parfaite chez cet arbrisseau est tardive comme la sagesse chez l'homme, c'est le fruit des années.

Le Noirien aime les lieux exposés au levant et au midi,

1. *La Côte-d'Or*, par M. Simon Gauthey.

les surfaces inclinées et les terres légères où abonde le carbonate de chaux. Aussi, se plaît-il admirablement sur le sol volnaisien, où ses fruits atteignent leur parfaite saveur. Transplanté dans des terres d'une autre nature, il perd sa noblesse native, ses formes changent et ses produits dégénèrent.

« Un grand nombre d'étrangers ont voulu avoir des plants pris à Volnay, pour les placer dans des terrains favorablement exposés, croyant obtenir des produits qui équivaudraient à ceux qu'on recueille dans ce village ; ils ont été trompés dans leurs espérances. On pourrait adresser à tous la réponse que M. Brunet, de Beaune, fit au prince de Condé, qui lui reprochait que le Pinot de Volnay apporté à Chantilly n'avait point prospéré : « Monseigneur, il fallait aussi y apporter la terre et le soleil. »

« Ce plant n'a réussi qu'au cap de Bonne-Espérance (1), où il donne le fameux vin de Constance ; mais ce vin n'a pas plus de ressemblance avec le Volnay que celui-ci avec le Malaga (2). »

Notre pauvre Jean Raisin eut peine à s'acclimater dans cette terre lointaine. Il fallut torturer les plants venus de Volnay et de Beaune pour les contraindre à se naturaliser africains. Kolb raconte à ce sujet un fait assez curieux : « Les nouveaux colons, au Cap, avaient essayé en vain de propager la vigne, lorsqu'un Allemand s'avisa de passer au feu les extrémités des sarments qu'il plantait ; pas un alors ne manqua (3). »

Autrefois sur le coteau de Volnay, et dans les autres grands crus de Bourgogne, les Noiriens étaient mélangés de Pinots blancs ; la proportion de ces derniers s'élevait souvent jusqu'au huitième du nombre total des ceps. Il en était encore ainsi au commencement du dernier siècle.

---

1. Il fut introduit par les Hollandais vers 1660.
2. *Statistique de la vigne*, par le docteur Morelot, p. 156.
3. *Statistique de la vigne*, p. 189. — *Essai sur la végétation*, par du Petit-Thouars.

Depuis, ces plants ont été arrachés. Des œnologues de mérite regrettent la disparition de cet élément : car, disent-ils, les raisins de ce cépage, foulés et mis en petite quantité dans la cuve, n'ôtaient rien au vin de sa couleur, et lui donnaient de l'éclat, de la délicatesse, de la vivacité et de la durée (1).

Depuis des siècles, le Noirien est la gloire et la fortune de Volnay et de la Côte bourguignonne. Aussi le duc Philippe-le-Hardi fit une rude guerre au *Gamay* (2) lors de son apparition. En 1395, il ordonna de couper, en l'espace d'un mois, dans les vignobles du duché, tous les plants du trez mauvaiz et déloyaul Gamay; qui menaçait de supplanter le noble Pinot. Après ce délai, les contrevenants étaient passibles d'une amende de soixante sous tournois par ouvrée (3).

En 1459, Philippe-le-Bon entreprit contre lui une nouvelle campagne. Ce prince, pour maintenir à la fois aux ducs de Bourgogne leur titre de seigneurs des meilleurs vins de la chrétienté, à Volnay, à Pommard et à Beaune, leur antique renom, et mettre le commerce à l'abri de la fraude, défendit de placer en dépôt, dans la ville de Beaune, d'autres vins que ceux du cru des habitants, « de peur que les Gamès nouveaux ne pussent tromper par leur doulceur (4). »

Le proscrit, malgré les édits et ordonnances des hauts et puissants seigneurs, tint ferme, finit par obtenir droit de cité et gagna du terrain. « Le gamay que l'on qualifiait de déloyal, sans doute parce qu'on le mêlait au produit des vignes fines, est devenu un cépage loyal et respecté. Il répond à des besoins qui n'existaient pas au xive siècle. Si le Pinot produisait le vin exclusivement réservé aux grands

---

1. *Le Vin*, par M. le vicomte A. de Vergnette, p. 33. — *Chronique de Bourgogne*, 20 avril 1845. — *Statistique sur la vigne*, par le docteur Morelot, p. 30.
2. Ce plant porte le nom du petit village de Gamay, d'où il est originaire.
3. Archives de la ville de Beaune.
4. Archives de Bourgogne. — Courtépée, t. II, p. 273.

seigneurs et aux princes qui dédaignaient ce pauvre plant commun, le Gamay donne aujourd'hui le vin du peuple et des classes laborieuses, Il occupe d'ailleurs une place que les cépages délicats ne lui disputent pas. Plant commun, il se contente des terres communes (1). » A Volnay, il est relégué dans les climats froids de l'arrière-côte, et dans les terres humides de la plaine. Il occupe plus de moitié du territoire.

Pauvre Pinot, pauvre Gamay, tous deux loyaux dans votre espèce, vous êtes depuis 1878 aux prises avec le phylloxéra : chaque jour il étend ses ravages; c'est l'incendie qui grandit et menace de tout détruire. Pour vivre et lui résister, vous allez, dit-on, vous allier par le greffage aux plants américains, qui nous ont apporté le redoutable puceron et vivent avec lui. Ne sera-ce pas éterniser en Bourgogne la présence de l'ennemi? Puis, dans cette alliance garderez-vous votre longévité qui dépassait celle des patriarches? Ne perdrez-vous rien de la franchise, de la finesse et du bouquet qui constituent votre nature? — L'expérience et l'avenir le diront.

Nulle récolte n'est plus éventuelle que celle des vignes ; elle redoute les fortes gelées d'hiver, les frimas tardifs du printemps, les ravages d'une multitude d'insectes, des pluies froides pendant la floraison (2), des grêles en été, de longues averses au temps où mûrit le raisin; et quand elle a échappé à tous ces dangers, elle est quelquefois détériorée et perdue par de fortes pluies et des gelées au moment de la vendange.

En étudiant les chroniqueurs et les vieilles chartes, on

1. Discours de M. Dupont, maire de Beaune, au Congrès viticole, le 8 novembre 1869.
2. Pour les vignes fines, la floraison se fait ordinairement les premières semaines de juin. Si elle s'accomplit par la bise et un temps sec et chaud il y a abondance ; si elle s'effectue dans le froid et la pluie il y a disette ; le raisin *coule*. Ce n'est pas sans raison que nos pères redoutaient les pluies de saint Jean Porte Latine (6 mai), de saint Médard (8 juin) et de saint Cyr (16 juin), leurs craintes étaient fondées sur l'expérience.

remarque que la culture de la vigne est aujourd'hui ce qu'elle était il y a cinq cents ans ; rien n'est changé, pas même la langue. Nous empruntons sur ce sujet, à M. Rossignol, ancien archiviste de la Côte-d'Or, de curieux détails recueillis dans les comptes des ducs de Bourgogne, seigneurs des principaux crus de Volnay.

« A ces époques reculées, dit le savant historien, on *dépaissole;* on aiguise les *paischas;* on *taille;* on *sarmente;* on se sert du *fessou* pour faire du premier *coutz;* on *refut*, c'est-à-dire on fait la vigne pour la seconde fois ; on *aicoule*, on attache les jets de la vigne à ses échalas; on *tierce*, on la pioche pour la troisième fois ; on *ébrousse*, on coupe le sommet des jets ; on *redresse*.

« Les baux des Ducs entrent dans de grands détails sur les *preux*. Le vigneron devait en faire quarante par journal, c'est-à-dire cinq par ouvrée, « *bons et loyaux à l'ordonnance des closiers*. Malgré la solennelle défense de Philippe-le-Hardi, qui avait proscrit, en 1395, le fumier comme procréant vins jaunez, gras, tels qu'aucune créature humaine n'en pourrait convenablement user sans péril de sa personne; » la Chambre des comptes ordonna, en 1463, au châtelain de Volnay de fournir raisonnablement de cet engrais le *père* et le *preux*, afin de venir en aide au sol et à la plante qu'il nourrissait. »

De nos jours, le vigneron doit faire de vingt-cinq à trente provins par ouvrée. On le voit, dans le moyen âge, les *preux* étaient rares et les vignes peu garnies ; en conséquence, l'air, la chaleur et la lumière se jouaient à l'aise à travers les ceps. En outre, pour laisser à la vigne tous les sucs de la terre et toutes les influences du ciel, nos aïeux avaient soin d'en éloigner les plantes parasites et l'ombre des arbres ; ils ne toléraient que le pêcher. Aussi les coteaux volnaisiens riches de vieux ceps et inondés de soleil produisaient des vins parfaits.

Autrefois, la taille était l'objet d'une attention particulière; les anciens baux des Ducs défendaient expressément d'abandonner cet ouvrage à des tâcherons. « Cela n'était toléré qu'en temps de guerre, quand l'accès de la vigne offrait d'éminents périls; dans ce cas, les closiers ou sous-inspecteurs devaient être présents à ce que les « gens en tâche ne fissent point de méfaçon. »

La taille commence en février, le *turplu*, la grosse alouette des vignes, en donne le signal. Dès qu'il l'entend, le vigneron dit avec un poète :

> Le chant d'un oiseau nous invite
> A reprendre tous nos travaux.
> « *Taille vite, taille vite,* »
> « *Baisse le dos, baisse le dos* (1).
> Telle est cette chanson traduite
> Note pour note, mots pour mots (2).

La taille de mars, surtout celle qui se fait au plein de la lune, est regardée comme la meilleure.

Les conventions qui existaient au xxiv° et xv° siècles, entre les propriétaires et les vignerons ressemblaient beaucoup à celles qui règnent aujourd'hui :

« Les vignes se faisaient à moitié, le propriétaire et son fermier partageaient fraternellement le produit du sol; s'il donnait cent muids, chacun en avait cinquante. Elles étaient aussi faites quelquefois au tiers : deux parties appartenaient au fermier, le propriétaire prenait la troisième. Enfin, le fermier s'engageait d'autres fois à faire tous les frais de la culture et recevait en échange une somme fixée par le bail. Ces trois systèmes étaient simultanément en usage; l'emploi de l'un ou de l'autre dépendait des hommes, des temps, des climats et des conditions stipulées entre les parties. »

Les charges du vigneron à l'argent, si nous en jugeons d'après les anciens baux des Ducs, étaient bien différentes de ce qu'elles sont aujourd'hui.

« Le cultivateur à l'argent ne fournit de nos jours que les liens; autrefois les échalas étaient à sa charge, il devait

---

1. Ces mots imitent parfaitement le chant de cet oiseau.
2. *Brises des Montagnes,* par M. Jos. Petasse.

vendanger à ses frais, amener les raisins à ses frais et les mettre dans des vaisseaux neufs de bon bois de chêne, toujours à ses frais. Les fermiers étaient encore obligés de mener dans les vignes toutes les *gennes* de la récolte, et de les faire porter comme engrais dans les places que désignaient les maîtres des celliers. »

Il est inutile d'observer que les hauts et puissants seigneurs fournissaient aux vignerons leurs vassaux les sommes exigées par un tel mode d'exploitation.

« Les baux anciens stipulent encore ordinairement que l'amodiateur fera chaque année prendre les *cancouanes* ou hannetons, les *stouppètes* et les *hurbrechtz*, insectes qui sont les fléaux de nos contrées. Il devait au besoin donner la chasse aux étourneaux *et faire le galant*, comme nos bons aïeux appelaient le vin cuit, le tout à ses frais, en présence et sous la direction d'un contrôleur ou de l'un des deux maîtres des celliers, dont l'un habitait Beaune et l'autre Dijon, pour se partager l'inspection du domaine seigneurial (1). »

La vendange est la grande préoccupation du vigneron. Dès le mois de janvier, il interroge le lierre sur la quantité et la qualité de la récolte. Si les grappes de cet arbrisseau sont nombreuses et bien garnies, c'est signe d'abondance de vin; si elles sont rares et dépourvues de grains, c'est annonce de disette. Si elles noircissent, mûrissent, entre les Rois et la saint Vincent (22 janvier), la vendange sera précoce; au contraire elle sera tardive si la maturité des baies du lierre s'accomplit en février ou en mars.

Au mois de juin, le viticulteur consulte le lys pour connaître la date à peu près fixe de la vendange : elle se fera autant de jours avant la Saint-Michel (29 septembre) que le lys fleurit avant la Saint-Jean.

Ces observations basées sur une longue expérience sont rarement trompeuses.

1. *Conquête de la Bourgogne après la mort de Charles-le-Téméraire*, par M. C. Rossignol, pp. 169-174.

Nos pères attachaient une grande importance au jour où devait commencer la récolte. Au xve siècle, les Volnaisiens avaient le privilège de fixer leur ban de vendange, qui servait ordinairement de base aux vignobles de la Côte. Au moment de la maturité du raisin, les habitants élisaient des prud'hommes chargés de visiter les vignes et de faire leur rapport au châtelain. Après la visite, ces experts se rendaient vers l'officier du seigneur et déclaraient sur la *foy du serment*, le jour qu'ils croyaient le plus propre à l'ouverture de la vendange. Si ce jour déplaisait au châtelain, il ne pouvait que l'avancer ou le retarder de vingt-quatre heures. Le ban fixé, on le faisait *cryer* dans le village. Le premier jour était exclusivement réservé aux vignes du domaine seigneurial, soit qu'elles fussent *faites à deniers ou à partage*. Celui qui, ce jour-là, se serait permis de vendanger sans licence son héritage, aurait encouru la confiscation des fruits récoltés et une amende de soixante sous tournois. Après le jour du *ban du seigneur*, chacun était libre de faire sa vendange (1).

Le ban de vendange, imposé sous peine d'amende, s'est gardé, à Volnay, jusqu'en 1865. Aujourd'hui, le conseil communal laisse à chacun la liberté de vendanger ; il se contente d'indiquer le jour qui lui semble le mieux convenir à l'ouverture de la récolte. Alors,

> Entre les ceps, l'on voit les vendangeurs errants :
> Vieux, jeunes, grands, petits, hommes, femmes, enfants,
> Tous ensemble au travail, s'inclinant à la ronde,
> Cueillent, serpette en main, la grappe noire et blonde.
> . . . .
> De chants, de bruits confus, les vignes retentissent,
> Et de raisins partout les grands paniers s'emplissent.
> . . . .
> Et le dernier char plein de raisins, vers le soir,
> Arrive orné de fleurs, en triomphe, au pressoir ;
> Et l'on danse aux chansons, car le peuple est poëte,
> Il mêle à tout des chants et des bouquets de fête (2).

1. Archives de Bourgogne.
2. *La Côte-d'Or, les Vendanges*, par M. Simon Gauthey.

Il est avantageux de ne pas se hâter pour la cueillette des grands crus. M. Duvault-Blochet, propriétaire de la Romanée et des grands vins de Volnay, l'un des vétérans du haut commerce de Bourgogne, commençait sa vendange quand les autres achevaient la leur : une expérience de cinquante ans lui a prouvé qu'il était dans le vrai; en cette période deux années seulement déçurent ses espérances.

L'excellence du sol et du cépage ne constitue point seule la qualité du vin, elle vient encore du soleil et de la température qui communiquent à chaque récolte son cachet particulier. Les années favorables à la vigne sont celles qui sont chaudes et précoces : quand la floraison se fait de bonne heure au milieu du chant assourdissant des cigales et que la chaleur continue jusqu'après la vendange. Les vins qu'elles donnent sont plus riches en esprits inflammables et en parties salines et huileuses; et ils possèdent à un haut degré cette essence éthérée, qui donne le parfum de violette, de framboise et de vanille qui distingue le Bourgogne et particulièrement le Volnay.

Dans les années propices à la vigne, on recueille sur la Côte volnaisienne un vin si remarquable qu'il a valu au village un nom historique et une réputation universelle.

Ce vin se faisait autrefois sans être cuvé. les raisins étaient mis sur le pressoir au sortir de la vigne. On l'appelait vin de primeur et paillé, à cause de sa précocité et de sa teinte mordorée (1) : c'est le vin clairet dont parlent les vieux chroniqueurs; il se buvait dès l'année même.

Plus tard, on le fit cuver de dix à quinze heures, dans les années favorables; et de vingt-quatre à trente-six, dans les années froides et pluvieuses; et on obtint une couleur vermeille. Après avoir foulé la cuve une, deux ou trois fois, à peine entrait-elle en ébullition, et le vin avait-il

---

1. Courtépée, t. II, p. 357.

acquis une couleur d'un beau rouge et une odeur vive et pénétrante, qu'on se hâtait de le mettre dans les tonneaux, où s'achevait le travail de fermentation. Ce procédé, qui fut pratiqué jusqu'à la fin du dernier siècle, donnait peu de couleur mais une grande finesse. Le vin fait d'après cette méthode était franc, moelleux, vif et parfumé (1).

L'année 1795 amena une véritable révolution dans le système de vinification : c'est ce que raconta, en 1845, au Congrès des vignerons français, M. Grozelier, de Volnay, « le Nestor des vignerons du département. » « J'ai remarqué, dit-il, qu'on n'a cherché à obtenir la couleur par un cuvage prolongé que depuis 1795. Les vins de cette année se sont faits très colorés naturellement sans être forcés de cuve; *ils ont été très critiqués* en pays étrangers, en primeur, à raison de la couleur extraordinaire, qui faisait supposer qu'on y avait ajouté des vins du Midi; mais quand ils ont été connus, on les a appréciés comme étant de grande distinction, et depuis cette époque on a cherché la couleur pour imiter les vins de cette année (2). »

Ce procédé est le seul qui soit suivi de nos jours : il donne des vin solides et d'un rouge très foncé. Pendant le travail qui s'opère dans la cuve, la précieuse liqueur s'enrichit de tanin et de toutes les parties sapides et colorantes que recellent la pellicule, le pepin et la grappe des fruits de la vigne.

La chimie, s'efforçant de venir en aide à la vinification, conseille de mêler aux raisins dans la cuve du sucre et de l'eau-de-vie, suivant la qualité de l'année. Ce procédé ajoute certainement à la force et à la solidité du vin, mais c'est au détriment de sa finesse et de son bouquet. Aussi plusieurs propriétaires volnaisiens, tenant à la vieille répu-

---

2. *Actes du Congrès des vignerons français*, 4ᵉ session, p. 260. — *Le Vin*, par M. A. de Vergnette, pp. 66-69. — *Histoire de Beaune*, par Gandelot, p. 262.
2. *Actes du Congrès des vignerons français*, 4ᵉ session, p. 261.

tation de leurs celliers, préconisent et gardent l'ancien système, disant avec un légitime orgueil :

> « Les vins se font ainsi dans notre vignoble,
> Ceux des plus humbles crus comme ceux du plus noble,
> Ceux que le peuple boit gaîment aux cabarets
> Et ceux qu'artistement savourent les gourmets.
> La chimie, à travers ses savantes cornues,
> Ne peut que déflorer leurs vertus ingénues.
> Dans les autres pays qu'on fabrique du vin!
> Dans le nôtre, sans art (1) » croissent le superfin
> Cailleray, le Champan, le vin de la Chapelle,
> Le Chevret, le Fremier, les Angles, la Carelle
> Et d'autres vins fameux, comme la Bousse-d'Or,
> Qui sont de vrais diamants mis en notre écrin d'or.

D'autres, cédant au goût et aux exigences du commerce, ont cru devoir adopter les procédés nouveaux.

Quel qu'ait été le mode employé dans sa confection, le Volnay a toujours joui d'une haute réputation. Dès le VIe siècle, il figurait parmi ces vins de Bourgogne qui, au rapport de Grégoire de Tours, rivalisaient avec les meilleurs d'Italie, et remplaçaient, sur les tables des patriciens de la province romaine, les célèbres vins de Gaza en Palestine (2).

Au moyen âge, les Ducs de Bourgogne comptaient Chevrets, *Cailleroy* et Bousse-d'Or parmi les plus précieux joyaux de leur couronne. Volnay avait une place d'honneur « dans ces vignobles du païz de Bourgogne où d'ancienneté croissoient les meilleurs et plus précieux vins du royaulme de France pour le norrissement et la sustentacion de créature humaine. Et à cause de la bonté d'iceulx notre Saint-Père le Pape, Monseigneur le Roy et plusieurs autres seigneurs tant d'église, nobles et aultres avoient coustumes d'en faire leurs provisions (3). »

Si le château de Volnay reçut plusieurs fois la visite des

---

1. *La Côte-d'Or, les Vins*, par M. Simon Gauthey.
2. *Histoire de France*, liv. III, ch. 9.
3. Archives de Beaune, ordonnance de 1395.

princes et des rois : notamment celles de Louis VII, en 1162, d'Alphonse comte de Poitiers, frère de saint Louis, en 1244, et de Philippe de Valois, il dut certainement cet honneur, en grande partie, à la réputation de ses vins. Le roi Philippe de Valois, qui déjà les avait appréciés en 1328, le jour de son sacre, les trouva si délicieux à Volnay, en 1336, que le bon duc Eudes IV ordonna d'en transporter soixante-douze muids dans les autres châteaux de la province où devaient se continuer les fêtes de la réception royale (1).

Le Volnay joua un grand rôle dans les négociations diplomatiques du xive et du xve siècles. Philippe-le-Hardi, envoyé à Avignon par le conseil du roi de France pour tâcher d'éteindre le grand schisme d'Occident, offrit vingt queues de ses vins de Volnay et de Beaune aux cardinaux de Benoît XIII. Durant les conférences qui se tinrent à Bruges pour la conclusion de la paix entre la France et l'Angleterre, il servit à sa table ce noble breuvage aux députés de Charles V et d'Edouard. Jean-sans-Peur, en 1415, fit hommage de plusieurs pièces de ce vin aux *maîtres en divinité* du concile de Constance (2).

Quand Louis XI se fut emparé de la Bourgogne, il regarda comme l'un des privilèges de sa puissance de pouvoir savourer à l'aise le nectar de Volnay; aussi fit-il conduire à son château de Plessis-les-Tours la récolte de 1477 (3).

La réputation de Volnay ne fut point étrangère à ses malheurs ; elle fut l'une des causes des fréquents ravages qu'il eut à subir, aux xive, xve et xvie siècles, de la part des bandes armées. Les Écorcheurs, les Reîtres et les Lanz-Kenechts, attirés par ce vin célèbre, se jetaient sur cette infortunée bourgade comme les essaims de guêpes et de frelons qui assiègent les vignes dans les chaudes années.

1. Archives de Bourgogne, comptes de 1336.
2. Courtépée, t. II, p. 271. — *Hist. de Beaune*, par M. Rossignol, p. 157.
3. Archives de Bourgogne, Vurry, comptes de 1477.

Au xviie siècle, la Faculté de médecine de Paris proclama hautement les qualités du vin de Beaune, dont le Volnay est la fleur; elle décida, en 1665 : *Vinum Belnense esse suavissimum et saluberrimum* (1). En 1666, l'intendant Bouchu écrivait sur ses *Tables*, à l'article Volnay : « C'est un pays de montagne, emplanté de vignes, où il croît le meilleur vin de Bourgogne (2). » Louis XIV préférait le Volnay à tous les vins (3).

Au xviiie siècle, le vin de Volnay fit avec le Beaune et le Pommard les honneurs de la table royale au sacre de Louis XV (4). Les deux historiens de la Bourgogne, à cette époque, parlent du Volnay avec éloges. « Pour s'en tenir uniquement à ce qui concerne la Côte de Beaune, dit Courtépée, tous les connaisseurs, suivant d'ailleurs les prix, conviennent que le Volnay est le vin le plus léger, le plus fin, le plus de primeur (5). » — « Volnay, ajoute Gandelot, est connu par ses bons vins qui tiennent le premier rang parmi ceux du Beaunois (6). »

Les hommes de notre siècle qui ont étudié plus particulièrement la question des vins, parlent du Volnay avec le sincère enthousiasme de leurs devanciers.

« Volnay, écrit M. Jullien, produit le plus léger, le plus délicat, le plus fin, le plus agréable des vins de la Côte de Beaune et même de toute la France; il a en outre de la sève et un charmant bouquet. Les vins de Beaune, — parmi lesquels ceux de Volnay occupent le premier rang, — ont la réputation bien acquise d'être les plus *francs de goût* de toute la Bourgogne (7). »

« Tous les vins qui se récoltent sur la Côte volnaisienne, dit à son tour le docteur Morelot, excellent par leurs qua-

---

1. Le vin de Beaune est pur, très suave et très salutaire.
2. Archives de Bourgogne.
3. *Notice sur Volnay*, par M. l'abbé Dubois.
4. *Histoire de Beaune*, par Gandelot, p. 266.
5. Courtépée, t. II, p. 268.
6. *Histoire de Beaune*, par Gandelot, p. 249.
7. *Topographie de tous les vignobles connus*, pp. 105 et 106.

lités : ils ont une finesse, un bouquet, une délicatesse, un goût suave qui ne se rencontrent en aucune espèce de vin : aussi, quand ils ne sont ni trop nouveaux ni trop vieux, c'est-à-dire bien en leur point, on pourrait dire qu'ils l'emportent sur tous les vins. D'après une ancienne coutume, ils sont estimés valoir par queue dix francs plus que les Pommard et vingt plus que les Beaune (1). »

En 1845, M. le vicomte A. de Vergnette, siégeant au Congrès des vignerons français, terminait ainsi un savant rapport : « Les vins de Volnay seront encore longtemps, comme ils étaient au xive siècle, sous nos Ducs, qui y possédaient les vignobles de Caille-de-Roy (Cailleray), les premiers vins du monde (2). »

La poésie a joint sa voix à celles de l'histoire et de la science pour célébrer le Volnay.

Au moyen âge, parlant la langue d'Horace, elle disait des vins de la Côte de Beaune, qui passaient alors pour les premiers de l'Europe, et dont le Volnay était regardé comme la perle la plus fine :

Vinum Belnense super omnia vina repone (3).

Puis elle ajoutait ce mot, digne de servir de devise au blason de Volnay :

Et sine Volnæo gaudia nulla mero. (4).

Au commencement du siècle dernier, il y eut une petite guerre au Parnasse entre Charles Coffin, poète champenois, et Bénigne Grenan, poète bourguignon ; les deux tenants soutinrent avec une égale ardeur l'excellence des vignobles de leur pays. Les médecins Hugues de Salins, de Beaune, et Lepescheur, de Reims, brisèrent aussi des lances dans ce tournoi (5).

1. *Statistique des vins du département de la Côte-d'Or*, pp. 11, 13, 15.
2. *Actes du Congrès des vignerons français*, 4e session, p. 378.
3. Placez le vin de Beaune avant tous les vins.
4. Si vous voulez être gais, buvez du Volnay.
5. Courtépée, t. II, p. 261.

De nos jours le Volnay, comme autrefois le vieux Falerne, a inspiré des couplets charmants ; on peut en juger par ceux que nous citons :

> Le nectar qu'on te verse à table,
> Ne t'en déplaise, ô Jupiter !
> N'est qu'une liqueur détestable,
> Indigne du maître de l'air.
> Oui, l'hydromel et l'ambroisie,
> Le breuvage aux dieux destiné,
> Ne vaut pas la grappe choisie
> Dans les cépages de Volnay.
>
> Un jour l'indiscrète Pandore
> Ouvrit sa cassette et, soudain,
> Sur la terre, l'on vit éclore
> Tous les fléaux du genre humain,
> Mais Dieu, dans sa bonté profonde,
> Consolant l'homme infortuné,
> Contre les chagrins de ce monde
> Lui donna le vin de Volnay.
>
> Fleurons d'une même couronne,
> Chambertin, Corton, Marconets,
> Pardonnez-moi si je vous donne
> Peu de place dans mes couplets ;
> C'est que Volnay, lui seul, résume
> Sève, arôme et goût raffiné ;
> Et dans mon extase, ma plume
> En lettres d'or inscrit Volnay (1).

On reconnaît que le vin de Volnay a moins de solidité, de couleur et de corps que les grands crus de la Côte de Nuits ; mais en retour, il est plus précoce, plus agréable et plus franc de goût. Il est prêt à boire dès la seconde année, tandis que ceux-ci ont encore leur verdeur native (2). Le Volnay est hâtif et printanier comme la violette dont il a quelquefois le parfum.

On a observé qu'en le mélangeant, par proportions égales, avec du Corton, il donne un vin solide et parfait, qui soutient avec avantage la comparaison avec tous les princes de la Côte bourguignonne.

Les vins des grands crus de la Côte volnaisienne, quand

---

1. *Fleurs des Bois*, par M. Joseph Petasse.
2. *Topographie de tous les vignobles connus.*

ils sont mis à propos en bouteilles (1), se conservent dix ans, vingt ans et plus, dans les bonnes caves (2). Ce fait repose sur l'expérience, et il a été victorieusement démontré à l'Exposition des vins de la Côte-d'Or, à Dijon, en 1856. Le 15 mai de cette année, il y eut au Palais des anciens Ducs une grande exhibition des vins de Bourgogne. On convia à ce pacifique tournoi tous les propriétaires des grands crus, les représentants de la presse française et étrangère, et d'habiles dégustateurs de Paris, de Londres et de Belgique. Le Volnay descendit dans la lice; des vins de 1832 et de 1834, malgré leurs vingt-deux et vingt-quatre ans, « réunirent les plus éclatants suffrages (3). »

Dans cette même exposition, il fut démontré que le Volnay peut voyager dans les pays les plus lointains et sous les zônes les plus torrides. On présenta du 1846 revenu de Bahïa, en Brésil : il avait passé deux fois sous la ligne, et supporté pendant de longs jours les secousses de l'Océan. Les dégustateurs le comparèrent à son frère demeuré couché dans un froid caveau. « Il fut reconnu, à l'unanimité, qu'il n'existait entre ces vins aucune différence sensible

1. « En Belgique, on met les vins en bouteilles de quinze mois à deux ans après la récolte. Les vins traités de cette manière ont une sève, un goût de fruit qu'on ne rencontre pas dans les autres vins. Cette méthode ne réussit pas dans les pays chauds et avec de mauvaises caves. Il faut attendre trois ou quatre ans. Si les vins qu'on laisse vieillir dans le tonneau sont plus secs, plus dépouillés, ils sont moins susceptibles de faire des dépôts considérables, et moins sujets aussi à fermenter. Le mois que nous préférons pour la mise en bouteilles est le mois de juillet. » (*Le Vin*, par M. A. de Vergnette, pp. 206 et 207.)

2. « Les caves ont une grande influence dans l'élevage des vins. Pour nous, les bonnes caves ne sont ni trop sèches, ni trop humides. Nous préférons celles qui sont construites dans le rocher et qui ne sont jamais exposées à être noyées à l'époque des inondations. Nous les voulons obscures et élevées, leurs seules ouvertures seront tournées au nord. Le vin vit et respire dans l'atmosphère de la cave; aussi nous tenons à ce que cette atmosphère soit saine. Celles des grandes villes sont ordinairement mauvaises. La trépidation incessante du sol, occasionnée par le passage des voitures, les émanations du terrain, celles du gaz et des légumes au milieu desquels vivent les vins, contribuent ou isolément ou ensemble aux fâcheux effets qui en résultent pour leur conservation. » (*Le Vin*, par M. A. de Vergnette, p. 173.)

3. Rapport de l'Exposition.

quant au cachet et à la qualité essentielle; seulement le premier parut un peu plus dépouillé (1). » « On décida même, dit un représentant de la presse anglaise, que le voyageur était meilleur que son pareil resté à la maison (2). » — Il ne faut pas attribuer le succès de cette course à la robuste et exceptionnelle constitution du 1846, car l'épreuve a été tentée sur des vins d'une nature délicate et elle a parfaitement réussi : du 1857, après un long voyage en Californie, fut à son retour trouvé préférable au vin similaire demeuré en cave.

Quoique les vins de Volnay, de Pommard et de Beaune soient connus depuis dix ou douze siècles, longtemps ils ne se vendirent qu'à très bas prix. Les invasions des Barbares et les grandes commotions qui accompagnèrent la chute de l'Empire romain, les brigandages et les guerres qui troublèrent le moyen âge, le mauvais état et le peu de sûreté des routes nuisirent au commerce de ces vins.

Cependant, déjà au temps des Ducs, « les maistres des garnisons de Nostre Saint-Père le Pape, de Monseigneur le Roy, de plusieurs grants seigneurs, et des marchands de dyvers païz et de dyverses régions, attirés par l'excellance des vins creuz aux vignobles de la Bourgogne, fréquentoient ledit païz et y apportoient grand nombre de pécune et grant quantité de denrées pour l'usaige du peuple, ce dont ycellui estoit moult confortez, soutenu et aidiez en ses nécessités (3). »

Jusqu'à la fin du xvii° siècle, ces vins ne s'écoulèrent guère qu'en France et dans les provinces de la Flandre; l'exportation lointaine en était encore rare. Ce fut la révocation de l'édit de Nantes, en 1685, qui donna l'essor à ce commerce. Les Protestants beaunois qui, pendant soixante-quinze ans avaient eu leur prêche à Volnay, gardèrent fidèle souvenir à son vin; ils le firent connaître en Suisse, en

---

1. Rapport de l'Exposition.
2. *Daily-News*, 19 mai 1855.
3. Archives de Beaune, ordonnance de 1365.

Hollande, dans l'Allemagne et dans tous les pays où ils s'exilèrent. Ils employèrent leur industrie et leurs capitaux à en faire le commerce. Et dix ans après l'émigration, nos vins, qui jusque-là se vendaient à peine soixante livres la queue, montèrent à deux cents et se maintinrent depuis à un cours élevé. Cinquante ans plus tard, leur taux moyen était de trois cent vingt-huit livres.

Jusqu'à la Révolution de 1789, ce commerce se fit presque exclusivement par des marchands étrangers, belges pour la plupart. Tous les ans, quelle que fût la qualité des vins, ces marchands arrivaient après les vendanges, et visitaient les celliers avec un commissionnaire de Beaune. Ensuite, on débattait les prix : tantôt on prenait pour base la vente des Hospices; tantôt, les négociants étrangers et les principaux propriétaires du pays se réunissaient à l'Hôtel-de-Ville de Beaune, et discutaient leurs intérêts respectifs.

Aussitôt que les marchés étaient conclus, on reliait les vins et on les expédiait ordinairement sur lie; les derniers chars partaient ornés d'un énorme bouquet.

Le commissionnaire était responsable des achats faits par son entremise : il était chargé de surveiller la livraison et de solder les vendeurs aux termes convenus (1).

Vers 1770, quelques commissionnaires beaunois, plus hardis que leurs devanciers se lassèrent de jouer un rôle subalterne et de ne recueillir que de modiques profits; ils se mirent à parcourir le Nord et à vendre à leur compte. Les fortunes considérables qu'ils réalisèrent firent peu à peu surgir de nombreux imitateurs à Beaune, à Chalon, à Nuits et dans les bourgs et les villages de la Côte. Dès lors, les négociants bourguignons supplantèrent les étrangers et prirent seuls le monopole du commerce des vins de leurs pays (2).

---

1. *Statistique de la vigne dans la Côte-d'Or*, par le docteur Morelot, p. 221. — *Lettre de M. Grozelier au Congrès des vignerons français*, 4ᵉ session, p. 260.
2. *Statistique de la vigne*, p. 222.

Cette révolution commerciale, l'abondance du numéraire, un plus grand luxe de table et la facilité des transports due à la création des chemins de fer, firent monter graduellement le prix de nos vins et les portèrent au taux élevé où ils sont aujourd'hui.

Aussi l'aisance vint s'asseoir au foyer des familles volnaisiennes. Les propriétaires furent riches. Le vigneron, laborieux et économe, connut l'abondance.

> Des sacs de pur froment dorment sur son grenier.
> « Table, armoire, pétrin, lit, horloge en noyer,
> Il a tout ce qui fait l'aisance à la campagne ;
> Et le bonheur aussi : n'a-t-il pas pour compagne
> Une femme robuste, au teint brun et vermeil,
> Aux bras nerveux, bronzés par les traits du soleil ?
> « A ce franc Volnaisien » il vient de la famille :
> Tantôt c'est un garçon et tantôt une fille,
> Si bien qu'en peu de temps, comme un cep vigoureux,
> Il se trouve entouré de rejetons nombreux
> Qui, l'aidant aux labours, augmentent sa richesse
> Et deviennent l'appui de sa noble vieillesse (2). »

Depuis quelques années, hélas ! une série de mauvaises récoltes, l'appauvrissement général, le ralentissement du commerce et par-dessus tout le phylloxéra ont amené une grande gêne à Volnay et dans toute la Côte.

1. *La Côte-d'Or, le Vigneron*, par M. Simon Gauthey.

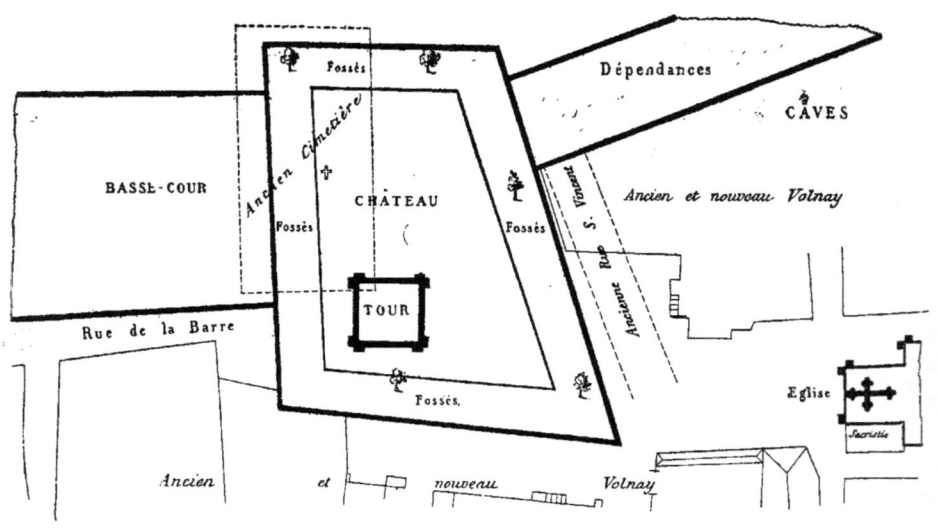

Plan du Château des Ducs de Bourgogne, de sa Tour et de ses Dépendances

CHAPITRE II

Château de Volnay.

Du château ducal, qui pendant de longs siècles, fut la gloire et le bouclier de la cité volnaisienne, il ne reste plus aujourd'hui qu'un emplacement désert et un vain nom, *la Place de la Tour*. Essayons de le rebâtir et de raconter son histoire.

La rue de la *Barre*, qui doit son nom à la barrière et aux chaînes de sûreté dont on la fermait, au temps des incursions et des guerres, pour éviter les surprises de l'ennemi, conduisait à ce châtel qui se composait de deux parties : d'une basse-cour et d'une enceinte fortifiée.

La basse-cour, appelée le *Barle* dans les vieilles chartes, était située à l'est et au nord de la place de la Tour. Elle formait un vaste carré compris entre l'enceinte fortifiée et le presbytère. On y voyait deux maisonnettes assises au bord des fossés près du pont-levis. C'était là où se tenaient les portiers et les gardes.

L'enceinte fortifiée, qui renfermait le donjon, l'hôtel seigneurial et ses dépendances, occupait la place de la Tour et les terrains adjacents. Cette petite forteresse était entourée d'une muraille et d'un large fossé que l'on remplissait d'eau, en cas d'alerte. On y pénétrait par un pont-levis : quand il s'abaissait, on entrait dans une cour spacieuse où manœuvraient les hommes d'armes et circulaient les gens de la maison ducale.

Là, une grosse et forte tour en pierres de taille se dressait imposante et fière comme un chevalier revêtu de son armure. Elle était à peu près carrée : ses deux côtés les plus larges avaient chacun 57 pieds hors d'œuvre et les plus étroits 39. Ce donjon était très élevé, il avait trois étages. Edme Maillard, maître charpentier, qui le visita en 1605, « déclare, sur les saints Evangiles de Dieu, qu'il n'a jamais vu plus belle et matérielle tour, en ce qui est de la maçonnerie ; et que ses planchers, déjà gastés par le temps et les pluies, étoient des plus beaux et antiques qu'il fut possible de voir. »

L'Hôtel seigneurial élevait, près de la tour, « ses belles et anciennes murailles. » Du haut de ses fenêtres on jouissait d'un coup d'œil splendide : on découvrait les coteaux de la Bourgogne avec leurs célèbres vignobles, une plaine immense qui étalait au soleil de riches campagnes semées de villes et de villages, le Jura et les Alpes dont les chaînes bleuâtres se dessinaient à l'horizon comme des remparts d'azur.

Au midi de l'hôtel ducal, il y avait une charmante chapelle gothique, placée sous le vocable de l'apôtre saint Barthélemi. Derrière ces édifices, régnaient de vastes corps de bâtiments qui s'étendaient jusqu'aux rues de la *Combe* et de la *Cave;* les uns étaient destinés aux cuisines, aux logements des officiers et des varlets; les autres servaient d'étables aux chevaux, de remises aux équipages, et de pressoirs pour la vendange.

Depuis le château, on voyait dans la campagne la Grange-le-Duc, qui a laissé son nom au climat où elle était bâtie. C'était une immense construction où l'on déposait les céréales du domaine seigneurial et les foins de la prairie de *Couléxain*. Là, logeaient les domestiques subalternes, les piqueurs et leurs chiens (1).

D'après cette description, faite sur le plan de vieux terriers et de titres anciens, on voit que Volnay avec sa tour et son châtel ressemblait, au moyen âge, plutôt à une forteresse qu'à un village agricole.

Dès l'époque la plus reculée, la terre de Volnay appar-

---

1. Archives de Bourgogne. Terriers de 1507 et de 1607. — Divers procès-verbaux de 1507 à 1611. — *Mémoire de l'abbé Delachère* à Courtépée.

tint aux rois et aux ducs de Bourgogne (1). Ils y construisirent un château pour la défense de leurs sujets (2). Plus tard, ils donnèrent ce fief aux barons d'Antigny qui le gardèrent jusqu'en 1249. Philippe, le dernier représentant mâle de la ligne directe de cette noble maison, étant mort et ne laissant qu'une fille, Hugues IV réunit, en 1250, ce fief à la couronne ducale (3).

Ce prince rebâtit le château et en fit un délicieux séjour, qui devint dès lors l'une des demeures favorites des ducs de la première race. Robert II y fut proclamé seigneur de Bourgogne, en 1272, et y reçut l'hommage de ses barons. Son épouse, Agnès, fille de saint Louis, y passa plusieurs années de son long veuvage. Eudes IV y fit, en 1315, avec son frère Louis un traité où fut réglée la succession du duché. Ce seigneur eut une prédilection marquée pour Volnay, il restaura soigneusement le châtel et la chapelle Saint-Barthélemi (4).

Sous les ducs de la première race, cette demeure ducale fut visitée par des hôtes illustres. « Louis VII y vint en 1162. Saint Louis s'étant rendu au chapitre de Cîteaux, les premiers jours de septembre 1244, on envoya au château de Volnay Alphonse comte de Poitiers, son frère, avec la foule des barons, afin de n'être pas trop à charge au monastère (5). » Le 24 août 1336, Philippe de Valois y célébra la fête de saint Barthélemi avec le bon duc Eudes IV. Le comte Louis de Savoie s'y arrêta en 1347, en allant visiter sa terre de Savigny (6).

Les ducs de la maison de Valois furent de trop hauts et

---

1. *Mémoire de l'abbé Delachère* à Courtépée.
2. « Il y a quelques années que l'on fit, au sujet d'un procès entre la commune et un particulier, de grandes fouilles, qui mirent à découvert les fondations du vaste château-fort, qui couvrait presque tout le village du côté inférieur. D'après le genre de maçonnerie employé, on s'est convaincu que ces fondations remontaient au moins à huit siècles. » (*Statistique de la Vigne*, par le docteur Morelot, p. 5.)
3. Archives de Bourgogne. Chartes de 1250 et 1251.
4. Archives de Bourgogne. Maison de Bourgogne. Comptes. Traités.
5. *Notice sur Volnay*, par M. l'abbé Dubois, p. 50.
6. Archives de Bourgogne. Maison de Bourgogne. Comptes.

puissants seigneurs, pour attacher autant d'importance que leurs devanciers à ce château ; ils n'y firent que de rares apparitions. Philippe-le-Hardi le visita le 23 octobre 1403, en conduisant sa fille Marie à son époux Amédée de Savoie (1). « Après le meurtre du duc d'Orléans, Jean-sans-Peur s'y tint caché quelque temps. Philippe-le-Bon y passa l'automne de 1465 pour rétablir sa santé (2). »

Durant les siècles troublés du moyen âge, le châtel de Volnay fut la maison de refuge des habitants : « ils avaient droit d'y retrayer leurs personnes et leurs biens en temps de guerre et de gens d'armes (3). » Ils s'y enfermèrent lors des incursions des Grandes-Compagnies et des brigandages occasionnés par la guerre de Cent-Ans. En 1431, cette petite forteresse fut emportée d'assaut par une bande armée : l'hôtel ducal et la chapelle furent pillés et livrés aux flammes ; la tour seule, où étaient les habitants, ne put être forcée (4). Philippe-le-Bon ramena un peu de vie dans ce lieu désolé, en permettant aux pauvres, dont les chaumières avaient été incendiées, de construire des maisonnettes contre les hautes murailles qui dessinaient encore l'enceinte du palais tombé et de la chapelle détruite. Il n'exigea de ces malheureux que la garde de la tour.

La population témoigna sa reconnaissance au bon duc Philippe, en demeurant fidèle à ses descendants, dans leurs jours d'infortune. Louis XI s'étant emparé de la Bourgogne, après la fin tragique de Charles-le-Téméraire, les Volnaisiens prirent part au soulèvement qui eut lieu en 1478, en faveur de la fille du malheureux duc ; ils arborèrent sur leur tour la bannière de la princesse Marie. Ce mouvement fut étouffé, le château se rendit, et la terre de Volnay fut incorporée au domaine royal.

En 1507, un secrétaire des comptes, étant venu cons-

1. *Histoire de Bourgogne*, par Dom Plancher, t. III, p. 198.
2. *Notice sur Volnay*, par M. l'abbé Dubois, p. 50.
3. Archives de Bourgogne. Procès-verbal de 1507.
4. Archives de Bourgogne. Recherche des feux de 1431.

tater l'état du châtel volnaisien, le trouva bien déchu de son ancienne splendeur. La basse-cour était démantelée, et un habitant du village en cultivait une portion. L'une des maisonnettes qui servaient aux gardes « était habitée par une pauvre ancienne femme qui y logeait pour l'amour de Dieu : » elle filait sa quenouille là où jadis les chevaliers veillaient en armes. La seconde enceinte avait encore ses murs, ses fossés et son donjon ; mais l'hôtel ducal et la chapelle Saint-Barthélemi étaient en ruines, il n'en restait plus « qu'une belle et ancienne muraille et une place close. » Le lierre et les ronces étendaient un linceul de verdure sur ce tombeau : et au milieu des décombres du château des grands ducs d'Occident s'élevaient quelques pauvres huttes semblables aux tentes que l'Arabe du désert dresse sur le palais des Pharaons (1).

La tour parfaitement conservée continua de servir d'asile aux Volnaisiens. Ils furent trop heureux d'avoir cet abri dans les guerres de religion ; car sur la fin du seizième siècle ils vécurent en de perpétuelles alarmes. Continuellement la sentinelle du guet observait la plaine, et dès qu'elle voyait apparaître une troupe armée, elle frappait la cloche, et aussitôt chacun se hâtait d'accourir dans la petite forteresse. Du haut de leur donjon les infortunés villageois virent passer et repasser les compagnies protestantes. Le 23 juin 1560, les reîtres allemands incendièrent Volnay, Meursault, Pommard, Montagny, Bligny, Curtil et Tailly (2). L'année suivante, à pareil jour, les soldats de Coligny ravagèrent encore ces bourgades dévastées. Volnay se relevait à peine de ses cendres quand les reîtres reparurent ; ils pillèrent les chaumières des habitants dans les hivers de 1574, 1575 et 1577 (3).

La Ligue, en multipliant les courses des gens d'armes,

---

1. Archives de Bourgogne. Procès-verbal de P. Sayne.
2. Archives de Bourgogne. *Recueil manuscrit de divers titres concernant la ville de Beaune*, par M. Joseph Garnier.
3. Id. — *Histoire de Beaune*, par M. Rossignol, p. 390.

ne fit que rendre la tour plus nécessaire; les Volnaisiens également rançonnés par les Royalistes et les Ligueurs s'y enfermaient dès qu'une compagnie de soldats se montrait à l'horizon. En 1595, ces pauvres paysans remirent leur petite forteresse à Henri IV, et le maréchal de Biron y plaça une petite troupe d'archers pendant le siège du château de Beaune.

Le rôle du donjon de Volnay était fini : on le négligea comme une vieille armure devenue inutile. Bernardin Brunet, maïeur de Beaune et juge des causes domaniales, l'ayant visité en 1605, par ordre de la trésorerie générale de France, déclara que la maçonnerie était solide, mais que la toiture était affaissée, que la charpente était rompue et que leur chute briserait le premier plancher. « Ce plancher lui-même, ajoutait-il, est gasté par les pluies et s'il demeure l'hiver sans couverture il sera entièrement perdu. » On laissa les pluies achever leur œuvre de destruction; la toiture s'écroula et les planchers se rompirent en tombant les uns sur les autres. En 1610, les officiers royaux reparurent dans la tour, mais ce fut pour constater « qu'il n'y avoit plus que les quatre murailles et quelques solives à moitié pourries. » Les portes elles-mêmes qui « étoient fortes et belles » avaient disparu. Les pauvres s'étaient chauffés avec ces débris durant le rigoureux hiver de cette année (1).

Le vieux donjon, privé de sa toiture, demeura plus d'un siècle debout sur ses robustes assises, défiant les orages et les tempêtes. En 1650, il donna asile aux soldats du régiment de Persan, campés à Volnay pendant les troubles de la Fronde. En 1657, il vit tomber ses murs d'enceinte et combler ses fossés : les Fabriciens, ayant acquis le *Barle* et les fossés, vendirent les pierres et nivelèrent le terrain.

Il fallut la main de l'homme pour abattre le fier géant : M. Grozelier, procureur au bailliage de Beaune, ayant

1. Archives de Bourgogne. Domaine. Bureau des finances, liasse 14, cote 11.

acheté la tour en 1749, la fit démolir aux trois quarts et en utilisa les matériaux. Ce procureur au bailliage étant mort, les Volnaisiens exploitèrent comme une carrière les ruines de l'antique donjon (1). En 1775, une ordonnance royale ayant concédé à l'église les restes de la tour, on fit disparaître, en 1778, les derniers vestiges du vieux château féodal.

On divisa en deux parts la terre où fut le châtel volnaisien, l'une fut donnée aux morts pour leur servir de sépulture et l'autre fut convertie en place publique.

Le silence ne se fit point pour toujours dans ce lieu tant de fois troublé par les pas des hommes d'armes et la pioche des démolisseurs; il fut, au commencement du xixe siècle, le théâtre d'une ardente lutte judiciaire; depuis 1811 jusqu'en 1823, M. de Chatellenot-Brunet et les habitants se disputèrent une parcelle de ce terrain. La victoire sourit d'abord aux Volnaisiens, et ce refrain d'un troubadour du village fut quelque temps dans toutes les bouches :

> A tous je le répète :
> En vertu de la loi,
> Je t'aurai ma *Brunette* (2)
> Je t'aurai malgré toi.

Malheureusement la justice ne sanctionna point l'arrêt du poëte, et par une sentence définitive, elle adjugea la *Brunette* à M. de Chatellenot.

Le sol du château seigneurial est demeuré pour notre bourgade le foyer de la vie civile : là où les ducs et les châtelains tenaient leurs plaids et rendaient la justice, là où les anciens habitants discutaient, dans les *Grands Jours*, les intérêts de la cité, les Volnaisiens du xixe siècle ont bâti leur maison communale. Ils ont cessé, depuis 1864, d'inhumer les morts dans ce lieu, et l'ancien cimetière de la Tour est devenu l'une des places les plus riantes de la Bourgogne.

1. *Mémoire de M. Delachère* à Courtépée.
2. L'auteur de la ballade donne ce nom au terrain en litige, parce qu'il était situé devant une maison qui faisait partie de la dot de Mlle Brunet, épouse de M. de Chatellenot.

Comme le château ducal, la maison commune et la place de la Tour ont été et sont encore pour Volnay le centre de la vie civile, nous donnons ici le tableau des administrateurs de la cité.

PRÉVOTS

Jacques Clerget	1300	Gérard Bouley	1527
Abraham Delatour	1320	Antoine Bretin	1536
Hugues de Chanceaux	1334	Gabriel Déconclois	1570
Perronet d'Augny	1365	Abraham Glantenay	1593
Antoine Déconclois	1391	Claude Bouley	1606
Hugues Bouzereau	1415	Christophe Vincent	1617
Guy Latour	1443	Edme Poussard	1636
Philibert Clerget	1460	François Boulemeau	1650
Pierre Poussard	1485	Charles Boulemeau	1672

ÉCHEVINS

J.-B. Caillet	1678	Antoine Royer	1703
Jean Bouley	1684	François Grozelier	1710
Claude Grozelier	1690	Charles Rossignol	1720
Jacques Bretin	1693	Jacques Vincent	1731
François Chicotot	1696	Edme Déconclois	1732
François déconclois	1699		

PROCUREURS-SYNDICS

Pierre Rossignol	1736	Jean Rossignol	1772
Michel Vincent	1740	Claude Buffet	1780
Isaac Grozelier	1751	Jacques Parent	1789
Edme Déconclois	1761	François Dubois	1790

MAIRES

Hubert Grozelier	1790	Et. Clerget-Tixier	1815
François Blondeau	1791	Bouley-Michelot	1818
Jacques Vincent	1792	Et. de Vaudremont	1822
François Blondeau	1796	Glantenay-Batault	1825
Etienne Caillet	1797	Barthélemy Parent	1830
Jacques Bretin	1778	Boillot-Grozelier	1832
Gérard Bureau	1799	Carion-Viennot	1834
Claude Tixier	1800	Gillotte-Flaghot	1837
Fr. Grozelier-Blondeau	1802	Bouley-Musard	1840
J.-B. Boillot	1805	Boillot-Grozelier	1846
Bouley-Michelot	1807	Buffet-Bonarde	1848
Pierre Chauvelot	1812	Jean Verdereau (1)	1848
Et. Clerget-Tixier	1814	Boillot-Grozelier	1851
Barthélemy Parent	1815	Victor Boillot	1865-1886

1. *Notice sur Volnay*, par l'abbé Dubois, pp. 57-58. Ce tableau est l'œuvre de M. Déconclois-Caillet.

ÉGLISE DE VOLNAY.

CHAPITRE III

Église de Volnay.

Le temple chrétien est pour l'âme un oasis au milieu du désert. C'est une autre Terre-Sainte : là, se trouvent Bethléem, Nazareth et leurs mystères, le Cénacle et le pain du ciel, le Calvaire et son adorable sacrifice. L'église paroissiale est la mère du fidèle : elle l'enfante à la vie divine, par le baptême ; elle l'abreuve du lait de la doctrine évangélique dans ses jeunes années; plus tard, elle le nourrit du pain des élus, elle lui donne le baume qui guérit, le chrême qui fortifie et l'huile sainte qui adoucit les angoisses de la dernière heure. Quand il meurt elle l'ensevelit avec respect, elle a des prières et des larmes pour sa tombe, comme elle eut des bénédictions pour son berceau. L'église paroissiale est pour la cité ce qu'elle est pour l'individu : c'est un foyer d'où rayonnent la lumière qui éclaire et la chaleur qui vivifie; c'est le cœur, c'est l'âme du village chrétien; elle est pour lui ce que le Temple et l'Arche sainte étaient pour l'antique Jérusalem.

Voilà ce que l'église Saint-Cyr fut pour Volnay et ses habitants; il est donc juste de raconter son histoire et d'esquisser ses formes.

Cette église s'élève sur les ruines d'un temple, dont les vieux moellons se trouvent mêlés aux pierres qui composent l'édifice actuel. Des sarcophages gallo-romains et burgundes, découverts en ce lieu, attestent que le temple primitif remontait à un âge reculé. L'église Saint-Cyr fut construite au commencement du XIIIe siècle : son portail et ses murailles indiquent le début de la période ogivale. Cette œuvre se fit avec l'élan religieux qui animait les hommes de cette époque : la population volnaisienne bâtit son église avec l'ardeur d'un essaim qui crée sa ruche. Les constructeurs donnèrent à ce temple la solidité d'une forteresse; ils voulurent qu'il fut à la fois la maison de prière aux jours de calme et un abri dans les dangers.

Pendant les guerres et les brigandages qui désolèrent la Bourgogne aux XIV⁰ et XV⁰ siècles, les Volnaisiens cachèrent dans ce sanctuaire les objets précieux que la tour ne pouvait contenir. Souvent les bandes dévastatrices rôdèrent autour de ce temple. En 1431, l'une d'elles l'incendia : les murailles et les piliers résistèrent aux flammes, mais la toiture et la voûte s'écroulèrent, et le beffroi perdit la flèche qui le surmontait. Philippe-le-Bon aida ses malheureux vassaux de Volnay à relever les ruines de leur église. Cette restauration explique pourquoi l'on remarque dans l'ensemble du monument un mélange d'architecture du XIII⁰ et du XV⁰ siècles. En 1442, le vaisseau était réparé et prêt à affronter de nouvelles tempêtes : les chartes de cette année disent que « Volnay a une église forte. »

Au XVI⁰ siècle, durant les guerres de religion, ce temple eut à supporter de nouveaux désastres : les Huguenots le pillèrent et le profanèrent plusieurs fois, notamment dans les années 1569, 1570, 1574, 1577 et 1591. La population volnaisienne fut aussi constante dans son amour envers ce sanctuaire que l'hérésie le fut dans ses fureurs; chaque fois que les frelons ravagèrent la ruche, les abeilles la réparèrent.

Pendant le XVII⁰ siècle, l'église de Volnay n'eut rien à souffrir des brigands et des sectaires; mais le 29 janvier 1645, elle fut assaillie par un ouragan si furieux qu'il lui fallut sa robuste structure pour n'être point détruite : les contreforts furent ébranlés, les voûtes se lézardèrent, le faîtage fut entièrement découvert et la toiture de la tour disparut.

De tous les âges, le XVIII⁰ siècle fut celui qui fit davantage pour l'église Saint-Cyr; il la pourvut d'ornements d'un grand prix et de vases sacrés en vermeil incrustés de pierreries; il éleva un autel de marbre dans le sanctuaire, il revêtit le chœur d'une boiserie magnifique, il suspendit dans la grande nef une chaire dont les sculptures ont le fini des pièces d'orfèvrerie, et il plaça quatre cloches dans le beffroi. Malheureusement ce siècle finit par une tempête : le 12 décembre 1793, des Terroristes ayant le marteau à la main et le blasphème sur les lèvres entrèrent dans ce temple; ils pillèrent ses richesses, brisèrent ses cloches, mutilèrent ses images et ses statues, violèrent son tabernacle et profanèrent ses autels. Ces hommes animés des fureurs de l'enfer eussent détruit l'édifice lui-même, sans l'héroïque intervention d'un homme de cœur.

Le XIXe siècle entreprit de réparer ces ruines et de rendre à ce sanctuaire son antique beauté, chaque génération mit la main à l'œuvre. Après plus de quatre-vingt-dix ans, cette noble tâche n'est point encore achevée.

Décrivons le monument dont nous venons de redire l'histoire.

L'église Saint-Cyr est orientée selon les règles de l'art; elle offre dans son ensemble une masse imposante par sa solidité, ses épaisses murailles sont soutenues par de robustes contreforts. C'est une œuvre plutôt faite pour braver les injures du temps et résister aux attaques de l'ennemi, que pour charmer les regards. Le clocher est une tour quadrangulaire percée sur toutes ses faces de fenêtres géminées, avec colonnettes à chapiteaux gracieusement sculptés, il lui manque une flèche qui porte triomphalement la croix dans les nues.

Le portail est formé par une suite de colonnes dont les chapiteaux sont reliés par des guirlandes de vigne délicatement fouillées. Il accuse le style byzantin dans la période la plus avancée, la période transitionnelle. Sur le tympan de la grande porte, on voit la figure de l'Agneau divin portant la croix. Cette image que le marteau révolutionnaire a mutilée, dit dans son muet langage : C'est ici la maison de l'Agneau de Dieu, de Celui qui efface les péchés du monde. — La porte latérale de cette église, surmontée d'un gracieux groupe de saint Cyr et de sainte Julitte, est ornée de colonnes qui supportent un tympan sur lequel on a sculpté une croix de Jérusalem avec une rose épanouie et les figures du soleil et de la lune. Ces signes symboliques expriment cette grande pensée : Jésus crucifié a embaumé de sa grâce les deux Testaments (1).

En franchissant le seuil de ce temple, on éprouve un saisissement religieux produit par son antiquité, son architecture grave et l'heureuse disposition de ses lignes. Le long séjour de Dieu et les prières de nombreuses générations ont laissé en ce lieu un suave et pénétrant parfum. On y respire la douce et vivifiante atmosphère de la vieille église de village telle que la poésie l'a chantée.

> Ce temple dont la mousse a couvert les portiques ;
> Ses vieux murs, son jour sombre et ses vitraux gothiques,
> Cette lampe d'airain qui, dans l'antiquité,
> Symbole du soleil et de l'éternité,
> Luit devant le Très-Haut jour et nuit suspendue ;
> La majesté d'un Dieu parmi nous descendue ;
> Les senteurs de l'encens, ce silence pieux,
> L'invisible union de la terre et des cieux :
> Tout enflamme, agrandit, émeut l'homme sensible,
> Il croit avoir franchi ce monde inaccessible
> Où, sur des harpes d'or, l'immortel Séraphin
> Aux pieds de Jéhovah chante l'hymne sans fin (2).

Cette église a trois nefs, celle du milieu est large et élancée, les autres sont basses et étroites ; elles s'harmonisent avec l'abside pour former une croix latine. En jetant un regard sur l'ensemble de cet édifice on est frappé de l'unité de son plan, quoiqu'on y retrouve la main de plusieurs siècles (3).

Les murs et les colonnes sont du XIIIe, les voûtes sont

---

1. La rose est, d'après saint Bernard, l'image de Jésus empourpré de son sang sur la croix ; et les archéologues s'accordent à dire que dans le symbolisme du moyen âge, la lune figure la loi ancienne, et le soleil la loi nouvelle.
2. *Jour des Morts dans une campagne*, par M. de Fontanes.
3. Voici les mesures de l'église de Volnay prises à l'intérieur : longueur 26 mètres 13 ; largeur 12 mètres 36 ; hauteur de la voûte de la grande nef 10 mètres.

du milieu du xve; elles reposent sur des arcs-doubleaux à nervures très accentuées, leurs clefs sont remarquables (1).

La grande nef est éclairée sur les côtés par deux petites fenêtres cintrées et au couchant par une large fenêtre ogivale. Les piliers qui la séparent des collatéraux sont lourds et massifs, leur base est énorme, leurs colonnes sont nues et leurs chapiteaux sont dépourvus de sculptures (2). Ils forment trois travées.

L'abside est surbaissée par rapport à la grande nef, ce qui est d'un effet peu gracieux : une pensée mystique a sans doute présidé à cet arrangement, l'architecte a voulu figurer la tête inclinée du Christ mourant, dont nos temples sont l'image, ou rappeler le voile destiné à jeter une ombre mystérieuse sur l'arche sainte, qui était le symbole prophétique de l'autel chrétien. Cette partie de l'église est divisée en deux zones, le sanctuaire et le chœur. Le sanctuaire, qui avait toujours occupé le fond de l'abside, a été transporté en avant du chœur en 1838. On y entre par une grille en fer qui sert d'appui de communion. En abordant ce séjour de Dieu, on remarque les bustes reliquaires de saint Cyr et de saint Flocel, patrons de la paroisse; ces enfants martyrs sont là comme deux sentinelles au seuil de la demeure du Grand-Roi. Ce sanctuaire a pour boiserie deux larges panneaux où sont sculptés les emblèmes eucharistiques et leurs figures dans l'Ancien Testament. Ces trophées sont d'une admirable exécution (3).

1. L'une offre le monogramme du Christ IHS circonscrit dans un écusson à ogive lancéolée; une autre est ornée du saint nom de Dieu partagé par un cœur surmonté d'une croix, ce qui signifie le Seigneur a aimé le monde jusqu'à la croix; un troisième représente un écusson où sont gravées en relief ces lettres gothiques PPS., qui sont l'abréviation de Philippus : c'est le chiffre de Philippe-le-Bon qui aida à relever ces voûtes.
2. A l'un de ces piliers est suspendue une belle chaire de forme octogone, richement sculptée : elle porte le millésime de 1741. C'est l'œuvre de Dubuquet, artiste dijonnais.
3. On y voit un encensoir qu'on dirait suspendu par la main d'un lévite qui l'a rapporté fumant de l'autel; il y a des palmes et des branches de laurier si vraies et si délicates qu'elles semblent n'attendre

Sous un arc triomphal, surmonté d'un grand Christ en bois, d'une statue du Sacré-Cœur et d'une autre de saint Joseph, se trouve le maître-autel. C'est un tombeau d'un marbre rougeâtre; il fut béni le 27 septembre 1765. A côté du tabernacle s'élèvent deux beaux reliquaires dorés qui renferment des ossements de dix-huit martyrs. Le chœur s'étend derrière le grand autel, il est spacieux, deux grandes fenêtres y versent la lumière. Il est revêtu d'une belle boiserie qui date de 1758 (1). Parmi ses dalles on distingue les tombes de deux anciens curés de Volnay : celle de Sébastien Trugeot, décédé le 19 septembre 1685, et celle d'Etienne Bouchin, mort le 23 juillet 1714.

Le collatéral du côté de l'Epître est éclairé par deux fenêtres; il est dédié à la Vierge; sa chapelle a le mérite d'être ornée dans le style ogival (2).

Sur l'une des pierres tumulaires qui pavent ce collatéral, on lit cette inscription : « *Cy gist honorable homme Jean Boulley lequel trépassa le 22 août 1594, père de Claude Boulley l'ancien, lequel a faict faire ceste tombe sur la sépulture de son père et qui veut que sur icelle soit dict un grand libera le jour Nativité Notre-Seigneur, moyennant 3 blancs.*

Le collatéral du côté de l'Evangile est dédié à saint Vincent d'Espagne, martyr, patron des vignerons (3).

---

que le souffle du vent pour se mouvoir. Le panneau du côté de l'Epître fut posé en 1741; c'est l'œuvre de Dubuquet; celui du côté de l'Evangile fut placé en 1747, c'est l'ouvrage de Sualem, artiste beaunois.

1. La menuiserie de cette boiserie fut faite par Bonnet, maître-ouvrier de Beaune, les sculptures sont de Sualem.

2. L'autel est en stuc, il fut posé en 1841. Le tabernacle et le retable sont en chêne, ils furent placés en 1855 : Le tabernacle représente le portail d'une cathédrale du moyen âge, il est découpé comme de la dentelle. La statue de l'Immaculée-Conception qui domine l'autel a dans sa pose et dans ses traits quelque chose de virginal et de maternel ; c'est à la fois la Vierge sans tache et la Mère de Miséricorde. Dans le fond de cette nef, s'élève un confessionnal gothique. Toutes ces œuvres d'art sont dues au ciseau de M. Forestier, sculpteur jurassien.

3. L'autel de la chapelle est en stuc. Le retable et le tabernacle sont de la même date, du même style et du même artiste que ceux de la Vierge.

Près de l'autel, repose dans un riche reliquaire, le corps de saint Vincent, martyr de Rome. De la muraille de la chapelle, on voit saillir une belle statue de saint Georges terrassant le dragon; c'est un reste de l'antique sanctuaire de saint Barthélemi. Elle porte le millésime de 1732, en souvenir de l'institution d'une confrérie en l'honneur de ce saint guerrier. Le mur de ce collatéral est percé de trois fenêtres. Au dessous de celle du milieu on remarque cette inscription gothique : *Cy devant gist discrète personne messire Simon Fouchard à son vivant demeurant en ce lieu, qui trépassa le V juillet MVCXXXII et bailla à la Confrarie la maison d'escole, comme appert par lettre sur ce faict, charge que la dite Confrarie et bastonniers seront tenus à faire dire chacun apport le jour Saint-Cyr à vespres une libera et clementissime. Requiescat in pace.* »
A l'entrée de cette nef se trouve le baptistère.

Parmi les tableaux qui décorent l'église de Volnay, nous devons signaler une *sainte Famille* peinte sur bois, et une belle copie de l'*Ecce Homo* de Rembrandt. Le *Chemin de Croix*, par son heureuse composition et la vivacité de son coloris, fait honneur à M. Laguerre, artiste parisien.

Pour compléter l'ornementation intérieure de ce sanctuaire, écrivions-nous en 1870, et en faire l'une des belles églises rurales du diocèse, il faut placer des verrières à ses fenêtres. Ce travail s'est accompli dans les années 1880, 1885 et 1886 : les fenêtres ont repris la forme ogivale qu'elles avaient perdue au dernier siècle, et elles se sont enrichies de scènes religieuses et de personnages sacrés.

La grande baie du chœur, ornée de meneaux, de trèfles et de rosace, représente le martyr de saint Cyr et de sainte Julitte. Les deux héros chrétiens confessent l'adorable Trinité et meurent pour elle, tandis que de lâches apostats sacrifient à la porte d'un temple païen. Cette scène est saisissante, pleine de mouvement et de vie : on y remarque un paysage fuyant et lointain qui fait l'admiration des artistes.

La fenêtre de la chapelle de la Vierge rappelle Marie et l'Enfant-Dieu donnant le Rosaire à saint Dominique : ce tableau est suave et harmonieux comme une peinture de Fra Angelico de Fiesole. C'est un *ex-voto*. Il y a quelques années une tertiaire de saint Dominique était emportée par un cheval fougueux dans un chemin semé de précipices et d'abîmes. Se voyant perdue, elle tire son Rosaire en s'écriant : « Marie, sauvez-moi ! » Aussitôt l'animal s'arrête frémissant, retenu par une force invisible. A peine la dame est-elle descendue de voiture que l'animal reprend sa course affolée et vertigineuse pour ne s'arrêter qu'à deux lieues de là, après avoir mis le véhicule en lambeaux. Pour exprimer sa gratitude à la Vierge, la tertiaire lui a offert ce beau vitrail.

Comme la chapelle de saint Vincent est surtout occupée par des vignerons, sa fenêtre représente le travail ennobli et divinisé par la Sainte-Famille. Saint Joseph, le charpentier, assisté de Jésus et de la Vierge, trace sur le bois avec le cordeau le trait que la scie va parcourir. Cette scène, qui se passe à l'ombre d'un palmier et près de la maison de Nazareth, exhale un parfum évangélique.

Les autres fenêtres sont ornées de personnages.

La baie ogivale qui surmonte le portail est occupée par un Christ presque de grandeur naturel. Le nouvel Adam, endormi sur la croix, a à sa gauche Jérusalem, la cité déicide, et à sa droite l'église de Volnay, symbole de l'Eglise universelle qui vient de naître du cœur du divin crucifié. Ce Christ est d'un grand effet.

La fenêtre qui est près du confessional offre le portrait du Dieu des miséricordes, de Jésus Bon-Pasteur ; celle qui éclaire les fonts porte l'image de saint Jean-Baptiste. La mieux réussie de ces fenêtres est près de la tourelle qui sert d'escalier au clocher.

Elle représente sainte Claire, portant le Saint-Sacrement et allant repousser les Sarrazins qui assiègent son monastère. La vierge d'Assise est admirablement drapée dans sa robe et son manteau ; son visage est séraphique. Cette image est placée dans l'église de Volnay, en souvenir de Mlle Emilie Bavard, tertiaire de saint François, qui se dévoua au service de la paroisse : l'artiste a essayé, mais en vain, de faire revivre les traits de cette servante de Dieu.

Tous ces vitraux sont l'œuvre de M. Joseph Besnard, peintre-verrier à Chalon-sur-Saône. Ils font honneur à son talent. Cet artiste a su orner l'église de Volnay sans trop l'assombrir : il a compris que la lumière est l'une des plus belles œuvres de la création, et qu'elle est essentielle aux fidèles pour prier.

Gravissons les degrés qui conduisent au clocher. La partie inférieure de cette tour est occupée par une belle et solide horloge qui porte les noms du célèbre mécanicien qui en fut l'auteur et de l'intelligent administrateur qui en dota la commune : — *Schwilgué, 1855. Boillot, maire de Volnay*. (1) »

Montons au beffroi qui servait autrefois, dans les jours d'alarme, d'observatoire à la sentinelle du guet, et lisons l'histoire des cloches, écrite sur leur robe de bronze.

La grosse cloche pèse 2,550 livres, primitivement elle atteignait un poids beaucoup plus élevé. Elle vit briser ses trois compagnes en 1793 : elle demeura seule au beffroi, et pendant de longs jours elle s'associa au deuil et au silence du sanctuaire. Sa voix joyeuse et sonore annonça plus tard le retour de Dieu dans son temple et appela les âmes à la prière. Elle fut brisée accidentellement en 1830 : elle perdit près de la moitié de son poids dans sa refonte. Elle porte cette inscription : *J'ai été bénite en 1833 par M. Blaise Guyot, curé de Volnay. MM. François Boillot-Grozelier, Carion-Viennot, maire, adjoint. Et M. Vincent Boillot et Jean Chouet fabriciens. Mollot, fondeur à Dijon.* »

1. M. Schwilgué fut l'un des grands maîtres de l'horlogerie au xixe siècle ; il restaura et perfectionna la fameuse horloge de Strasbourg.

La cloche moyenne pèse 1,390 livres. Elle fut bénite le dimanche du Bon-Pasteur, 23 avril 1882. Elle remplace une petite cloche de 568 livres (1), qui fut brisée accidentellement le jour des Rameaux 1880. Cette nouvelle cloche est remarquable par l'élégance de sa forme, le poli de son métal, la richesse et le fini de ses ornements. Elle porte cette inscription : « *J'ai été fondue en 1882 pour la commune de Volnay, sous l'administration de M. Victor Boillot. maire, et M. Auguste Caillet, adjoint. — J'ai été bénite par mon parrain, M. l'abbé Pierre Pillot, vicaire général de Monseigneur Rivet. J'ai eu pour marraine dame Antoinette Gauvenet, épouse de M. Jean-Baptiste Boillot. — M. Marie-Etienne Bavard, curé de la paroisse; MM. Petiot, Caillet, Ménard, fabriciens. — Je m'appelle Julitte.*

*Laudo Deum verum, plebem voco, congrego clerum,
Defunctos ploro, pestem fugo, festa decoro* (2).
Martin père et fils, fondeurs à Nancy.

La petite cloche a 805 livres de pesanteur. C'est le don d'un généreux chrétien ; écoutons-la nous raconter son origine : « *J'ai été bénite par M. Claude Grozelier, curé de Volnay, âgé de 70 ans ; j'ai eu pour parrain M. François Blondeau-Bourrelier, propriétaire à Volnay, âgé de 83 ans, donateur de la dite cloche, qui lui a coûté 1,764 francs, etc., et pour marraine dame Pierrette Lobot, âgée de 40 ans, épouse de M. Claude Blondeau, négociant à Beaune et propriétaire à Volnay. Etienne Caillet et Louis Pagand fabriciens. Dubois, fondeur, m'a faite en 1813.* »

1. Elle portait cette inscription : « *J'ai été fondue en 1807 et bénite par M. Grozelier, curé de Volnay, qui a donné 100 livres. J'ai eu pour parrain Barthélemy Caillet, propriétaire, adjoint, et pour marraine Madame Magdelaine Blondeau, épouse de M. François Grozelier, propriétaire au dit Volnay, M. François Blondeau-Bourrelier, propriétaire à Volnay, a donné 100 livres, etc. M. Claude Bouley, maire, a donné 50 livres. Le surplus a été payé par la fabrique, sous l'administration de MM. Etienne Caillet et Louis Pagand, fabriciens. J. Dubois et J.-B. Lacour, fondeurs.*
2. Je loue le vrai Dieu, j'appelle le peuple, je réunis le clergé, Je pleure les défunts, je dissipe les fléaux, j'embellis les fêtes.

La grosse cloche donne le *ré*, la moyenne le *fa*, la petite le *la* : elles forment entre elles l'accord parfait en *ré* majeur.

Dame Julitte et ses compagnes attendent au beffroi une quatrième cloche du nom de Cyr, plus petite qu'elles pour que Volnay ait, après la cathédrale, la sonnerie la plus complète et la plus harmonieuse du diocèse.

La sacristie de l'église de Volnay est peu spacieuse, mais elle est belle et bien meublée. On y remarquait une pierre saillante qui offrait un certain intérêt historique. Voici ce que nous en apprend M. l'abbé Delachère : « Après l'incendie de la chapelle Saint-Barthélemy, on y trouva un tombeau de pierre, et au dedans les os d'un corps qu'on dit être le corps d'un enfant des ducs de Bourgogne. Ce tombeau fut transporté dans l'église paroissiale et placé dans le mur du septentrion dans un vitrail du sanctuaire. Le 23 mai 1757, on ouvrit ce tombeau en présence d'un chirurgien appelé exprès : lequel reconnut les os, et à la vue de la tête, déclara que les restes étaient ceux d'une personne de quinze à seize ans. Il dressa un mémoire de tous les ossements et les remit dans le sépulcre. Il s'est trouvé aussi dans ce tombeau un papier, écrit en lettres gothiques, mangé et rongé : il est signé Malteste et Legros (1). » En 1874, cette pierre saillante, gênant la pose d'une boiserie, fut réduite à l'alignement du mur. Aujourd'hui une inscription sur cuivre indique la place de ce petit sépulcre.

A quelque distance de l'église Saint-Cyr, s'élève la demeure du prêtre qui dessert ce temple : c'est une humble maison avec cour et jardin, exposée aux rayons du soleil levant. Longtemps elle fut étroite comme l'habitation d'un cénobite; en 1685, messire Sébastien Trugeot légua une grange qui servit à l'agrandir. Au commencement du xviiie siècle, l'abbé Bouchin étendit un peu le jardin qui avait été jusque-là exigu comme celui d'un chartreux.

1. *Mémoire de l'abbé Delachère* à Courtépée. — Note du même dans le *Manuel de la Confrérie du très précieux Corps de Dieu*.

Avant la Révolution, dix-sept ouvrées de vigne, grevées pour la plupart de charges religieuses, formaient avec ce modeste presbytère le domaine de la cure de Volnay.

De toute ancienneté jusqu'à la suppression des ordres religieux, ce bénéfice fut à la nomination et sous le patronage de l'abbaye de Saint-Andoche d'Autun (1).

La chapelle ducale ayant été détruite en 1431, les services religieux qui s'y célébraient furent transférés dans l'église Saint-Cyr, et le curé de Volnay devint dès lors chapelain des hauts et puissants seigneurs de Bourgogne et ensuite des rois de France (2).

Malgré son titre pompeux de chapelain royal, le curé de Volnay était un des plus modestes prébendiers du voisinage. Aussi, dès qu'un édit eut fixé à deux cents livres la portion congrue des plus pauvres desservants de campagne, maître Gérard Humblot, curé de Volnay, s'en prévalut, en 1635, près des décimateurs. Ceux-ci firent estimer le revenu de la cure, — qui fut évalué seulement cent six livres, — et ajoutèrent ce qui manquait à la somme fixée. Des ordonnances royales ayant élevé successivement, en 1686 et en 1768, la portion congrue à trois cents et à cinq cents livres, les curés de Volnay en profitèrent pour grossir leurs modiques revenus.

En 1793, le domaine de la cure de Volnay fut vendu jusqu'à la dernière parcelle de vigne, le presbytère et son petit jardin furent seuls épargnés.

Comme les curés de Volnay eurent une part intime dans tous les événements historiques de la cité, et qu'ils furent les guides des générations chrétiennes qui se succédèrent dans ce village, nous inscrivons ici leurs noms avec la date de leur arrivée dans la paroisse. « Si Platon et Socrate

---

1. Le prêtre pourvu de cette cure devait chaque année vingt sous de droit à la supérieure de ce monastère.
2. A ce titre, il était tenu, primitivement, d'acquitter chaque semaine deux messes basses pour les âmes des anciens ducs : plus tard, cette fondation fut réduite à soixante messes basses par an. Il recevait du trésor vingt-quatre mesures de froment et une feuillette de vin.

avaient pu voir ce spectacle d'un homme grave, instruit, ami de la vraie sagesse, se renfermant dans une bourgade pour cultiver l'intelligence et la conscience de pauvres paysans, instruire leurs enfants, les consoler dans leurs souffrances et les assister dans les derniers combats, ils eussent été ravis d'admiration (1). » Ce spectacle, Volnay l'offre depuis de longs siècles ; le tableau que nous donnons ici, et qui est loin d'être complet, renferme une période de près de cinq cents ans. Ce tableau commence à la fin du XIIIe siècle.

THÉOBALD	1281	CLAUDE PICARD, curé, et PAGET, vicaire	1614
HUGUES	1310	BENIGNE GENOT, vicaire de M. PICARD	1617
JEHAN COURTOT	1348		
JEHAN DE SAUVAGNIEY	1349		
GUILLAUME ARGILLEY	1380	CLAUDE BONNOT, vicaire de M. PICARD	1618
JEHAN CHOTOT	1426		
GUILLAUME PETIT	1428	ANTOINE GOUJON, curé	1618
VIVIEN LALLEMANT	1455	THOMAS BRIVOT	1622
VINCENT LALLEMANT	1459	GÉRARD HUMBLOT	1635
GUILLAUME MARTENOT	1460	MISSEREY	1644
PIERRE BOETE	1463	J. LÉONARD	1648
ROBERT DE COSNE, vicaire	1470	C. TARARIN, C. PETITOT, P. VOISENET, prêtres	1653
JEHAN FÉNÉON	1473		
LAURENT, vicaire	1474	SÉBASTIEN TRUGEOT	1654
PHILIBERT BONOTTE	1474	ETIENNE BOUCHIN	1685
ODOT COURTOT	1486	J.-B. MARLOT	1714
CUSANSELBY	1507	PIERRE-BERNARD PARIGOT	1720
PIERRE BAZEROLLES	1522	FRANÇOIS DELACHÈRE	1725
PÉRIGAUDET	1522	FRANÇOIS GLANTENAY	1776
ETIENNE DEVEVEY	1530	BLENNE, BUFFET, ARNOULD, BÉLORGEY, missionnaires	1793
SIMON FOUCHARD	1531		
CLAUDE VINCENT	1560	CLAUDE GROZELIER	1800
EDME MISSEREY	1575	BLAIZE GUYOT	1821
JEHAN GOUDARD, vicaire	1576	LOUIS DUBOIS	1837
GUILLAUME DROUHIN	1582	J.-B. GIRARDOT	1850
CLAUDE ROUSSEL	1600	ÉTIENNE BAVARD	1852
JOACHIM BERTHEUL, vicaire	1604		

1. Paroles du P. Lacordaire aux élèves de Sorèze.

CHAPITRE IV

Confrérie du précieux Corps de Dieu.

Pendant que l'on bâtissait l'église de Volnay, vivait dans un monastère voisin de la ville de Liége, une fille appelée Julienne qui devait puissamment contribuer à l'entretien et à la décoration du temple volnaisien. Jésus-Christ se servit de cette humble vierge pour créer les associations du Saint-Sacrement, et établir dans le monde la belle solennité de la Fête-Dieu.

Notre cité fut de bonne heure embaumée par cette floraison du culte eucharistique; « la Confrérie du très précieux Corps de Dieu qui existe dans la paroisse est l'une des premières qui se soient établies en France (1). » Elle remonte à la fin du xive siècle.

Cette association fut la garde d'honneur de Jésus-Christ. Rien n'était plus touchant que la réception de ses membres. La Fête-Dieu était ordinairement choisie pour cet acte solennel; les aspirants s'y préparaient par la confession générale de leurs fautes. Avant la messe, ils venaient s'agenouiller devant la balustrade du sanctuaire. Le prêtre revêtu des ornements sacerdotaux entonnait, sur les degrés de l'autel, le *Veni Creator* que continuait l'assistance. Il disait ensuite aux récipiendaires : « Que demandez-vous, mes frères? » Ils répondaient : « Nous sollicitons la faveur d'être admis au nombre des confrères du Très-Saint-Sacrement. » — « Promettez-vous d'en observer les règlements avec fidélité, pour la plus grande gloire de Dieu et le salut de vos âmes? » — « Oui, moyennant la grâce de Dieu. » — Je vous reçois, selon votre désir, membre de la Confrérie du Très-Saint-Sacrement,

---

1. *Préface du Cartulaire de la Confrérie du Saint-Sacrement.*

et je vous mets dès à présent en participation des prières et des bonnes œuvres qui s'y feront, et de toutes les indulgences accordées par les Souverains-Pontifes. » Le prêtre bénissait les nouveaux membres et donnait à chacun un flambeau allumé en disant : « Prenez, mon très cher frère, la lumière du Christ en signe de votre immortalité, afin qu'étant mort au monde vous ne viviez plus que pour Dieu. Puis, il les embrassait, en murmurant ces douces paroles : « Que la paix soit avec vous! » Et ils allaient porter ce baiser fraternel à tous les membres, qui le rendaient avec ce souhait si chrétien : *Pax vobis!* Le *Te Deum* retentissait sous les voûtes de l'église en actions de grâces. Ensuite, la procession se mettait en marche; elle parcourait les rues du village qui étaient tendues de blanc et jonchées de fleurs et de feuillage. Enfin, le prêtre montant à l'autel, célébrait le divin sacrifice et communiait tous les confrères (1).

Ces pieux associés avaient des devoirs et des droits spéciaux. Ils devaient être les modèles des autres chrétiens, surtout par leur amour envers Jésus dans l'Eucharistie. Ils s'engageaient à prendre part à l'office canonial qui se chantait le jour de la Fête-Dieu et pendant l'octave. Ils devaient communier le Jeudi-Saint et le jour du *Corpus Domini*. Ils avaient le privilége, pendant leur vie et après leur mort, de participer aux prières (2), aux aumônes, aux indulgences et aux bonnes œuvres de cette sainte association. Dans les cérémonies sacrées, ils avaient l'honneur d'accompagner le Saint-Sacrement avec un flambeau. Le Jeudi-Saint et le jour de la Fête-Dieu, ils prenaient part aux agapes fraternelles qui réunissaient les confrères. Dans leurs maladies, on leur portait le saint Viatique avec

---
1. Extrait du Règlement.
2. Ces prières étaient : l'office canonial pendant l'Octave du Saint-Sacrement, l'office canonial le jour de Saint-Cyr, un service le lendemain, une messe basse tous les jeudis de l'année et un service tous les Quatre-Temps.

grande pompe, et leurs funérailles étaient honorées par de religieuses distinctions.

Longtemps l'esprit de Dieu régna dans cette confrérie; elle s'acquit un si grand renom de piété, que des habitants de paroisses éloignées lui donnèrent de leurs biens pour participer à ses prières et à ses bonnes œuvres : on trouve dans son cartulaire des donations faites par des fidèles de Chambolle, d'Arnay et de Saulieu (1).

Les confrères du très précieux Corps de Dieu ne se contentèrent point de former une garde d'honneur à Jésus ; ils lui composèrent de leurs biens un magnifique domaine. Le cartulaire qui contient les actes de donation est l'un des plus curieux monuments de notre histoire. La plus ancienne de ses chartes est de 1421. Le xve siècle, malgré ses malheurs, trouva le moyen de créer à Jésus-Christ un riche apanage, que les âges suivants ne firent qu'agrandir (2). Au moment de la Révolution, la Confrérie possédait deux maisons avec jardin et dépendances, soixante-deux ouvrées de noiriens et soixante-quatre de gamay et une soiture de pré; le tout produisait annuellement un revenu net de plus de 750 livres (3).

Dans ces siècles de foi, Jésus-Christ était pour la population volnaisienne un roi tendrement aimé : son domaine était considérable; son palais — l'église — était splendidement orné; les vases de sa maison étaient d'or ou d'argent; ce prince avait un diadème étincelant de pierreries, l'ostensoir était surmonté d'une couronne de vermeil enrichie de pierres précieuses. Ce roi recevait l'impôt, au xviie siècle, plus de la moitié des maisons du village devaient un cens annuel au Saint-Sacrement.

La Confrérie du très précieux Corps de Dieu exerça sur Volnay la plus salutaire influence. Elle répandit un reflet du ciel sur le culte divin. A notre époque, où le vent de l'indifférence a passé sur les âmes, nous avons peine à

1-2. Voir le *Cartulaire de la Confrérie.*
3. *Registre de la municipalité de 1792,* p. 86.

nous figurer quelle était, dans la paroisse, l'antique beauté de la fête du *Corpus Domini* et des jours de son octave. Cette solennité se faisait avec un éclat qui justifiait son nom de Fête-Dieu : la procession était splendide; les nefs de l'église étaient trop étroites pour contenir le peuple qui s'y pressait; depuis l'aube blanchissante jusqu'à midi, des messes étaient célébrées à tous les autels et des foules recueillies se succédaient à la table sainte. A la porte de l'église, on faisait aux pauvres des distributions de pain et d'argent. Voici, d'après un titre de la fin du xv⁰ siècle, les sommes que l'on employa dans l'une de ces solennités pour subvenir aux frais du culte, aux honoraires des prêtres, aux besoins des étrangers et des pauvres, et au repas des confrères; on dépensa : « Cinq saluts d'or du coing du roy; seize gros et demi de monnaie blanche de Tours, argent ancien; trois douzains et cinquante blancs du roy; deux pistoles d'Espagne, et vingt-huit deniers tournois; le tout tiré du tronc et provenant des vignes de Guyot des Oiches (1) ». Pendant l'octave, le peuple se réunissait, dès l'aurore, pour chanter matines et les heures, et assister au saint sacrifice. Au coucher du soleil, il revenait encore au temple pour prendre part aux vêpres, aux complies et à la procession qui se faisait aux flambeaux. Ces antiques usages furent fidèlement gardés jusqu'à la Révolution. Cette semaine ne suffisant point à satisfaire l'amour des Volnaisiens envers le Dieu de l'Eucharistie, ils obtinrent de l'autorité ecclésiastique que le premier dimanche de chaque mois renouvela, par sa solennité et sa procession du Saint-Sacrement, les religieuses émotions de la Fête-Dieu.

La Confrérie fit sentir sa bienfaisante influence au temple de Jésus-Christ, elle l'orna splendidement : avant la tourmente révolutionnaire, il avait la magnificence d'une cathédrale.

1. *Notice sur Volnay*, par l'abbé Dubois, p. 30.

Ce fut surtout sur l'église mystique, sur la cité des âmes, qu'elle exerça son action vivifiante : elle préserva du venin de l'hérésie la population, au xvie et au xviie siècles ; elle forma ces générations chrétiennes qui méritèrent à la paroisse ce renom de foi et de vertu dont elle jouit encore ; elle suscita dans le passé de nombreuses vocations au sacerdoce : les familles volnaisiennes eurent à cœur d'offrir à l'autel du Christ plus que leurs biens, elles lui vouèrent l'élite de leurs enfants. C'est à cette confrérie qu'est due l'assistance considérable qui distingue les offices du premier dimanche du mois, et c'est elle qui entretient parmi les fidèles la pieuse coutume de venir chaque jour le matin et le soir prier devant le tabernacle.

Dans ses temps prospères, la Confrérie du très précieux Corps de Dieu fut l'insigne bienfaitrice des pauvres de la commune.

Ce fut le bureau de bienfaisance, dans les jours anciens ; nous lisons dans son règlement cet article : « Le procureur distribuera, pendant le cours de l'année, en présence du curé, une somme d'argent aux plus pauvres et aux plus nécessiteux de la paroisse, après la délibération prise dans une assemblée. » En temps ordinaires, on donnait annuellement trois cents livres ; dans les jours de disette, on dépensait en aumônes tous les revenus disponibles.

Elle fut pour la commune une sœur pleine de dévouement : elle lui cédait une maison pour loger l'instituteur et ses écoliers ; et en 1593, elle engagea une partie de son domaine, pour aider la communauté à se libérer d'une somme considérable que lui réclamaient les villes de Beaune et de Saint-Jean-de-Losne, pour dépenses faites dans les guerres de cette époque (1).

Malgré sa haute antiquité et ses immenses services, la Confrérie du Saint-Sacrement ne trouva point grâce devant les hommes de la Révolution. Ils vendirent son domaine,

---

1. *Cartulaire de la Confrérie*, p. 88.

le 7 août 1792 ; et ils dépouillèrent son temple et profanèrent son autel, le 22 frimaire de l'an II de la République. Pendant plus de sept années, la pieuse association demeura détruite.

Le 5 octobre 1800, M. l'abbé Grozelier la réorganisa : mais elle ne fut plus que l'ombre de ce qu'elle était dans les jours anciens : on y fut admis sans préparation et sa pauvreté extrême ne permit plus de célébrer que de rares services religieux (1).

Si nous comparons cette confrérie avec son passé, ce n'est plus aujourd'hui qu'une ruine; mais cette ruine est encore belle et son ombre est salutaire aux âmes, aussi nous plaignons la génération qui verra disparaître cet antique monument de la foi volnaisienne.

1. Ce ne fut que le 7 juin 1857 que les associés arrêtèrent, qu'outre le service annuel pour les confrères défunts et celui célébré après le décès de chacun des membres, une messe basse serait dite le premier jeudi de chaque mois pour les associés vivants et défunts. Registre de la Confrérie, 1857.

CHAPITRE V

Chapelle de Volnay.

Une chapelle dédiée à Notre-Dame-de-Pitié s'élève au pied des coteaux de Volnay, sur la route de Beaune à Autun, dans un climat renommé par l'excellence de ses vins. Depuis de longs siècles, la Vierge reçoit dans ce lieu l'hommage des générations chrétiennes : là, deux sanctuaires ont été successivement bâtis en son honneur.

Il est difficile de préciser la date de la fondation du premier ; il remonte au moins au XIIIe siècle. Ce sanctuaire *assis au bord du grand chemin* est signalé dans des titres de 1281 et de 1337 (1). Une charte de 1425 parle avec respect de *la noble et édifiante chapelle de Notre-Dame de Vollenay* (2). Dans cette enceinte, Marie vit s'agenouiller les ducs et les duchesses de Bourgogne. La pieuse Agnès, fille de saint Louis, y vint pleurer après la mort de Robert, son époux.

En 1540, le sanctuaire de Notre-Dame-de-Pitié tombant en ruines, les habitants de Volnay le reconstruisirent tel qu'il existe aujourd'hui. C'est une belle chapelle dans le style ogival du XVIe siècle : elle est assez spacieuse (3); elle est orientée selon les règles de l'art ; ses murailles sont

---

1. Archives de la ville d'Autun, Fonds de saint-Andoche. — Archives de Bourgogne.
2. En nom de Notre-Seigneur, *Amen*. L'an de l'Incarnation d'Iceluy courant MCCCCXXV, le mercredy après le dimanche que l'on chante en sainte Église *Lætare Jerusalem*, je Hugues Glantenay de Vollenay fais savoir à tous ceux présents et à venir que je donne, por my et por amour des trépassés, une ouvrée deux tiers de vigne, sous la noble et édifiante chapelle de cette paroisse, à la Confrairie du très précieux Corps de Dieu de Vollenay. — (*Cartulaire de la Confrérie du Saint-Sacrement*, p. 173.)
3. Mesurée à l'intérieur, elle présente huit mètres de longueur, sur six mètres vingt centimètres de largeur et cinq mètres soixante-dix centimètres de hauteur.

CHAPELLE DE NOTRE-DAME DE PITIÉ.

soutenues par six contreforts, dont quatre font saillie aux angles du monument; elle est surmontée d'un campanile en pierres, où se balance une petite cloche. La façade de cet édifice est d'une grande simplicité, elle est percée d'une petite porte et de deux fenêtres carrées munies de fortes grilles : ces ouvertures sont l'œuvre du dernier siècle. Cet oratoire offre intérieurement une admirable régularité ; les nervures de sa voûte se croisent avec grâce et dessinent deux travées en s'abaissant : les fenêtres anciennes sont ogivales, et s'harmonisent avec la voûte.

Ce petit vaisseau est d'une remarquable sonorité. « On ne connaît, dit Courtépée, aucun lieu où la voix retentisse davantage (1). »

On lit au-dessus de la porte de cette chapelle, cette inscription en lettres gothiques qui rappelle la date de sa construction, les indulgences dont Rome l'enrichit et les miracles qu'opéra Notre-Dame de Volnay : « *Les habitants*
« *de ce lieu de Voulenay ont fait faire et édifier ceste*
« *noble Chapelle en l'honneur de la Sainte-Vierge Notre-*
« *Dame-de-Pitié, laquelle a fait plusieurs miracles. Et*
« *tous ceulx et celles qui dévotement diront, à genoulx, un*
« *Pater noster et un Ave Maria, et donneront de leurs*
« *biens à la réparation d'icelle gagneront sept jours de*
« *pardon, octroyés par M. le cardinal d'Ara Cœli. Et fut*
« *fondée le vingt-cinq de juing* MVCXL. *Priez pour celui*
« *qui a fait escriptre le présent épitaphe.* »

Depuis la fondation de ce nouveau sanctuaire, la piété des habitants de Volnay et des pèlerins s'est chargée de l'entretenir. L'aumône déposée dans le tronc de Notre-Dame suffit à orner son autel.

Dans les siècles passés des donations furent faites à cette chapelle et des services religieux y furent fondés. Voici dans quel langage nos pères présentaient leurs offrandes à Marie :

1. Tome II, p. 359.

« Toussaint Glantenay, mû de dévotion, désirant que la chapelle érigée en l'honneur de Notre-Dame-de-Pitié à Vollenay, soit maintenue, afin que le saint et divin service puisse être fait et célébré en l'honneur de Dieu et de la sainte et immaculée Vierge, quitte, le treizième jour du mois de may de l'an mil six cent vingt-sept de l'Incarnation de Notre-Seigneur, une ouvrée de terre sise en Grand-Champ (1). »

Le vingt-trois octobre mil sept cent dix-sept, Claude-Vincent et Jeanne Moreau son épouse, pour la satisfaction de leur amour envers la sainte Vierge Mère de Dieu, et le repos de leurs âmes, fondent à perpétuité, à la chapelle de Vollenay, une procession et une grand'messe avec *Libera* le vingt-deux août (2).

Le vingt-cinq novembre de la même année, « Claude Grozelier, après avoir recommandé son âme à Dieu, le priant, par les mérites infinis du sang précieux de Jésus-Christ Notre-Seigneur, de la mettre au rang des bienheureux, lorsqu'elle sera séparée de son corps, ordonne par testament qu'il soit dit et célébré chacun an, à perpétuité, douze messes basses, une en chacun mois de l'année, en la chapelle de Vollenay (3). »

Quand la Révolution couvrit de ruines le sol de la France, les habitants du village demandèrent grâce en faveur de ce sanctuaire vénéré. Nous citons la prière que le maire, le curé et tous les conseillers de la commune et de la fabrique adressèrent aux membres du directoire de Beaune qui se préparaient à profaner cette chapelle : « La municipalité a l'honneur de vous représenter, messieurs, que la chapelle de Notre-Dame-de-Pitié a été bâtie par la communauté, suivant l'écrit gravé au-dessus de la dite chapelle; et que c'est elle qui a fait poser la cloche et fourni le linge qui s'y trouvent. En conséquence, la com-

1. *Titres de la cure de Vollenay* p. 40.
2. *Titres de la cure de Vollenay*, p. 136.
3. *Titres de la cure de Vollenay*, p. 63.

munauté espère de vous, messieurs, que vous conserverez aux habitants ce sanctuaire tel qu'il est, pour qu'ils y exercent leurs dévotions ordinaires. Il faut ajouter que Notre-Dame de Vollenay a plusieurs fois opéré des miracles (1). »

Cette prière ne fut point écoutée; les directeurs de Beaune envoyèrent deux de leurs satellites piller la chapelle et briser la statue de Notre-Dame de Pitié. Ces hommes accomplirent avec un zèle satanique leur sacrilège mission : ils brûlèrent le beau retable doré qui décorait l'autel, et mutilèrent horriblement l'antique image de Marie. La profanation de la chapelle de Notre-Dame fut pour le village la plus funèbre journée de 1793.

Quand la tempête eut cessé, les Volnaisiens réparèrent peu à peu les désastres qu'elle avait causés dans leur sanctuaire de prédilection : ils replacèrent sur l'autel une nouvelle statue en pierre représentant la Vierge du Calvaire tenant sur ses genoux le corps inanimé du Christ; ils donnèrent à cet oratoire tous les objets essentiels à la célébration du culte. En 1844, des mains pieuses enlevèrent l'autel mutilé par les hommes de 93 et mirent à sa place un autel en marbre blanc d'Italie (2).

A côté de ces actes de piété chrétienne, nous avons la douleur de signaler un horrible sacrilège. En 1848, un inconnu, furieux de voir les honneurs rendus en ce lieu à la Mère de Jésus, tira par l'une des fenêtres un coup de fusil sur son image vénérée. Ce misérable reçut à l'instant le châtiment de son impiété; la charge lui revint en plein visage et il s'éloigna en jetant des hurlements de douleur.

Cette action sauvage contraste avec la filiale tendresse que les fidèles témoignent à Notre-Dame-de-Pitié. L'habitant du village, en se rendant à ses travaux, la salue avec respect; le malade et l'affligé font offrir le saint sacrifice à son autel; le pèlerin et le voyageur aiment à se reposer à

1. *Registre de la municipalité*, année 1792, p. 75.
2. Cet autel a été posé aux frais de madame la baronne du Mesnil.

l'ombre de son sanctuaire. La miraculeuse protection de la Vierge justifie cette confiance.

Volnay regarde cette chapelle comme son palladium. En 1849 et en 1853, lorsque le choléra plongea la Bourgogne dans le deuil et les larmes, les habitants se mirent sous la protection de Notre-Dame. La Vierge sembla les couvrir de son manteau; la cruelle maladie vint dévorer ses victimes jusqu'aux portes du village, mais Volnay fut épargné.

Dans la guerre de 1870-1871, lors de l'invasion prussienne en Bourgogne, le village éprouva de nouveau combien est grande la puissance de Marie en faveur de ceux qui l'invoquent : les hordes allemandes s'arrêtèrent aux portes de Volnay. La statue de Notre-Dame-des-Vignes fut érigée, comme *ex-voto*, en souvenir de ce bienfait.

En 1885, la chapelle s'enrichit de deux belles verrières, dues au pinceau de M. Besnard. L'une représente Notre-Dame de Lourdes. L'autre rappelle la grande scène du Calvaire : Longin perce le cœur du Sauveur mort sur la croix ; la Vierge, saint Jean et Marie-Madeleine jettent un cri d'horreur et d'effroi, et un ange recueille dans un calice d'or l'eau et le sang qui achèvent l'œuvre de la Rédemption.

La fête de Notre-Dame de Pitié se célèbre le vendredi de la semaine de la Passion et le troisième dimanche de septembre (1).

L'inspiration qui, dans les siècles de foi, a fait surgir ce sanctuaire a été aussi poétique que religieuse. « Cette chapelle semble avoir été placée sur un grand chemin pour inviter les voyageurs fatigués à se reposer à son ombre

---

1. Chaque année, les Volnaisiens, après avoir compati aux douleurs de Marie, s'associent à son allégresse; le jour de Pâques, ils accourent dans son sanctuaire, pour se réjouir avec elle de la résurrection de son Fils, et chanter les *Alleluia*. Ils appellent ainsi le *Regina* et l' *O Filii*. Ils vont processionnellement à cette chapelle : un ou deux jours des Rogations, le second dimanche de la Fête-Dieu et le jour de l'Assomption.

et prier la Vierge de Pitié. Que d'étrangers, loin de la patrie, arrachés aux douceurs de la famille, ont déposé à ses pieds le poids de leurs tribulations et ont puisé une nouvelle force pour continuer leur route! Que de pauvres de tous les pays se sont agenouillés devant cette Vierge consolatrice de toutes les douleurs, pour lui confier les peines et les misères de leur triste vie! Que de mères affligées sont venues chercher des consolations auprès de la plus affligée des mères! Que de malades ont été guéris ou soulagés dans leurs souffrances par son intercession! Cette chapelle est placée de sorte que les laborieux vignerons de Volnay puissent la voir de presque tous les points du territoire : c'est un étendard de patience planté au milieu de ces vignes que tant de fois ils arrosent de leurs sueurs!

« Oh! que c'était bien une Vierge de Pitié qu'il fallait en ce lieu! La Mère de Jésus dit à tous, à l'habitant du pays et au voyageur : « O vous, qui passez sur ce chemin, regardez et voyez s'il y a jamais eu une douleur semblable à la mienne (1). »

Un charme mélancolique s'attache à cette chapelle depuis que la population volnaisienne y a fixé son Cimetière. Ce champ funèbre est beau et spacieux. Il fut béni solennellement, le 14 septembre 1864, par Mgr Rivet, évêque de Dijon. Ce lieu est admirablement choisi pour la sépulture des morts : le vigneron volnaisien repose au pied des coteaux qu'il féconda de ses sueurs; il est couché près de la Vierge qu'il aima : c'est l'enfant endormi sous les regards de sa mère. L'image de Notre-Dame planant sur ces tombeaux est une espérance pour ceux qui y dorment et une consolation pour ceux qui viennent y prier.

J'ai béni les premières fosses de ce cimetière et ceux que

---

1. *Notice sur Volnay,* par M. l'abbé Dubois, p. 36.

le Seigneur m'a confiés doivent y reposer un jour ; aussi, en m'éloignant de cette enceinte, et en achevant ces pages, c'est pour moi un besoin du cœur de laisser comme adieu, aux membres de cette famille paternellement aimée, ces paroles d'espérance :

« Consolons-nous, amis, un céleste rayon
Percera des tombeaux la sombre région.
Oui, tous ses habitants, sous leur forme première
S'éveilleront surpris de revoir la lumière :
Et moi puissé-je alors, vers un monde nouveau
En triomphe à mon Dieu ramener mon troupeau (1). »

1. *Jour des Morts dans une campagne,* par M. de Fontanes.

PIECES JUSTIFICATIVES
N° I

Tableau des Vins de Volnay
DEPUIS 1591 JUSQU'A 1886.

Nous consignons ici tout ce que nous avons pu recueillir sur le prix, la qualité et la quantité des vins de Volnay, sur l'époque de la vendange et sur la température de chaque année.

Ce travail, tiré en grande partie d'un manuscrit de la famille Grozelier, ne sera point sans intérêt pour les hommes qui s'occupent d'histoire, de viticulture et d'œnologie. Autrefois, le jour de la récolte de Volnay était le point de départ des vendanges de la Côte, et le prix de ses vins servait de régulateur pour les ventes des produits des grands crus du Beaunois (1).

Je préviens les personnes peu familières avec les anciennes mesures que l'ouvrée est de 4 ares 28 centiares, et que la queue contient 456 litres.

Pour éviter une prolixité fatigante, tout en donnant une idée vraie du prix des vins sur la fin du xvi° siècle et au commencement du xvii°, je ne ferai qu'indiquer la moyenne prise sur le total de dix années.

ANNÉES	JOURS de VENDANGE	QUANTITÉS par OUVRÉE.	PRIX DU VIN.	TEMPÉRATURE
De 1591 à 1600			66 l. 2 s.	
De 1601 à 1610			67 l. 14 s.	Le 2 août 1603 grêle et orage terribles.
De 1611 à 1620			58 l. 2 s.	
De 1621 à 1630			63 l. 4 s.	
De 1631 à 1640			52 l. 16 s.	
De 1641 à 1650			60 l. 8 s.	
De 1651 à 1660			61 l. 4 s.	Le 27 mai 1650 désastreuse trombe d'eau et de grêle.
De 1661 à 1670			55 l. 4 s.	En 1659, ni glace ni neige.
De 1671 à 1680			48 l.	En 1682, le 12 mai, grand tremblement de terre.
De 1681 à 1689			45 l.	
1689	29 sept.	5/8 de p.	60 l.	
1690	4 sept.	6/8 de p.	50 l.	
1691	30 sept.	1 pièce.	45 l.	

1. Le Volnay était estimé valoir par queue 10 fr. plus que le Pommard, 20 fr. plus que le Beaune, 30 fr. plus que l'Aloxe et 40 fr. plus que le Savigny.

ANNÉES	JOURS DE Vendange.	Quantités par OUVRÉE.	PRIX de la queue.	QUALITÉS DU VIN.	TEMPÉRATURE
1692	31 août	1/8 de p.	100		Le 10 août grêle désast.
1693	27 sept.	5/8 de p.	70		
1694	6 oct.	3/8 de p.	85		
1695	10 sept.	2/8 de p.	210	très bonne.	
1696	1 sept.	2/8 de p.	400	très supér.	Gelée le 18 avril.
1697	27 sept.	4/8 de p.	56	mauvaise.	Pluies abondant. en août
1698	3 oct.	5/8 de p.	80	mauvaise.	Sécheresse extraordin.
1699	5 sept.	1 pièce.	105	très bonne.	Temps fav. à la vigne.
1700	29 sept.	4/8 de p.	200		
1701	30 sept.	2/8 de p.	180		
1702	27 sept.	3/8 de p.	140		
1703	23 sept.	5/8 de p.	130		
1704	29 sept.	4/8 de p.	100		
1705	15 sept.	5/8 de p.	125		
1706	10 oct.	6/8 de p.	50	très mauvaise	
1707	19 sept.	2/8 de p.	90		
1708	26 sept.	3/8 de p.	120		
1709	2 oct.	4/8 de p.	120		Grand hiver.
1710	25 sept.	3/8 de p.	200		
1711	1 oct.	5/8 de p.	50	détestable.	Froide et pluv. Neige en vendange.
1712	30 sept.	7/8 de p.	200	bonne.	Temps favorable.
1713	3 oct.	4/8 de p.	180		
1714	27 sept.	2/8 de p.	120		
1715	30 sept.	3/8 de p.	60		
1716	30 sept.	1/5 de p.	200		
1717	23 sept.	1/2 de p.	160		
1718	2 sept.	1/3 de p.	125	excellente.	Très chaude, grêle en mai; le vin fut exquis, mais de peu de durée.
1719	28 août	2/3 de p.	80	très bonne.	Très chaude et fav. à la vigne seulement.
1720	27 sept.	1 pièce.	150	très bonne.	Temps fav. à la vigne.
1721	30 sept.	1/4 de p.	450	supérieure.	Année t. propic. à la vig.
1722	21 sept.	1/3 de p.	310	très bonne.	Chaude et favorable.
1723	10 sept.	1/3 de p.	320	exquise.	T. chaude et t. propice.
1724	9 sept.	5/6 de p.	170	sans franchise	Brûlante et orag. Grêle le 15 août.
1725	10 oct.	1/4 de p.	160	mauvaise.	Froide et pluvieuse.
1726	9 sept.	1/4 de p.	530	très supér.	T. chaude et très fav.
1727	9 sept.	1/3 de p.	160	médiocre.	Brûlante.
1728	13 sept.	3/5 de p.	200	très bonne.	Chaude et favorable.
1729	29 sept.	1/3 de p.	120	sans franchise	Grêle affr. le 10 août.
1730	27 sept.	3/5 de p.	290	très bonne.	Temps propice.
1731	19 sept.	1/3 de p.	150	bonne.	Temps assez favorable.
1732	17 sept.	1/20 de p	200	très mauvaise	Ouragan et grêle terribl. les 17 et 19 mai.
1733	21 sept.	2/3 de p.	200	très médiocre	
1734	13 sept.	1/8 de p.	550	très bonne.	
1735	6 oct.	1/18 de p.	380	mauvaise.	Froid. et pluv. Coulure.

ANNÉES	JOURS DE Vendange.	QUANTITÉS par OUVRÉE.	PRIX de la queue.	QUALITÉS DU VIN.	TEMPÉRATURE
1736	17 sept.	1/16 de p	630	très bonne.	Grande gelée le 15 mai.
1737	16 sept.	1/3 de p.	480	très bonne.	
1738	29 sept.	1/3 de p.	220		
1739	22 sept.	1/2 de p.	210		
1740	18 oct.	1/4 de p.	80	détestable.	Gelée et neige toute l'an. mêm. en juin. On cass. la glace dans les cuves
1741	25 sept.	1/12 de p	690		Gelée en mai.
1742	1 oct.	1 pièce.	175		
1743	25 sept.	1/2 de p.	200		
1744	30 sept.	2/3 de p.	165		
1745	23 sept.	1/10 de p	400		4 mai grêle part., 14 mai grêle gén., 3 juin, gel.
1746	26 sept.	1/6 de p.	470	mauvaise.	Froide et pluvieuse.
1747	2 oct.	2/5 de p.	260		
1748	25 sept.	1/2 de p.	445	très bonne.	Gelée en mai, le reste de l'année favorable.
1749	29 sept.	1/8 de p.	320		Le 15 mai, gelée jusqu'à Champan.
1750	24 sept.	1/6 de p.	430		
1751	5 oct.	1/3 de p.	250	mauvaise.	Température froide.
1752	28 sept.	5/8 de p.	300		
1753	19 sept.	2/5 de p.	450		
1754	30 sept.	2/5 de p.	140		
1755	16 sept.	2/5 de p.	230		
1756	4 oct.	5/8 de p.	100	très mauvaise	Le 25 juin, grêle horrib. Arrière saison pluv., vers et pourriture.
1757	26 sept.	1/5 de p.	470		
1758	25 sept.	1/8 de p.	180		
1759	24 sept.	1/25 de p	450	sans franchise	Orageuse. Grêle désastr. les 1er et 21 juin.
1760	15 sept.	1/5 de p.	380	très bonne.	Sécheresse extraordin.
1761	14 sept.	1/4 de p.	280	bonne.	Chaude et favorable.
1762	15 sept.	3/8 de p.	205	assez bonne.	Chaude.
1763	5 oct.	1/2 de p.	70	très mauvaise	Froide, les vend. détournent la neige pour trouver le raisin.
1764	12 sept.	2/5 de p.	370	très bonne.	Assez favorable.
1765	23 sept.	1/5 de p.	130	mauvaise.	Le 1er sept. grêle à 6 h. du soir qui perd tout.
1766	29 sept.	2/8 de p.	400	très bonne.	
1767	5 oct.	1/8 de p.	200	mauvaise.	Froide et pluvieuse.
1768	27 sept.	1/5 de p.	180	sans franchise	T. humide, les rais. pour.
1769	27 sept.	1/4 de p.	400		
1770	8 sept.	1/15 de p	700		Gelée.
1771	26 sept.	1/15 de p	420		Pluies et neige en mai.
1772	24 sept.	3/4 de p.	220		
1773	27 sept.	1/5 de p.	440		
1774	22 sept.	1/3 de p.	340		

ANNÉES	JOURS DE Vendange.	QUANTITÉS par OUVRÉE.	PRIX de la queue.	QUALITÉS DU VIN.	TEMPÉRATURE
1775	25 sept.	1/4 de p.	240		Grande gelée en vend.
1776	30 sept.	1/2 de p.	250		
1777	1 oct.	1/10 de p.	500		
1778	20 sept.	1/5 de p.	320		
1779	22 sept.	3/10 de p.	345		
1780	18 sept.	7/10 de p.	220	sans franchise	Pluies ab. en août et sept.
1781	10 sept.	3/5 de p.	200		
1782	30 sept.	4/5 de p.	165		
1783	16 sept.	1/5 de p.	400		Tremb. de terre en juillet.
1784	13 sept.	2/5 de p.	280		
1785	22 sept.	1 pièce.	160		
1786	26 sept.	3/5 de p.	240		
1787	3 oct.	2/5 de p.	340	médiocre.	Pluie en juin, peu prop.
1788	15 sept.	2/5 de p.	400	très supér.	Année chaude et favora.
1789	7 oct.	1/12 de p.	135	nulle.	Si grand hiver que beaucoup de ceps périrent, et que tous les bourgeons furent gelés.
1790	27 sept.	1/4 de p.	430	médiocre.	Année peu favorable.
1791	19 sept.	3/10 de p.	410	très supér.	Année t. chaude, t. prop.
1792	3 oct.	1/5 de p.	*395	mauvaise.	Année très pluvieuse.
1793	23 sept.	1/5 de p.	*480	médiocre.	Pluies froides.
1794	15 sept.	1/5 de p.	*700	assez passable	Chaleurs vives, pl.t. fréq.
1795	26 sept.	3/5 de p.	400 [a.**	très supér.	Eté chaud entremêlé de pluies très favorables.
1796	7 oct.	3/10 de p.	280	très médiocre	Année froide et pluv.
1797	2 oct.	1/20 de p.	620	nulle.	Pluies cont. du 15 juin au 1er juil. les raisins coul.
1798	15 sept.	3/10 de p.	290	supérieure.	Eté chaud et propice.
1799	10 oct.	3/5 de p.	230	très médiocre	Année pluv. et froide.
1800	25 sept.	1/10 de p.	625	médiocre.	Année pluv. et froide.
1801	28 sept.	1/5 de p.	580	passable.	Eté fav., mais t. de pluie.
1802	1er r. 23 s.	2/5 de p.	750	très supér.	Une gelée survenue les 16 et 17 mai perd les vig.
1802	2e r. 16 o.	1/10 de p.	450	très bonne.	Le reste de l'été fut t. pr.
1803	29 sept.	7/10 de p.	400	passable.	Beau temps, mais s. chal.
1804	29 sept.	7/10 de p.	270	sans franchise	Pluies fréq., vers abond.
1805	15 oct.	7/10 de p.	180	mauvaise.	Depuis juil. temps défav. le 12 oct. neige abond.
1806	27 sept.	7/10 de p.	350	très bonne.	Eté fav., autom. superbe.
1807	24 sept.	5/10 de p.	530	bonne.	Année chaude et orag.
1808	28 sept.	1/5 de p.	200	médiocre.	Les 2 et 3 juil. gr. horrib.
1809	16 oct.	1/2 de p.	220	mauvaise.	Eté défav., gelée le 14 oct.
1810	1 oct.	1/10 de p.	750	trompeuse.	Eté mauv., sept. t. prop.
1811	14 sept.	1/20 de p.	700	très supér.	Gelée le 11 avril qui perd les 2/3 de la récolte, été très favorable.

* En assignats.
** En argent, 400 fr. 40,000 francs en assignats.

ANNÉES	JOURS DE Vendange.	QUANTITÉS par OUVRÉE.	PRIX de la queue.	QUALITÉS DU VIN.	TEMPÉRATURE
1812	8 oct.	4/5 de p.	250	très médiocre.	Été froid et pluvieux.
1813	11 oct.	1/5 de p.	350	goût de p.	An. pl. beaucoup de vers.
1814	6 oct.	1/25 de p.	600	médiocre.	Beaucoup de pluies, d'orages et de grêles.
1815	23 sept.	1/8 de p.	600	très supérieur	Chaleurs vives, temps pr.
1816	25 oct.	1/40 de p.	120	nulle.	Pluies froides depuis mai jusqu'en décembre.
1817	11 oct.	1/8 de p.	300	mauvaise.	Année t. défav. Gelée les 1ers d'octobre.
1818	28 sept.	1/2 de p.	400	assez bonne.	Sécheresse extraord. qui fait souffrir la vigne.
1819	25 sept.	1/4 de p.	700	supérieure.	Année chaude et favora.
1820	11 oct.	1/8 de p.	400	médiocre.	Année pluv. Gelée les 1ers d'octobre.
1821	17 oct	1/8 de p.	180	mauvaise.	Année froide et pluv.
1822	2 sept.	3/8 de p.	400	très supér.	Point d'hiv., ciel oriental On eut pu v. le 15 août.
1823	13 oct.	1/6 de p.	165	très médiocre	Juin et juil. pl. sept. beau
1824	11 oct.	3/20 de p.	200	très médiocre	Froid ou chaleur extrême
1825	1er. 19 s	3/40 de p.	650	très supér.	Année t. chaude entremêlée de pluies favorables
1825	2er. 15 o	3/80 de p.	400	très bonne.	Le 25 mai, le vignoble est deux fois grêlé.
1826	2 oct.	6/10 de p.	250	détestable.	Été brûlant, vers et pluies avant la vendange.
1827	28 sept.	1/2 de p.	310	passable.	An. prop., surt. en sept.
1828	1 oct.	1/2 de p.	80	s. franchi.	Eté t. fav., puis pl. en août et septembre.
1829	12 oct.	1/2 de p.	60	mauvaise.	An. froide et pluv., surtout en août et sept.
1830	29 sept.	1/40 de p.	340	passable.	Pluies pend. la floraison.
1831	28 sept.	1/10 de p.	450	médiocre.	Pl. au temps de la florais.
1832	4 oct.	1/10 de p.	745	très bonne.	Juin et juil. peu propice mais ar. saison t. fav.
1833	28 sept.	3/10 de p.	360	bonne.	Année très orageuse.
1834	15 sept.	6/10 de p.	380	très supér.	An. t. chaude et t. fav.
1835	5 oct.	8/10 de p.	160	médiocre.	Eté fav., mais pl. en vend
1836	6 oct.	6/10 de p.	120	mauvaise.	Année froide et pluv.
1837	10 oct.	5/8 de p.	170	acide.	An. pluv. Les vers et la pirale dévor. la vigne.
1838	8 oct.	1/8 de p.	400	bonne.	Juin et juil. froids, arrière saison favorable.
1839	30 sept.	1/8 de p.	240	mauvaise.	Forte grêle le 3 juin.
1840	25 sept.	3/4 de p.	200	passable.	Eté propice, ar. sais. pl.
1841	27 sept.	5/8 de p.	300	passable.	Prem. saison fav., ar. pl.
1842	16 sept.	3/8 de p	500	très supérieur	Année t. chaude et t. fav.
1843	16 oct.	1/12 de p.	200	mauvaise.	Gelée le 11 av., an. froide et humide.
1844	23 sept.	2/8 de p.	260	bonne.	An. chaude, mais vend. pl.
1845	6 oct.	1/2 de p.	170	très mauvaise	Année froide et pluvieuse

ANNÉES	JOURS DE Vendange.	QUANTITÉS par OUVRÉE.	PRIX de la queue.	QUALITÉS DU VIN.	TEMPÉRATURE
1846	14 sept.	2/8 de p.	680	très supér.	Année chaude et séche.
1847	4 oct.	7/8 de p.	260	bonne.	Année fav. à la vigne.
1848	27 sept.	6/8 de p.	210	bonne.	Année favorable.
1849	25 sept.	6/8 de p.	350	très bonne.	Année chaude et séche.
1850	5 oct.	4/8 de p.	250	médiocre.	Temps froid et pluvieux.
1851	4 oct.	1/2 de p.	250	médiocre.	Année froide et pluvieuse
1852	23 sept.	2/10 de p.	200	mauvaise.	Année froide et pluvieuse
1853	6 oct.	3/8 de p.	300	passable.	Année froide et pluvieuse
1854	28 sept.	1/30 de p.	1000	excellente.	Gelée en av., le rais. coule en juin. arr. saison très favorable.
1855	8 oct.	3/8 de p.	500	médiocre.	Année peu favorable.
1856	10 oct.	3/8 de p.	500	passable.	Année peu propice.
1857	19 sept.	1/2 de p.	1000	bonne.	Année t. fav. sauf la pl. avant vendange.
1858	20 sept.	6/8 de p.	750	très supér.	Année t. chaude et t. fav.
1859	19 sept.	6/8 de p.	800	très bonne.	Année chaude et fav.
1860	11 oct.	1/2 de p.	220	détestable.	An. froide et pluv. Neige et gelée en vendange.
1861	25 sept.	5/8 de p.	800	trompeuse.	Mars, av. et mai froids. Grand orage le 22 juin, puis séch. jusqu'après vendange.
1862	19 sept.	1/2 de p.	450	très bonne.	Ch. et orag. Grêle le 6 juillet.
1863	27 sept.	3/8 de p.	450	passable.	An. chaude. Pl. av. vend
1864	26 sept.	1/2 de p.	600	très bonne.	Mai froid, le reste de l'été t. chaud et très favorable.
1865	5 sept.	5/8 de p.	1000	rare.	An. t. chaude et t. fav.
1866	18 sept.	6/8 de p.	100	très mauvaise	En août et sept. pl. qui engend. la pourriture. Horrible grêle le 5 sep.
1867	26 sept.	4/10 de p.	600	bonne.	Neige le 24 mai et gelée les 24, 26 et 27.
1868	10 sept.	6/10 de p.	630	très bonne.	Très chaude, trop de pl. avant vendange.
1869	20 sept.	1/4 de p.	800	très supér.	Pl. en juin puis gr. séch.
1870	16 sept.	1/3 de p.	800	très bonne.	Année chaude et favor. Novembre et décembre rigoureux.
1871	6 oct.	15 litres.	300	mauvaise.	Hiver rigoureux qui gèle les vignes. Année froide et pluvieuse.
1872	29 sept.	15 litres.	300	mauvaise.	Hiver rigoureux qui gèle les vignes. Année froide et pluvieuse.
1873	28 sept.	50 litres.	400	médiocre.	Le Samedi-Saint, gelée dans la côte. Reste d'année peu favorable

ANNÉES	JOURS DE Vendange.	QUANTITÉS par OUVRÉE.	PRIX de la queue.	QUALITÉS DU VIN.	TEMPÉRATURE
1874	23 sept.	40 litres.	800	très bonne.	Le 6 mai, gelée qui perd les gamay et une partie des bons vins; 26 juillet, grêle dans la côte. Reste d'année favor.
1875	20 sept.	3/4 de p.	450	bonne.	Année favorable.
1876	4 oct.	1/4 de p.	600	bonne.	Année favorable.
1877	4 oct.	1/4 de p.	700	assez bonne.	Année assez favorable.
1878	3 oct.	1/8 de p.	800	très bonne.	Année très fav. Apparition du phylloxera.
1879	15 oct.	22 litres.	280	détestable.	Hiver prolongé; verglas en janvier. Le reste de l'année défavorable.
1880	4 oct.	30 litres.	600	médiocre.	Grand hiver avec neige et froids t. rigoureux.
1881	26 sept.	25 litres.	1000	bonne.	Année favorable.
1882	3 oct.	10 litres.	550	mauvaise.	Le 11 av. gelée qui perd les gamay. Juin et juil. froids et pluvieux.
1883	5 oct.	60 litres.	600	assez bonne.	Année assez favorable.
1884	29 sept.	15 litres.	450	mauvaise.	Chaleurs torrides en juin et juillet. Le 17 juillet grêle qui perd la récol.
1885	24 sept.	45 litres.	1100	très bonne.	Juin froid et sec, le reste de l'année t. favorable.
1886	29 sept.	12 litres.	1000	bonne.	Le 29 et 30 avril grêle. Les hannetons dévorent une partie de la récolte; juin froid et pluv. Coulure. Progrès du phylloxera.

N° II

Authentiques des Saintes Reliques

CONSERVÉES DANS L'ÉGLISE DE VOLNAY (1).

I

FRANÇOIS-VICTOR RIVET, par la miséricorde divine et la grâce du Saint-Siège apostolique, Évêque de Dijon, comte romain et assistant au trône pontifical,

A tous ceux qui ces présentes lettres verront, Nous certifions et attestons que pour la plus grande gloire de Dieu tout-puissant, Nous avons reconnu l'authenticité de ces saintes parcelles :

Du bois de la vénérable CRÈCHE de Notre-Seigneur Jésus-Christ.

Ces reliques étant extraites des lieux authentiques, Nous les avons fixées sur une étoffe de soie rouge dans un reliquaire de cuivre ayant la forme d'un ostensoir gothique. Ce reliquaire, muni d'un verre par devant, est soigneusement fermé par derrière de fils de soie rouge scellés de Notre sceau. Nous concédons la faculté de conserver lesdites reliques, de les donner à d'autres et de les exposer publiquement à la vénération des fidèles dans quelque église, oratoire ou chapelle que ce soit de Notre diocèse.

Donné sous Notre sceau, le seing de Notre vicaire général et le contre-seing du secrétaire de Notre évêché, l'an de Notre-Seigneur

---

1. Traduction des pièces latines.

mil huit cent quatre vingt-quatre, le XXIV⁰ jour du mois de juin.

PILLOT, v. g.

Par Mandement de mon illustrissime et révérendissime seigneur Évêque :

V. Silvestre, ch. h. s. g.

II

FRANÇOIS-VICTOR RIVET, par la miséricorde divine et la grâce du Saint-Siège apostolique, Évêque de Dijon, comte romain et assistant au trône pontifical,

A tous ceux qui ces présentes lettres verront, Nous certifions et attestons que, pour la plus grande gloire de Dieu tout-puissant, Nous avons reconnu l'authenticité de ces saintes parcelles :

Du très précieux bois de la vénérable CROIX de Notre-Seigneur Jésus-Christ.

Ces reliques étant extraites de lieux authentiques, Nous les avons placées sur une étoffe de soie rouge, dans une croix d'argent, — qui a un oval au milieu, — laquelle est fixée sur une autre croix en ébène ornée de lames d'argent et de rayons du même métal. Cette croix munie d'un verre par devant, est soigneusement fermée par derrière à l'aide de fils de soie rouge et marquée d'une empreinte de Notre sceau. Nous concédons la faculté de conserver lesdites reliques, de les donner à d'autres et de les exposer publiquement à la vénération des fidèles dans quelque église, oratoire ou chapelle que ce soit de Notre diocèse.

Donné à Dijon, sous Notre sceau, le seing de Notre vicaire général et le contre-seing du secrétaire de Notre évêché, l'an de Notre-Seigneur mil huit cent soixante-trois, le premier jour de février.

PILLOT, v. g.

Par Mandement de mon illustrissime et révérendissime seigneur Évêque :

V. Silvestre, ch. h. s. g.

III

FRANÇOIS-VICTOR RIVET, par la miséricorde divine et la grâce du Saint-Siège apostolique, Évêque de Dijon, comte romain, assistant au trône pontifical,

A tous ceux qui ces présentes lettres verront, Nous certifions et attestons que, pour la plus grande gloire de Dieu tout-puissant et la vénération de ses Saints, Nous avons reconnu l'authenticité de ces reliques sacrées qui sont des ossements :

1° *De saint CYR de Tarse, enfant martyr;* — 2° *de saint HONORAT, martyr.*

Ces précieux restes étant extraits de lieux authentiques, Nous les avons placés sur une étoffe de soie rouge dans la base d'un buste en bois doré. Cette base est close par devant d'un verre, et par derrière elle est munie de quatre empreintes de Notre sceau. Nous accordons le pouvoir de conserver lesdites reliques, de les donner à d'autres et de les exposer à la vénération des fidèles dans quelque église, oratoire et chapelle que ce soit.

Donné à Dijon, sous Notre sceau, la signature de Notre vicaire général et le contre-seing du secrétaire de Notre évêché, l'an de Notre-Seigneur mil huit cent soixante-quatre, le XXV° jour d'octobre.

PILLOT, v. g.

Par Mandement de mon illustrissime et révérendissime seigneur Évêque :

V. Silvestre, ch. h. s. g.

IV

FRANÇOIS-VICTOR RIVET, par la miséricorde divine et la grâce du Saint-Siège apostolique, Évêque de Dijon, comte romain, assistant au trône pontifical,

A tous ceux qui ces présentes lettres verront, Nous certifions et attestons que, pour la plus grande gloire de Dieu tout-puissant et la vénération de ses Saints, Nous avons reconnu l'authenticité de ces reliques sacrées, qui sont des ossements :

1° *De saint FLOCEL, martyr;* — 2° *de sainte LIBÉRATE, martyre.*

Ces précieux restes étant extraits de lieux authentiques, nous les avons déposés sur une étoffe de soie rouge placée dans la base d'un buste en bois doré. Cette base est close par devant d'un verre, et par derrière elle est munie de quatre empreintes de notre sceau. Nous accordons le pouvoir de conserver lesdites reliques, de les donner à d'autres et de les exposer publiquement à la vénération des fidèles dans quelque église, oratoire ou chapelle que ce soit.

Donné à Dijon, sous Notre sceau, la signature de Notre vicaire général et le contre-seing du secrétaire de Notre évêché, l'an de Notre-Seigneur mil huit cent soixante-quatre, le XXV° jour d'octobre.

PILLOT, v. g.

Par Mandement de mon illustrissime et révérendissime seigneur Évêque :

V. Silvestre, ch. h. s. g.

V

FRANÇOIS-VICTOR RIVET, par la miséricorde divine et la grâce du Saint-Siège apostolique, Évêque de Dijon, comte romain, assistant au trône pontifical,

A tous ceux qui ces présentes lettres verront, Nous certifions et attestons que, pour la plus grande gloire de Dieu tout-puissant et de ses Saints, Nous avons reconnu l'authenticité du vénérable *CORPS* presque entier de *SAINT VINCENT, martyr*, mais non diacre, extrait par ordre du pape Alexandre VII de la catacombe de sainte Cyriaque. Nous déclarons avoir déposé ces saintes reliques tant à l'intérieur qu'au-dessus de la base en bois, dorée et ornée, d'un buste de même matière, représentant indûment un diacre revêtu de sa tunique; la figure de cette statue est peinte, le corps est argenté et doré. La plus grande partie du chef du martyr et le vase qui renfermait une portion de son sang sont placés dans la tête de la statue.

Or, nous avons marqué de Notre sceau la tête et la base du dit buste. Nous accordons le pouvoir de conserver ces saintes reliques, de les donner à d'autres et de les exposer publiquement à la vénération des fidèles dans quelque église, oratoire ou chapelle que ce soit.

Donné à Dijon, sous Notre sceau, le seing et le contre-seing de Notre secrétaire particulier, le jour de la fête de saint Vincent, diacre et martyr, le XXIIe jour de janvier, l'an de Notre-Seigneur mil huit cent cinquante-huit,

† FRANÇOIS, Évêque de Dijon.

Par Mandement de mon illustrissime et révérendissime seigneur Évêque :

PILLOT, ch. h. s. g.

VI

LOUIS-JACQUES-MAURICE DE BONALD, par la miséricorde divine et la grâce du Saint-Siège, Cardinal, archevêque de Lyon et de Vienne, Primat des Gaules, etc.,

Aux fidèles et au clergé de l'église de Volnay, salut et bénédiction en N.-S. J.-C.

A tous ceux qui ces présentes lettres verront, Nous certifions et attestons que, pour procurer la plus grande gloire de Dieu tout-puissant, augmenter la vénération des fidèles ainsi que leur piété envers les Saints, Nous avons reconnu authentiques les reliques des saints dont on vient de lire les noms (1). Nous les avons placées avec respect dans deux beaux reliquaires en forme de pyramide contenant chacun quatre tombeaux, magnifiquement dorés, bien fermés, liés avec un fil de soie rouge, scellés de Notre sceau. Nous donnons le pouvoir à la paroisse de Volnay de les retenir pour elle, de les exposer à la vénération des fidèles dans son église, chapelles ou oratoires. En foi de quoi, Nous avons délivré ces lettres testimoniales munies de Notre sceau.

Donné à Lyon, le 30 janvier 1841.

† L.-J. MAURICE,
Archevêque de Lyon.

---

1. Saint Adrien, martyr; saint Maurice, martyr; saint Bénigne, martyr; saint Modestin, martyr; sainte Fulgence, martyre; saint Libérat, martyr; sainte Constance, martyre; saint Jules; saint Cimilien, martyr; saint Venant, martyr; saint Lucie; saint Namase; saint Vincent, martyr; saint Justin, martyr; saint Faust, martyr; saint Félix, martyr; saint Clément, pape et martyr; sainte Euphémie.

TABLE ANALYTIQUE

Approbation x
Préface xi

LIVRE PREMIER

VOLNAY PENDANT LA PÉRIODE GALLO-ROMAINE

I. — Description de Volnay. — Son site. — Ses monuments. — Ses places. — Ses eaux. — Le hameau de la Grange. — Le moulin de la Folie. — La métairie de Poisot. — La maison des Rattes. — La maison de Vaucurien 1

II. — Territoire de Volnay. — Sa contenance. — Ses propriétés géologiques. — Ses produits 7

III. — Origine de Volnay, ses antiquités gallo-romaines. — Origine celtique de Volnay. — Son nom. — Ses antiquités. — Dolmen. — Pierre de Saint-Fremi. — Disque celtique. — Sépultures gauloises. — Inscription celtique. — Casques antiques. — Médailles. — Figurines de bronze 11

IV. — Mœurs et religion des habitants de Volnay. — Stature des anciens Volnaisiens. — Leurs vêtements. — Leurs habitations. — Leurs mœurs. — Leurs modes de sépulture. — Le druidisme. — Ses croyances. — Ses temples. — Ses prêtres et ses sacrifices. — Clartés divines cachées sous ces ombres . 13

LIVRE II

VOLNAY PENDANT L'ÈRE DE LA CROIX ET DES MARTYRS

I. — De la Croix et de la conversion de Volnay. — La Croix. — Parcelles de la Crèche et de la vraie Croix gardées à Volnay. — Conversion de Volnay au Christianisme. — Mission de saint Martin à Volnay 23

II. — Saint Cyr et sainte Julitte, patrons de Volnay. — Leur vie. — Leurs reliques 26

III. — Saint Flocel, second patron de Volnay. — Sa vie. — Ses reliques 29

IV. — Saint Vincent de Rome, dont le corps repose dans l'église de Volnay. — Sa légende. — Ses reliques 32

V. — Reliques de vingt martyrs conservées dans l'église de Volnay. — Quelques mots sur chacun de ces saints 36

LIVRE III

VOLNAY SOUS LES DUCS DE LA PREMIÈRE RACE

I. — Volnay pendant les invasions des Barbares. — L'élément burgunde signalé à Volnay. — Création de l'abbaye de Saint-Andoche d'Autun, son domaine à Volnay. — Le comte Albéric et l'évêque Jonas. — Invasions des Arabes, des Normands et des Hongres. — Fléaux. 41

II. — Origine du Chateau de Volnay, ses premiers seigneurs. — Volnay en l'an mil. — Famine de 1030. — Brigandages. — Le château de Volnay. — Les ducs de Bourgogne et les sires d'Antigny, seigneurs de Volnay. — Louis VII au château de Volnay. — Alphonse, comte de Poitiers, à Volnay. — Philippe d'Antigny, son testament 46

III. — Hugues iv. — Cession de Volnay à Hugues IV. — Hommage de Roger à ce duc. — Hugues achète des terres et des hommes. — Il rebâtit le château. — Marguerite de Bourgogne. — Mort de Hugues 49

IV. — Robert ii et Volnay au xiii° siècle. — Robert proclamé duc au château de Volnay. — Incendie. — Fabrication de monnaie. — Noblesse volnaisienne. — Robert étend son domaine de Volnay. — Famille et mort de ce prince. — Volnay prend part aux croisades. — Donations faites sur Volnay aux Templiers, aux Hospitaliers, aux Cisterciens et à Notre-Dame de Beaune. — Un miracle de la Vierge opéré à Volnay. — Constructions monumentales faites à Volnay au xiii° siècle. 53

V. — La duchesse Agnès et ses fils. — Agnès à Volnay. — Ses malheurs. — Son gouvernement. — Condamnation des Templiers. — Hugues V. — Accord fait à Volnay entre Eudes et Louis de Bourgogne. — Mission de Jehan de Froslois et de Guillaume de Mello. — Mariage de Robert de Bourgogne. — Mort d'Agnès 60

VI. — Eudes iv. — Il restaure le château de Volnay. — Il reçoit Philippe de Valois. — Guerre de Comté. — Fléaux. — La peste noire. — Mort d'Eudes. 64

VII. — Philippe de Rouvres et Volnay au xiv° siècle. — Tutelle du roi Jean. — Alerte des Volnaisiens en 1355. — Défaite de Poitiers. — Restauration de la tour de Volnay. — Combat de Brion-sur-Ource. — Mort de Philippe de Rouvres. — Aspect de Volnay au xiv° siècle. — Condition des habitants. — Une excommunication à Volnay 68

LIVRE IV

VOLNAY SOUS LES DUCS DE LA SECONDE RACE

I. — Philippe-le-Hardi. — Son avènement. — Les grandes Compagnies. — Impôt de Volnay pour les épousailles du duc. — Insectes dans les vignes. — Proscription du gamay. — Expédition contre les Turcs. — Taille levée à Volnay pour la rançon du comte de Nevers. — Peste de 1398. — Philippe avec sa cour visite Volnay. — Mort de Philippe. — Création de la Confrérie du très précieux Corps de Dieu. — Etat de la popution volnaisienne 75

II. — Jean-sans-Peur. — Il se retire à Volnay après le meurtre du duc d'Orléans. — Arguments employés pour sa défense. — Mort de Jean-sans-Peur. — Services célébrés à Volnay pour son âme. — Fléaux 85

III. — Philippe-le-Bon. — Traité de Troyes. — Alerte des Volnaisiens en 1422. — Création de la compagnie de l'Arc à Volnay. — Volnay pris d'assaut et incendié. — Traité d'Arras. — Les Ecorcheurs à Volnay. — Fléaux. — Procès de Volnay avec Demigny. — Lettre de Charles VII. — Ravages des insectes. — Philippe à Volnay. — Sa mort 89

IV. — Charles-le-Téméraire et Volnay au XVe siècle. — Puissance de Charles. — Grande mortalité. — Luttes malheureuses de Charles avec les Suisses et le duc de Lorraine. — Taille imposée à Volnay. — Fin tragique de Charles. — Louis XI et la duchesse Marie. — Volnay prend parti pour la duchesse. — Procès de Volnay avec Philippe-Pot et les gens de Saint-Romain. — Ravages des insectes et transaction avec les décimateurs. — Première invasion du phylloxéra. — Epreuves de Volnay pendant le XVe siècle. — Création du domaine de la Confrérie du Corps de Dieu. — Coutumes administratives de Volnay au XVe siècle. — Manière de prélever la taille 101

LIVRE V

VOLNAY AU TEMPS DU DOMAINE ROYAL

I. — Volnay pendant le XVIe siècle. — Peste de 1507. — Etat du domaine seigneurial. — Fléaux. — Simon Fouchard. — Reconstruction de la chapelle de Volnay. — Le Protestantisme. — Ravages causés à Volnay par les Huguenots. — La Ligue et ses ravages. — Coalition des villages de la Côte contre les brigandages. — Soumission de Volnay à Henri IV. — Privilège qu'il reçoit. — Etat du domaine royal. — Les Volnaisiens du XVIe siècle. — Pierre Gilbert 113

II. — Volnay pendant le XVIIe siècle. — Le Jubilé de 1600. — Le Prêche de Beaune transféré à Volnay. — Organisation de cette petite église protestante. — Son culte. — Son histoire intime. — La Réforme catholique. — Domaine des Carmélites à Volnay. — Décadence du domaine seigneurial. — Peste. — Incendie. — Invasion de Galas. — Volnay pendant les troubles de la Fronde. — Ravages des insectes. — Ouragan. — Trombe. — Sébastien Trugeot. — Décadence et ruine de la petite église protestante de Volnay. — Origine du domaine de la Charité à Volnay. — L'abbé Bouchin. — Fléaux. — Etat de Volnay au xviie siècle 126

III.— Volnay pendant le xviiie siècle.—Jubilé de 1700.—Hiver de 1709. — Le Prophète. — Testament de l'abbé Bouchin. — L'abbé Marlot. — L'abbé Parigot. — La Confrérie de saint Vincent. — L'abbé Delachère. — Mortalité. — Confrérie de saint Georges. — Trombe. — Restauration de l'église. — Fléaux. — Étranges abus. — Ecrits de l'abbé Delachère. — Sa cinquantaine de sacerdoce. — Sa fin. — L'abbé Glantenay. — Jubilé de 1776. — Entière destruction de la tour. — Nouveau cimetière. — Dissensions communales. — Procès. — Cloches. 146

IV. — État de volnay avant la Révolution. — État de la paroisse. — État de la commune. — Vieilles mœurs volnaisiennes 162

LIVRE VI

VOLNAY PENDANT LA RÉVOLUTION

I. — Volnay sous la Constituante. — Causes de la Révolution. — Signes et perturbation atmosphériques qui la précèdent. — Les États-Généraux. — Alerte des Volnaisiens en 1789. — Destruction des dernières traces du régime féodal à Volnay. — Nouvelle organisation administrative. — Fête du 14 juillet. — Petit code volnaisien. — Vente des biens ecclésiastiques à Volnay. — Le schisme établi à Volnay. — Le catéchisme révolutionnaire. — Anniversaire de la fête de la Fédération 173

II. — Volnay sous l'Assemblée législative. — M. François Blondeau, son zèle pour la pureté des mœurs. — Sa dictature. — Combat du lion et du moucheron. — Vente des biens de la Cure et de la Confrérie. — La garde civique. — Fête du 14 juillet 1792. — Les volontaires volnaisiens. — Fièvre révolutionnaire 187

III. — Volnay sous la Convention et le Directoire. — La Convention. — Proclamation de la République à Volnay. — Fête civique du 21 octobre. — Vexations révolutionnaires. — Émigrés volnaisiens.— Administration nouvelle.— Impôt ruineux. — Enrôlement. — Foi héroïque de Joseph Daunas. — La Terreur. — Emprunt forcé. — Profanation de l'église et de la chapelle. — Pierre Pignet et les Terroristes. — Retour du temps des catacombes. — Les suspects volnaisiens en prison. — Les victimes de la Révolution. — Le 9 thermidor. — L'église de Volnay un instant rendue au culte. — Fin de la Convention. — Le Directoire. — Tyrannie qu'il exerce à Volnay.— Pie VI. —Alleluia précurseur d'une résurrection religieuse 199

LIVRE VII

VOLNAY AU XIXᵉ SIÈCLE

I. — Volnay sous le Consulat et l'Empire. — Napoléon. — Part de Volnay dans les luttes de l'Empire. — Années calamiteuses. — Restauration du culte. — L'abbé Grozelier. — M. François Grozelier. — Libéralités de M. F. Blondeau. — Sa vie intime et celle de Toussaine Bourrelier. — Invasion de 1814. — Passage du duc d'Artois. — Invasion de 1815 217
II. — Volnay sous la Restauration. — Cantique royaliste. — L'année 1816. — Procès Chatellenot. — L'abbé Bouley. — L'abbé Blaise Guyot. — Construction de la maison commune. Années calamiteuses. 231
III. — Volnay sous le gouvernement de Juillet. — Révolution de 1830. — Bénédiction de la grosse cloche de Volnay. — Mort de l'abbé Guyot. — L'abbé Dubois. — Diverses réparations. — Orage du 3 juin 1839. — Création de la Confrérie de Saint-Cyr. — Œuvres communales. — État des récoltes 244
IV. — Volnay sous la seconde république. — Révolution et gouvernement de 1848. — Changement de municipalité à Volnay et division. — Les électeurs volnaisiens à Beaune en 1848. — L'instituteur F. Leblanc et la guerre des *Blancs* et des *Rouges*. — Le coup d'Etat du 2 décembre 1851. — Ses conséquences à Volnay. — L'abbé J.-B. Girardot 248
V. — Volnay sous le second Empire. — Proclamation de l'Empire. — Arrivée à Volnay de l'abbé E. Bavard et de sa sœur. — Paix et floraison religieuse. — Mouvement littéraire à Volnay. — Années calamiteuses. — Années prospères. — Mission de 1861. — Œuvres de bienfaisance et travaux publics. — Création du lavoir de la Combe et du cimetière de la Chapelle. — Leur bénédiction. — Création d'une école de filles. — Le *Garibaldi* et le *Bismarck*. — Résurrection de la Confrérie de Saint-Cyr . . . . . . , ... 255
VI. — Volnay sous la troisième République. — Chute de Napoléon III et avènement de la République. — Volnay pendant la guerre de 1870. — Ambulance de Volnay. — La variole à Volnay. — La Vierge protectrice de Volnay. — Erection et bénédiction de la statue de Notre-Dame des Vignes. — Construction de l'école des filles et de l'asile. — Travaux d'utilité publique. — Embellissements de l'église et de la chapelle. — Série de mauvaises récoltes et de grands hivers. — Le phylloxéra. — Deuils. 265
VII. — Esquisses et portraits. — Mˡˡᵉ Marie-Emilie Bavard. — M. l'abbé Marie-Etienne Bavard. — M. l'abbé F. Bisscy. — M. Léonce Bizouard de Montille. — M. l'abbé Dubois. — M. l'abbé Girardot. — Sœur Jeanne-Françoise. — Le baron du Mesnil. — Jules du Mesnil. — Ernest de Neuchèze. — L'abbé

Pillot. — Claude Rossignol. 281
VIII. — Vieilles coutumes volnaisiennes. — Le premier jour de l'an. — La fête des Rois. — La Semaine-Sainte. — La complainte du Vendredi-Saint.— La confession pascale des enfants. — La fête de saint Georges. — L'Epousée du mois de mai. — Combats de Mirmidons. — Prières des enfants pour les morts. — Les petits douaniers. — Les veillées d'hiver. — Noël. — Chants populaires. 309

LIVRE VIII

VIGNOBLE ET MONUMENTS VOLNAISIENS

I. — Vignoble et vin de Volnay. — La Côte de Volnay et ses principaux crus. — Nature de son sol. — Son exposition. — Son cépage. — Culture de la vigne. — Ban de vendange. — Influence de la température sur la qualité du vin. — Systèmes divers de vinification. — Appréciation historique du vin de Volnay. — Note historique sur le commerce de la Côte beaunoise. 321
II. Chateau de Volnay. — Sa description. — Souvenirs historiques qui s'y rattachent. — Sa ruine. — Les administrateurs civils. 345
III. — Eglise de Volnay. — Son histoire. — Sa description. — Presbytère et curés de Volnay 355
IV. — Confrérie du très précieux Corps de Dieu. — Son origine. — Réception de ses membres. — Leurs devoirs et leurs privilèges. — Influence de cette confrérie. — Sa ruine en 1793. Sa résurrection 368
V. — Chapelle de Volnay. — Sanctuaire primitif. — Origine et forme du sanctuaire moderne. — Fondations religieuses qui y furent faites. — Profanation de cette chapelle en 1793. — Sa restauration — Un mot sur son site et celui du cimetière . . . 374

PIÈCES JUSTIFICATIVES

I. — Tableau des vins de Volnay de 1591 a 1886. — Prix, qualité et quantité des vins de Volnay, le jour de vendange et la température de chaque année. 383
II. — Authentiques des Saintes Reliques conservées dans l'église de Volnay 390
Table analytique. 395

Dijon. — Imp. Damongeot et Cie

www.ingramcontent.com/pod-product-compliance
Lightning Source LLC
Chambersburg PA
CBHW052119230426
43671CB00009B/1039